Prof. Dr. Milan Rýzl

DAS GROSSE HANDBUCH DER PARAPSYCHOLOGIE

Prof. Dr. Milan Rýzl

Das große Handbuch der PARAPSYCHOLOGIE

Außersinnliche Wahrnehmung, Psychokinese, Hellsehen und andere Phänomene

Ariston

Die erste Auflage der deutschsprachigen Neuausgabe erschien im
Ariston Verlag, Kreuzlingen

Aus dem Englischen übersetzt
von *Helga Künzel*
und *Frank Auerbach* (Ergänzung des Autors)

Die Deutsche Bibliothek – CIP-Einheitsaufnahme
RÝZL, MILAN:
Das große Handbuch der Parapsychologie : Außersinnliche Wahrnehmung,
Psychokinese, Hellsehen und andere Phänomene / Milan Rýzl. – 2. Aufl. –
Kreuzlingen ; München : Hugendubel, 2001
ISBN 3-7205-1993-7

Umschlagentwurf: Schindler, Parent & Cie., Meersburg
Satz: SatzTeam Berger, Ellenberg
Druck und Bindung: Wiener Verlag, Himberg bei Wien
Printed in Austria 1997

ISBN 3-7205-1993-7

Inhalt

Einführung

Noch am Beginn des 20. Jahrhunderts wurde der Gegenstand der heutigen Parapsychologie (damals »psychische Forschung« genannt) sehr weit gefaßt. Es fiel praktisch alles darunter, was wir heute als »Okkultismus« bezeichnen: alle mysteriösen Phänomene und diesbezüglichen Behauptungen, die es seit alter Zeit gibt und für die sich keine rationale Erklärung fand; Wahrsagerei mit Karten und anderen Hilfsmitteln, Astrologie, Zauberei und vielerlei sonstiger Aberglaube sowie geheimnisvolle Praktiken. Von der Wissenschaft ignoriert oder verspottet und von den Kirchen geächtet, war all dies ein Gemisch phantastischer Behauptungen und abergläubischer Vorstellungen im Grenzbereich des Übernatürlichen. Wie in weit zurückliegender Vergangenheit, als magisches Denken allgemein üblich war, wurden in der Vorstellung einfacher, wenig gebildeter Menschen (und es gab viele in der Frühzeit der wissenschaftlichen Entwicklung) alle unerklärlichen Erscheinungen personifiziert und als Ergebnisse des Wirkens übernatürlicher Wesen, Götter, Engel oder Geister erklärt. Die Leute bildeten sich ein, daß die Welt von Scharen unsichtbarer übernatürlicher Wesenheiten bevölkert sei, einschließlich der Geister von Toten.

Die Frage, ob der Mensch als Individuum irgendwie nach dem unumgänglichen Tod des physischen Körpers weiterleben könne (und wenn ja, in welcher Form), wurde als das wichtigste Problem überhaupt empfunden. Natürlich war und ist das eine stark emotional befrachtete Frage: Die Menschen sehnen sich danach, über den Tod hinaus weiterleben zu können, auf daß ihre ihnen so wertvolle persönliche Existenz erhalten bleibe – und zwar vorzugsweise für immer und unter irgendwelchen vertrauten, glücklichen Umständen –, und sie suchen Trost in der Vorstellung, ihren dahingeschiedenen Lieben wiederzubegegnen und mit ihnen zu sprechen. Natürlich boten die Kirchen auf der Grundlage ihrer Glaubensartikel schon immer Antworten hinsichtlich der Post-mortem-Existenz an (den Himmel der Gerechten); aber diese Antworten konnten nicht durch

Beweise gestützt werden. Schon damals waren jedoch etliche Menschen bereits mit wissenschaftlichen Denkweisen vertraut und nicht mit dogmatischen Glaubensartikeln zufriedenzustellen. Sie wollten verläßlichere Antworten auf der Grundlage wissenschaftlicher Erforschung.

Einige Wissenschaftler, die sich von diesen Daseinsfragen intellektuell angezogen fühlten, standen einer Fülle von Erscheinungen gegenüber, die zumeist irgendwie mit psychischen Aktivitäten zusammenhingen. Ende des 19. Jahrhunderts, als die richtige wissenschaftliche Untersuchung solcher Phänomene begann, war die Psychologie als Wissenschaft praktisch noch nicht existent. Es ging um die Erforschung von Träumen (Was sind sie eigentlich? Im Altertum glaubten die Menschen ja, sie seien Botschaften von Göttern), von Suggestion und Hypnose (Im späten 19. Jahrhundert war die Hypnose noch sehr umstritten: fast ein »okkultes« Phänomen – ähnlich wie die Schwerkraft zu Newtons Zeiten, als die Menschen sich Kraftübertragung nur mit Hilfe von Seilen oder Ketten vorstellen konnten), von halluzinatorischen Phantomvisionen, Erfahrungen mit Geistheilung (durch unabhängige Heiler oder an kirchlich geförderten Wallfahrtsstätten) und viele seltsame Trancephänomene wie Persönlichkeitstausch (wenn ein Mensch in Trance so empfindet und handelt, als wäre er eine andere Person) oder automatische Handlungen (intelligente Leistungen wie lange Texte zu schreiben, Reden zu halten oder Bilder zu malen – ohne sich dieses Geschehens bewußt zu sein oder danach irgendeine Erinnerung daran zu haben).

Zweierlei Gruppen von Phänomenen standen dabei besonders im Vordergrund:

1. »Spontane« Fälle, in denen ein Mensch einen bestimmten Traum oder eine Vision im Wachzustand hatte – oder irgendeine andere Wahrnehmung, die ihm eine auf normalem Weg nicht zugängliche Information übermittelte. Zum Beispiel (denn diese Phänomene waren typischerweise vom Interesse der Menschen am Tod und am Weiterleben danach beeinflußt): Jemand träumte oder sah in einem intensiven Wachtraum, daß ein Freund, den er zuletzt noch bei bester Gesundheit gesehen hatte, zu ihm kam, um sich zu verabschieden – »Leb wohl, ich gehe fort«. Und es fiel auf, daß Wasser von seiner Kleidung tropfte. Am nächsten Tag erfuhr der

Träumende, daß der Freund zum Zeitpunkt der Vision ertrunken sei. Naheliegende Erklärung: Der »Geist« des Freundes kam sich verabschieden, während die nasse Kleidung symbolisch die Todesart darstellte. Oder? Eine andere gute Erklärung wäre die, daß der Empfänger der Botschaft diese selbst aufgrund einer rätselhaften Wahrnehmungsfähigkeit erlangt habe.
2. Ähnliche Erfahrungen wurden aus spiritistischen Zirkeln (auf die ich später noch zu sprechen komme) berichtet. Das Medium, das im Trancezustand fühlte (oder genauer: »lebhaft träumte«), eine andere Person zu sein, vermittelte Informationen über Verstorbene oder über entlegene Orte oder Geschehnisse, die weder das Medium noch die anderen bei der Séance Anwesenden normalerweise kennen konnten.

Über solche Phänomene wird aus allen Zeiten auf überraschend ähnliche Weise berichtet. Der römische Staatsmann CICERO erwähnt beispielsweise in seinem Werk *De divinatione* einen typischen und dramatischen Fall einer derartigen spontanen Traumerfahrung:

Zwei Freunde kamen nach Megara, wo sie in zwei verschiedenen Häusern abstiegen. Einer der beiden träumte, sein Freund bitte ihn, ihm zu helfen und zu verhindern, daß er ermordet werde. Darüber erwachte er; doch nachdem er sich bewußt geworden war, daß er geträumt hatte, schlief er wieder ein. Da träumte er wieder von seinem Freund, der ihm diesmal sagte: »Da du nicht fähig warst, mein Leben zu retten, mußt du mich nun wenigstens rächen! Der Gastwirt hat mich getötet, meinen Leichnam auf einen Karren geworfen und mit Schutt und Abfällen bedeckt.« Betroffen von diesem Traum stand der Mann am Morgen sehr früh auf und wartete am Stadttor auf den Karren mit dem Schutt und den Abfällen. Der wurde tatsächlich herangefahren, der Leichnam gefunden und der Gastwirt bestraft.

[Zu diesem Fall sei nachgetragen, daß es einen Parapsychologen nicht sonderlich interessiert, ob es wirklich der tote Freund (sein »Geist«) war, der von seinem Tod berichtete (und damit vielleicht zeigte, daß sein Bewußtsein den Tod überlebte). Solch eine Wahrnehmung ist jedenfalls *kein* zwingender Beweis dafür, daß ein »Geist« tatsächlich zu sehen war. Eine andere gute Erklärung könnte sein, daß der Reisende den Tod des Freundes mittels eines besonderen Wahrnehmungsvermögens seinerseits (des »sechsten Sinnes«) erlebte und daß diese Feststellung – auf ähnliche Weise wie Träume zu Dramatik und Symbolhaltigkeit neigen – schöpferisch zu der endgültigen Traumvision ausgestaltet wurde. Was den Parapsychologen im allgemeinen einzig und allein interessiert, ist die Tatsache, *daß* der andere Freund die *Todesnachricht* erhielt, die er weder voraussehen noch kennen konnte. Die Erklärung, wie dies möglich sein konnte, mußte auf sich warten lassen, bis mehr über dieses Phänomen bekannt war. Der Parapsychologe erforscht des weiteren, *wie* die Nachricht erlebt wurde (als Traum oder in dramatischer Verfälschung) und welche anderen Begleitumstände (etwa die gefühlsmäßige Bindung zwischen den Freunden, die diese Erfahrung ausgelöst haben könnte), Einzelheiten der dramatischen Veränderung (als persönliche Botschaft des Freundes wahrgenommen) und offenkundigen Gegebenheiten des Vorhersehens (Präkognition) im zweiten Traum eine Rolle spielten.]

Auch mediumistische Erfahrungen (wie sie für den modernen Spiritismus typisch sind) finden in den Orakeln des Altertums ihre Parallelen. Der Unterschied besteht darin, daß die Spiritisten glauben, sie erhielten Botschaften von Verstorbenen, während man bei den antiken Orakeln annahm, die Botschaft sei göttlicher Herkunft und die Wahrnehmung ein Beispiel dafür, wie sich Götter mit Menschen verständigen. [Doch selbst da ist der vermeintliche Vermittler – sei er nun ein »Gott« oder ein »Geist« – für den Parapsychologen nicht von Bedeutung. Was stets allein zählt, ist die Richtigkeit der empfangenen Information, wobei man Vorsicht walten lassen sollte, um nicht voreilig zu unhaltbaren Erklärungen zu gelangen.]

Im Zuge der Entwicklung der Psychologie wurden nach und nach viele dieser Phänomene (besonders Träume, Suggestionen, Hypnose, Trancezustände, Wechsel der Persönlichkeit und automatische Tätigkeiten) als Gegenstände der Psychologie angesehen und dieser zugeordnet. So blieben zwei Arten von Phänomenen übrig, die sich einer rein psychologischen Erklärung entziehen: Beide beinhalten entweder einen Informationsempfang oder das Ausüben einer greifbaren Wirkung und können normalerweise nicht erklärt werden.

Damals, in der Zeit um 1930, wurde deshalb der Gegenstand der Parapsychologie sehr eng umrissen, und zwar als Untersuchung von zwei Arten von Phänomenen, die beide den gleichen Gesetzen unterliegen und offenbar eng miteinander verbunden sind:

1. **Außersinnliche Wahrnehmung (ASW):** die Fähigkeit, Informationen über Geschehnisse in der Außenwelt zu erlangen, ohne von den Sinnen und den bekannten Energieeinflüssen Gebrauch zu machen.

Für gewöhnlich unterscheiden wir **Telepathie** (ASW als Mittel, um Gedanken und andere subjektive Erfahrungen anderer Menschen wahrzunehmen – auch »Geistlesen« genannt) und **Hellsehen** (ASW als Mittel, um objektive Ereignisse und Vorgänge in der Außenwelt wahrzunehmen). Bitte verstehen Sie es richtig: Wir sprechen hier über *zwei Formen ein und derselben Fähigkeit*, die sich lediglich in den wahrgenommenen Inhalten unterscheiden (vergleichbar damit, einerseits eine Person und andererseits einen geschriebenen Text zu sehen), und **nicht** über zwei verschiedene Fähigkeiten.

Die allgemein übliche Unterscheidung zwischen Telepathie und Hellsehen hat vor allem historische Ursprünge: Zu Beginn des 20. Jahrhunderts verglichen die Forscher »Gedankenübertragung« mit der damals neu entdeckten Übertragung von Radiosignalen in der drahtlosen Telegraphie. Sie stellten sich – irrtümlicherweise – vor, daß die ASW elektromagnetischer Natur sei und daß elektromagnetische Vorgänge im Gehirn elektromagnetische Signale erzeugten, die von einem anderen Gehirn aufgefangen werden könnten. Weiterhin hatten sie die – abermals falsche – Vorstellung, daß Hellsehen eine unterschiedliche, schwierigere Aufgabe sei, weil leblose Gegenstände keine elektromagnetischen Impulse aussenden wie das lebende Gehirn. Erfolgreiches Hellsehen wurde daraufhin – und wiederum falsch – entweder als (1) telepathischen Anzapfen von Informationen aus dem Bewußtsein (oder Unterbewußtsein oder Gedächtnis) einer anderen Person, die sie schon kannte, oder (2) das Ablesen der Information aus dem Geist irgendeiner anderen Persönlichkeit – Gott, »Geister« Verstorbener oder kosmische Wesen – oder schließlich (3) in Anlehnung an »Akasha« (Sanskrit: Raum, Äther) als Lesen aus der »Akasha-Chronik« erklärt, die man sich als universalen Informationsspeicher, als astrales Gedächtnis von allem, das je auf der Welt geschehen ist, vorstellt (sofern man nicht zu begreifen vermag, daß in der ASW auch Informationen direkt aus anderen Zeiten bezogen werden können).

Um Verwirrungen zu vermeiden, denken Sie bitte daran, daß viele, vor allem ältere Autoren den Begriff »Hellsehen« in einer anderen Bedeutung verwenden: für das »Sehen von Visionen« (egal ob richtig oder falsch). Früher hielt man *die Art der Wahrnehmung* für wichtig: *Hellsehen* stand für »Visionen haben«, *Hellhören* bedeutete »Stimmen hören« – und so weiter. Heute wissen wir, daß die Art der Wahrnehmung von zweitrangiger Bedeutung für das Verständnis des Vorgangs ist und daß das Hauptaugenmerk auf der *Richtigkeit* der empfangenen Information liegen muß.

Seltsamerweise vermag die ASW Informationen unmittelbar aus einer anderen Zeit herüberzuholen. Deshalb unterscheiden wir neben Hellsehen und Telepathie auch *Retrokognition* (Hellsehen oder Telepathie in Richtung auf die Vergangenheit, also direkte Wahrnehmung vergangener Ereignisse) und *Präkognition* (also unmittelbares Wahrnehmen künftiger Geschehnisse). Das Vorhandensein der Präkognition stellt uns vor schwierige philosophische Probleme. Es zwingt uns, unser Verständnis von Kausalität und der Freiheit des Willens neu zu bestimmen.

Bei frühen Erklärungsversuchen der Präkognition vertraten Wissenschaftler die – irrige – Ansicht, daß sie ein telepathisches Lesen der Pläne von am künftigen Geschehen beteiligten Personen sei, das heißt dessen, was diese in der Zukunft zu tun gedenken. Doch man konnte oft genug beobachten, daß korrekt vorhergesagte und entsprechend eingetroffene Ereignisse ganz anders geplant und nur infolge eines unerwarteten Fehlers so – eben anders – gekommen waren. Deshalb geht das moderne Verständnis von Präkognition (und ebenso von Retrokognition) davon aus, daß es sich um ein *direktes* Beobachten von Vorgängen handelt, die zu einer anderen Zeit geschehen. Damit erhebt sich natürlich die Frage: Woher erhält man diese Informationen, wenn nach allgemeinem Verständnis doch allein die »Gegenwart« wirklich ist, während Vergangenheit und Zukunft nicht zu existieren scheinen? Die Lösung liegt in einem Wandel unserer altgewohnten Vorstellungen: Unsere Meinung, daß nur die Gegenwart »wirklich« sei (während die Vergangenheit *nicht mehr* und die Zukunft *noch nicht* existiere), ist tatsächlich eine bloße Illusion und muß durch ein neues Verständnis ersetzt werden: *Vergangenheit, Gegenwart und Zukunft sind parallele Wirklichkeiten*, die miteinander, nicht nacheinander bestehen und die alle der ASW zugänglich sind. Dies zieht für unsere Welt einen bedingungslosen Determinismus nach sich, weil künftiges Geschehen tatsächlich bereits »existiert« und nur darauf wartet, daß wir ihm auf unserer Wanderung durch die Zeit und in die Zukunft begegnen.

Heute wissen wir, daß die ASW auf zwei unterschiedlichen Ebenen wirksam ist: Die erste betrifft die Aufnahme der Information im Geist (genauer: im Unterbewußtsein) des Empfängers. Die zweite entscheidet, wie die Information erlebt wird – und dies bestimmt die psychologische Struktur des Empfängers. Manchmal werden Visionen gesehen, ein andermal Stimmen gehört, oder es sind andere Empfindungen beteiligt, ja sogar unbestimmte Gefühle oder der Zwang, irgendeine Handlung zu vollführen. Solches ereignet sich oft im Schlaf oder in schlafähnlichen Zuständen (Hypnose, Selbsthypnose, Meditation), und ASW-Erfahrungen ähneln oft Träumen und sind als Träume häufig symbolisch verzerrt. (Diese Verfälschung hängt wiederum mit der psychologischen Struktur des Empfängers zusammen.)

2. Psychokinse (PK) stellt eine andere Hauptgruppe von für die Parapsychologie interessanten Phänomenen dar. Hier geht es um objektive Phänomene und mit Energie verbundene Vorgänge, die sich ohne jegliche bekannte oder erkennbare Beteiligung physikalischer Energie ereignen. Von unterschiedlichsten Erscheinungen wurde berichtet: Gegenstände oder Personen schwebten in der Luft entgegen allen Gesetzen der Schwerkraft (Levitation), in anderen Räumen weggeschlossene Gegenstände erschienen (Materialisation), es gab Lichterscheinungen und seltsame Geräusche, man behauptete, daß feste Gegenstände andere ebenso harte Objekte durchdrungen hätten – und vieles andere mehr. Trotz der großen Vielfalt scheinen diese Vorgänge alle zusammenzuhängen: Sie verlaufen ähnlich, und sie hängen mit der Anwesenheit einer psychisch begabten Person zusammen, die sie angeblich durch besondere geistige Konzentration hervorruft.

Doch sind alle diese berichteten Makro-PK-Ereignisse höchst fragwürdig. Sie scheinen unter schlechten Beobachtungsbedingungen durch Fingerfertigkeit und andere Taschenspielertricks bewirkt worden zu sein, wie Zauberkünstler sie auf der Bühne benutzen. Séancen mußten früher in Dunkelheit durchgeführt werden – mit der Begründung, das Licht zerstöre die Phänomene. Aber die Dunkelheit verhinderte auch jegliche optische Kontrolle! Weiterhin mußten die Teilnehmer sich untereinander im Kreis bei den Händen halten (Begründung: die »Energie« müsse zirkulieren). Aber dies verhinderte jegliche Berührungskontrolle. Und sie mußten religiöse Lieder singen (wodurch verdächtige Geräusche übertönt wurden). Unter diesen beklagenswert schlechten Bedingungen nahmen »Geister« körperliche Gestalt an und materialisierten sich in Fleisch und Blut, lebende Personen von außen erschienen in dem abgeschlossenen Raum, Tische und Musikinstrumente schwebten in der Luft, und noch manche andere Phänomene wurden beobachtet, während allenfalls anwesende Wissenschaftler sorgfältig den Atem des »Geistes« analysierten, um festzustellen, ob er Kohlendioxyd ausatme... Sie hatten aber keine Gelegenheit, nach Falltüren zu suchen, durch die ein Komplize des Mediums in den Raum zu kommen vermochte, oder zu untersuchen, ob das Medium in seiner Ruhestellung nicht einfach die Trance vortäuschen und im passenden Moment die Kleidung wechseln und die Rolle des »Geistes« spielen konnte. Später, als technische Fortschritte und die Einführung spezieller Instrumente, beispielsweise für die Infrarotfotografie, genauere Beobachtungen möglich machten, verschwanden die meisten der für physische Phänomene berühmten Medien mit einemmal.

Deshalb werden von der heutigen Parapsychologie Makro-PK-Phänomene mit äußerster Vorsicht betrachtet. Vielmehr wird die PK vorzugsweise in ihrer Mikro-Form untersucht, wo es nur um Auswirkungen auf ein paar Atome geht, beispielsweise: einen Würfel durch Willenskraft beim Werfen dahingehend zu beeinflussen, daß eine bestimmte Seite nach oben zu liegen kommt. (Es wurden sorgfältige Experimente durchgeführt, bei denen die gewünschten Zahlen öfter fielen als die nicht gewünschten, womit man die Wirkung der Mikro-PK beweisen konnte.) Bei anderen Experimenten konnte man die Anzeige eines elektronischen Geräts, das mit der radioaktiven Zerfallszeit arbeitet, durch mentale Konzentration beeinflussen.

Wenn wir versuchen, die Phänomene in einen religiösen Zusammenhang zu stellen, werden wir bemerken, daß die in den heiligen Büchern aller Religionen beschriebenen »Wunder« in den meisten Fällen parapsychologische Phänomene sind, zusammen mit häufig anzutreffenden Hypnose- und Suggestionswirkungen. [Die jeweiligen Priester werden das natürlich bestreiten, denn sie wollen nicht, daß Wunder erklärt werden; sie wollen, daß sie für alle Zeiten Teil des göttlichen Mysteriums bleiben, das ihre Gläubigen so stark beeindruckt.]

Jesu Wandeln auf dem Wasser – wenn es denn wirklich geschah – dürfte ein Fall von Levitation gewesen sein. Allerdings sind in der

Geschichte der Religionen die Taten ihrer Gründer stets mit Hilfe von Übertreibungen zu Legenden ausgeschmückt worden. Der kritische Betrachter könnte demnach vermuten, daß diese ganze Geschichte erfunden wurde, um Jesus als Wundertäter darzustellen. (Das Wandeln auf dem Wasser war zu jener Zeit eine beliebte Wundererscheinung. Auch BUDDHA soll bereits Jahrhunderte vor Jesus auf dem Wasser gehend einen Fluß überquert haben.) Auch mit Hilfe der Hypnose kann man verhältnismäßig leicht erreichen (besonders in der Anwesenheit begeisterter Zuschauer, die ja Zeugen eines Wunders werden wollen), daß man einen Menschen über das Wasser gehen sieht – auch wenn das nur eine lebhafte Halluzination ist und nichts dergleichen sich wirklich ereignet.

Ähnlich könnte das Verschwinden des Leichnams Jesu aus dem Grab – wenn es sich wirklich ereignet hat – ein Fall von Dematerialisierung gewesen sein. Aber auch diese Geschichte mag im Zuge der Legendenbildung erfunden worden sein. (Der Leichnam des indischen Gottes KRISCHNA verschwand ebenfalls nach seinem Tod, nur sein Gewand blieb zurück. Auch der Leichnam von NANAK, dem Gründer der Sikh-Religion, verschwand...) Eine simple und passende Erklärung wäre auch, daß der Leichnam heimlich aus dem Grab entwendet wurde – ganz einfach »gestohlen«. Diese Erklärung ist weitaus weniger phantastisch als die Dematerialisierung des Leichnams und wurde vom Kirchenvater Tertullian (um 155–220) als Tatsache anerkannt.

Dieser Exkurs in die religiösen Überlieferungen verdeutlicht deren offenkundige (und doch zumeist übersehene) Zusammenhänge mit parapsychologischen Phänomenen. Er sollte uns auch ermahnen, Phänomene aus weit zurückliegender Vergangenheit oder unzulänglich dokumentierte Phänomene mit aller gebotenen Skepsis zu betrachten. Wir müssen nicht alles glauben, was unserem Glauben angeboten wird. Berichte können absichtsvolle Übertreibungen enthalten oder verfälscht worden sein, um sie wichtiger und interessanter erscheinen zu lassen; sie können grobe Irrtümer enthalten (in der Beobachtung wie in der Beurteilung) – selbst wenn der Berichterstatter aufrichtig vom Wahrheitsgehalt des Geschilderten überzeugt ist.

Die obengenannten beiden Arten parapsychischer Phänomene – ASW und PK – sind der Gegenstand dieses Buches. Was ihre Besonderheit ausmacht und sie von den Gegenständen anderer Wissenschaften unterscheidet, sind ihre ungewöhnlichen Eigenschaften, die in der physischen Welt nicht ihresgleichen haben:

1. Ihre Wirkung kann nicht durch körperliche Gegenstände und materielle Hindernisse abgeschirmt werden.
2. Sie sind von räumlicher Entfernung unabhängig (im Gegensatz zu jeder physikalischen Wirkung, die im Quadrat der Entfernung abnimmt).
3. Sie können auch jede Zeitgrenze überwinden, also Informationen aus der Vergangenheit oder Zukunft in die Gegenwart bringen (während physikalische Energiesignale nicht in der Zeit »reisen« können).
4. Während sie also von physikalischen Voraussetzungen unabhängig sind, werden sie sehr stark von Stimmungen und Bewußtseinszuständen der beteiligten Personen beeinflußt.

Wir werden in diesem Buch erfahren, wie diese Phänomene erforscht wurden, welches ihre charakteristischen Eigenschaften sind, wie man die entsprechenden Fähigkeiten ausbilden kann und welche Bedeutung ihre wissenschaftliche Untersuchung für die Zukunft der Menschheit haben wird.

Die Geschichte des Studiums parapsychischer Phänomene

Es gibt eine Unmenge Andeutungen und Berichte, die besagen, daß parapsychische Phänomene schon in frühesten Zeiten bekannt waren und genutzt wurden. Es wäre jedoch eher die Aufgabe des Historikers, solche Berichte aus heiligen Schriften und alten Aufzeichnungen zusammenzustellen.

Wenn wir die Überlieferung des Alten Testaments gelten lassen, scheint der älteste historische Bericht über ein parapsychologisches Phänomen JOSEPHS Deutung prophetischer Träume zu sein (Genesis 37 und 41), der bis etwa 1700 v. Chr. zurückzudatieren ist.

Etwas ähnliches leistete später der Prophet DANIEL mit der Deutung des Traumes NEBUKADNEZARS (Daniel 2).

Viele »Wunder« des MOSE (vor 1200 v. Chr.) erinnern uns an den Einsatz von Suggestion und Hypnose, unter deren Einfluß, wie wir wissen, parapsychische Kräfte aktiviert werden können (und ein Stab verwandelt sich in eine Schlange oder Wasser in Blut – Exodus 7). Daß im alten Ägypten die Hypnose bekannt war, bestätigt eine Papyrusrolle, der Ebers-Papyrus, aus dem 16. vorchristlichen Jahrhundert.

Auch aus dem Bericht, daß Moses während der ägyptischen Gefangenschaft der Juden Priester des ägyptischen Gottes OSIRIS gewesen ist, können wir schließen, daß Hypnose und ASW schon in den ägyptischen Tempel bekannt waren. Die Einschläferung mit Hilfe von Spiegeln ist auch in ägyptischen Papyri ausdrücklich erwähnt.

Verstehen Sie das bitte richtig: Bei diesen »Wundern« fand keine wirkliche Verwandlung des Stabes oder Wassers im Fluß statt; der Pharao aber, unter dem Einfluß der Suggestion, hat es so gesehen. (Und auch andere ägyptische Magier, die mit der Hypnose vertraut waren, verstanden sich darauf, ihm Halluzinationen vor Augen zu führen.)

Die Art, wie Mose Wasser aus dem Felsen erhielt (Exodus 17, 6; Numeri 20, 11), erinnert uns an das Wünschelrutengehen. Natürlich war Mose in erster Linie ein politischer Führer und Gesetzgeber. Genauso waren die Propheten des Alten Testaments weit eher Politiker und Prediger als wirkliche Propheten und Wahrsager.

Ferner gab es auch Tempel, in denen Ratsuchende schliefen; die Träume, die sie dabei hatten, wurden als göttliche Offenbarungen gedeutet. Solche Orte des »Tempelschlafes« waren zum Beispiel in Ägypten die Tempel der Isis, in Babylon der Tempel Esagila des Gottes Marduk und im alten Griechenland eine Anzahl Tempel des Asklepios, von denen einer der ältesten der Asklepiostempel von Epidauros ist.

Als Beispiel für die ASW-Berichte im Altertum mag hier der Fall eines jungen Burschen namens ARISTOKRITOS angeführt sein, der von einer Klippe ins Meer gesprungen (oder gefallen) war, nicht an Land kam und verschwunden blieb. Sein Vater schlief im Tempel von Epidauros (einer altgriechischen Tempelstätte, berühmt durch Heilungen und Prophezeiungen, die sich ereigneten, während die Besucher dort schliefen) und hatte einen Traum. In dem Traum wurde er zu einer bestimmten Stelle geführt, die er kannte. Nach der Heimkehr fand er seinen Sohn an dieser Stelle.

In einem anderen Fall suchte eine Frau nach einem Schatz, den ihr verstorbener Mann vor ihr versteckt hatte. Der »Gott« sagte ihr in einem Traum, der Schatz liege am Mittag eines bestimmten Tages in einem Löwen. Der Schatz wurde tatsächlich gefunden; er war an einer Stelle vergraben, auf die am Mittag des genannten Tages der Schatten eines steinernen Löwen fiel.

Oder PLINIUS DER JÜNGERE berichtet im ersten Jahrhundert nach Christus von einem Spukhaus, in dem der Geist eines Menschen erschien und verschiedene Geräusche gehört wurden. Der Philosoph ATHENODORUS riet, man solle an dem Ort, wo der Geist für gewöhnlich verschwinde, ein Loch graben. Man tat es und fand Gebeine; man setzte sie bei, und der Spuk hörte auf. In seinem Buch *Contra Academicos* schildert AUGUSTINUS (354 bis 430) verschiedene Fälle von ASW bei seinen Schülern. Er berichtet zum Beispiel von einem Astrologen namens ALBERICUS, der angeblich Gedanken anderer Menschen lesen konnte.

Wie heute viele Wahrsager, Hellseher, Handleser oder »geistige Berater« verschiedener Kategorien ihren Lebensunterhalt verdienen, indem sie ASW demonstrieren (oder vortäuschen), so blühten in alten Zeiten die Orakel. Oft waren sie hochverehrte Institutionen, bei denen sich sogar die einflußreichsten Herrscher Rat holten.

Das Wahrsagen in Orakeln, die zugleich Tempel waren, war ein Teil des offiziellen religiösen Kults, und es gehörte sich für einen anständigen Bürger – sozusagen als normale religiöse Pflicht –, an Weissagungen zu glauben.

So ließen sich noch viele Berichte aus der Antike anführen über weissagende Priesterinnen und Sibyllen, von denen es heißt, sie hätten verschiedene berühmte Weissagungen hinterlassen, selbst für eine ferne Zukunft.

Daneben sind uns viele volkstümliche Erzählungen, Märchen und Mythologien alter Völker überliefert, die von parapsychischen Fähigkeiten berichten. Die Gabe der Allwissenheit, die Fähigkeit, sich unsichtbar zu machen usw., lassen uns an parapsychischen Phänomene denken.

Bestimmte Formen der Erforschung der Zukunft waren den Juden durch Gesetze des Alten Testaments streng verboten. Wenn man Personen, die einen »Totengeist« hatten, steinigte, so wollte man mit dieser Strafe letztlich wohl verhindern, daß mögliches Wissen um parapsychische Kräfte einzelner mißbraucht wurde. Im Ersten Buch Samuel lesen wir, daß Saul, der erste historische König der Juden (um 1000 v. Chr.), trotz dieses strengen Verbotes zu der Weissagerin von Endor ging, die für ihn den Geist des Samuel herbeirief, und wie er durch die Frau mit ihm sprach. Saul wollte hellseherischen Rat vor dem Krieg mit den Philistern (1 Samuel 28, 7–19).

Der biblische Text legt den Schluß nahe, daß seinerzeit das Wahrsagen ziemlich verbreitet war und die Praktiken sich kaum von den heutigen unterschieden. Die folgenden Verse beispielsweise (1 Samuel 10, 6 und 10) muten uns wie etwas an, das man heute in spiritistischen Sitzungen beobachten kann: »›Da wird nun der Geist Jahwes auf dich übergehen, so daß du mit ihnen in prophetische Begeisterung gerätst und in einen anderen Menschen verwandelt wirst.‹ … Siehe, da begegnete ihm eine Prophetenschar, und der Geist Gottes ging auf ihn über, so daß er in ihrer Mitte in prophetische Begeisterung geriet.«

Diesem Bericht zufolge erlebte sogar König Saul den prophetischen Trancezustand.

Viele Passagen aus dem Alten (und später dem Neuen) Testament werden verständlicher, wenn man sie im Licht der parapsychologischen Erkenntnisse betrachtet.

Die damals beobachteten Phänomene waren nicht nur denen der modernen Zeit ähnlich; auch ihre Deutung bleibt über Jahrtausende hinweg nahezu gleich. Wir können daraus schließen, daß sich in den meisten Fällen die echten Wahrsagerinnen in Trance befanden.

Bei der Wahrsagerin von Endor war die Quelle ihrer Mitteilungen der »Totengeist«, wie es der Volksmund formulierte. Bei König SAUL war es der Geist des Propheten SAMUEL. Und wenn König Saul in Trance war, war es der »Geist Jahwes«. Bei den Orakeln kamen die Botschaften von den Göttern.

Später, in der christlichen Überlieferung, wurde die Trance personifiziert als der »Heilige Geist«, der wie Gott verehrt wird. Und in den modernen spiritistischen Kreisen sind es wieder die Geister der Toten.

In den Tempeln mancher alter Völker – der Babylonier, Chaldäer, Hethiter, Etrusker und anderer – wurden zahlreiche prophetische Verfahren angewandt, von denen viele nicht als wirksame ASW-Träger gelten können. Die Babylonier und Hethiter weissagten hauptsächlich nach den Därmen von Opfertieren, nach dem Vogelflug und nach den »Äußerungen einer alten Frau«. Ein hethitischer Text beschreibt, wie alle diese Methoden voll peinlicher Genauigkeit angewandt wurden, um zu ermitteln, ob der König, der in die Stadt Nering zu reisen gedachte, an Malaria erkranken werde, welche zornigen Götter die Krankheit über ihn bringen wollten und welche Gebete und Opfer angeraten seien, um die Götter zu versöhnen.

Die Chaldäer waren damals als Beherrscher der geheimen Künste so bekannt, daß im Altertum ihr Name sogar zum Synonym der Magier wurde.

Im Licht der modernen parapsychologischen Erkenntnisse erscheinen die Prophezeiungen einer »alten Frau« am ehesten als Träger echter ASW-Talente. Die prophezeiende »alte Frau« der Babylonier und Hethiter war offensichtlich ein Vorbild für die Wahrsager anderer alter Völker. Das Wort »Sibylle« hat seinen Ursprung in dem babylonisch-assyrischen Wort »sibu« oder »sibtu«, was »alter Mann« oder »alte Frau« bedeutet. Die indoeuropäische Anfügung »l« deutet auf ein Diminutiv oder eine Koseform hin. Die ursprüngliche Bedeutung von »Sibylle« war folglich »kleine alte Dame«.

In alten Zeiten unterschied man klar zwischen »technischer«

(oder zeichendeutender) Divination einerseits und »natürlicher« (oder intuitiver) Divination andererseits. Erstere umfaßt die Weissagung aus Eingeweiden, dem Vogelflug, den Sternen, durch das Los usw. und glich heutigen Wahrsagepraktiken wie der Numerologie, der Handlesekunst oder dem Kartenschlagen. Die intuitive Divination fand in ekstatischen Zuständen statt und beinhaltete auch die Deutung von Träumen; sie läßt sich mit den heutigen in Trance weissagenden Medien vergleichen. Interessant ist, daß ARISTOTELES, dessen Philosophie und Gelehrsamkeit das Denken der Menschen nach seinem Tod jahrtausendelang zutiefst beeinflußte, die zeichendeutende Divination völlig ablehnte und dazu neigte, die intuitive Divination nicht als göttliche Intervention zu erklären, sondern als dem menschlichen Geist innewohnende Fähigkeit. Und dies ist auch die Meinung der überwiegenden Mehrheit der heutigen Parapsychologen.

Auch das Wahrsagen aufgrund bestimmter Anzeichen war sehr beliebt. Jedes ungewöhnliche oder auffallende Ereignis konnte als Zeichen interpretiert werden, das eine verborgene göttliche Botschaft enthielt: überraschende Zufälle, seltene Naturerscheinungen (beispielsweise atmosphärische Phänomene wie ein Regenbogen), Träume oder irgendwelche anderen ungewöhnlichen Ereignisse. Hier nur ein Beispiel für viele: Wurde die Statue eines Gottes bei einem Festumzug auf einem Tragepodest von mehreren Männer getragen, so blieb sie natürlich niemals vollkommen senkrecht. Je nachdem wie die Männer gingen, schwankte die Statue leicht und neigte sich mal nach rechts und mal nach links, mal nach vorne und mal nach hinten. Dies wurde für das Wahrsagen genutzt: Man konnte eine Frage stellen, die mit Ja oder Nein zu beantworten war. Und dann beobachtete man den Gott. Neigte er sich beispielsweise nach vorn, war das eine ermutigende Antwort, lehnte er sich nach hinten, war die Botschaft negativ.

Ein anderes Beispiel für die Wirkung bestimmter Zeichen (das im übrigen daran erinnert, wie leicht auch heute noch abergläubische Menschen zu beeinflussen sind) wird vom heiligen AUGUSTINUS berichtet, der in seinen *Confessiones* seine eigene Bekehrung zum Christentum beschreibt.

Er erzählt, daß er in tiefem metaphysischem Verlangen und zugleich mit sinnlichen Vergnügungen des Fleisches lebte und daß er zu Gott betete: »Bitte schenke mir Keuschheit und Enthaltsamkeit –

aber noch nicht gleich!« Eines Tages erging er sich in einem Garten, als er die Stimme eines Kindes aus dem Nachbarhaus vernahm: »Tolle, lege! Tolle, lege!« (Nimm und lies!) Er nahm das Buch, das er zufällig bei sich trug (die Briefe des Apostels PAULUS), öffnete es an einer beliebigen Stelle und las die Worte, die ihm zuerst ins Auge sprangen: » Laßt uns ehrbar leben wie am Tage, nicht in Fressen und Saufen, nicht in Unzucht und Ausschweifung, nicht in Hader und Eifersucht; sondern zieht an den Herrn Jesus Christus und sorgt für den Leib nicht so, daß ihr den Begierden verfallt.« (Römer 13, 13–14) Er nahm diesen Zufall als Zeichen einer göttlichen Aufforderung, die schließlich zu seiner Bekehrung führte.

Der heilige Augustinus war zweifellos ein verläßlicher Berichterstatter. Er war höchst intelligent, und in seinen »Konfessionen« berichtet er aufrichtig über Ereignisse und subjektive Gefühle, die viele andere vor dem Urteil der Historie lieber geheimhalten möchten. (Doch sein Bericht hatte eigentlich wenig mit der wahren ASW zu tun: Er illustrierte das Denken damaliger Leute, die allzu bereit waren ähnliche Zeichen als direkte Botschaften Gottes zu akzeptieren.) Jedenfalls, für den experimentell arbeitenden Forscher bedeuten all diese aus alter Zeit überlieferten Berichte kaum mehr als interessante Kuriositäten, denn wir haben keine Möglichkeit, ihren parapsychologischen Gehalt von dem Ballast der Übertreibungen oder der Beimischung entstellter Berichterstattung über Phänomene nichtparapsychischer Natur zu trennen.

Wir haben diese Beispiele hauptsächlich deshalb angeführt, weil sie zeigen, wie sehr sich die Berichte aus sehr ferner Vergangenheit und die Fallbeispiele in der neuesten Literatur ähneln. Um aber nicht der üblichen Verzauberung durch alten wie neuen Aberglauben zu erliegen, sollten wir uns nun schleunigst den neueren Ansätzen zur Erforschung solcher Phänomene zuwenden. Wo wollen wir anfangen? Da Hypnose und Trancezustände eine bedeutende Rolle bei den modernen Untersuchungen spielen, mag es angebracht sein, mit der Beschreibung früher Hypnoseexperimente zu beginnen.

Kehren wir also in das Europa des 18. Jahrhunderts zurück, wo wir, in einem Chaos verschiedenster Geistesströmungen philosophischer, religiöser und »okkulter« Lehren, abergläubischer Praktiken und primitiver Volksweisheit, vor dem Hintergrund einer sich langsam entwickelnden Naturwissenschaft auf das erste bedeutsame Ereignis in der Geschichte des Studiums parapsychischer Phänomene stoßen: den Mesmerismus. Die Bewegung begann im Jahre 1779, als ihr Urheber, F.A. MESMER (1733 bis 1815), in Paris sein Werk über die Entdeckung dessen, was er als »animalischen Magnetismus« bezeichnete, erscheinen ließ. Es klingt ein wenig paradox, ist aber charakteristisch für die Verwirrung der Auffassungen in jener Zeit, daß Mesmer keineswegs die Absicht hatte, parapsychische Phänomene zu untersuchen. Er war der Begründer einer neuen Heilpraxis, die im Grunde erst durch seine Nachfolger, speziell durch die Brüder de Puységur, durch d'Eslon und Déleuze zu ihrer endgültigen Form entwickelt wurde, und die heftige Diskussionen auslöste. Das von Mesmer selbst angewandte Verfahren war zu theatralisch und gab daher Kritischeren durchaus Anlaß zum Mißtrauen. Die Kranken wurden in einem abgedunkelten Raum versammelt; einer hielt den anderen bei der Hand, sie standen im Kreis um ein Gefäß mit Eisenfeilspänen und Magneten, wurden in magnetisierten Wannen gebadet und dergleichen mehr. Zu behandeln pflegte Mesmer sie, in einen violetten Mantel gehüllt, durch Ausübung einer suggestiven Wirkung: Er vollführte über ihnen zeremonielle Gebärden, »magnetisierte« sie durch Streichen mit einem Magnet oder mit den bloßen Händen und suggerierte ihnen dabei fortwährend den Heilerfolg. Die Dunkelheit und die Klänge einer entfernten Musik schufen eine besondere, emotional geladene Atmosphäre.

Es kam vor, daß Patienten während dieser Séancen in ekstatische Zustände verfielen, begleitet von Krämpfen und Bewußtseinsstörungen. Heute würden wir all das als Symptome einer Hysterie bezeichnen; das Verfahren der Herbeiführung derartiger ekstatischer Zustände ist in mancher Hinsicht verwandt mit unserer heutigen Hypnose und kann als eine ihrer Primitivformen betrachtet werden. Offenbar erzielte Mesmer durchaus einige Heilerfolge; heute würden wir sie der Suggestion oder Autosuggestion zuschreiben. Sie waren aber relativ selten, und die Wissenschaftler betrachteten Mesmers Praktiken mit Argwohn.

Mesmer selbst war beeinflußt von früheren Lehren, die sich auf Paracelsus zurückführen lassen: z.B. der Behauptung, daß Himmelskörper und kosmische Kräfte Einfluß auf Lebewesen ausüben können. Seine Heilerfolge und die ekstatischen Zustände seiner Patienten erklärte er als Sättigung ihres Körpers mit einem besonderen, alles durchströmenden Fluidum, das er »animalischer Magnetismus« nannte. Diese Bezeichnung beruht offenbar auf einem Fehlverständnis des Wesens des physikalischen Magnetismus, der zu Mesmers Zeit den Physikern Rätsel aufgab. Diese unglückliche Bezeichnung hat zu vielen Mißverständnissen geführt. So war lange Zeit über im Volke der Glaube verbreitet, verschiedene schlafähnliche Zustände wie Trance, Hypnose und ähnliches, seien, ebenso wie die Kundgebungen parapsychischer Fähigkeiten, als Sättigung des menschlichen Körpers mit einem seltsamen, hypothetischen Fluidum zu erklären, das sich von einem Menschen auf den andern übertragen lasse und auch in verschiedenen Substanzen wie Wasser, Wachs usw. gespeichert werden könne.

Eine gewisse Unterstützung für Mesmers Lehre, daß ein besonderer »magnetischer« Zustand durch die Sättigung des Körpers mit dem »Magnetismus« einer anderen Person erreicht werden könne, schien sich aus späteren Veröffentlichungen von K. Reichenbach und C. de Rochas zu ergeben. Reichenbach ließ einzelne Personen stundenlang im Dunkeln stehen und forderte sie dann auf, Magnete, Kristalle, verschiedene Organismen und andere derartige Dinge zu beobachten. Die Betreffenden erklärten dann, einen bläulichen Schimmer oder kleine rötliche Flammen an einigen Teilen der beobachteten Gegenstände gesehen oder bei deren Berührung Kälte- oder Wärmeempfindungen gehabt zu haben. Solche Beobachtungen wurden als experimenteller Beweis für den »animalischen Magnetismus« hingestellt, der von Reichenbach einen neuen Namen erhielt: die Bezeichnung »od«, abgeleitet von dem altgermanischen Wort »Wodan«. De Rochas experimentierte mit in »magnetischen« Schlaf versetzten Versuchspersonen und suggerierte ihnen, daß ihr »od« in verschiedene Gegenstände überströme, so etwa in ein Glas Wasser oder ein Wachsfigürchen, und sich darin speichere. Dabei beobachtete er, daß Sinnesempfindungen der Versuchspersonen in diesen Gegenstand übergingen: Wenn er zum Beispiel mit einer Nadel in eine solche Wachsfigur stach, empfand die Versuchsperson den Schmerz in dem entsprechenden Teil ihres eigenen Körpers; oder, wenn er das Wasser aus einem solchen »aufgeladenen« Glas nach draußen in die Kälte schüttete, empfand die Versuchsperson die ganze Nacht über Kälteschauer.

Wir brauchen auf diese unrichtige Theorie vom »animalischen Magnetismus« nicht weiter einzugehen, wollen uns aber einer empirischen Beobachtung eines besonderen Zuges des »magnetischen Schlafes« zuwenden, der mit dem zu identifizieren ist, was wir in der heutigen Psychologie als Zustand der Hypnose bezeichnen. Es erwies sich, daß dieser »magnetische Schlaf« ein effektives Stimulans parapsychischer Fähigkeiten war. So beobachtete Mesmer selbst in diesem Zustand Phänomene des Hellsehens; er schrieb: »... bisweilen kann der Somnambule dank seinem inneren Sinne deutlich die Vergangenheit wie die Zukunft erkennen.« Er schenkte dieser Beobachtung aber keine besondere Beachtung. Als Entdecker der ASW im »magnetischen« Schlaf gilt DE PUYSÉGUR, der mehr oder weniger zufällig auf diese Entdeckung stieß. Eines Tages hatte er einen ungebildeten Bauern mit Namen Viktor Rasse nach dem Magnetisierverfahren behandelt; doch wider alle Erwartungen fiel der Mann nicht, wie die meisten Patienten, in ekstatische Krämpfe, sondern in einen schlafähnlichen Zustand (Somnambulismus), in dem er nicht mehr auf seine Umgebung reagierte; statt dessen begann er seine Krankheit zu beschreiben und Empfehlungen für die Art ihrer Heilung zu geben. Nach dieser Entdeckung begannen Puységur und andere Magnetiseure regelmäßig bei ihren Patienten ASW-Phänomene zu beobachten. Die Patienten pflegten im magnetisierten Zustand sowohl ihre eigene Krankheit als die anderer zu beschreiben und Empfehlungen für die Heilung zu geben; auch vollführten sie die Bewegungen, die der Magnetiseur in Gedanken von ihnen verlangte. Wenn der Magnetiseur sich selbst eine Verletzung beibrachte, empfand der Patient den Schmerz an der entsprechenden Stelle seines eigenen Körpers; und wenn er etwas in den Mund nahm, empfand auch der Patient den Geschmack dieses Gegenstandes.

Berichte von diesen Beobachtungen fielen bei Laien auf sehr fruchtbaren Boden, und zahlreiche Anhänger verbreiteten begeistert MESMERS Lehren. Zur Zeit Napoleons wurden in Frankreich und Deutschland zahlreiche Mesmerische Zirkel gegründet, und die Literatur über den »animalischen Magnetismus« wuchs rapide. Sogar »Fachzeitschriften« zu diesem Thema wurden herausgebracht, die jedoch meist rasch wieder eingingen. Beeindruckt durch die Popularität der Bewegung setzten die Französische Akademie der Wissenschaften und die Königliche Medizinische Akademie mehrere wissenschaftliche Ausschüsse zum Studium des animalischen Magnetismus ein; FRANKLIN und LAVOISIER waren, neben anderen hervorragenden Wissenschaftlern ihrer Zeit, Mitglieder eines der ersten dieser Ausschüsse. Einer erklärte ausdrücklich, er habe bei magnetisierten Somnambulen Fälle von »Sehen mit geschlossenen

Augen« und »Vorhersehen künftiger Ereignisse« beobachtet. Doch diese Beobachtungen gerieten in Vergessenheit. Das Hauptinteresse galt der Bewertung der Heilwirkungen der Magnetiseurpraktiken und der Existenz des angeblichen »magnetischen Fluidums«. Und diese beiden Behauptungen erfuhren keine Bestätigung. Die Ausschüsse fanden ganz im Gegenteil, daß sich kein magnetisches Fluidum nachweisen lasse und daß seine angeblichen Wirkungen nur Produkt der Einbildungskraft seien. Damit war der Mesmerismus als für die medizinische Wissenschaft wertlos erklärt. Doch die Zirkel blieben bestehen. In ihnen brachte man weiterhin Personen in einen »magnetischen« Zustand; in ihnen fanden sich viele ASW-Begabungen.

Nach 1841 wandte die medizinische Wissenschaft erneut ihre Aufmerksamkeit dem »animalischen Magnetismus« zu, aber nur unter einem begrenzten Aspekt: Es ging nun um die Erforschung des »magnetischen Zustandes« selbst. Die prominentesten der daran interessierten Ärzte waren in England JAMES BRAID (1795 bis 1860) und in Frankreich J. M. CHARCOT (1825 bis 1893) und A. A. LIÉBAULT (1823 bis 1904). Es wurde festgestellt, daß der schlafähnliche Zustand, für den die Bezeichnung »Hypnose« oder »hypnotischer Zustand« eingeführt wurde, auch auf andere Weise als durch die Praktiken von Magnetiseuren herbeigeführt werden kann und daß die Deutung dieses Phänomens keineswegs die Annahme eines »magnetischen« Fluidums erfordert. Damit hatte die wissenschaftliche Erforschung der Hypnose eingesetzt, die im Laufe von weniger als einem Jahrhundert dahin führte, daß die Hypnose ihre ursprüngliche »okkulte« Note verlor und in den Komplex unseres Wissens von der menschlichen Psychologie integriert wurde.

Im Laufe dieser Zeit wurden bei hypnotisierten Personen dann und wann ASW-Phänomene beobachtet, doch erregten sie keine besondere Aufmerksamkeit; Hauptgegenstand der Forschung waren nicht parapsychische Fähigkeiten, sondern die Suggestion und der hypnotische Zustand als solcher. Während das Interesse der Wissenschaftler sich auf die Erforschung des hypnotischen Zustandes, seiner Erklärung und seiner therapeutischen Anwendungen richtete, blieb das Studium parapsychischer Fähigkeiten in den Händen von Laien aus den Zirkeln der Magnetiseure. Die Lehren des animalischen Magnetismus verbreiteten sich rasch, wurden dabei aber immer mehr profaniert durch ein unkritisches Publikum und mit magischen und zauberischen Praktiken vermischt. Der Glaube an

Geister war derart verbreitet und viel diskutiert, daß man für diesen Problemkreis den neuen Terminus »Pneumatologie« einführte. Ungemein viele wundertätige »Magnetiseure« traten auf; aus der angeblichen Heilkraft des animalischen Magnetismus zogen sie ihren Nutzen. Ebenso viele hellsehende Somnambule tauchten auf und verdienten ihren Lebensunterhalt als Hellseher; ihre Fähigkeiten waren aber ebenso fragwürdig wie ihre moralischen Grundsätze. Sie nutzten jede Gelegenheit, um ein leichtgläubiges Publikum hinters Licht zu führen: sie sagten aus Spielkarten Glück voraus, weissagten die Zukunft und lasen das Schicksal der Menschen aus ihren Handlinien. Einige Persönlichkeiten mit echten parapsychologischen Fähigkeiten gingen unter in der Masse dieser Scharlatane. Bekannte Hellseher dieser Zeit waren ALEXIS DIDIER, MLLE. PIGEAIRE und MME. LENORMAND, die mit ihren Weissagungen selbst am Hofe Napoleons berühmt wurde.

In dieser Atmosphäre der Mitte des 19. Jahrhunderts, als die Bewegung des Mesmerismus in Europa längst ihren Höhepunkt überschritten hatte, entstand in Amerika der Spiritismus. Er brachte den Glauben an Geister, der in dieser Zeit so weit verbreitet war, in die konkrete Form einer neuen Geistesbewegung. Folgende Ereignisse standen an seiner Wiege: In der kleinen Stadt Hydesville im Staat New York lebte JOHN FOX mit zwei jungen Töchtern, Catharina (1841 bis 1892) und Margaret (1838 bis 1893). Eines Abends im Jahre 1847 hörten die Mädchen unerklärliche Laute: ein Knacken und Klopfen, das sich auch an den folgenden Tagen wiederholte. Sehr bald stellte man fest, daß das Klopfen einen verständlichen Sinn ergab. Isaak Port, ein Freund der Familie, kam auf die Idee, laut das Alphabet herzusagen und beim richtigen Buchstaben ein Klopfzeichen zu erbitten. Dadurch wurde es möglich, mit den Kräften, die dieses Klopfen verursachten und sich als »Geister« Verstorbener vorstellten, in Verbindung zu treten.

Verschiedene Gäste des Hauses kamen auf den Gedanken, die Klopfzeichen könnten sie auch über ihnen unbekannte Dinge informieren. So erhielt die Familie Fox angeblich die Botschaft, daß in ihrem Haus der »Geist« eines bestimmten Mannes, des Hausierers CHARLES RYAN, gegenwärtig sei. Der »Geist« erklärte, er sei getötet und im Hause begraben worden und wünsche, daß seine sterblichen Überreste richtig beigesetzt würden. Als man an dem angegebenen Platz im Keller des Hauses grub, wurde tatsächlich ein menschliches

Skelett gefunden. Verständlicherweise verursachten diese Ereignisse in der Nachbarschaft eine große Erregung. Im August 1848 siedelte die Familie Fox von Hydesville nach Rochester über. Gleich, wie diese Ereignisse zu beurteilen sein mögen, vielleicht sogar als echte Kundgebungen parapsychischer Fähigkeiten, die nur durch den weitverbreiteten Geisterglauben dramatisch entstellt wurden – in Rochester zog die Familie Fox unbedenklich Vorteile aus ihrer Popularität: Sie hielt öffentliche Vorführungen ab, bei denen ein Eintrittsgeld erhoben wurde wie in einem Zirkus, und immer mehr Neugierige strömten herbei, die das geheimnisvolle Klopfen von »Geistern« erleben wollten.

Diese zweifellos bedauerlichen Anfänge gaben den Anstoß zur raschen Verbreitung des Spiritismus in Amerika wie in Europa. Es bildeten sich Zirkel, in denen einzelne Personen – Medien – entdeckt wurden, die nach der »Magnetisierung« (oder auch ohne eine solche) in »Trance« fielen, das heißt, in einen schlafähnlichen Zustand wie die »Magnetisierten«. In diesen Zirkeln wurden verschiedenartige und sehr seltsame Phänomene beobachtet. Die »Klopfgeister« gehörten geradezu zum Programm, aber es gab noch andere Ereignisse: Musikinstrumente begannen zu spielen, ohne daß jemand sie berührte, und wenn die Teilnehmer einer Séance auf einem Tisch mit ihren Händen einen Kreis bildeten, begannen die Tische sich zu bewegen. In dieser mysteriösen Atmosphäre, die noch gesteigert wurde durch die Anwesenheit des in Trance befindlichen Mediums und – teilweise – durch völlig verdunkelte Räume, begannen die Hände der »Geister« sich zu »materialisieren«; bisweilen erschienen auch vollständige Geist-Gestalten. Fotografen machten auf Bestellung Aufnahmen der »Geister«. Die erregte Phantasie der Teilnehmer solcher Sitzungen entdeckte laufend neue Phänomene. Schließlich begannen »die Geister« durch den Mund des in Trance befindlichen Mediums zu sprechen.

Der Spiritismus mit seinen neuen Praktiken und neuen Theorien verbreitete sich mit großer Schnelligkeit. Bereits 1851 waren allein in New York an die 100 Medien tätig. 1870 gab es bereits zehn Millionen organisierter Spiritisten und 1890 an die 15 Millionen.

Dieser Erfolg beruhte zum Teil zweifellos darauf, daß eine Anzahl renommierter Persönlichkeiten (Schriftsteller, Universitätsprofessoren und Persönlichkeiten von politischem Einfluß) sich öffentlich zum Spiritismus bekannte und begann, sich aktiv zu beteiligen.

Zur besseren Erklärung einiger spezifischer Aspekte des Spiritualismus wollen wir ein wenig abschweifen und zunächst die Frage der Entpersönlichungen (depersonifications) und der motorischen Automatismen näher betrachten. Diese Phänomene gehören zunächst in den Bereich der Psychologie oder der Psychopathologie und nicht in den der Parapsychologie, spielen aber im Spiritismus eine große Rolle. Wir haben bereits im Einleitungskapitel die willensunabhängigen motorischen Reaktionen erwähnt, die jede starke Konzentration auf irgendeine Bewegung begleiten. So können wir im Alltagsleben, wenn wir entsprechend geübt sind, bisweilen sogar komplizierte Handlungen automatisch vollführen, ohne bewußte Konzentration: Wir gehen, spielen Klavier, schreiben auf der Schreibmaschine, lenken ein Auto, usw. Derartige unbewußte motorische Reaktionen gibt es auch in den Zuständen herabgesetzter Bewußtheit, zum Beispiel im Schlaf. Sie verlaufen in verschiedenen Formen – von gelegentlichen Bewegungen der Glieder oder Änderungen der Körperlage des Schlafenden bis zu einzelnen Fällen hoch koordinierter Reaktionen des ganzen Körpers, Reaktionen, die uns durch ihre Komplexität überraschen können. Als Beispiel für eine komplexe Handlung, die automatisch vollführt wurde, sei der Fall eines Arztes genannt, der nach der mühsamen Behandlung eines Patienten ermüdet einschlief, als er dringend zu einer Frau gerufen wurde, die unmittelbar vor der Niederkunft stand. Er suchte sie auf, sah sie und unternahm einen nicht alltäglichen komplizierten Eingriff: Er mußte das Kind in die normale Lage drehen. Außer einer gewissen Zerstreutheit konnte niemand etwas Ungewöhnliches an ihm beobachten. Dann kehrte er nach Hause zurück, legte sich wieder zu Bett und schlief weiter. Als er erwachte, wußte er nichts von der Geburtshilfe. Er erinnerte sich nur vage, geträumt zu haben, er sei zu einer vor der Niederkunft stehenden Frau gerufen worden.

Auch die Entpersönlichung (depersonification) gibt es in verschiedenen Graden von Vollständigkeit. Eine gewisse Form von Entpersönlichung erlebt jeder gute Schauspieler, wenn er sich genügend in seine Rolle eingelebt hat. Ungewöhnlichere Fälle, in denen ein Mensch sich über längere Zeit hin als eine andere Person fühlte, sind als psychiatrische Kuriosa geschildert worden. Nehmen wir den folgenden Fall als Beispiel: In der Stadt Greene lebte ein Farmer mit Namen Ansel Bourne. Nach einem Sonnenstich hatten sich sein Temperament und sein Charakter von Grund auf gewandelt. Er litt dauernd unter Kopfschmerzen, seelischen Depressionen und war vom Atheisten zu einem religiösen Prediger geworden. Am 17. Januar 1887 hob er einen Geldbetrag von der Bank ab, um eine Schuld zu begleichen, und stieg in einen Bus. Das war das letzte Ereignis, dessen er sich erinnern konnte. Dann verschwand er. Die Suche nach ihm blieb erfolglos, und die Polizei vermutete ein Verbrechen. Am 14. März 1887 erwachte in einer anderen Stadt, in Norristown, ein dort lebender und unter dem Namen A. J. Brown bekannter Mann und rief seine Nachbarn an, sie möchten ihm doch sagen, wo er sei. Dieser Mann war Anfang Februar nach Norristown gekommen, hatte hier ein Geschäft gemietet und ein völlig normales Leben geführt. Doch als er an diesem Märzmorgen aufwachte, kannte er Norristown nicht, wußte nichts von seinem Geschäft und erinnerte sich nur noch daran, am Tag vorher etwas Geld von der Bank abgehoben zu haben. 1890 wurde Bourne von W. James hypnotisiert. Im Zustand der Hypnose wurde er wieder Brown und gab genaue Auskunft darüber, was er nach seinem Verschwinden aus Greene getan hatte.

Wer je experimentell mit Hypnose gearbeitet hat, weiß, wie leicht es ist, im Zustand der Hypnose durch Suggestion eine Entpersönlichung hervorzurufen. Je nach dem Befehl des Hypnotiseurs fühlt sich der Empfänger der Suggestion einmal als alter Mann, ein andermal als kleines Kind, als betrunkener Seemann oder als Napoleon, der eine Schlacht lenkt. Dabei spielt er jedesmal seine Rollen vollkommen perfekt. Als Beispiel dafür, wie sehr eine hypnotisierte Person fähig ist, sich die ihr suggerierte Rolle zu eigen zu machen, möchten wir eine Begebenheit berichten, die von C. Richet erzählt wird, der einmal einem Hypnotisierten suggerierte, er sei ein Papagei. Als er ihn dann fragte, weshalb er ein so trauriges Gesicht mache, antwortete der Hypnotisierte, der sich völlig in die Rolle eines Papageis eingefühlt hatte, ihm genüge das Futter nicht, das ihm in seinen Käfig gebracht werde.

Die Trance eines spiritistischen Mediums kann als Sonderform des hypnotischen Zustandes betrachtet werden. Dieser Zustand ist für das Eintreten automatischer Reaktionen, die in einem suggerierten Zustand der Entpersönlichung ausgeführt werden, besonders günstig. Das Medium spielt in seiner Trance die suggerierte Rolle eines inkarnierten »Geistes« und stellt positiv den »Geist« dar.

Dieser Zusammenhang mag uns heute klar und ganz natürlich

vorkommen; er wurde aber in den Anfängen des Spiritismus keineswegs so klar erkannt. Die Teilnehmer an spiritistischen Sitzungen waren überrascht, wenn sie sahen, wie die Medien sich in ihrem Trancezustand wie vollkommen andere Personen verhielten und, nach den äußeren Anzeichen zu urteilen, wirklich andere Persönlichkeiten waren. Wenn es aufwachte, erinnerte das Medium sich nicht an die Rolle, die es im Trancezustand gespielt hatte. Die Art und Weise, wie das Medium seine suggerierte Rolle bis in die Einzelheiten spielte, bewog die Beobachter leicht zur Annahme der spiritistischen Erklärung des Phänomens. Es wird sogar von Fällen berichtet, in denen Medien in Trance Bilder malten oder literarische Werke diktierten, die unbestreitbar einen gewissen künstlerischen Wert besaßen und prompt als Werke von »Geistern« ausgegeben wurden, die sich des Mediums als Werkzeug bedient hatten.

Natürlich erhoben auch schon in der Anfangszeit des Spiritismus verschiedentlich Wissenschaftler ihre Einwände gegen die spiritistische Deutung der beobachteten Phänomene. Sie wiesen Chevreul und Faraday auf die Möglichkeit hin, daß unbewußte Bewegungen zweifellos nicht selten die außer-parapsychische Ursache der Bewegungen von Tischen in der emotional hochgespannten Atmosphäre spiritistischer Séancen bildeten: Die Teilnehmer drückten ihre Hände auf den Tisch, der, ohne daß sie dies beabsichtigten, sich durch ihre angestrengte Konzentration bewegte; sie selbst erlebten diese Bewegung, als sei es der Tisch, der gegen ihre Hände drücke. Es war ein unglücklicher Umstand, daß der Spiritismus am meisten unter einfachen Leuten verbreitet war, denen genügende Kritikfähigkeit und wissenschaftliche Bildung fehlten. So legte man der Kritik gegenüber zu wenig Wert auf den Beweis der Echtheit der beobachteten Phänomene, und der Spiritismus stellte im wesentlichen über gewisse Erfahrungsvorgänge unerwiesene Behauptungen auf. Das heißt: Diese Vorgänge wurden durch die Annahme erklärt, sie seien durch den weiterlebenden »Geist« Verstorbener hervorgerufen, die durch Medien mit den Lebenden verkehrten.

Dabei ergab sich natürlich eine gewisse Komplikation: Was man beobachten konnte, waren einige ungewöhnliche, aber rein psychische Phänomene mit einer Beimischung von Elementen, die heute Gegenstand der Parapsychologie sind. Das richtige Verfahren wäre gewesen, die tatsächlichen Beobachtungen in den Vordergrund zu stellen, sie phänomenologisch zu analysieren, die psychischen von den parapsychischen Phänomenen zu trennen und die Phänomene eins nach dem anderen zu prüfen. Leider war dies zur damaligen Zeit allein schon deshalb nicht möglich, weil es noch nicht einmal die Psychologie als unabhängige Wissenschaft gab. Mit Schlußfolgerungen hätte man sehr vorsichtig sein müssen. In manchen Fällen waren die Phänomene zweifellos durch unwillkürliche Bewegungen oder auch durch Betrug zustande gekommen. Das besagt aber keineswegs notwendig, das dies *immer* der Fall war. Andererseits ist es kein ausreichender Beweis für die Existenz solcher Geister, wenn die Medien von ihnen sprechen, ihre Existenz behaupten und sich entsprechend verhalten.

Natürlich war eine solche kritische Analyse der sich ergebenden Probleme von der großen Mehrheit der Anhänger des Spiritismus nicht zu erwarten. Sie wählten den leichteren Weg, indem sie sich mit unbegründeten Theorien zufriedengaben, die Lehre betonten und die ganze Bewegung zu einer Art Religion machten. Es entwickelten sich zwei Hauptströmungen, die sich in einigen Einzelheiten unterschieden: die angelsächsische (Gründer ANDREW JACKSON DAVIS, 1826 bis 1910) und die französische (Gründer HIPPOLYTE RIVAIL, 1803 bis 1869, besser bekannt unter dem Pseudonym ALLAN KARDEC). Spiritistische Sitzungen, die Veranstaltungen zum Zweck einer Art von wissenschaftlichen Experimenten hätten werden können, wurden so mehr soziale Vorgänge in geschlossenen Kreisen, in denen die Anwesenheit des in Trance befindlichen Mediums eine spürbar geheimnisvolle Atmosphäre schuf. Die war gerade das, was der Mentalität der Leute entsprach, die eine – oftmals sehr naive – Plauderei mit den Geistern ihrer verstorbenen Verwandten oder Freunde führen wollten.

So weckte der Spiritismus eine Frage, die er nicht lösen konnte und die mit der Annahme der Existenz einer Gruppe neuer und seltsamer Phänomene verbunden war. Doch stellte er dieses Problem in einer so eindringlichen Form, daß es das Interesse mancher Wissenschaftler zu erregen begann. Außerdem bot er als Massenbewegung mit mehreren Millionen von Anhängern ein reiches Reservoir von Personen, die von Wissenschaftlern als angeblich mit parapsychischen Fähigkeiten Begabte geprüft werden konnten. Die große Mehrzahl der Personen, die in der Frühphase der wissenschaftlichen Erforschung parapsychischer Phänomene überprüft wurden, stammte aus den Kreisen der spiritistischen Medien. Dieser

Umstand hatte auch seine unerfreuliche Seite. Den spiritistischen Medien fehlte nicht selten das Verständnis für die Erfordernisse wissenschaftlicher Forschung und häufig auch die ethische Voraussetzung. Sie machten ihre – tatsächlichen oder angeblichen – Fähigkeiten zu einer ergiebigen Einkommensquelle. Sie machten die Séancen zu Varieté-Shows, ganz wie ihre Ahnen, die Geschwister Fox: Eine eindrucksvolle Atmosphäre, gedämpftes Licht, die gespielte Notwendigkeit, mysteriöse Zeremonien vorzunehmen – das alles bildete einen günstigen Rahmen für Betrug jeder Art. Mit der Zeit erschien eine ganze Literatur, die üble Täuschungsmanöver professioneller Medien enthüllte. Die Täuschung gelang am leichtesten im Bereich paraphysikalischer Phänomene, weil hier die Beobachtungsbedingungen bedeutend schwieriger waren als bei der Erforschung der ASW. So wurden Jahrzehnte angestrengter Bemühungen, die Wahrheit über parapsychische Phänomene zu erfahren, mit der Sisyphosarbeit vertan, die Tricks betrügerischer Medien zu enthüllen.

Zu Anfang der spiritistischen Bewegung wurden zur Abwehr der Kritik Chevreuls vereinzelte Versuche unternommen, den echt parapsychischen Charakter zumindest einiger Phänomene des Tischrükkens bei spiritistischen Sitzungen zu beweisen. So bestrichen A. de Gasparin und M. Thury, Professor der Physik an der Universität Genf, die Tischplatte mit Mehl, um beweisen zu können, daß die Hände der Teilnehmer den Tisch nicht berührten. R. Hare, Professor der Chemie an der Universität von Pennsylvania, wollte die Übertragung mechanischer Kräfte von den Händen der Sitzungsteilnehmer dadurch verhindern, daß er sie von der Tischplatte trennte mit Hilfe eines frei auf kupfernen Kugeln ruhenden Brettes.

Als erster Pionier einer wissenschaftlichen Erforschung parapsychischer Phänomene gilt der Physiker und Chemiker WILLIAM CROOKES (1832 bis 1919). Seine bedeutendste Leistung auf diesem Gebiet ist die Untersuchung der telekinetischen Phänomene, die von D. D. HOME (1833 bis 1886), dem berühmtesten Medium dieser Zeit, produziert wurden. Crookes' methodischer Beitrag bestand in der Einführung eines mechanischen Meßinstrumentes, des sogenannten Dynamometers, zur Messung wirkender Kräfte. Es war so konstruiert, daß es auch die Änderungen im zeitlichen Ablauf der wirkenden Kräfte in einer bleibenden Aufzeichnung graphisch registrieren konnte. Leider waren diese Experimente allzu vereinzelt und konnten die wissenschaftliche Öffentlichkeit nicht überzeugen.

Gegen Ende des 19. Jahrhunderts war eine erhebliche Verlagerung des Schwerpunktes des Interesses zu beobachten: Es gab zwar immer noch Medien, die paraphysikalische Phänomene zeigten, von denen vor allem die Italienerin Eusapia Palladino (1854 bis 1918) Berühmtheit erlangte, aber das Interesse der Wissenschaftler wandte sich nunmehr dem zu, was wir heute außersinnliche Wahrnehmung (= ASW) nennen. Hier gestattete die Art der erforschten Phänomene eine stärkere und zuverlässigere Sicherung gegen Betrugsversuche der Medien.

Das Auftreten des englischen Physikers William Barrett auf der Versammlung der Britischen Gesellschaft für den wissenschaftlichen Fortschritt im Jahre 1876 war das typische Wagnis eines Pioniers: Er berichtete bei dieser Gelegenheit von seinen Experimenten, in denen ein Mädchen unter Hypnose mit relativ gutem Erfolg Karten, die zwischen die Seiten eines Buches gelegt worden waren, identifizierte, den Geschmack verschiedener Stoffe beschrieb, die der Hypnotiseur schmeckte, und dergleichen. Doch dieser Bericht wurde mit Mißtrauen aufgenommen.

Die organisierte Erforschung parapsychischer Phänomene begann erst 1882, als die Society for Psychical Research (= SPR), die Gesellschaft für (para-)psychische Forschung, in London gegründet wurde. Ihre Gründer waren eine Gruppe hervorragender Gelehrter ihrer Zeit, Universitätsprofessoren aus Cambridge, von denen Henry Sidgwick (1838 bis 1900), Mrs. Sidgwick (1845 bis 1936) und F. W. H. Myers (1843 bis 1901) die größten Verdienste erwarben. Eine beträchtliche Anzahl bedeutender Persönlichkeiten, u. a. die Physiker William Crookes, William Barrett und Oliver Lodge, der Physiologe Charles Richet, der Philosoph Henri Bergson, der Astronom Camille Flammarion, der Psychologe William McDougall, der Biologe Hans Driesch und viele andere beteiligten sich an der Arbeit der Gesellschaft, die für Jahrzehnte die führende Rolle in der Erforschung parapsychischer Phänomene spielte. Dem Beispiel dieser Gesellschaft folgend gründete man verschiedene ähnliche wissenschaftliche Gesellschaften – zuerst in den USA die American Society for Psychical Research im Jahre 1884, in den nächsten Jahren in den verschiedenen europäischen Ländern weitere.

Die Frage, der die Wissenschaft sich gegenübergestellt sah, läßt sich in folgende Punkte fassen: 1. Es liegt eine große Anzahl von Berichten vor, daß manche Menschen gelegentlich seltsame Spontanerlebnisse haben, wie Träume, Vorahnungen usw., für die sie keine Erklärung geben können und die ihnen Information über räumlich und zeitlich fernliegende Ereignisse zu übermitteln scheinen, die ihnen auf normalem Weg unzugänglich ist. 2. Ähnliche Berichte kommen auch aus Spiritistenzirkeln: Außer angeblichen phantastischen Phänomenen physikalischer Art gibt es Fälle – und gegenwärtig offenbar recht häufig –, daß ein Medium irgendwie fähig ist, Information zu geben über Ereignisse, die offenbar allen Anwesenden wie auch dem Medium selbst unbekannt sind. 3. All diese Aussagen wurden bisher nicht in ausreichender Weise geprüft. Sie kommen oft genug vor, um Interesse zu wecken und Erklärung zu verlangen; zugleich sind sie so außergewöhnlich, daß sie nicht ohne eine besonders strenge Untersuchung und Prüfung als wahr anerkannt werden können. 4. Der bis auf diesen Tag einzige systematische Versuch zu ihrer Erklärung ist die absurde und unerwiesene Annahme der Spiritisten, sie seien von »Geistern« Verstorbener verursacht.

Die erste Aufgabe einer ernsthaften Erforschung bestand demnach darin, festzustellen, ob diese angenommenen Phänomene überhaupt existieren. Hierzu gab es seinerzeit zwei Wege: 1. Die Sammlung und Untersuchung von Berichten über spontane Phänomene. 2. Die Organisation von Versuchen mit Personen, die angeblich solche Fähigkeiten in höherem Maße besaßen, wie zum Beispiel spiritistische Medien.

Die in der SPR zusammengeschlossenen Wissenschaftler begannen daraufhin Berichte von spontanen Manifestationen parapsychischer Fähigkeiten zu sammeln. Einige dieser Berichte waren in Autobiographien berühmter Männer zu finden, die überwiegende Mehrzahl aber war nur durch speziell zu diesem Zweck durchgeführte Ermittlungen zu erhalten. Man forderte öffentlich jedermann auf, zu berichten, ob er in seinem Leben Ereignisse beobachtet habe, die parapsychischer Art gewesen sein könnten; die eingegangenen Antworten wurden verifiziert und untersucht.

Die erste bedeutendere Untersuchung spontaner Phänomene unternahm W. Barrett in den Jahren 1876 bis 1882. Die SPR legte eine umfassende Sammlung spontaner Fälle an. 1886 erschien ein umfangreicher Bericht mit 882 sorgfältig geprüften Einzelfällen, die möglicherweise alle als Fälle von Telepathie zu erklären waren. Zu dieser Zeit ging es der Forschung ausschließlich um die Bestätigung der reinen Existenz dieser Phänomene. Der Erforschung der Umstände, unter denen sie eintraten, wurde nur wenig Aufmerksamkeit gewidmet. Doch eine interessante Entdeckung trat dabei zutage: die spontanen Fälle von ASW ereigneten sich überwiegend unter Verwandten oder engen Freunden. Nur in vier Prozent aller Fälle waren telepathische Beziehungen zwischen einander Unbekannten zu verzeichnen. Diese ersten Sammlungen warfen aber auch die Frage auf, ob es sich bei den beobachteten Fällen nicht nur um ein zufälliges Zusammentreffen von ungewöhnlichen Erfahrungen und einem tatsächlichen Ereignis handelte, also Fälle, die fälschlich als Beispiele von Telepathie gedeutet worden waren. Aus diesem Grunde wurde eine Erhebung über Halluzinationen im Bevölkerungsdurchschnitt durchgeführt. Man befragte zahlreiche Leute, ob sie in ihrem Leben im normalen Wachzustand jemals halluzinatorische Erlebnisse gehabt hätten. Auf diese Weise kam man zu einem Schätzwert der Häufigkeit solcher Erlebnisse in der Bevölkerung, und es wurde sogar möglich, einen Schluß auf die Wahrscheinlichkeit echter Halluzinationen zu ziehen. Beim Vergleich der auf diese Weise gewonnenen Angaben mit den Fällen echter Erlebnisse, die bei öffentlichen Umfragen berichtet worden waren, stellte sich heraus, daß letztere bedeutend häufiger vorkamen als dies der Fall gewesen wäre, hätte es sich um rein zufällige Erklärungen gehandelt.

In späteren Jahren wurden weitere Sammlungen spontaner Phänomene von Podmore, Myers, Flammarion, Richet und in neuerer Zeit mit Mrs. Sidgwick und vielen anderen veröffentlicht. Es dürfte nicht uninteressant sein, hier einige Beispiele solcher Spontanfälle zu zitieren und damit ihre Verschiedenartigkeit zu veranschaulichen. Wir werden sehen, daß sie sehr oft im Schlaf oder in Zuständen verminderter psychischer Tätigkeit: geistiger Entspannung, Ermüdung, Fieber usw. – vorkommen. Bisweilen sind diese Erlebnisse genaue Reproduktionen tatsächlicher Ereignisse, viel häufiger aber sind sie wie eine Art künstlerischer Gemälde wirklicher Ereignisse: die Wirklichkeit wird phantastisch verzerrt oder symbolhaft ausgedrückt, wie dies besonders oft in Träumen der Fall ist.

J. W. Goethe berichtet zum Beispiel in seiner Autobiographie »Dichtung und Wahrheit« von seinem Großvater:

»Was jedoch die Ehrfurcht, die wir für diesen würdigen Greis empfanden, bis zum höchsten steigerte, war die Überzeugung, daß derselbe die Gabe der Weissagung besitze, besonders in Dingen, die ihn selbst betrafen. Zwar ließ er sich gegen niemanden als gegen die

Großmutter entschieden und umständlich heraus; aber wir alle wußten doch, daß er durch bedeutende Träume von dem, was sich ereignen sollte, unterrichtet werde. So versicherte er z. B. seiner Gattin, zur Zeit als er noch unter die jüngeren Ratsherren gehörte, daß er bei der nächsten Vakanz auf die Schöffenbank zu der erledigten Stelle gelangen würde. Und als wirklich bald darauf einer der Schöffen vom Schlag gerührt starb, verordnete er am Tag der Wahl und Kugelung, daß zu Hause im stillen alles zum Empfang der Gäste und Gratulanten solle eingerichtet werden, und die entscheidende goldene Kugel ward wirklich für ihn gezogen. Den einfachen Traum, der ihn hievon belehrt, vertraute er seiner Gattin folgendermaßen: Er habe sich in voller gewöhnlicher Ratsversammlung gesehen, wo alles nach hergebrachter Weise vorgegangen; auf einmal habe sich der nun verstorbene Schöff von seinem Sitz erhoben, sei herabgestiegen und habe ihm auf eine verbindliche Weise das Kompliment gemacht: er möge den verlassenen Platz einnehmen, und sei darauf zur Tür hinausgegangen.

Etwas Ähnliches begegnete, als der Schultheiß mit dem Tode abging…« Goethes Großvater wußte im voraus, daß er zum Bürgermeister gewählt werden würde.

Hier ein paar weitere Fallbeispiele, über die im Laufe der Jahre berichtet wurde: Der große russische Denker M. W. Lomonossow sah einmal im Traum, daß sein Vater, ein Fischer, als Schiffbrüchiger auf eine unbewohnte Insel im Eismeer verschlagen worden war. Dieser Traum brachte ihn sehr in Erregung. Er selbst war nicht in der Lage, seinen Vater zu retten. Nach unsäglichen Mühen gelang es ihm, eine Gruppe ihm bekannter Fischer dazu zu bewegen, daß sie zu dieser Insel segelten. Dort fanden sie tatsächlich den Leichnam von Lomonossows Vater.

Professor DuBois-Reymond von der Universität Berlin erzählte seinen Studenten häufig von einem ihm bekannten Arzt, der eine an einer ernsthaften Darmerkrankung leidende Frau behandelte. Zweimal träumte er des Nachts, er lese eine Abhandlung über ein medizinisches Mittel gegen die Krankheit dieser Frau auf einer bestimmten Seite einer Broschüre. Es gelang ihm, das Rezept zu entziffern, und die Frau wurde gesund. Ein Jahr später stieß er zufällig auf eine eben erschienene Broschüre, in der er wirklich diese Seite mit einer Empfehlung des betreffenden Mittels fand, das er der Frau verordnet hatte.

Beim Studium fossiler Fische hatte der Zoologe A. Agassiz einige Schwierigkeiten mit der Klassifizierung eines Fisches, von dem ihm nur ein schwacher Abdruck auf einem Schieferstück vorlag. Drei Nächte nacheinander erwachte er aus dem Schlaf mit dem Gefühl, er habe seine Aufgabe gelöst, doch konnte er sich zweimal nicht der Einzelheiten entsinnen. Erst nach der dritten Nacht gelang es ihm, aus dem Gedächtnis eine Skizze der fehlenden Teile des versteinerten Fisches, so wie er sie in seinem Traum gesehen hatte, aufzuzeichnen. Am folgenden Tag, als er mehrere Stücke der Tafel abhob, kamen einige bisher verborgene Teile des Fisches zutage, die mit der Zeichnung übereinstimmten, welche er nach seinem Traumbild gemacht hatte.

Als Mr. H. noch ein kleiner Bub war, fuhr er einmal per Schiff nahe an Java vorbei. Er fiel ins Wasser und wäre beinahe ertrunken. Doch ehe er das Bewußtsein verlor, hatte er noch die Kraft zu rufen: »Mama!« Als er wieder zu sich gekommen war, erinnerte er sich, daß er, als er in den Wellen um sein Leben kämpfte, seine Mutter, seine Brüder und seine Schwestern in England vor sich gesehen hatte. Später stellte sich heraus, daß er sie in einer Situation gesehen hatte, in der sie sich zu diesem Augenblick tatsächlich befanden. Der dabei auftretende Zeitunterschied entsprach dem Unterschied in der geographischen Breite. Als er nach Hause zurückgekehrt war, erfuhr er, daß seine Mutter im kritischen Augenblick seine Stimme gehört hatte.

Die Frau von Mr. H. träumte wiederholt von einem Haus, das sie, samt seiner Inneneinrichtung, schließlich vollständig beschreiben konnte; doch wußte sie nicht, wo dieses Haus stand. Einige Zeit später mietete Mr. H. für einige Monate ein Haus. Als er in Abwesenheit seiner Frau die Mietbedingungen aushandelte, erzählte die Vermieterin ihm, in einem der Räume gehe von Zeit zu Zeit eine weibliche Gestalt um. Als Mrs. H. eintraf, erkannte sie das Haus ihrer Träume und die Vermieterin erkannte in ihr die in dem Haus erscheinende Gestalt.

Der Pianist Friedberg wandte sich als Student eines Tages an seinen Lehrer, um ihm eine Komposition, die ihm in der vergangenen Nacht eingefallen war, zur Beurteilung vorzulegen. Der überraschte Lehrer zeigte ihm daraufhin das Manuskript seiner eigenen Komposition, die er in derselben Nacht niedergeschrieben hatte und die inhaltlich mit Friedbergs Komposition identisch war.

Mr. K. fühlte sich eines Tages getrieben, den Friedhof von Greenwood, etwa zehn Meilen von New York entfernt, zu besuchen. Weder er noch irgendein Mitglied seiner Familie war je dort gewesen. Der Weg dorthin war weit und schwierig zu finden. Als er auf dem Friedhof ankam, fand er seinen Vater dort, der der Exhumierung eines Mitgliedes der Familie beiwohnte. Der Brief, in dem sein Vater ihn gebeten hatte, zu diesem unerwarteten Ereignis zu kommen, hatte ihn nicht erreicht. Mr. K. kam genau zu der in diesem Brief angegebenen Stunde an.

Als sie etwa zehn Jahre alt war, machte Mrs. B. einen Spaziergang auf einem Feldweg. Da hatte sie mit einmal eine Erscheinung: Sie sah ihre Mutter wie leblos auf dem Boden eines Zimmers ihres Hauses liegen. Sie berichtet, diese Erscheinung habe mehrere Minuten angedauert; während dieser Zeit habe sie den Eindruck gehabt, ihre reale Umwelt sei verschwunden. Danach begann die Erscheinung zu verschwinden, und ihre wirkliche Umgebung wurde allmählich wieder sichtbar – zuerst unbestimmt, dann deutlich. Sie war völlig sicher, daß sie etwas Wirkliches gesehen hatte; so lief sie, anstatt nach Hause zu gehen, zuerst zum nächsten Arzt. Als sie mit dem Arzt in ihrer Wohnung ankam, führte sie ihn in das Zimmer, das sie bei ihrer Erscheinung vor sich gesehen hatte. Und dort lag ihre Mutter so, wie sie sie gesehen hatte! Die Mutter, die bei voller Gesundheit gewesen war, als sie weggegangen war, hatte ganz plötzlich eine Herzattacke gehabt, und nur das rechtzeitige Eintreffen des Arztes rettete ihr das Leben.

Nach der großen Anzahl der bei den Umfragen mitgeteilten Fälle zu urteilen, die den oben dargestellten mehr oder weniger ähnlich sind, müssen spontane parapsychische Phänomene recht häufig vorkommen. Vielleicht kann jeder irgendein Ereignis dieser Art, entweder aus seiner eigenen Erfahrung oder aus der Erfahrung seiner Freunde, berichten. Doch die Analysen dieser Berichte machten größere Schwierigkeiten, als es auf den ersten Blick den Anschein hatte. Die ersten Untersuchungen spontaner Phänomene wurden in der Absicht durchgeführt, die tatsächliche Existenz parapsychischer Phänomene nachzuweisen. Das erforderte eine sorgfältige Überprüfung jedes einzelnen Berichts. Denn einmal legen spontane ASW-Phänomene allein schon durch ihre Eigenart – da wir ja jeden Fall einzeln betrachten – immer die Möglichkeit nahe, daß es sich um reinen Zufall handelt. Doch die Hauptursache für Schwierigkeiten liegt darin, daß jeder Bericht über ein spontanes parapsychisches Phänomen für gewöhnlich der Bericht eines Laien über ein persönliches Erlebnis ist, in der Regel basierend auf einer ganz vereinzelten, völlig unvorhergesehenen Beobachtung. Die Überzeugungskraft eines solchen Berichtes ist unter Berücksichtigung dessen zu bewerten, was wir aus der Psychologie der Wahrnehmung und des Zeugenberichtes wissen.

Manche Berichte können Erfindung sein; doch sind solche Fälle absichtlichen Betruges bei Berichten von Spontanphänomenen nicht besonders zahlreich. Sehr häufig dagegen sind die Fälle, in denen der Berichterstatter seine Information unbeabsichtigt verändert in dem Bestreben, sie ansprechender und spannender zu machen. Dabei betont er ganz unwillkürlich die parapsychischen Züge des Phänomens. Nehmen wir den Fall einer Mutter, deren Sohn im Krieg ist. Natürlich kann sie in jedem Augenblick seinen Tod erwarten. Voller Angst denkt sie an diese Gefahr, und diese Angst kann sogar zu einem Traum führen, der ihr zu sagen scheint, daß ihr Sohn stirbt. Ist dies in Wirklichkeit nicht der Fall, so übergeht sie stillschweigend den Traum und vergißt ihn. Fällt ihr Sohn aber zufällig – etwa zum Zeitpunkt des Traumes –, so mißt die Mutter dem Traum eine parapsychische Bedeutung bei und erzählt, voll Ergriffenheit ihres Sohnes gedenkend, den Traum ihren Freunden. Der Erzähler hat immer die Tendenz, die Bedeutung von Tatsachen, die seine eigene Auffassung bestätigen, besonders zu beachten, sie zu überschätzen.

Mitunter wird der parapsychische Charakter eines Erlebnisses angenommen, weil man es falsch interpretiert. Fälle, in denen verschiedene Personen ähnliche gedankliche Vorgänge erleben, können damit zu einer Imitation von Telepathie werden. Menschen, die lange Zeit zusammenleben, wie etwa alte Ehepaare, erleben es häufig, daß sie zugleich dasselbe Wort aussprechen wollen oder plötzlich denselben Gedanken haben und dergleichen mehr. Diese Ereignisse aber lassen sich als gleichartige Reaktionen verwandter Seelen auf zufällig gemeinsam wahrgenommene Reize erklären. Eine solche Gleichartigkeit von Reaktionen kann es auch unter Fremden geben. Wenn wir ein Kind auffordern, irgendeine Farbe zu nennen, nennt es für gewöhnlich Rot; wenn man Menschen auffordert, eine einstellige Zahl zu nennen, nennen die meisten drei oder sieben; und wenn sie eine geometrische Figur nennen sollen, ist es in den meisten Fällen ein Kreis oder ein Quadrat. Wird diese Auswahl unabhängig von zwei oder mehr Personen getroffen, so entsteht der Eindruck einer erfolgreichen telepathischen Übertragung.

Aber nennen wir noch ein anderes Beispiel: ein Traum, der ein Ereignis anzukündigen scheint, das in der Zukunft tatsächlich eintritt. Ehe wir hierbei an einen Fall von ASW denken – das heißt: bei unserem Beispiel an einen Fall von Präkognition –, müssen wir nachweislich außerparapsychische Gründe ausschließen, die den parapsychischen Charakter des Phänomens simulieren könnten. Nennen wir einige Beispiele solcher Gründe: 1. Bisweilen ist das Zusammentreffen von Traum und Wirklichkeit nur zufällig, wie in dem oben entwickelten Beispiel einer Mutter, die ihren Sohn im Krieg verloren hat. 2. Träume können als Manifestationen verschiedener Wünsche und Neigungen auftreten, die dann in einer natürlichen Weise ihre Erfüllung finden (als Folgen des Verhaltens der Person, die diesen Traum hatte). 3. Ein Traum kann auch aus einer vorhergehenden Überlegung über zukünftige Ereignisse entstehen; das erwartete Ereignis, das im Traum dargestellt worden ist, wird dann Wirklichkeit und schafft damit den Eindruck der Erfüllung des Wahrtraumes. 4. Mitunter kann der Traum als Folge unterbewußter Reize entstehen, die zu schwach sind, um bewußt erlebt zu werden, aber auf einer unbewußten Ebene wirksam werden können. Nehmen wir das Beispiel eines Mannes, der träumt, er habe ein Geschwür an seinem Bein, das er tatsächlich einen oder zwei Tage später bekommt. In diesem Falle können wir annehmen, daß der Traum durch pathologische Veränderungen in den Geweben des Beines hervorgerufen worden ist, die bereits zur Zeit des Traumes vorhanden waren, aber noch nicht als bewußt erlebter Schmerz in Erscheinung traten. Wir sehen, daß das unkontrollierbare Wesen spontaner Phänomene ständig die Gefahr übereilter und falscher Schlüsse heraufbeschwört. Daher legten die Autoren der ersten Sammlungen von Berichten spontaner Phänomene die Hauptregeln fest, die bei der Beurteilung der Zuverlässigkeit eines Berichtes von spontanen parapsychischen Phänomenen zu beachten sind:

1. Weiter zurückliegende Erlebnisse müssen von vornherein ausgesondert werden, da bei ihnen die Gefahr von Irrtümern durch Gedächtnisfehler und einer Entstellung durch häufiges Erzählen besonders groß ist.
2. Es ist ratsam, Berichte aus zweiter oder dritter Hand auszuschließen.

3. Berücksichtigt werden können nur Berichte von solchen präkognitiven Erfahrungen, die vor ihrer Erfüllung detailliert niedergeschrieben oder einer vertrauenswürdigen Person berichtet worden sind. Andernfalls besteht die Gefahr, daß der Erzähler unwillkürlich Einzelheiten des Erlebnisses unbewußt so verändert, daß sie besser mit dem nachträglich eingetretenen, tatsächlichen Ereignis übereinstimmen.
4. Der Bericht von der Erfüllung muß genauso sorgfältig überprüft werden wie der Bericht über das Erlebnis. Der Erzähler kann dahin tendieren, den Zeitpunkt der Erfüllung zu verschieben oder andere Einzelheiten des tatsächlichen Ereignisses anzupassen, damit sie besser mit dem Erlebnis übereinstimmen.
5. Man muß sich nachweislich vor der Möglichkeit sichern, daß die Person, die spontane ASW-Erlebnisse hatte, das tatsächliche Ereignis nicht auf dem gewöhnlichen Weg erfahren konnte.
6. Ebenso ist es notwendig, die Zuverlässigkeit des Beobachters zu überprüfen, um sich vor Irreführungen und Irrtümern ungeeigneter Beobachter zu schützen.
7. Berichte von Beobachtungen müssen auch vom Standpunkt der Wahrnehmungspsychologie aus gewertet werden; Beobachtungen, auf deren Eintreffen der Beobachter vorbereitet war, sind als glaubwürdiger anzusehen als Beobachtungen von Phänomenen, die für ihn überraschend eintraten.

Der zweite Weg der Forschung, den die ersten Forscher der Londoner SPR einschlugen (und nach ihnen auch andere Forscher), bestand in dem Bemühen, solche Personen näher zu beobachten, bei denen häufiger parapsychische Phänomene auftraten. Dadurch erhielten die Forscher die Möglichkeit, bei dem Ereignis, das sie erforschen wollten, persönlich anwesend zu sein, während sie beim Studium von Spontanphänomenen vom Zeugnis anderer Beobachter abhängig blieben, die häufig nicht genügend qualifiziert waren. Zu der Zeit, von der wir sprechen – also gegen Ende des 19. und Anfang des 20. Jahrhunderts –, waren häufig spiritistische Medien Studienobjekte. Selbst hier aber konnte nicht eigentlich von experimenteller Forschung die Rede sein, obwohl wegen des häufigeren Auftretens der erforschten Phänomene die Beobachtungsbedingungen in gewissem Umfang besser waren als beim Studium der Spontanphänomene. Die eigentlichen Schwierigkeiten nämlich waren nicht beseitigt. Die Experimente wurden für gewöhnlich so durchgeführt, daß der Forscher zu dem spiritistischen Zirkel Zugang bekam und zusammen mit ihm an der »Beschwörung der Geister« teilnahm. Dabei hatte er sich den aus der Gewohnheit entstandenen Bräuchen und Zeremonien anzupassen und im übrigen zu warten, bis die »Geister« durch Vermittlung des Mediums zu sprechen geruhten. Das Eintreten der Phänomene stand nicht unter seiner direkten Kontrolle; er konnte nur Fragen stellen, doch die Phänomene, die untersucht werden sollten, behielten weithin ihren spontanen Charakter, da ihr Eintreten von der – häufig sehr launenhaften – Psyche des Mediums abhängig war. Die grundlegende Versuchsform sah folgendermaßen aus: Irgendein Gegenstand wurde dem Medium vorgelegt, vorzugsweise einer, der einer inzwischen verstorbenen Person gehört hatte; dann mußten die Sitzungsteilnehmer warten, was die »Geister« durch das Medium über diesen Gegenstand sagten. Bisweilen wurden dabei, je nach der speziellen Eigenart des betreffenden Mediums, unterschiedliche Kommunikationsformen anstelle des gesprochenen Wortes verwendet, so zum Beispiel automatisches Schreiben, das heißt: das Medium konzentriert sich, mit einem Stück Papier und einem Federhalter in der Hand; plötzlich beginnt seine Hand ohne sein eigenes Zutun die Mitteilung niederzuschreiben. Oder es wurde auch eine Planchette verwendet, also ein Brettchen in Form eines dreiarmigen Kreuzes mit einem daran befestigten Anzeiger oder einem Schreibstift, der von der Hand gehalten wird. Dieses Brettchen wird dann durch automatische Impulse bewegt und schreibt auf das Papier oder zeigt auf einem vorliegenden Streifen mit allen Buchstaben des Alphabetes auf verschiedene Buchstaben. Die Art und Weise, auf welche die Kommunikation erfolgt, ist jedoch vollkommen unwichtig. Die niedergeschriebene Kommunikation wird dann mit der Realität verglichen. Wir können eine Reihe von Beispielen anführen, um zu zeigen, wie diese ersten Experimente aussahen. Dem spiritistischen Medium Mrs. Thompson wurde eine Uhr vorgelegt mit der Aufforderung, etwas darüber zu sagen. Mrs. Thompson sagte: »Drei Generationen vermischt.« Die Geschichte der Uhr war: Der Großvater, dem sie ursprünglich gehört hatte, gab sie seinem Sohn; als dieser im Krieg fiel, nahm der Großvater sie wieder an sich; bevor er starb, vermachte er sie seinem Enkel.

Ein anderes berühmtes Medium, Mrs. Leonard, richtete im Januar 1921 Mrs. Dawson-Smith eine Botschaft aus, die angeblich von ihrem im Krieg gefallenen Sohn kam. Darin hieß es: »Irgendwo liegt ein kleines Portemonnaie mit einer Quittung darin, einem kleinen vergilbten Stück Papier. Versuche dies zu finden. Es liegt unter einer Anzahl anderer Dinge, und ein langer, schmaler Ledergürtel liegt ganz in der Nähe.« Mrs. D. suchte nach der Quittung und fand sie tatsächlich. Auch die übrigen Angaben waren zutreffend. Sie nahm die Quittung an sich und konnte sie 1924 sehr gut gebrauchen als Beweis dafür, daß ihr Sohn eine Schuld aus dem Jahre 1914 bereits bezahlt hatte.

Das berühmteste Medium dieser Zeit war die Amerikanerin Mrs. L. E. Piper (1859 bis 1950). In den Protokollen der Society for Psychical Research sind etwa 3000 Seiten der Darstellung ihrer Leistungen gewidmet. Eines Tages kam Professor Gronner zu Mrs. Piper und wurde unter einem falschen Namen eingelassen. Mrs. Piper erzählte ihm von seinem Onkel William, der gestorben war mit einigen Löchern im Kopf. Tatsächlich war dieser Onkel noch vor Mr. Gronners Geburt bei Wahlunruhen ums Leben gekommen; ein Stein hatte ihn am Kopf getroffen. – Während einer Sitzung mit O. Lodge in England ließ sich Mrs. Piper in einem bequemen Sessel nieder. Kaum hatte sie das Möbelstück berührt, da erklärte sie, dieser Sessel sei ein Geschenk von Tante Annie, die einen Sohn mit dem Namen Charly habe. Der »Geist« von Tante Annie berichtete dann durch den Mund des Mediums einige Einzelheiten über Charly; daß er den Vogel verzehrt habe und danach krank geworden sei. – Ein andermal hatte Mrs. X. sich unter dem falschen Namen Margaret Brown Zugang zu Mrs. Piper verschafft. Sie hatte drei Haarlocken bei sich, von denen Mrs. Piper ihr einiges Nähere erzählen sollte. Bei einer von ihnen sagte Mrs. Piper: »Sie stammt von Fred... Imogen. Was ist Imogen?« Tatsächlich kam die Locke von Imogen Garney. Fred Day hatte sie abgeschnitten und Mrs. X. gegeben. Bei der zweiten Locke erklärte Mrs. Piper: »Eine Schwerkranke. Es ist ihre Mutter; sie hat vier Kinder, zwei Buben und zwei Mädchen.« Tatsächlich gehörte die Haarlocke der Mutter von Mrs. X, die noch im selben Jahre starb. Auch die Angaben über die Kinder waren richtig.

Wir können den oben angeführten Beispielen entnehmen, daß die Erklärungen der Medien immer eine mehr oder weniger spiritistische Note haben. Auch die ermittelten Tatsachen bezogen sich zum größten Teil auf den Glauben an ein Leben nach dem Tod. Sehr häufig war von banalen Familienepisoden die Rede, die oft derart allgemein waren, daß sie auf die meisten Menschen angewandt werden konnten, oder auch von solchen Ereignissen, deren Richtigkeit sich nicht leicht nachprüfen ließ. Der Hauptgrund für diese Schwierigkeiten lag darin, daß der Gegenstand der Ermittlung von dem Medium bestimmt wurde, oder, besser gesagt, von der unkontrollierbaren Tätigkeit des Unterbewußten des in Trance befindlichen Mediums.

Für die Wissenschaft aber war die Erklärung des Mediums völlig uninteressant, daß der Geist von Mr. XY durch seinen Mund spreche und daß er – zum Beispiel – die Uhr wiedererkennen konnte, die ihm zu Lebzeiten gehört hatte. Die bloße Aussage des Mediums kann nicht die Existenz von Geistern ohne Fleisch und Blut beweisen, vor allem nicht vor dem Hintergrund so vieler unbekannter Größen und Faktoren. Für die Wissenschaft war es zunächst einmal wichtiger, ob hinter dieser Dramatisierung ein echtes Stück Information über einen Sachverhalt oder Gegenstand gegeben war, von denen das Medium auf dem üblichen Weg nichts wissen konnte. Im Falle der Uhr lautet die Frage: Konnte das Medium auf normalem Wege erfahren haben, daß sie wirklich Mr. XY gehört hatte, oder verfügte es über irgendeine bisher unbekannte Informationsquelle? Erst wenn eine solche neue, unbekannte Informationsquelle erwiesen ist, kann der nächste Schritt darin bestehen, die Möglichkeit einer Existenz von Geistern zu untersuchen, also eine von mehreren Hypothesen zu verifizieren, die als Erklärung für die Information in Frage käme.

So ist der Kern des Problems bei der weiteren Erforschung parapsychischer Phänomene die Frage: Wie läßt sich nachweisen, daß das Medium eine zutreffende Information gegeben hat, die es nicht auf dem allgemein üblichen Weg bezogen haben kann? Das stellt uns vor ähnliche Bewertungsprobleme wie die, welche wir im Falle der Spontanphänomene aufgezeigt haben. Manches Zusammentreffen von Aussagen des Mediums mit der Wirklichkeit kann durch Zufall zustande kommen, namentlich im Falle von Aussagen, die allzu allgemein sind oder etwas betreffen, was Menschen allzu häufig zustößt. Eine andere erhebliche Quelle für Irrtümer in der Bewertung ist die Möglichkeit von betrügerischen Machenschaften. Die Medien wurden meistens für die Séancen bezahlt und waren verständlicherweise daran interessiert, daß sich der Ruf von ihren Fähigkeiten verbreitete, denn das bedeutete eine Steigerung ihrer Klientenzahl. Selbst wenn man es durchaus für möglich hält, daß die Medien im einen oder anderen Falle manche ungewöhnliche Wahrnehmungsfähigkeit besaßen, ist es ganz natürlich, daß sie sich auch normaler Wahrnehmungsfähigkeiten bedienten. Durch ihren ständigen Verkehr mit Menschen entwickelten sie sicherlich eine scharfe Beobachtungsfähigkeit, die ihnen ermöglichte, manche Information über den Klienten – Beruf, Lebensweise usw. – buchstäblich mit dem ersten Blick zu gewinnen. Eine Menge weiterer Einzelheiten konnte das Medium im Verlauf einer kurzen Unterhaltung mit dem Klienten durch geschickte Fragen erfahren und wieder andere indirekt durch bestimmte Anzeichen, die sich während der Séance feststellen ließen, wie etwa unwillkürliche Reaktionen des Klienten auf gewisse Aussagen, zum Beispiel gespanntes Warten auf die Fortsetzung, wenn sie richtig, oder Zeichen nachlassenden Interesses, wenn mehrere nacheinander falsch gewesen waren.

Wie ausgefallen die Informationsquellen eines Mediums bisweilen sein können, zeigt folgendes Beispiel. STAINTON MOSES (1839 bis 1892), ein zu seiner Zeit recht bekanntes Medium, das auf automatisches Schreiben spezialisiert war, erhielt am 6. August 1874 durch automatisches Schreiben eine Mitteilung, die angeblich von einem Abraham Florentine, einem Veteran von 1812, kam, der behauptete, er sei soeben im Alter von 83 Jahren, einem Monat und 17 Tagen in Brooklyn gestorben. Eine Nachforschung ergab, daß ein Mann gleichen Namens, Veteran von 1812, im angegebenen Alter in Brooklyn gestorben war. In den Zeitungen fand sich keine Todesanzeige für den Verstorbenen; so wurde angenommen, Stainton Moses könne von seinem Tod nicht auf normalem Wege erfahren haben. Erst viele Jahre später – 1921 – stellte sich bei einer weiteren Nachforschung heraus, daß der Bericht von Florentines Tod durch eine kurze Notiz am 5. August 1874 in einer Zeitung mitgeteilt war, die Moses gelesen haben kann. So besteht der berechtigte Verdacht, daß Moses sie gesehen hat, vielleicht nicht einmal voll bewußt, und daß dieses verborgene Wissen (»Kryptomnesis«) den außerparapsychischen Grund für die »Botschaft« bildete.

Wenn wir die Ergebnisse der Versuche mit Medien zusammenfassend betrachten, müssen wir zunächst etwas bemerken, das für uns heute selbstverständlich sein mag, aber zu jener Zeit keineswegs selbstverständlich war: daß nämlich diese ersten ungeschickten experimentellen Bemühungen nicht in der Lage waren, einen unanfechtbaren Beweis für das Vorhandensein parapsychischer Phänomene zu liefern, einen Beweis, der die wissenschaftliche Öffentlichkeit befriedigen konnte. Die aufgezeichneten Angaben der Medien enthielten neben richtigen Aussagen auch viele Irrtümer, Ungenauigkeiten und symbolische Erklärungen. Viele von ihnen waren zu allgemein oder zu selbstverständlich. Abgesehen davon weckte die spiritistische Atmosphäre der Séancen immer wieder Mißtrauen. Doch das gesammelte Belegmaterial war bereits so eindrucksvoll, daß viele Wissenschaftler zu der Überzeugung kamen, daß in den Aussagen der Medien außer manchem leeren Geschwätz auch echte Informationen enthalten seien, die die Medien nicht auf normalem Weg bekommen haben konnten. Die erste theoretische Kontroverse unter den Forschern selbst entzündete sich an der Frage nach der Interpretation dieser Beobachtungen. Es war eine Kontroverse zwischen »Animismus« und Spiritismus. Die Spiritisten boten ihre Erklärung: Botschaften von »Geistern« an. Die »Animisten« wandten dagegen ein, die spiritistische Hypothese sei absurd und überflüssig. Das Hauptargument der Spiritisten war der Glaube an die Aussage des in Trance befindlichen Mediums: Ich bin der Geist, und als Beweis dafür biete ich Wissen um Dinge, die das Medium normalerweise nicht wissen kann. Doch in Wirklichkeit ist dies noch kein ausreichender Beweis. Und vom logischen Standpunkt bringt die spiritistische Hypothese eine unnötige Komplikation der gesamten Frage, indem sie versucht, einen unbekannten Faktor durch Einführung eines zweiten ebenfalls unbekannten Faktors zu erklären.

Man nimmt besser an, daß beim Medium eine neue Wahrnehmungsfähigkeit auftritt, mit deren Hilfe es in die Lage versetzt wird, für normale Sinne unerreichbare Information zu bekommen. Solange das Gegenteil nicht bewiesen ist, kann die Annahme als sicher gelten, daß eine solche Fähigkeit ihre Quelle in inneren Kräften der Psyche des Mediums selbst hat. Was das Funktionieren dieser Fähigkeit betrifft, so erschien die Annahme am wahrscheinlichsten, daß das Medium auf diese oder jene Weise die Gedanken der bei der Séance Anwesenden las. Dabei wurde immer stillschweigend angenommen, die Kenntnis von Tatsachen über leblose Dinge – die wir heute als Hellsehen bezeichnen – könne telepathisch auf dem Wege über das Wissen irgendeiner anderen Person um die betreffenden Dinge erworben werden. Die Umstände, unter denen die Versuche stattfanden, legten die Möglichkeit des Gedankenlesens unmittelbar nahe; Gegenstand der Aussage des Mediums war immer etwas, das entweder der Fragesteller oder zumindest irgendeine andere Person wußte. Der Erwerb von Informationen, die jedem lebenden Menschen unbekannt waren, wurde als schlüssiger Beweis für die Existenz von Geistern angesehen.

So war die Möglichkeit des Hellsehens überhaupt nicht berücksichtigt, und die Telepathie wurde dadurch als wesentlich einfacher verstanden. Zweifellos haben die Erfindungen der damaligen Zeit auf dem Gebiet der elektromagnetischen Wellen und der drahtlosen Telegraphie (HERTZ, MARCONI, POPOW) in hohem Maße zur Popularität dieser Art von Erklärung beigetragen. Daß das »Lesen«, die »Übertragung«, von Gedanken zu dieser Zeit wirklich als etwas der drahtlosen Nachrichtenübermittlung sehr nah Verwandtes verstanden wurde, wird auch durch damals gebräuchliche Versuchsanordnungen bestätigt: So glaubte man zum Beispiel, telepathische Übertragung lasse sich erleichtern, wenn der Sender des Gedankens (Agent) und der Empfänger (Perzipient) durch einen Draht miteinander verbunden seien oder wenn der Empfänger den Draht zumindest in Form einer Antenne halte. Diese Vorstellung von der elektromagnetischen Natur der Telepathie erhielt eine weitere Unterstützung durch die Entdeckung elektrischer Vorgänge in der Gehirnrinde (Untersuchung mittels Elektroenzephalographie).

Die Anhänger des Spiritismus aber gaben sich nicht geschlagen. Sie nützten die Zeit, um Argumente zur Unterstützung ihrer Meinung zu sammeln. Eins der eindrucksvollsten bestand darin, daß in manche Séancen die »Geister« ihre Gegenwart so charakteristisch manifestierten, daß Anwesende ihre verstorbenen Freunde an den Eigenarten im Verhalten des Mediums erkannten. So ist bei den Séancen mit Mrs. Piper angeblich ein George Pelham (Pseudonym) erschienen, der kurz zuvor gestorben war. Im Verlauf der verschiedenen Séancen geschah es über 30mal, daß dieser George Pelham durch Mrs. Pipers Mund Personen grüßen ließ, die er während seines Lebens gekannt hatte. Diese Personen aber waren Mrs. Piper nicht bekannt, sie wurden öfters unter falschen Namen zu den Sitzungen gebracht. Pelham grüßte keine einzige Person als Bekanntschaft, mit der er während seines Lebens nicht in Berührung gekommen war; aber als seine Eltern unter falschem Namen in der Sitzung erschienen, begrüßte der »Geist« sie ganz spontan mit »Hallo, father and mother!«. Ein andermal, als ein Pelham gehörendes Buch hinter den Kopf des Mediums gelegt worden war und man ihn fragte, ob er das Buch erkenne, erwiderte das Medium: »Natürlich, es ist meine

›Französische Lyrik‹.« Pelhams Freunde hatten während der Séancen immer den Eindruck, das Medium verhalte sich genauso wie ihr verstorbener Freund. So schob die Hand des Mediums Gegenstände mit einer Bewegung beiseite, als wollte es sie vom Tisch fegen, wie es Pelham in ganz typischer Weise oft getan hatte; oder das Medium trommelte, wenn es in Verlegenheit geriet, mit seinen Fingern auf den Tisch – genauso wie einst Pelham. Ebenso waren bestimmte Redensarten, Charaktereigentümlichkeiten und Denkweisen, die das Medium an den Tag legte, denen Pelhams zu seinen Lebzeiten gleich.

W. James schrieb über einen ähnlich auffallenden Persönlichkeitswechsel. Als kurz nach seinem Tod durch Mrs. Pipers Mund sein verstorbener Freund R. Hodgson sprach, war die Ähnlichkeit der »inkarnierten« Persönlichkeit mit dem Verstorbenen so groß und das Erlebnis so eindrucksvoll, daß James, der Jahre hindurch Hodgson gegenüber eine antispiritistische Haltung vertreten hatte, seine Ansicht änderte.

Das ist natürlich nur ein Aspekt des Problems. Tatsächlich gibt es bei diesen Beobachtungen eine große Anzahl widersprüchlicher Fakten, deren spiritistische Interpretation recht gezwungen wirkt. So konnte es passieren, daß Pelham, der alle seine Freunde, ja sogar seine Manschettenknöpfe wiedererkannte, die Titel seiner eigenen Schriften »vergaß«. Zu Lebzeiten hatte G. Pelham die klassischen Sprachen sehr gut gekannt. Als er angeblich durch das Medium sprach – Mrs. Piper konnte weder Griechisch noch Latein –, legte Hodgson ihm verschiedene einfache griechische Sätze zur Übersetzung vor. Doch Pelhams »Geist« war unfähig, diese Aufgabe auszuführen. Es ergab sich die Frage: Wie war es möglich, daß er einerseits so viele »Erinnerungen« aus seinem Leben hatte, anderseits aber eine Sprache vergaß, die ihm bekannt gewesen war, und sich nach seinem Tode nur in der Sprache auszudrücken vermochte, die dem Medium bekannt war und von ihm gesprochen wurde?

Unter den Persönlichkeiten, die erschienen, waren nachweislich fiktive. So sprach durch Mrs. Pipers Mund ein gewisser Phinuit, angeblich ein französischer Arzt, der zu Beginn des 19. Jahrhunderts gelebt hatte. Er erzählte genügend Einzelheiten über seine Person, so daß in Archiven und Pfarregistern Nachforschungen angestellt werden konnten. Dabei stellte sich heraus, daß es keine Person dieses Namens gegeben hatte. Phinuit kannte überdies keine der zu seinen angeblichen Lebzeiten üblichen medizinischen Präparate, ja er konnte nicht einmal Französisch. Man könnte natürlich daraus schließen, daß auch die übrigen Persönlichkeiten, die sich durch Medien manifestierten, fiktiv gewesen sind.

Doch sind noch paradoxere Beobachtungen registriert worden. So wünschte der Psychologe Stanley Hall einmal, seine verstorbene Nichte Bessie Beals solle durch den Mund des Mediums sprechen. Die angebliche Nichte »manifestierte« sich auch prompt und gab eine große Anzahl Mitteilungen – nur hatte es diese Nichte in Wirklichkeit nie gegeben, Stanley Hall hatte sie erfunden. Bei einer anderen Séance mit Mrs. Piper erklärte der »Geist« des Schriftstellers George Eliot, er sei in der »anderen Welt« Adam Bede begegnet. Dabei hatte der Geist jedoch »übersehen«, daß Adam Bede nicht der Name einer wirklichen Person, sondern einer erdichteten Romangestalt war.

Später wurden von S. G. Soal ähnliche Beobachtungen mit einem anderen Medium, Mrs. Blanche Cooper, gemacht. Auf einer Séance war angeblich ein gewisser John Ferguson erschienen. Anfangs konnte Soal sich selbst nicht an irgendeine Person dieses Namens erinnern, doch später fiel ihm ein, daß sein früherer Schulkamerad James Ferguson, soviel er sich erinnern konnte, einen Bruder hatte, der vielleicht auf diese Weise nach seinem Tode erschienen sein mochte. Durch die Aussagen des Mediums gab der angebliche John Ferguson Informationen, die Soals Vermutungen bestätigten. Als Soal aber begann, die Angaben zu überprüfen, erwiesen sie sich alle als falsch; das Medium hatte die Persönlichkeit John Fergusons auf der Basis von Informationen erfunden, die es auf telepathischem Wege Soals bewußtem Denken entnahm. Dasselbe geschah im Falle von Gordon Davis. Bei mehreren Séancen im Jahre 1921 manifestierte sich immer wieder ein gewisser Gordon Davis. Er war Soals Schulfreund, und Soal vermutete, er sei im Ersten Weltkrieg gefallen. G. D. lieferte Soal eine ganze Anzahl genauer und richtiger Angaben über die Zeit, die sie miteinander verbracht hatten: über Gespräche, über gemeinsame Freunde, usw. Später aber erfuhr Soal zufällig, daß Gordon Davis noch lebte. Das Medium muß die gelieferten Angaben auf dem Wege des Hellsehens oder der Telepathie erlangt und sie in ein spiritistisches Gewand gekleidet haben.

Das entscheidende Argument gegen die spiritistische Theorie bestand darin, daß man im Laufe der Zeit eine Anzahl Personen ausfindig machte, die die Fähigkeit der ASW besaßen und nichts mit dem

Spiritismus zu tun hatten. Die Existenz solcher Personen beweist, daß es zur Erklärung der ASW nicht notwendig ist, die Existenz von »Geistern« anzunehmen, daß wir vielmehr mit einer einfacheren Konzeption auskommen: daß es sich um eine eigentümliche Fähigkeit besonders begabter lebender Personen handelt. Die Arbeit mit solchen Personen brachte auch einen beträchtlichen Fortschritt in den Versuchsbedingungen: Da die Manifestationen der ASW nicht mehr in spiritistischem Gewande auftraten, erhielten die Versuchsleiter eine bessere Möglichkeit, die Versuchsbedingungen den Erfordernissen des jeweiligen Forschungszweckes anzupassen. Die Versuchspersonen für die Forschung waren Menschen, die ihre Fähigkeiten zur ASW mehr oder weniger spontan entdeckten und einen Ruf als »Hellseher« oder »Wahrsager« hatten oder die vor dem Versuch in Hypnose versetzt worden waren. Dieser Fortschritt in den Versuchsbedingungen – die beginnende Unabhängigkeit vom Spiritismus – beseitigte jedoch noch nicht alle Schwierigkeiten. Es blieb die Gefahr, daß professionelle Hellseher im Interesse ihres Geschäftes oder anderer Personen und zur Gewinnung einer größeren Publicity sich betrügerischerweise bemühten, die Fähigkeit der ASW zu simulieren. Es ist daher verständlich, daß die Heranziehung professioneller Hellseher als Versuchspersonen – ähnlich wie vorher die Verwendung von Medien zu diesem Zweck – diesen Forschungen in den Augen der wissenschaftlichen Öffentlichkeit nicht genügend Geltung und Gewicht verlieh.

Es wurde jedoch eine Reihe von Versuchen durchgeführt, die die Beweise für die Existenz einer ASW vermehrten. Sie waren zunächst ausschließlich auf die Erforschung der Telepathie gerichtet. Das ging für gewöhnlich so vor sich: Eine Person – der Agent oder Sender – konzentrierte sich auf eine bestimmte Farbe, Figur, Spielkarte, auf ein bestimmtes Wort oder dergleichen, oder er zeichnete einige Figuren. Eine andere Person – der Empfänger – versuchte dann, den übermittelten Gedanken zu empfangen. Über eine Anzahl solcher Experimente haben wir Berichte: Experimente mit telepathischer Übertragung von gezeichneten Figuren, organisiert von der Londoner SPR in der Zeit zwischen 1882 und 1885, sowie die Experimente Guthries (aus dem Jahre 1883) und Lombrosos. Aus neuerer Zeit verdienen die besonders erfolgreichen Versuche erwähnt zu werden, die der bekannte Schriftsteller Upton Sinclair von 1928 bis 1930 zusammen mit seiner Frau durchführte. Er saß in seinem Arbeitszimmer und konzentrierte sich auf verschiedene Figuren, während seine Frau im Nachbarraum versuchte, diese Figuren telepathisch zu empfangen und aufzuzeichnen. Von 290 übermittelten Figuren wurden 65 (23 Prozent) als voller Erfolg, 155 (53 Prozent) als Teilerfolg und 70 (24 Prozent) als Fehler gewertet.

Ähnliche Versuche über größere Distanzen unternahm im Jahre 1928 die Griechische Gesellschaft für psychische Forschung. Dabei wurden telepathische Übertragungen über die Distanz Athen–Wien (1300 km), Athen–Warschau (1600 km) und Athen–Paris (2100 km) erfolgreich durchgeführt. Weniger bekannt sind Versuche zur Übertragung von gezeichneten Figuren, die im Vorkriegs-Rußland von Ja. N. Zhuk durchgeführt wurden. Er konzentrierte sich auf eine Figur, und die Versuchsperson hatte sie auf ein Stück Papier zu zeichnen. Von 169 Versuchen wurden 86 (51 Prozent) als erfolgreich gewertet.

Manche dieser Experimente aus früherer Zeit bezeugen eine telepathische Wirkung ohne Beteiligung von Hellsehen. So berichtet O. Lodge von einem telepathischen Versuch, bei dem die Versuchsperson Spielkarten zu identifizieren hatte. Der Versuch verlief nur dann erfolgreich, wenn Lodge die Karten sah; wenn dagegen die Versuchsperson Karten zu bestimmen suchte, die Lodge nicht sah, war das Ergebnis negativ. Derselbe Schluß läßt sich aus einem Versuch ziehen, der in der Frühphase der Forschung unternommen wurde und sehr eindrucksvoll klingt: C. Lafontaine berichtet von einer »Somnambulen«, die, wenn sie sich im »magnetisierten« Zustand befand, Spanisch, Lateinisch, Englisch, Portugiesisch, Deutsch oder Griechisch sprechen konnte, während sie ihre Antworten in Französisch gab. Doch als man ihr eine Frage auf Hebräisch stellte, reagierte sie nicht. Auf Lafontaines Frage hin, weshalb sie nicht antworte, erklärte sie: »Der Mann spricht Wörter, die er selbst nicht versteht; er kennt ihre Bedeutung nicht. Daher kann ich ihm nicht antworten. Er denkt nicht... ich höre keine Wörter, ich kann das nicht verstehen. Was ich aufnehme und worauf ich antworten kann, ist das Gedachte.« Tatsächlich hatte Lafontaine sich von einem Freund einen hebräischen Satz zurechtlegen lassen, dabei aber vergessen, nach seiner Bedeutung zu fragen.

Eine Reihe telepathischer Versuche wurde von N. Kotik durchgeführt. Bei seinen Versuchen mit Lydia W. saß er zum Beispiel in einiger Entfernung der Versuchsperson und vergegenwärtigte sich konzentriert gewisse Situationen, die Lydia dann schilderte. So hatte er sich einmal in seiner Vorstellung eine Szene aus seinem Sommerurlaub vom vergangenen Jahr vergegenwärtigt: ballspielende Kinder auf einer Wiese vor einer Villa; dabei galt sein besonderes Interesse einem weißgekleideten Mädchen mit einem dicken Gummiball. Lydias Schilderung lautete: »Etwas Kleines und Lustiges läuft hier umher… etwas Helles… ein glockenhelles Lachen… es ist die Gestalt eines kleinen Mädchens… es hält etwas in seinen Armen… es wirft etwas von sich… es fliegt etwas in die Luft… es fliegt ein runder kugelförmiger Körper…« Bei einem anderen Versuch betrachtete Kotik eine Postkarte, worauf Lydia das Ansichtsbild durch »automatisches Schreiben« schilderte, und zwar in manchen Partien außerordentlich exakt. Dann versuchte Kotik irgendein Bild oder einen Gedanken durch geistige Konzentration auf einem Stück weißen Papiers zu fixieren. Wenn er dieses Stück weißes Papier anschließend Lydia gab, vermochte sie sehr häufig die so auf dem Papier fixierte Vorstellung zu erkennen. Bei einem weiteren ähnlichen Versuch suggerierte er der in Hypnose befindlichen Versuchsperson die visuelle Vorstellung eines bestimmten Porträts auf einem weißen Stück Papier. Daraufhin sah die Versuchsperson dieses Porträt auf dem weißen Stück Papier auch bei späteren Befragungen. Wenn dasselbe Stück Papier dann, unauffällig markiert, unter eine Anzahl gleichartiger anderer Papierstücke gemischt wurde, sah die Versuchsperson weiterhin das Porträt und war fähig, auf diese Weise das eine Stück Papier von den anderen (in ihrem Aussehen völlig gleichen) Papierstücken zu unterscheiden.

Auch Versuche, den Inhalt verschlossener Briefe zu lesen, wie sie von A. N. Chowrin beschrieben werden, hatten Erfolg, vermutlich ebenfalls durch Telepathie. Interessant ist auch, auf welche Weise Chowrin seine Versuchsperson, Miss M., entdeckt hat. Eines Tages empfing sie in Gegenwart von Chowrin einen Brief von ihrer Schwester. Während der Unterhaltung mit ihm drehte sie den Brief in den Händen, um ihn nach Chowrins Weggehen zu öffnen. Plötzlich nahm ihr Gesicht einen Ausdruck des Erschreckens an, sie begann zu weinen und erklärte, in dem Brief seien schlimme Nachrichten: ihre Schwester sei krank und das Kind tot. Tatsächlich teilte der Brief den Tod der Nichte und die Erkrankung der Schwester mit.

Einen solchen Versuch führte auch R. Tischner durch. Er richtete eine Anzahl Papierstreifen her, auf die er einige Verse schrieb. Dann mischte er sie, ohne darauf zu sehen, nahm aufs Geratewohl einen heraus, wickelte ihn in dunkles Papier und legte ihn in einen Umschlag, den er danach verschloß. Dann übergab er den Umschlag der Versuchsperson Mr. H. und sagte ihr, er enthalte ein paar Verse, er solle ihre Stimmung herausfinden. H. erklärte: »Ein sehnsuchtsvoller Hauch zieht am Abendhimmel durch die Nacht. Eine Abendstimmung, Schwermut, Sehnsucht nach Frieden, Hebbels ›Nachtlied‹, nein: Goethes ›Lied der Sehnsucht‹.« Auf dem Papier standen Verse aus Goethes »Wanderers Nachtlied«: »Ach, ich bin des Treibens müde! – Was soll all der Schmerz und Lust? – Süßer Friede, – Komm, ach komm in meine Brust!« – In einem anderen Versuch erklärte Mr. H: »Ein gelbes herbstliches Stoppelfeld; Stoppelfeld des Todes; herbstliche Stimmung.« Das Papierstück enthielt Verse aus einem Gedicht von Hebbel: »Dies ist ein Herbsttag, wie ich keinen sah! – Die Luft ist still, als atmete man kaum, – Und dennoch fallen, raschelnd, fern und nah – Die schönsten Früchte ab von jedem Baum.«

Professor Gilbert Murray von der Universität Oxford beobachtete bei sich selbst eine telepathische Beziehung zu seinen beiden Töchtern und führte eine Reihe von Versuchen in seiner Familie durch, in deren Verlauf der Sender aufs Geratewohl ein Buch aufschlug und sich in die betreffende Stelle vertiefte. Murray, der in einem anderen Raum saß, hatte eindringliche Visionen, die er niederschrieb. Diese Niederschrift wurde dann mit dem Text des Buches verglichen. In einer Reihe von 505 Versuchen in den Jahren von 1910 bis 1915 erzielte Mr. Murray 33 Prozent volle Erfolge und 28 Prozent Teilerfolge; 39 Prozent der Versuche ergaben Fehler. In 295 Versuchen in den Jahren 1916 bis 1924 erreichte er 36 Prozent volle Erfolge, 23 Prozent Teilerfolge und 41 Prozent Fehler.

In einem anderen Fall einigten sich in Murrays Abwesenheit mehrere Teilnehmer des Versuchs auf eine bestimmte Szene, an die der Sender – der Agent – denken sollte. Danach betrat Murray das Zimmer und erklärte, was er sah. Zum Beispiel dachte der Agent: »Rip Van Vinkle, wie er von den Bergen zurückkehrt.« Murray erklärte: »Ja, ich sehe es jetzt. Es ist eine Art zwergenhaft kleiner Mann mit ungepflegtem Bart, der herabkommt – ein komisches Gefühl, als sei man bekannt, doch dann findet man ... ach, es ist Rip Van Vinkle.« – Ein anderes Beispiel: Der Agent dachte: »Ein Löwe im Zoo, der versucht, ein großes Stück Fleisch in der Nähe seines Käfigs zu erreichen.« Murray erklärte: »Der Geruch von Raubtieren – von Fleischfressern. Irgend etwas im Zoo angelt durch die Gitterstäbe nach einem Stück Fleisch. Ich kann nicht erkennen, was für ein Tier das ist.« Und ein weiteres Beispiel: Der Agent dachte: »Der Anfang der Erzählung Dostojewskis, in der der Hund eines armen Mannes in einer Wirtschaft stirbt.« Murray sagte: »Ich denke, es ist etwas aus einem Buch. Ein sehr armer, alter Mann, so denke ich, hat etwas zu tun mit dem Tod eines Hundes. Er ist sehr unglücklich. Mir scheint, es ist in einer Wirtschaft, und die Leute lachen über ihn. Doch dann sorgen sie sich um ihn und möchten gern freundlich mit ihm sein. Ich bin mir nicht klar über die Nationalität. Ich habe den Eindruck, es ist etwas von Gorki. Jedenfalls meine ich, es ist etwas Russisches.«

Eine andere, häufig verwendete Versuchsanordnung jener Zeit bestand darin: Man gab der Versuchsperson einen Gegenstand in die Hand mit der Aufforderung, die Eindrücke zu beschreiben, die dieser Gegenstand bei ihr hervorrufe. Dieses Verfahren wurde früher oft von Hellsehern angewandt. Das bezeugt der schwedische Botaniker Carl von Linné in seiner Autobiographie; er berichtet da von einer Hellseherin, die von Zeit zu Zeit das väterliche Pfarrhaus besuchte und anhand eines einem Menschen gehörenden Gegenstandes das Schicksal dieses Menschen voraussagen konnte. Linné schildert einen solchen Fall. »... Mein Bruder Samuel war ein guter Schüler, während ich als einigermaßen schwerfällig galt... Die Hellseherin hatte nie zuvor einen von uns beiden gesehen. Sie bat die Mutter, ihr einige Kleidungsstücke von uns zu geben. Als sie diese bekommen hatte, erklärte sie über Samuel: Dieser Junge wird Pfarrer – und von mir: Dieser Junge wird Professor; er wird sehr weit reisen und berühmter werden als irgend jemand sonst in diesem Land. – Meine Mutter suchte sie durcheinander zu bringen und zeigte ihr ein anderes Kleidungsstück, das mir gehörte, mit der Erklärung, es gehöre meinem Bruder. Nein, erklärte die Frau daraufhin, das gehört dem anderen, der einmal Professor wird und lange Reisen machen wird.«

Im Laufe der Jahre wurden Versuche dieser Art so verbreitet, daß man das Phänomen als eine besondere Form der ASW ansah, die man Psychometrie oder Psychoskopie nannte. Dabei wurde angenommen, die Versuchsperson »lese« ihre Feststellungen aus einem gewissen »Fluidum« ab, das an dem Gegenstand hafte als Spur der Ereignisse, an denen es teilgenommen hatte. Heute neigen wir jedoch mehr zu der Annahme, der Gegenstand – der sogenannte Induktor – diene als Orientierungshilfe, als Anhaltspunkt, der den Sinn des mit der Fähigkeit der ASW Begabten auf das erkannte Ereignis lenke. Mit anderen Worten: Die Versuchsperson mit ihrer ASW »folgt« dem Gegenstand in die Vergangenheit und berichtet über Ereignisse aus seiner Geschichte, die sie »unterwegs« bemerkt.

Die falsche Vorstellung vom »Fluidum der früheren Ereignisse«, das an dem Gegenstand hafte, stammt aus der Zeit, da man behauptete, daß die ASW-Information immer aus der gegenwärtigen Quelle komme. Die Möglichkeit, daß die ASW-Fähigkeit auch in der Zeit funktionieren kann, wurde nicht berücksichtigt. Man konnte sich einfach nicht vorstellen, daß die Vergangenheit oder die Zukunft zusammen mit der Gegenwart als parallele, gleichwertige Realität existieren kann, und suchte Zuflucht bei mentalen Hilfsvorstellungen wie hier dem »Fluidum« oder in der Vorstellung von der »Akasha-Chronik«.

Dagegen sind die früher beschriebenen Experimente mit dem Ablesen des Sinnes eines Textes in verschlossenen Briefen am besten erklärbar als »telepathisches Ablesen von Gedankenimprägnation« [darüber später mehr], die an dem Blatt Papier haftet und durch die Gedanken der Person, die das Papier beschrieb, produziert wurde. Ähnlich war Kotiks Experiment, bei dem das Foto erkannt wurde, offensichtlich durch das Ablesen der Gedankenimprägnation beim ersten Anschauen des Blattes durch die Versuchsperson möglich.

Hochinteressante psychoskopische Versuche hat der mexikanische Arzt G. Pagenstecher mit einer hypnotisierten Versuchsperson unternommen. So brachte ein Bruchstück römischen Marmors die Versuchsperson dazu, eine Beschreibung des Forum Romanum und seiner Tempel zu geben; ein Brief eines vom Schlaganfall Bedrohten rief bei der Versuchsperson eine dramatische Szene hervor, und ein anderes Stück Papier, das unbeschriftet war, weckte bei ihr den Eindruck der Fabrik, aus der es stammte. Interessant war vor allem ein Versuch, bei dem der Versuchsperson vier verschieden präparierte Stücke Bimsstein vorgelegt wurden. Bei jedem einzelnen von ihnen schilderte die Versuchsperson dieselbe Meeresszenerie – Wasser, Fische – und gab jedesmal als Ergänzung eine genaue Beschreibung der zusätzlichen Behandlung des betreffenden Stückes. Das erste Stück, das in Enziantinktur und Asafötida getränkt worden war, rief starke Geschmackswahrnehmungen hervor; das zweite Stück, das wochenlang in unmittelbarer Nähe einer Uhr gelegen hatte, weckte den Eindruck rhythmischer Geräusche; das dritte

Stück, das zuvor in einer Lösung von Saccharin und Zucker gelegen hatte, rief die Wahrnehmung von Süße hervor; und das vierte Stück schließlich, das in Schwefel geröstet worden war, ließ im Gefühlssinn einen starken Eindruck von Wärme und im Geruchssinn einen Eindruck von Schwefelwasserstoff entstehen. W. F. Prince, der einige der Experimente Pagenstechers kontrolliert hatte, legte der Versuchsperson einmal zwei gleiche Stücke Seidenband vor, von denen das eine von einem Altar in der Kirche stammte, während das zweite direkt aus der Fabrik kam. Beide Stücke waren in gleichartige Kästen eingeschlossen. Das eine weckte in der Versuchsperson mit großer Heftigkeit die Vorstellung einer mexikanischen Kirche, das zweite ein Bild einer französischen Seidenweberei.

Der Prager Psychiater Professor O. FISCHER führte eine Reihe Experimente mit dem Sensitiven Otto Reimann durch. Unter anderem wurden ihm verschiedene Gegenstände aus dem Kriminalmuseum vorgelegt. Diese Gegenstände standen in Zusammenhang mit Strafverfahren, und Reimanns Aufgabe war es, die mit den einzelnen Gegenständen verbundenen Ereignisse zu schildern. Fischer selbst wußte nicht, was mit diesen Gegenständen geschehen war. Um die Bedingungen noch zu erschweren, hatte Fischer unter die Museumsstücke andere, bedeutungslose Gegenstände gelegt. Doch Reimann schied augenblicklich, als ihm die Dinge vorgelegt wurden, säuberlich die bedeutungslosen von denen aus dem Museum, über die er richtige Aussagen lieferte. Zum Abschluß des Versuches ließ Fischer sich die Geschichte jedes einzelnen Gegenstandes im Kriminalmuseums erklären. So konnte er die Richtigkeit der Angaben des Sensitiven prüfen. Reimann erklärte zum Beispiel von einem Revolver: »Das Ding hier war an einem bestimmten Ereignis beteiligt. Es war sogar ein ausgesprochenes Verbrechen, doch habe ich keine Vorstellung davon, welcher Art – ich habe nur den Eindruck, als wäre am Ende doch nichts geschehen.« Der Revolver war für einen versuchten politischen Mord verwendet worden; aber die abgefeuerte Kugel blieb in der Brieftasche des Opfers stecken, ohne dieses selbst zu verletzen.

Ein besonderer Fall ist der des »Psychographologen« Raphael Schermann. Bei Versuchen mit ihm diente die Handschrift irgendeines Menschen als psychometrischer »Induktor«. Im Unterschied zur üblichen Graphologie, die es ermöglicht, durch eine detaillierte Untersuchung der Schriftmerkmale den Schreiber zu identifizieren oder gewisse Merkmale seines Charakters zu bestimmen, konnte Schermann, wenn ihm ein handgeschriebenes Schriftstück vorgelegt wurde, nicht allein den Charakter des Schreibers, sondern auch verschiedene Ereignisse aus dessen Leben bestimmen. Dazu brauchte er die Schrift selbst nicht in ihren einzelnen Merkmalen zu prüfen; ein rascher Blick darauf genügte, und oft war nicht einmal dies erforderlich. Schermann konnte zum Beispiel der Handschrift entnehmen, daß ihr Schreiber Dudelsack spielte; daß sein Vater Angst hatte vor einer Operation; daß dieser Vater Metzger war; und dergleichen mehr. In einem anderen Fall hat er zutreffend das Aussehen des Schreibers, seine Verhaltensweisen, seine verwandtschaftlichen Beziehungen und die Umwelt, in der er lebte, charakterisiert. Auch war er, wenn er die betreffende Person sah, fähig, ihre Handschrift zu imitieren; ebenso konnte er die Handschrift eines geschriebenen Dokuments imitieren, das ihm in einem geschlossenen Umschlag vorgelegt wurde.

Bei diesen Versuchen mit Telepathie (oder Hellsehen) wurden die Versuchspersonen bisweilen hypnotisiert. Tatsächlich ermöglichte es der hypnotische Zustand, neue Aspekte in diese Versuche hineinzubringen. Während im allgemeinen »Hellseher« im Wachzustand zu arbeiten pflegen, zutreffender: in einer Art durch Konzentration bewirkten Entspannung, bedeutete die Verwendung von Hypnose eine Rückkehr zu Versuchen in »Trance«, wie sie bereits aus den spiritistischen Sitzungen bekannt war, jedoch nun mit einem großen Vorteil: Das Verhalten der Versuchsperson sowie die Versuchsverfahren und -vorgänge waren nicht mehr von den unvorhersehbaren Impulsen aus dem Unterbewußtsein des Mediums abhängig, sondern wurden durch die Instruktionen bestimmt, die die Versuchsperson vom Hypnotiseur erhielt. Auch die Formen, unter denen die ASW auftrat, wurden vielfältiger. ASW-Eindrücke haben, im Unterschied zu Wahrnehmungen anderer Sinne, keine bewußte Erlebnisform, die für sie typisch wäre. Sie äußern sich für gewöhnlich in einer breiten Skala verschiedenartiger Erlebnisse, die von rein unwillkürlich-automatischen (erst nachträglich klar erkannten) Reaktionen über unbestimmte Intuitionen bis zu mehr oder minder deutlichen (Pseudo-)Halluzinationen der klassischen Sinne reichen. Unter diesen Umständen hat die Hypnose, in der sich bei der Versuchsperson kontrollierbare Halluzinationen hervorrufen lassen, die Möglichkeit geboten, die bisher reichste und vollständigste Form von ASW in verschiedenen halluzinatorischen Erfahrungen zu erzielen. Außerdem gestattet die Möglichkeit, das subjektive Erlebnis der Versuchsperson in der Hypnose suggestiv zu modifizieren, eine Erweiterung der Versuchsmethoden. So konnte mit Personen im hypnotischen Zustand außer den auf den vorigen Seiten geschilderten gewöhnlichen Formen der ASW u. a. eine neue, besonders eindrucksvolle Form eingeführt werden, die sogenannte »travelling clairvoyance« (etwa Reise – Hellsehen). Gelegentlich war diese Art von Erlebnis auch in spontaner Form in Gestalt der »Seelenexkursion« (out-of-the-body-experience) zu beobachten (bisweilen auch – nicht gerade glücklich – als »Astralprojektion« bezeichnet). Bei einem solchen Versuch wird der Versuchsperson in Hypnose suggeriert, sie reise an einen anderen Ort (entweder im Raum oder in der Zeit), die Versuchsperson hat dann das ganz konkrete Erlebnis, als befände sie sich körperlich an einem anderen Ort. Sie kann deutlich die Gegenstände und Vorgänge dieses anderen Ortes sehen und erleben.

Wir müssen annehmen, daß bei diesen Versuchen die kognitive Fähigkeit der Versuchsperson irgendwie virtuell an einen anderen Ort versetzt wird. So berichtet Mrs. Sidgwick von einer Versuchsperson namens Jane, die im »magnetischen« Schlaf die Fähigkeit der ASW zeigte. In einem Falle unterrichtete Dr. J., der Jane hypnotisiert hatte, einen seiner Patienten, Mr. E., der eben von einer Krankheit genesen war, von seiner Absicht, Jane zu fragen, was er, Mr. E., in der Zeit von 8–10 Uhr unternehme. Jane erklärte: »Ich sehe einen sehr kräftigen Mann; er hat ein hölzernes Bein und kein Gehirn. Er heißt E., er sitzt an einem Tisch und eine Flasche Brandy steht vor ihm, aber er trinkt nicht.«

Die Wirklichkeit war so: Mr. E., der sehr hager war, hatte eine dicke, mit Kleidungsstücken bekleidete Puppe auf einen Stuhl gesetzt, so daß sie wie eine sehr kräftige Person wirkte. Diese Attrappe setzte er an den Tisch, auf den er eine Flasche Brandy stellte.

Eine ganze Anzahl Versuche dieser Art hat Richet unternommen. Er berichtet darüber: »Ich habe, nach Art der früheren Magnetiseure, mit mehreren Hypnotisierten, vor allem mit Alice, sogenannte ›Reiseversuche‹ (travelling experiments) unternommen. Manchmal waren die Ergebnisse erstaunlich. So stattete Alice im Geiste dem Haus von Mr. M. C. in Mans, das ich nicht kenne, wohl aber der bei der Sitzung anwesende P. Renouard, einen Besuch ab. Alice sah einen Garten mit Mauern und einer Schaukel (ein wichtiges Detail, das P. Renouard unbekannt war, da die Schaukel erst nach seiner Abreise in Mans aufgestellt worden war). Sie sah eine Uhr, die sie so genau bis ins einzelne beschrieb, daß ich nach dieser Beschreibung eine Zeichnung anfertigen konnte. Nachdem ich diese Zeichnung gemacht hatte, skizzierte P. Renouard die wirkliche Uhr, die in Mr. M. C.s Salon steht.« Beide Skizzen waren einander auffallend ähnlich.

Mit einer anderen Versuchsperson, Léonie B., führte Richet folgenden Versuch durch: Nachdem er einen ganzen Tag in seinem Laboratorium verbracht hatte, hypnotisierte er am Abend Léonie und fragte sie ganz unvermittelt: »Was ist Mr. L. widerfahren?« Léonie kannte Mr. L., da sie ihn zwei- oder dreimal in seinem Laboratorium gesehen hatte. Sie antwortete: »Er hat sich die linke Hand verbrannt. Aber nicht mit Feuer. Weshalb war er nicht vorsichtig, als er dieses Zeug ausgegossen hat? Es ist eine braune Flüssigkeit.« An diesem Tag hatte L. wirklich seine linke Hand mit Brom verbrannt, als er es von einem Gefäß in ein anderes umgoß. Richets Freund, der Psychologe Pierre Janet, experimentierte mit derselben Versuchsperson. Eines Tages forderte er in Le Havre Léonie auf, im Geist eine Reise nach Paris zu unternehmen und Richet aufzusuchen. Plötzlich rief sie laut: »Feuer!« Janet vermutete, sie halluziniere nur, und versuchte sie zu beruhigen. Doch sie beharrte darauf: »Nein, Monsieur Janet, ich versichere Ihnen, da ist Feuer.« Tatsächlich wurde Richets Laboratorium in Paris am selben Tage durch Brand zerstört.

Alfred Backmann aus Kalmar (Schweden) berichtet ebenfalls von einer großen Zahl erfolgreich verlaufener Versuche, bei denen die Versuchspersonen an entfernten Plätzen stattfindende Ereignisse beschreiben konnten. Besonders interessant waren seine Versuche mit einem jungen Mädchen namens Alma Radberg. In einem Fall bekam Alma die Aufforderung, im Geiste in das Büro des Direktors einer Gesellschaft in Stockholm zu gehen, wo sie nie zuvor gewesen war. Sie sah, wie der Direktor an seinem Schreibtisch saß, und beschrieb bis ins kleinste das Zimmer. Dann erhielt sie die Instruktion, in ihrer Vorstellung einen Schlüsselbund in die Hand zu nehmen, den sie auf dem Tisch liegen sah, die Schlüssel zusammenzunehmen, die andere Hand dem Direktor auf die Schulter zu legen und so seine Aufmerksamkeit zu wecken. Alma erklärte daraufhin, der Direktor habe sie bemerkt. Der Geschäftsmann, der keine Ahnung davon hatte, daß mit ihm ein Versuch angestellt wurde, erklärte später, er habe am selben Tag und zur selben Stunde ein ganz eigentümliches Gefühl gehabt; er habe dagesessen, in seine Arbeit vertieft, als sein Blick plötzlich auf einen Schlüsselbund gefallen sei, der neben ihm auf dem Tisch an einem Platz lag, wohin er ihn normalerweise nicht legte. Dann habe er undeutlich die Gestalt einer Frau erkannt, in der Annahme, es sei das Zimmermädchen, jedoch nicht weiter darauf geachtet. Doch als die Erscheinung blieb, habe er sie angerufen und sei aufgestanden, um zu sehen, was da vor sich gehe. Dabei habe er festgestellt, daß kein Mensch den Raum betreten hatte.

Zu dieser Zeit wäre die Frage nach einer Erklärung der ASW noch verfrüht gewesen. Das Ziel bestand vorerst darin, überzeugende Beweise für ihre Existenz zu erbringen. Was ihre Mechanismen betrifft, so war diese Meinung vorherrschend: Wenn die Fähigkeit wirklich existiere, so bestehe sie höchstwahrscheinlich in der Übertragung (oder dem Lesen) von Gedanken anderer Menschen – ein Vorgang, den man sich analog der drahtlosen Telegraphie vorstellen könne. Und dann setzte zwischen 1920 und 1930 für die Forscher eine Krise ein: Überdurchschnittliche Versuchspersonen, die zumindest von Zeit zu Zeit auffallend gute Versuchsergebnisse erzielten, begannen seltener zu werden. Über die Gründe dafür lassen sich nur Vermutungen aufstellen. Natürlich ist es möglich, daß der Fortschritt in den Beobachtungstechniken eine Anzahl von Personen abgeschreckt hat, die andernfalls versucht hätten, diese Fähigkeit zu simulieren. Doch viel wahrscheinlicher hing diese plötzliche Abnahme des Auftretens geeigneter Versuchspersonen mit einer Änderung in den Lebensbedingungen der Menschen zusammen: Die Aufmerksamkeit richtete sich mehr auf die technologischen Fortschritte, das Leben wurde betriebsamer und hektischer, und die Menschen hatten weniger Zeit für Entspannung und Muße.

Diese Entwicklung war bedauerlich. Etwa gleichzeitig begann sich die Überzeugung durchzusetzen, daß die Methoden der Vergangenheit, die nur in einer Registrierung einzelner eindrucksvoller Beobachtungen bestanden, unmöglich den erforderlichen Beweis liefern konnten. Bei solchen Beobachtungen oder Versuchen, die wir als »qualitativ« charakterisieren können, erhebt sich eine Frage: Wie läßt sich eine vorurteilslose Bewertung der Fakten sichern? Wie können wir exakt und objektiv das Zusammentreffen der jeweiligen Erfahrung mit der Wirklichkeit beurteilen?

Der Nachweis einer solch ungewöhnlichen und ihrem Wesen

nach sehr unwahrscheinlich erscheinenden Fähigkeit wie der ASW müßte sehr überzeugend sein. Leider begegnen wir bei qualitativen Versuchen mehreren ernsten Schwierigkeiten, die die Schlüssigkeit der Ergebnisse zwangsläufig verringern. Zunächst einmal sind die Fähigkeiten der Versuchspersonen nicht gleichbleibend. Sie können an einem Tage außergewöhnliche Ergebnisse bringen und kurz danach unter scheinbar völlig gleichen Bedingungen absolut enttäuschen, wenn vielleicht irgendein banales Ereignis ihr inneres Gleichgewicht stört. Außerdem kann es uns nicht befriedigen, daß der Versuchsleiter in einer rein passiven Rolle bleibt, wie dies der Fall ist, wenn er warten muß, bis die Versuchsperson irgendwelche Aussagen macht, die er dann mit der Wirklichkeit zu vergleichen hat. Soweit die thematische Auswahl der Bereiche dieser Feststellungen von der Versuchsperson getroffen wird, besteht immer eine Gefahr, die trotz aller Vorsicht und Sorgfalt des Versuchsleiters nicht auszuschalten ist: die Gefahr, daß die Versuchsperson Angaben über Fakten macht, die sie möglicherweise auf außerparapsychischem Weg erfahren hat, das heißt, durch scharfe Beobachtung oder infolge irgendwelcher unwillkürlich gegebener Anhaltspunkte usw., und diese dann als auf dem Wege der ASW gewonnene Information ausgibt.

Eine weitere Schwierigkeit ist noch verhängnisvoller: Nicht einmal die Fähigkeiten der hervorragendsten Versuchspersonen sind vollkommen. Nicht immer befinden sich ihre Aussagen in voller Übereinstimmung mit der Wirklichkeit. Obwohl die Übereinstimmung oft sehr eindrucksvoll ist, sind auch Irrtümer recht häufig. Nicht selten wird auch der Sachverhalt in symbolhaft verzerrter Form wiedergegeben. Dann ergibt sich das Problem: Wie sind objektiv Aussagen zu bewerten, die nur teilweise der Wirklichkeit entsprechen, oder Aussagen, die ein dramatisch abgewandeltes Bild der Wirklichkeit bieten? Hier liegt die größte Schwierigkeit in der Subjektivität bei der Bewertung von Teiltreffern. Ein der ASW positiv gesonnener Beobachter wird sicher mehr Übereinstimmung finden als jemand, der mit den Vorurteilen einer negativen Skepsis an sie herantritt. Und schließlich kann man durchaus annehmen, daß manche Übereinstimmungen Zufallsprodukte sind.

Es dürfte in diesem Zusammenhang interessant sein, an zwei Beispielen zu zeigen, welch unglaubliche Situationen sich durch reinen Zufall ergeben können. Beispiel eins: Ein deutscher Antiquitätenhändler schickte einer Verwandten in Amerika eine wertvolle Kette als Geschenk. Ebendiese Kette war ihr gestohlen worden. Etwa 25 Jahre später wurde dieselbe Kette demselben Händler in München von einem Amerikaner angeboten, der sich in Geldknappheit befand. Noch überraschender erscheint ein anderes Ereignis. Eine Familie gab einen Film mit Familienfotos zur Entwicklung an eine Firma in Straßburg. Das geschah in den chaotischen Tagen zu Beginn des Zweiten Weltkriegs, und der Film ging verloren. Zwei Jahre später wurde er in Bad Soden entwickelt; dabei stellte sich heraus, daß er ein zweites Mal belichtet worden war mit Aufnahmen von derselben Familie, so daß dieselben Kinder auf den Fotos in verschiedenem Alter zu sehen waren. Die Familie hatte den Film in Frankfurt gekauft; irrtümlich hatte man ihn für unbelichtet gehalten.

Qualitative Experimente bergen die Gefahr, den paragnostischen (außersinnlichen) Charakter einer Erfahrung zu überschätzen. Andererseits können sie aber auch zur Unterschätzung des außersinnlichen Charakters führen. Wir haben schon darauf hingewiesen, daß außersinnliche Wahrnehmungen bisweilen in symbolischer Form ausgedrückt werden. Eine solche symbolische Umgestaltung kann bisweilen soweit gehen, daß sie den paragnostischen Charakter der Erfahrung vollkommen verhüllt, so daß er unerkannt bleibt. Dasselbe kann bei spontanen ASW-Phänomenen geschehen, wenn die Wahrnehmung in symbolischer Weise entstellt oder, weil sie nicht deutlich ins Bewußtsein gelangt, nur als undeutliche »Intuition« erlebt wird.

Daher erwies es sich als notwendig, mehrere methodische Änderungen bei parapsychologischen Versuchen einzuführen:

1. Der Versuchsvorgang mußte soweit entwickelt werden, daß der Versuchsleiter alle Hauptbedingungen des Versuchs aktiv von sich aus bestimmten konnte.
2. Die Bewertung der Aussagen der Versuchsperson mußten vollkommen objektiv erfolgen.
3. Es mußte ein Standardverfahren für Versuche entwickelt werden, das sich wiederholen ließ, um einen Vergleich der Leistungen der Versuchsperson in verschiedenen Versuchen zu ermöglichen.
4. Es war zu bestimmen, in welchem Maß die erzielten Ergebnisse auf Zufall beruhen konnten.

Aus dieser Notwendigkeit entstanden die sogenannten »quantitativ-statistischen« Versuche, in denen der Versuchsperson eine lange Reihe gleichartiger und einfacher Standardaufgaben gegeben wird, die entweder richtig gelöst oder nicht gelöst werden. Bei solchen Aufgaben ist immer die Wahrscheinlichkeit des vollen Erfolgs bekannt und der Teilerfolg (Teiltreffer) ausgeschlossen. Das Ergebnis der Versuchsreihe wird dann statistisch ausgewertet.

Solche quantitativen Experimente wurden von Zeit zu Zeit auch von älteren Forschern (wie W. Barrett, O. Lodge, C. Richet und anderen) durchgeführt. Die Versuchsanordnung dabei war für gewöhnlich auf Telepathie abgestellt, das heißt, es gab »Agenten«, die sich auf verschiedene Farben, Zahlen, Namen, Spielkarten usw. konzentrierten, welche dann von den »Perzipienten« erkannt werden mußten. Solche Versuchsanordnungen, bei denen die Versuchsperson gleichsam eine Auswahl aus einer bekannten Anzahl von Möglichkeiten traf, mit anschließender statistischer Auswertung der Ergebnisse, gestattete nicht allein eine sachliche Berechnung des Zufallsfaktors bei jedem Einzelversuch, sondern gab auch einen quantitativen Maßstab für die Qualität der Leistung der Versuchsperson. In früheren Zeiten wurden solche quantitativen Experimente aber nur gelegentlich und gleichsam vereinzelt durchgeführt, während die qualitativen in der Mehrzahl waren. Das Hauptverdienst für die systematische Einführung quantitativer Experimente in der Parapsychologie gebührt J. B. Rhine. Der ursprüngliche Botaniker begann mit der Bearbeitung parapsychologischer Probleme unter der Leitung des Psychologen W. McDougall, der zu den aktivsten Förderern der parapsychologischen Forschung gehörte. Mit McDougalls nie ermüdender Hilfe hat Rhine das Parapsychologische Laboratorium an der Duke University in Durham, North Carolina, beginnend in den dreißiger Jahren, aufgebaut. Dieses Laboratorium war für mehr als drei Jahrzehnte eins der wichtigsten Zentren parapsychologischer Forschung. Seit der Gründung dieses Laboratoriums hat die Parapsychologie langsam, doch stetig, ihre Stellung in den Laboratorien der Universitäten gefestigt. Zunächst wurde sie als eine Art ausgefallenes Nebengebiet der Psychologie betrachtet, doch die Zahl der Wissenschaftler, die in ihr einen unabhängigen Wissenschaftszweig erblicken, wächst ständig.

So war in den dreißiger Jahren des 20. Jahrhunderts die Parapsychologie in ein neues Stadium eingetreten, dessen Hauptmerkmal die Einführung quantitativer Experimente zum Nachweis der ASW war.

Die Grundidee bei diesen Versuchen ist folgende: Die Versuchsperson soll Karten, die in undurchsichtige Umschläge gesteckt sind, identifizieren. Dann wird die Anzahl der durchgeführten Proben mit der Anzahl der Erfolge (Treffer) und der Irrtümer (Fehler) verglichen. Die Wahrscheinlichkeitsrechnung gibt die wahrscheinliche Anzahl der Treffer – die Zufallserwartung – für jede verwendete Kartenserie an. Erreicht die Versuchsperson in einer größeren Zahl von Durchgängen beständig eine über der Zufallserwartung liegende Trefferzahl und geschieht dies unter Bedingungen, die zuverlässig normale Sinneswahrnehmung und Erkenntnisse durch schlußfolgerndes Denken ausschließen, so betrachten wir dieses über die Zufallserwartung hinausgehende Ergebnis als Anzeichen dafür, daß ein Fall von ASW vorliegt. In der Praxis kann bei quantitativen Versuchen jede beliebige Kombination von Versuchsobjekten (Karten mit verschiedenem Aufdruck, sonstige Gegenstände) verwendet werden. Aus psychologischen Gründen haben sich die ASW-Karten (»Zener-Karten«), die im Parapsychologischen Laboratorium der Duke University eingeführt wurden, allgemein durchgesetzt und werden mehr gebraucht als andere. Eine Serie solcher ASW-Karten besteht aus 25 Karten mit fünf verschiedenen Symbolen: Kreis, Stern, Viereck, Kreuz und Wellenlinien (also fünf Karten von jedem Symbol). Die Zufallserwartung beträgt in diesem Falle 20 Prozent Treffer, also fünf richtige Antworten in einer Reihe von 25 Einzelproben. Quantitative Versuche haben zwei voneinander unabhängige Aspekte, denen beiden Genüge getan sein muß, wenn die Versuche gültig sein sollen: den experimentellen Aspekt und den statistischen Aspekt. Was den statistischen Aspekt anbetrifft, so verwendet die Parapsychologie Methoden, die von Mathematikern entwickelt worden sind und auf verschiedenen wissenschaftlichen Gebieten wie im Alltagsleben Anwendung gefunden haben. Die Statistik ist aber nur ein Werkzeug zur Entscheidungsfindung in der Parapsychologie, ebenso wie in anderen Wissenschaften. Die Auswahl der geeignetsten statistischen Analyse der Versuchsergebnisse aber ist keine parapsychologische, sondern eine statistische Frage. Natürlich ist zu beachten, daß bei Versuchen, die den Beweis für die Existenz der ASW erbringen sollten, die elementarsten Verfahren der statistischen Berechnung Anwendung gefunden haben.

Der experimentelle Aspekt ist der kompliziertere. Es muß eine Anzahl unverzichtbarer Vorbedingungen erfüllt sein, wenn man aus der statistischen Auswertung korrekte Schlüsse ziehen will. Zuallererst muß die normale Sinneswahrnehmung ausgeschlossen sein. Soweit Karten in dunklen, undurchsichtigen Umschlägen das Versuchsobjekt darstellen, muß zunächst sichergestellt werden, daß die Umschläge vollständig dunkel und undurchsichtig und wirklich verschlossen sind. Es genügt nicht, der Versuchsperson einfach die Karten zur Bestimmung vorzulegen, indem z. B. deren Unterseite nach oben gekehrt wird, denn ganz unauffällige Kennzeichen auf ihnen, z. B. Schrammen, Fehler in der Oberfläche und dergleichen, können der Versuchsperson als Anhaltspunkt dienen. Im Verlauf des Versuches werden gleiche Karten mehrfach nacheinander abgefragt. Vor jedem Durchgang müssen daher alle Karten aus ihren Umschlägen genommen, gemischt und zufallsgemäß in neue Umschläge gelegt werden. Andernfalls könnten Unregelmäßigkeiten auf der Außenseite der Umschläge gleichfalls der Versuchsperson Fingerzeige geben. Ebenso ist es notwendig, sich gegen jede Möglichkeit unwillkürlicher Hinweise zu sichern, die der Versuchsperson die richtige Antwort mitteilen könnte. Soweit es die Versuchsbedingungen gestatten, gilt die Forderung, daß die Karten für den Versuch von einer dritten Person hergerichtet werden, so daß nicht einmal der Versuchsleiter den Inhalt der Umschläge kennt. Ist diese Möglichkeit nicht gegeben, so ist es ratsam, den Versuchsleiter oder die identifizierten Karten aus dem Raum, in dem die Versuchsperson sich aufhält, herauszubringen oder zumindest reichlichen Gebrauch von Abschirmungen zu machen, um alle Möglichkeiten sinnlicher (wie auch subliminaler) Wahrnehmungen auszuschalten.

Ein anderes notwendiges Erfordernis besteht in der Ausschließung der Möglichkeit, durch schlußfolgerndes Denken auf die richtige Antwort zu kommen. Wenn zum Beispiel die Versuchsperson erfährt, ob eine Einzelantwort richtig oder falsch gewesen ist, so kann dieses Wissen allein schon ihr helfen, bei den folgenden Durchgängen eine höhere Trefferzahl zu erreichen. Daher ist es ratsam, die Ergebnisse zurückzuhalten und die Versuchsperson erst nach Abschluß der Versuchsreihe zu informieren, oder aber jeden Durchgang so sehr von allen anderen unabhängig zu machen, daß das Wissen um ein Einzelergebnis nicht als Prämisse für eine Schlußfolgerung verwendet werden kann. Ferner sollte auch die Möglichkeit des Verschreibens beim Notieren der Ergebnisse in Rechnung gestellt werden. Vor allem motivierte Verschreibensfälle können verhängnisvoll werden, da sie die Tendenz haben, sich in einer Richtung zu häufen.

Die nächste Gruppe möglicher Fehlerquellen ist mehr theoretischer Art. Die Anwendung der statistischen Analyse verlangt, daß sämtliche Ergebnisse in Rechnung gestellt werden. Es ist unzulässig, nur positive Ergebnisse zugrunde zu legen oder zu registrieren und negative unbeachtet zu lassen, auch wenn sie für den einen oder anderen von geringerem Interesse sein mögen. Es sollte zur Regel werden, die Dauer des Versuchs festzusetzen, ehe er begonnen hat. Damit läßt sich der mögliche Einwand entkräften, der Versuch sei in einem abgepaßten Augenblick beendet worden, nachdem die Zufallsschwankung eine Häufung positiver Resultate ergeben habe und bevor negative Resultate sie aufheben konnten. Ebenso ist es unzulässig, die Abfolge der Versuchsobjekte durch eine bestimmte willentliche Methode zu bestimmen. Manche Menschen haben psychisch begründete Vorlieben für gewisse Symbole oder Symbolgruppen. Sollten gleichartige Vorlieben bei der Versuchsperson und dem Versuchsleiter auftreten, so könnte die seelisch bedingte Parallelität ihres Denkens zu einer übergroßen Anzahl von Treffern führen und damit eine ASW simulieren. Daher muß die Bestimmung der Abfolge der Versuchskarten einem Zufallsprozeß unterworfen werden, der von der willentlichen Einwirkung irgendeines Menschen unabhängig ist, also dem Auslosen oder anderen verfeinerten Verfahren.

Die Frage der Erreichung einer adäquat zufallsgemäßen Verteilung ist beim quantitativen Versuch von größter Bedeutung. Schlüsse aus der Wahrscheinlichkeitsrechnung lassen sich tatsächlich nur dann ziehen, wenn sie auf eine Zufallsfolge voneinander unabhängiger Ereignisse angewandt wird. Um diese theoretische Vorbedingung zu erfüllen, ist es allgemein üblich geworden, schon eine Weile vor Beginn des Versuches für eine zufallsgemäße Abfolge der Versuchsobjekte zu sorgen, in der Regel auf der Grundlage von Tabellen mit Zufallsziffern. In allerneuester Zeit hat man in einigen Fällen die Herstellung einer Zufallsfolge der Versuchsobjekte durch Computer vornehmen lassen.

Abgesehen von ihrer Exaktheit haben quantitative Versuche einen weiteren wichtigen Vorzug: ihre größere »Sensibilität«. Wenn wir eine ausreichende Zahl von Versuchen durchführen, können wir schließlich selbst sehr schwache ASW-Fähigkeiten entdecken, die andernfalls unserer Aufmerksamkeit entgangen wären. Die Exaktheit der statistischen Analyse bildet eine zuverlässige Sicherung gegen jeden übereilten Schluß, und statistische Kriterien sind objektive Instanzen, die unzweideutig entscheiden, ob eine Hypothese anzunehmen oder abzulehnen ist. Dadurch hat sich auch die Tatsache feststellen lassen, daß ASW – und mag es im Einzelfall in noch so unvollkommener Form sein – in der Menschheit weit verbreitet ist. So war man nicht mehr darauf angewiesen, die Versuche nur mit seltenen, außergewöhnlich begabten Persönlichkeiten durchzuführen, sondern konnte ohne irgendeine vorherige Auswahl mit normalen Menschen und im normalen Wachzustand arbeiten. Deshalb wurde es endlich auch möglich, die Forschung unter echten Laboratoriumsbedingungen durchzuführen mit Leuten, die sich frei und ohne alle Vorurteile für die Versuche zur Verfügung stellten und sich im normalen Wachzustand von sich aus allen von der experimentellen Seite her gebotenen Vorbedingungen unterwarfen.

Die statistische Auswertung des Ergebnisses ist dann eine Routineaufgabe, bei der nur die geeigneten statistischen Formeln zugrunde gelegt werden müssen. Im Prinzip erhalten wir dadurch Antwort auf die Frage: Wie gering ist die Wahrscheinlichkeit, daß das Ergebnis auf Zufall beruht? Dabei können wir nicht mit einem Wahrscheinlichkeitsgrad »null« rechnen, der eine »absolute« Gewißheit bedeuten würde. Ist die errechnete Wahrscheinlichkeit gering genug, dann können wir vernünftigerweise unseres Schlusses sicher sein.

Natürlich sind Kartenversuche nur *eine* der vielfältigen Versuchsmöglichkeiten, die für eine quantitativ-statistische Bewertung herangezogen werden können. Ihre Einfachheit in der Anlage ermöglichte uns, an ihnen Probleme zu erläutern, denen wir bei der Planung beweiskräftiger parapsychologischer Versuche begegnen. Natürlich sind bei verschiedenem methodischem Vorgehen auch verschiedene Sonderprobleme zu berücksichtigen, die sich aus den Eigenarten der einzelnen Versuchsanordnungen ergeben.

Doch die Hauptprobleme bleiben in allen Fällen die gleichen: die Notwendigkeit, außer-parapsychische Faktoren (sinnlich wahrnehmbare Anhaltspunkte, Erkenntnisse durch schlußfolgerndes Denken) beim Zustandekommen der Ergebnisse auszuschalten; eine geeignete Methode zur Schaffung zufallsgemäßer Anordnung der Versuchsgegenstände; die Konzipierung eines Kontrollversuches, wenn dies erforderlich ist; die Durchführung der Berechnungen der Ergebnisse ohne Kenntnis von Zweck und Zusammenhang; die Findung der geeigneten Methode statistischer Analyse.

Die Ergebnisse einer Anzahl quantitativer Experimente der oben beschriebenen Art erlauben die Feststellung, daß *die Existenz außersinnlicher Wahrnehmung bewiesen ist.* Allerdings fehlt der Evidenz der quantitativen Experimente die Eindruckskraft, die wir bei den qualitativen Phänomenen der ASW häufig antreffen. Wegen der mangelnden dramatischen Note interessieren die quantitativen Versuche den Laien nur wenig. Für den Forscher sind sie wertvoll, und ihre Ergebnisse überzeugen wegen der Strenge der Bedingungen, unter denen sie durchgeführt werden. Wenn sie sorgfältig geplant und durchgeführt werden, bilden die quantitativen Experimente einen formal unanfechtbaren Beweis für die Existenz von ASW. Wenn wir behaupten, daß es ASW gibt, so bedeutet das natürlich nicht, daß es sie immer und überall gibt; tatsächlich tritt sie nur bisweilen auf, wenn günstige Bedingungen für ihr Auftreten gegeben sind. Demnach kann nicht verlangt werden, daß wir fähig sind, ihr Auftreten zu jeder beliebigen Zeit auf Verlangen zu erzwingen, solange wir nicht alle Faktoren kennen, die für ihr Auftreten bestimmend sind, und nicht fähig sind, alle notwendigen günstigen Voraussetzungen in ihrer ganzen Komplexität herbeizuführen.

Gegen die quantitativen und vor allem die Kartenversuche hat man einen sehr ernsten und sachlichen Einwand erhoben: Sie erfassen den außersinnlichen Wahrnehmungsvorgang nicht in seiner ganzen Lebendigkeit und Komplexität, sondern vereinfachen ihn in einer inadäquaten Weise und schematisieren ihn zu einer reinen Auswahl aus einer vorgegebenen Anzahl von Möglichkeiten. Damit verliert das untersuchte Phänomen seinen dynamischen, lebendigen Charakter, der typisch ist für spontane Phänomene und qualitative Beobachtungen von Hellsehern. Bei quantitativen Versuchen haben wir keine wirkliche Wahrnehmungserfahrung mehr, das heißt, keine charakteristische subjektive Erfahrung der Berührung mit einer unbekannten Wirklichkeit; vielmehr ist das Ganze sozusagen auf ein »Raten« reduziert, das die Versuchsperson nicht als Wahrnehmung erlebt. Hier ist der Unterschied so grundlegend, daß uns bisweilen ganz spontan die Frage kommt, ob es sich bei quantitativen Kartentests wirklich um dieselbe Fähigkeit handelt, die sich in qualitativen Versuchen in so vielfältigen Formen manifestiert. Es ist daher verständlich, daß manche Parapsychologen es ablehnen, die Untersuchung qualitativer ASW-Phänomene aufzugeben, sie vielmehr nicht selten den quantitativen Versuchen vorziehen. Doch der Wert einiger quantitativer Ermittlungen ist allgemein anerkannt. Daher hat man versucht, quantitative Bewertungen in qualitative Versuche einzubauen und diese unter Wahrung ihres typischen Charakters exakter zu gestalten.

Die Grundidee besteht darin, die qualitative Antwort in Einzelaussagen aufzulösen und die geeigneten Wege zu finden, wie sich für jede Einzelaussage korrekte Wahrscheinlichkeitswerte ermitteln lassen.

Heute, nachdem der quantitative Beweis für die ASW die Stichhaltigkeit der ursprünglichen formalen Einwände gegen die Beweiskraft spontaner parapsychischer Phänomene und qualitativer Versuche entkräftet hat, können wir in unserem Suchen nach besserem Verständnis parapsychischer Phänomene auch zu formal weniger strengen, dafür aber thematisch reicheren Erfahrungen zurückkehren. Und im Lauf der Jahre hat sich auch wieder eine Anzahl von Personen mit überdurchschnittlichen ASW-Begabungen gefunden, mit denen qualitative Experimente von grundlegender Bedeutung und in ganz neuen Bereichen durchgeführt worden sind. Mit Hilfe dieser Versuche konnte die innere psychische Dynamik der ASW näher untersucht werden, die sich durch quantitative Versuche nur schwer entdecken läßt. Nennen wir hier zum Beispiel Stephan Ossowiecki, Pascal Fortuny (der von E. Osty, R. Sudre und anderen Mitgliedern des Institute Métapsychique International in Paris überprüft worden ist) und den Holländer Gerard Croiset, der in Utrecht von W. H. C. Tenhaeff und in Freiburg (Br.) von Hans Bender überprüft wurde. Im Gegensatz zu den quantitativ ausgewerteten Massenversuchen mit einer Vielzahl von Versuchspersonen und routinemäßig wiederholten einfachsten Tests haben die Arbeiten dieser Autoren einzelne hervorragende Leistungen besonders Begabter in den Vordergrund gestellt; diese Leistungen wurden dann als Einzelfall genau analysiert und einer umfassenden psychologischen Prüfung unterworfen.

Auch die Anwendung mathematischer Verfahren hat sich im Lauf der Zeit auf einen anderen Bereich verschoben. Ursprünglich dienten sie zum Nachweis der Phänomene; heute sind sie zum Werkzeug ihrer Erforschung geworden. Nun haben statistische Methoden in der Parapsychologie eine Aufgabe, die der ihrer Rolle in anderen Wissenschaftsbereichen mit komplexen Forschungsgegenständen entspricht, wie zum Beispiel in der Biologie oder der Psychologie. Mathematische Verfahren ermöglichen es, die beobachteten Phänomene quantitativ zu formulieren und sie damit in eine meßbare Form zu bringen. Sie ermöglichen es ferner, die Versuchsergebnisse exakt auszuwerten – als Hilfsmittel zur Nachprüfung von Hypothesen. Und schließlich erweist die Mathematik sich als unerläßlich für die Lösung verschiedener Spezialprobleme der Parapsychologie, wie zum Beispiel der theoretischen Modelle des ASW-Prozesses, der Fragen, die mit der kontrollierten Anwendung von ASW zur Informationsübermittlung zusammenhängen, und dergleichen mehr.

Während all dieser Zeit, als sich die amerikanische und westeuropäische Parapsychologie hauptsächlich unter Benutzung psychologischer Forschungsmethoden, mit den bisher beschriebenen Problemen beschäftigte, wählten Parapsychologen in Rußland (eigentlich in der inzwischen zerfallenen Sowjetunion) eher den physiologischen Zugang zum Auffinden von ASW. Da in den sechziger Jahren der Westen mehr über diese Forschungsarbeit erfuhr, dürfte das einen großen Einfluß auf die parapsychologische Forschung des Westens ausgeübt haben. Natürlich hatte in kommunistischen Ländern auch die parapsychologische Forschung Züge, die sie von der der westlichen Welt unterscheidet: weniger theoretische Ambitionen, stärkeres Interesse an der praktischen Verwertbarkeit der Erkenntnisse; weniger supranaturalistische Vorstellungen, statt dessen ein nüchtern-sachliches Herantreten an unbekannte wissenschaftliche Probleme; eine gewisse Vorliebe für die Verwendung physiologischer Forschungsmethoden. Die Wissenschaft selbst und die wissenschaftlichen Fakten sind dieselben wie in allen anderen Ländern der Erde. Daher kann auch mit keiner wirklich grundlegenden Verschiedenheit gerechnet werden. Die hervorragendste Persönlichkeit in der russischen Telepathieforschung der ersten Jahre nach der kommunistischen Machtergreifung war W. L. Durow, ein Varietékünstler mit einem aufgeschlossenen Sinn für wissenschaftliche Erfordernisse. Er war berühmt wegen seiner Fähigkeit, Hunde abzurichten, daß sie telepathisch erteilten Befehlen folgten. Bis zu seinem Tod im Jahre 1934 war er Direktor des Tierpsychologischen Laboratoriums in Moskau, wo er seine telepathischen Versuche in Zusammenarbeit mit einigen namhaften russischen Forschern, unter anderen dem berühmten Psychiater und Neurologen W. M. Bechterew, fortsetzte. Durow beschrieb seine Methode der Abrichtung von Hunden auf telepathische Signale in seinem Buch »Abrichten von Tieren«. Die langwierige Abrichtung bestand zuerst in der Schaffung einer emotionalen Bindung zwischen Mensch und Hund. Sie mußten einander tief lieben lernen. Sodann besteht die Notwendigkeit, daß vor jedem Versuch der Versuchsleiter irgendwie die Aufmerksamkeit des Hundes erregen muß (Durow erreichte das, indem er den Kopf des Hundes in beide Hände nahm und ihm regungslos in die Augen schaute). Dann werden dem Hund telepathisch Befehle gegeben, bestimmte Handlungen auszuführen. Diese Befehle werden durch geistige Konzentration erteilt und nicht als verbale Kommandos. Es kommt darauf an, daß im Geist des Versuchsleiters ein lebendiges motorisches oder visuelles Bild der gewünschten Handlung geschaffen wird. Abschließend werden erfolgreiche Leistungen durch ausgewählte Leckerbissen belohnt.

Die Hunde waren bisweilen fähig, auch komplizierte Handlungen erfolgreich durchzuführen, wie etwa in dem folgenden Versuch: Dem Hund wurde der telepathische Befehl erteilt, einen ihm unbekannten und in einem Raum, in dem mit ihm bisher noch keine Versuche durchgeführt worden waren, versteckten Gegenstand zu finden und herzubringen. Um den Versuch noch schwieriger zu gestalten, mußte ein Gegenstand gewählt werden, der nicht im Blickfeld des Tieres lag, wenn es sich in seiner normalen Körperstellung befand. Außerdem war der Gegenstand niemals mit Durow oder dem Hund in Berührung gekommen (zur Vermeidung von Geruchsreizen). Man bestimmte als Versuchsgegenstand ein Telefonbuch, das zwischen mehreren anderen Büchern und unter vielen anderen Gegenständen auf einem von drei Tischen in einem Raum lag, der an das Laboratorium anstieß, in dem die Versuche stattfanden. Durow nahm den Kopf des Hundes in seine Hände und sah ihm regungslos in die Augen. Nach eine Weile lief der Hund schnurstracks durch die offene Tür in den Nachbarraum und stellte sich dort auf die Hinterpfoten, um einen der Tische zu erreichen. Als er dort das Gesuchte nicht fand, lief er zum zweiten Tisch. Dort stellte er sich wieder auf die Hinterpfoten, schien aber trotz der vielen Gegenstände, die auf ihm lagen, nicht zu finden, was er suchte. Erst als er am dritten Tisch angekommen war und sich dort zum drittenmal aufgerichtet hatte, packte er das darauf liegende Telefonbuch mit den Zähnen und brachte es in den Versuchsraum.

Wir möchten ein weiteres Beispiel aus den Arbeiten in Durows Laboratorium bringen, um zu zeigen, wie ein Durchschnittsversuch dieser Art aussah: In Abwesenheit des Hundes einigten sich die Anwesenden auf eine Reihe von Aufträgen, die dem Tier auf telepathischem Weg übermittelt werden sollten. 1. Der Hund sollte sich auf einen Stuhl vor dem Klavier setzen und mit den Pfoten auf die Tasten schlagen. 2. Der Hund sollte ein Bonbon von einer in der ersten Reihe sitzenden Frau nehmen und es dem Komponisten G. bringen, der auf der anderen Seite des Zimmers saß. 3. Der Hund sollte unter den Flügel kriechen und dort bellen. Einige der Anwesenden rieten später, diese letzte Aufgabe folgendermaßen anzuwandeln: Der Hund sollte laut bellend auf den Studenten N. zurennen, der in einer Gruppe anderer Studenten saß. Diese Abwandlung wurde als endgültige Aufgabe akzeptiert. Dann ließ man den Hund in den Raum, und der Versuch begann: 1. Durow setzte den Hund auf einen Stuhl vor sich und sah im regungslos in die Augen. Das Tier erstarrte gleichsam für einige Sekunden, machte sich dann aber los, sprang von dem Stuhl und ging unter den Flügel. Durow rief es zurück und schaute ihm noch einmal starr in die Augen. Wieder lief der Hund zum Flügel, aber diesmal sprang er auf den Stuhl und schlug mit seinen Pfoten mehrmals auf die Tasten. 2. Durow schaute erneut starr in die Augen des Hundes; wieder machte der Hund selbst sich los, schnappte der Dame ein Bonbon aus der Hand und lief einige Schritte in Richtung auf G. Doch anstatt diesem das Bonbon zu geben, zerbiß er es. 3. Nach einigen Sekunden der Konzentration lief der Hund auf den Studenten N. zu, kehrte dann aber um, ohne gebellt zu haben. Die Konzentration wurde wiederholt, und diesmal erfüllte der Hund seine Aufgabe fehlerlos: Bellend rannte er auf den Studenten zu. Während des ganzen Versuchs wurde Durow selbst sorgfältig von mehreren Anwesenden kontrolliert, die bestätigten, daß er dem Tier keinerlei Zeichen gab mit den Augen, durch Gebärden oder eine Körperbewegung. Wenn der Hund anwesend war, vermied er es, die als Zielobjekte ausgewählten Gegenstände anzusehen oder ihn irgendwie zu berühren. Bei diesen Versuchen fungierte für gewöhnlich Durow selbst als Sender der telepathischen Signale, doch wurden auch verschiedentlich in seiner Abwesenheit erfolgreiche Versuche mit anderen Versuchsleitern durchgeführt. Manche dabei festgestellten Irrtümer waren besonders interessant, da sie stark an verschiedene Irrtümer bei qualitativen Telepathieversuchen mit Menschen erinnerten. Fälle von Telepathie aus den Randzonen des Bewußtseins waren sehr häufig, obwohl sie nicht als solche erkannt wurden. So erhielt der Hund zum Beispiel einmal den Auftrag, mit seinen Zähnen die Uhrkette von Dr. R. zu fassen. Bei der Diskussion der Anwesenden über die Wahl des Gegenstandes war auch der Vorschlag gemacht worden, eine auffallende Goldplakette zu nehmen, die Durow auf dem Rockaufschlag trug; doch schließlich war die Uhrkette gewählt worden. Während des Versuchs lief der Hund fortwährend um Dr. R. herum, zögerte aber und faßte schließlich mit den Zähnen Durows Plakette. Ein andermal geschah es, daß der Hund nicht die Aufgabe ausführte, die ihm eben aufgetragen worden war, sondern eine andere, die zwar schon festgesetzt, aber erst für den nächsten Versuch vorgesehen war. Bechterew beobachtete bei diesen Versuchen auch die Abhängigkeit der Telepathie von der psychischen Struktur des Perzipienten, in diesem Falle also des Hundes. So hinterließen stark emotional gefärbte Aufgaben (für einen Hund zum Beispiel ein wildes Bellen) oder Aufgaben, die er bei dem vorhergehenden Versuch nicht erfüllt hatte, sozusagen eine Spur im Gehirn des Hundes, die ihn dazu brachte, diese Aufgabe beim nächsten Versuch zu erfüllen, wenn er eigentlich einen ganz anderen Auftrag zu erfüllen hatte.

Nach Durows Tod gelang es niemandem mehr, Hunde zu gleichen Leistungen abzurichten, aber das Interesse an ASW bei Tieren blieb. So wurde im Jahre 1942 im tierärztlichen Institut von Charkow ein Experiment mit einer Hündin durchgeführt, die man daran gewöhnt hatte, daß ihre Kleinen ihr von Zeit zu Zeit weggenommen wurden. Als sie diesen Vorgang ohne Protest zu akzeptieren begann, wurden die Kleinen in einen anderen Raum gebracht, wo man ihnen absichtlich Schmerzen zufügte. In diesem Augenblick wurde die Hündin unruhig, begann zu bellen und wandte ihren Kopf in die Richtung, in der ihre Kleinen waren.

Ein großer Teil der Telepathieforschung russischer Autoren galt der Übertragung von Verhaltensimpulsen. Offenbar betrachten die russischen Wissenschaftler ein solches Projekt als wichtig genug, um ihm sogar einen neuen Namen zu geben: Sie nennen dieses Verfahren »Mentalsuggestion« und unterscheiden es von » Telepathie«, bei der der Wahrnehmungsakt betont wird.

Experimentelle Forschungen zur telepathischen Übertragung motorischer Impulse wurden mehrere Jahre vorher von L. A. Wodolazski und T. V. Gurstejn (Signale zur Verrichtung mehrerer Bewegungen mit den Händen usw.) und später von S. J. Turlygin durchgeführt (Signale an einen stehenden Perzipienten mit dem Auftrag, sich rückwärts fallen zu lassen, wo ihn ein hinter ihm stehender Assistent auffing). Dieser Versuch Turlygins wurde später von dem russischen Physiologen Wasiljew wiederholt. Dieser gewährleistete die objektive, automatische Registrierung des Versuchsverlaufes dadurch, daß er den Perzipienten auf ein dreieckiges Brett stellte, von dem zwei Ecken fest gelagert waren, während die dritte auf einem dickwandigen Gummiball ruhte. Jeder Druck, der auf diesen Ball ausgeübt wurde – auch die geringste, anders gar nicht wahrnehmbare Bewegung der Versuchsperson – übertrug sich durch einen Gummischlauch auf die Registrierapparatur der Anlage. Die Einführung einer automatischen schriftlichen Registrierung bedeutete eine wichtige Neuerung, die bei der weiteren Entwicklung der russischen Parapsychologie in verschiedenen Abwandlungen immer und immer wieder Verwendung fand.

Die wichtigsten von diesen Versuchen sind jedoch L. L. WASILJEWS Experimente mit telepathischer Hypnose; er führte sie in den dreißiger Jahren durch, doch erst 1960 wurden sie veröffentlicht. Diese Veröffentlichung gab der weiteren Entwicklung der russischen Parapsychologie starken Auftrieb. Im Grunde waren diese Versuche allerdings nur Wiederholungen älterer, ähnlich konzipierter Versuche der französischen Forscher C. Richet und P. Janet gegen Ende des 19. Jahrhunderts, jedoch unter weiterentwickelten Versuchsbedingungen.

Im Jahre 1932 entdeckte Wasiljew drei besonders suggestible Personen. Mit ihnen führte er Versuche durch, bei denen die Versuchsperson auf eine gewisse Distanz durch rein telepathische Impulse in Hypnose versetzt wurde. Der Vorgang des Eintretens in den hypnotischen Zustand wurde automatisch durch Registriergeräte aufgezeichnet, durch Messung der galvanischen Spannung auf der Haut sowie durch einen mechanischen Schreibstift, der von der Versuchsperson in Bewegung gesetzt wurde, wenn sie auf einen Gummiball drückte (dabei wurde jeder Druck in der graphischen Darstellung als Zacke aufgezeichnet). Sobald die Versuchsperson hypnotisiert war, hörte sie auf, den Ball zu drücken, und die Aufzeichnung ergab eine gerade Linie. Dann wurde nach einer gewissen Zeit die Versuchsperson aus der Hypnose geweckt. Häufig genügte ein entsprechender telepathischer Impuls, um die Versuchsperson aufzuwecken.

Bemerkenswert waren jedoch die Fälle, in denen der ausgesandte telepathische Impuls nicht für ein vollständiges Aufwachen ausreichte. In einem solchen Fall zeichnete das Registriergerät zumindest ein Bemühen der Versuchsperson auf, wach zu werden, das heißt: die Versuchsperson übte mehrmals einen Druck auf den Gummiball aus, der in Form mehrerer Zacken in der Linie aufgezeichnet wurde, dann aber ließen die Impulse nach, und die Versuchsperson schlief weiter.

Diese Versuche wurden weiterentwickelt. Dabei wurde zum Beispiel der selektive Charakter des telepathischen Faktors sichtbar. Wenn die drei Versuchspersonen zusammen gesetzt wurden, gelang es dem Hypnotiseur immer, die eine Versuchsperson, dic er als erste ausgewählt hatte, zu hypnotisieren. Außerdem bemerkte die hypnotisierte Versuchsperson immer, welcher von den drei sich abwechselnden Hypnotiseuren den telepathischen Impuls gesendet hatte. Auch Versuche über weite Entfernungen wurden erfolgreich durchgeführt, so zum Beispiel zwischen Leningrad und Sebastopol (über 1700 km).

Als man die Manifestationen der Telepathie soweit beherrschte, konnten neue Versuche durchgeführt werden, in denen geprüft werden sollte, ob die Erklärung der Telepathie als elektromagnetisches Phänomen richtig war. Wie die Forscher anderer Länder versuchten auch viele russische Wissenschaftler, die Telepathie, in Analogie zur Radiosendung, als Aussendung elektromagnetischer Signale zu erklären. Ungeachtet vieler Argumente, die dagegen sprachen (zum Beispiel das Argument der ungeheuren Schwachheit der elektrischen Vorgänge im Gehirn; die Probleme des Codierens der übermittelten Information; die Probleme des Auffindens der richtigen Sendung usw.), war diese Hypothese so verführerisch einfach: Elektrische Vorgänge im Gehirn könnten – das kann man sich gut vorstellen – elektromagnetische Signale aussenden, die von einem anderen Gehirn aufgefangen werden können; das Gehirn des Senders würde sozusagen als Radiosender wirken, das Gehirn der Perzipienten als Radioempfänger.

Falls diese Hypothese einer elektromagnetischen Übertragung richtig war, mußte es möglich sein, die telepathische Übertragung zu unterbinden, indem man den Agenten oder den Perzipienten in einen Faradayschen Käfig setzte, der keine elektromagnetischen Wellen durchläßt. Wasiljew setzte also den Hypnotiseur in eine sorgfältig aus dicken Bleiplatten gebaute Kabine. Das Dach der Kabine war so konstruiert, daß seine Seiten in mit Quecksilber gefüllten Rinnen lagen. Doch obwohl die Wände der Kabine elektromagnetische

Wellen über einen breiten Bereich von Wellenlängen vollkommen abschirmte, funktionierte die telepathische Übertragung genausogut, als gäbe es gar keine Abschirmung. Dieses Ergebnis zeigt, daß die *Telepathie nicht auf elektromagnetischen Signalen beruht.*

Zu Beginn der sechziger Jahre erregte ein neues Phänomen das Interesse der Öffentlichkeit in der Sowjetunion und später auch in anderen Ländern: das »Lesen mit den Fingern«. Es tauchten Leute auf, die behaupteten, mit verbundenen Augen Farben erkennen oder geschriebene und gedruckte Texte durch Berührung des Blattes mit ihren Fingerspitzen lesen zu können. In Wirklichkeit ist auch diese Fähigkeit nichts völlig Neues. Schon in der ersten Hälfte des 19. Jahrhunderts behaupteten die Anhänger von F. A. Mesmer, ihre »magnetisierten« – wir würden heute sagen: hypnotisierten – Patienten seien fähig, mit verbundenen Augen zu lesen, und ihre Sinne, vor allem der Gesichtssinn, seien in ihre Fingerspitzen oder ihre Stirne (o. ä.) übertragen. Etwa hundert Jahre später übte der russische Physiologe A. N. Leontjew seine Versuchspersonen ein, Lichtstrahlen mit der Hand zu erkennen. Und 1920 veröffentlichte Jules Romains (Pseudonym) in Frankreich ein Buch mit dem Titel »Sehen ohne Augen«, in dem er eine Anzahl erfolgreich verlaufener Versuche mit dem »Fingerlesen« schildert.

Doch all diese Beobachtungen fielen in Vergessenheit. Das Problem tauchte erneut auf mit der Entdeckung von Rosa Kuleschowa aus Nischni Tagil im Uralgebiet der Sowjetunion. Rosa arbeitete, als sie im Alter von 22 Jahren bekannt wurde, einige Zeit in einem Blindeninstitut. Dort wurde sie mit der Brailleschrift vertraut. Dabei kam ihr der Gedanke, sie könne vielleicht auch normale Druckschrift mit Hilfe des Tastsinns »lesen« lernen. Nach jahrelanger Übung hatte sie Erfolg. In der wissenschaftlichen Welt wurde ihre ungewöhnliche Fähigkeit im Jahre 1962 bekannt, als sie wegen epileptischer Störungen in eine Nervenklinik eingewiesen wurde. Sie wurde einer Wissenschaftlerkonferenz vorgestellt und später zur Überprüfung nach Moskau geschickt.

Einige mit ihr in Moskau unternommene Versuche – so die unter Leitung von M. S. Smirnow – erbrachten den Beweis, daß sie tatsächlich die Fähigkeit besaß, Farben ohne Verwendung des Gesichtssinns zu erkennen. In den äußerst sorgfältig durchgeführten Versuchen Smirnows zeigte sie sich z. B. fähig – als geschehe dies durch Berührung mit ihren Fingern – auf einen Milchglasschirm projizierte

Bilder zu erkennen, Farben von Strahlen monochromatischen Lichtes zu erkennen, das durch ein Prisma zerlegt und durch Filter geschickt war, um die heißen Strahlen zu absorbieren. Später verschwand diese Fähigkeit wieder. Aber es bleibt die wissenschaftliche Evidenz, daß sie zumindest für eine Zeit ihres Lebens über die Fähigkeit verfügte, mit den Fingern zu lesen, die wir als eine Form von ASW betrachten.

Eine Anzahl russischer Wissenschaftler interessierte sich für die weitere Erforschung des Phänomens des »Fingerlesens«. Die vielleicht verheißungsvollsten von den in diesem Zusammenhang unternommenen Bemühungen werden von A. A. Nowomejski berichtet, der mit seinen Studenten der Pädagogischen Hochschule experimentierte. Er brachte seine normal sehfähigen Studenten durch Übung dahin, farbige Flächen ohne Verwendung des Gesichtssinnes, nur durch Berührung zu erkennen. Die Flächen konnten sogar mit Tüchern oder anderem Material (Glas, Papier usw.) bedeckt sein, so daß der direkte Kontakt der Finger der Versuchsperson mit der Fläche selbst unmöglich gemacht war. Nowomejski behauptet, er sei in der Lage, durch seine Methode diese Fähigkeit in etwa 20 Prozent der Bevölkerung zu entwickeln, vorausgesetzt die Leute brächten die Geduld auf, sich dem langwierigen Training zu unterziehen.

Nowomejskis Methode läßt sich leicht nachmachen. Erforderlich dazu sind lediglich zwei Blätter verschiedener Farbe, sonst aber völlig gleicher Art. Wir können sie zum Beispiel dadurch erhalten, daß wir zwei Stücke empfindliches Fotopapier nehmen, eines davon belichten, das andere unbelichtet lassen, und dann beide entwickeln. So bekommen wir zwei Karten mit gleicher Oberfläche: die eine weiß, die andere schwarz. Und nun kann die Übung beginnen: Wir lassen uns die Augen verbinden, entspannen uns und suchen durch Berührung der Oberflächen beider Karten eine Farbe von der anderen zu unterscheiden. Normalerweise brauchen wir dabei jemanden, der uns bei der Prüfung helfen und uns sagen kann, ob unsere Ansagen der Farben richtig sind oder nicht. Seine Hilfe gestattet uns, in einem Zustand der Entspannung zu bleiben, der nicht unterbrochen wird durch die geistige Anstrengung des nachträglichen Hinsehens auf die Karten und Prüfens der Farben. Es ist notwendig, mit großer Ausdauer immer und immer wieder die Farben der Karten zu bestimmen, die der Helfer uns in einer Zufallsordnung aushändigt, um uns danach zu sagen, ob wir die Farbe richtig bestimmt haben oder nicht.

Im Falle zweier gleichartiger Oberflächen können wir annehmen, daß unsere Tastempfindungen von ihnen gleich sind. Doch versichert Nowomejski uns, daß wir, wenn wir nur Geduld genug haben, bestimmte Tastempfindungen entdecken, die uns die wirkliche Farbe zu erkennen geben, trotz der Gleichheit beider Oberflächen. Diese Empfindungen sind halluzinatorischen Charakters und im höchsten Maße individuell. Für gewöhnlich muß jeder die Empfindungen entdecken, die ihm eigen sind: So kann zum Beispiel der eine die schwarze Farbe als wärmer empfinden als die weiße; ein anderer empfindet die eine Farbe als rauher oder klebriger usw. als die andere. Wenn wir die Farben in direkter Berührung unterscheiden gelernt haben, kommen wir zu schwierigeren Aufgaben: Grenzen zwischen Farbfeldern zu unterscheiden; oder wir bedecken die Flächen mit irgendeinem anderen Material (Glas, Papier usw.), das einen direkten Kontakt verhindert, und versuchen die Farben durch dieses Abdeckmaterial hindurch zu erkennen.

Eine wichtige Frage zur ASW, nämlich ihre theoretische Erklärung, bleibt natürlich nach wie vor ein Rätsel. Wir wissen nichts vom Wesen des Wirkprinzips, das für die ASW verantwortlich ist. Unser Wissen ist leider eher negativer Art. So können wir zum Beispiel, wenn wir Wasiljews Versuche nehmen, sagen, daß die ASW (im Falle seiner Telepathieversuche) *nicht* in vollem Umfang auf der Grundlage elektromagnetischer Ströme erklärt werden kann.

Dennoch müssen wir zugeben, daß die Telepathie eine Übermittlung von Information tragenden Signalen ist. Weil die Telepathie ein so von allen anderen Kommunikationsmitteln verschiedenes Verhalten zeigt, müssen wir schließen, daß der Träger solcher Signale von allen bisher bekannten Energieformen völlig verschieden ist. Diese Überlegung läßt vermuten, daß es eine neue, bisher unbekannte Form von Energie gibt – die »Psi-Energie« (Psi: nach dem griechischen Buchstaben, mit dem »Psyche« beginnt), die sich in einem hypnothetischen »Psi-Feld« fortpflanzt.

Die Darstellung der Psi-Energie hat ebenfalls eine lange Geschichte. Bereits 1940 wies der Entdecker der EEG-Wellen, H. Berger, darauf hin, daß elektrische Vorgänge in der Gehirnrinde zu schwach sind, um für Wirkungen über so große Entfernungen, wie wir sie bei telepathischen Übertragungen beobachten können, als Ursache in Frage zu kommen. Er legte den Gedanken nahe, sie könnten mit Hilfe einer anderen Art von Energie zustande kommen, die er »psychische Energie« nannte. Er stellte sich vor, diese Energie könne durch physikalisch-chemische Prozesse in der Gehirnrinde geschaffen werden und nach außen dringen, ungehemmt durch materielle Hindernisse. Nach Berger würde der Vorgang der telepathischen Übertragung aus folgenden Phasen bestehen: a) physikalische und chemische Prozesse im Gehirn des Senders werden in psychische Energie umgesetzt; b) diese psychische Energie pflanzt sich durch den Raum fort; c) wenn sie auf das Gehirn des Perzipienten trifft, löst sie in ihm Vorgänge aus, die denen im Gehirn des Senders entsprechen. Berger stellte das Postulat auf, daß das Hauptcharakteristikum der »psychischen Energie« ihr Zusammenhang mit dem Bewußtsein ist: Sie kann nur in einem lebenden Gehirn auftreten.

Nach der Auffassung russischer Parapsychologen verbreitet diese »psychische Energie« sich durch ein sogenanntes »Psi-Feld«. Unter diesem Psi-Feld verstehen sie eine Art bisher unbekanntes physikalisches Feld. Dabei stellen sie sich dieses Feld gern in einer gewissen Analogie zum elektromagnetischen Feld vor, das wir uns als aus zwei senkrecht zueinander stehenden Vektoren – einem elektrischen und einem magnetischen – zusammengesetzt denken. Entsprechend stellt man sich das hypothetische Psi-Feld als multidimensionales Feld vor, bestehend aus dem elektromagnetischen Feld als der einen und dem Psi-Vektor als der anderen Komponente. Russische Parapsychologen schließen, daß sich in dem Psi-Feld bewegende Signale an der Stelle ihres Auftretens (wo sie entsprechende elektrische Änderungen im Gehirn des Perzipienten hervorrufen) auch elektromagnetische Änderungen hervorrufen, in einem der elektromagnetischen Induktion ähnlichen Vorgang. Natürlich kann diese Vorstellung nicht als gültige Erklärung eines in seinem Wesen unbekannten Vorganges betrachtet werden. Wir können sie aber durchaus als brauchbare Arbeitshypothese annehmen, die uns eine rationale Erklärung der ungewöhnlichen Eigenschaften der ASW gestattet, aber in der künftigen Forschung noch gründlich geprüft werden muß. Vor allem müssen wir bestrebt sein, die Natur des ASW-Phänomens zu erklären, und darauf achten, daß das Wort »Psi-Feld« nicht nur ein neuer Modebegriff für das geheimnisvolle Unbekannte wird.

Die Zahl der Arbeiten, die Problemen der parapsychologischen Forschung gewidmet sind, hat sich schnell vergrößert. In den folgenden Kapiteln werden wir einige der bisher gemachten Entdeckungen betrachten. Doch soviel sollte jetzt schon klar festgestellt werden: All diese Entdeckungen ergeben zusammen ein sinnvolles Bild, aus dem wir erkennen, daß die parapsychischen Fähigkeiten keine launenhaften Störungen der natürlichen Ordnung darstellen, sondern objektive, unter spezifischen Regeln stehende Phänomene sind, Phänomene, die sich in das wissenschaftliche Weltbild integrieren lassen und keineswegs im Widerspruch zu anderen Entdeckungen der Naturwissenschaften stehen. Zwar besitzen wir über diese Phänomene noch keine Kontrolle und können sie auch nicht hervorrufen, wenn und wann es uns beliebt, doch verfügen wir heute schon über ein beachtliches Wissen um sie.

Am auffallendsten an den parapsychischen Fähigkeiten ist, daß sie offenbar unabhängig sind von physikalischen Bedingungen. Nehmen wir als Beispiel einen Fall von ASW, der bisher am besten erforschten parapsychischen Fähigkeit: Der Abstand zwischen Versuchsgegenständen und Versuchspersonen, ihre Stellung im Raum, ihre Abschirmung gegeneinander durch materielle Hindernisse, ihre Ausmaße, die Art ihrer Oberflächen usw. – das alles hat offenbar für die ASW wenig oder keine Bedeutung. Dagegen sind die Äußerungen der ASW stark beeinflußbar durch seelische Faktoren, durch die Stimmung der Versuchsperson, deren Einstellung dem Versuch und den Versuchsbedingungen gegenüber, ihre Meinungen und Auffassungen und dergleichen. Fassen wir diese Entdeckungen zusammen, so können wir daraus den vorläufigen Schluß ziehen, daß die psychologischen Gesetzmäßigkeiten, von denen die Manifestationen der ASW bestimmt werden, offenbar identisch sind mit den Gesetzmäßigkeiten, die für die schöpferische geistige Tätigkeit maßgeblich sind. Damit können wir auch erklären, weshalb die parapsychischen Fähigkeiten so wenig stabil und so unabhängig von der Kontrolle durch den Willen sind. Und noch etwas erkennen wir immer deutlicher, je mehr Einsicht wir in die Gesetzmäßigkeiten gewinnen, die für das Wirksamwerden der parapsychischen Fähigkeiten bestimmend sind: daß gerade die Eigentümlichkeiten, gegen die früher am häufigsten von Skeptikern Einwände erhoben wurden und die man als Beweis gegen die Existenz echter parapsychischer Phänomene besonders betonte, in Wirklichkeit notwendige Folgeerscheinungen spezifischer Gesetzmäßigkeiten ihres Auftretens sind.

Auch heute hat die parapsychologische Forschung noch mit vielen Schwierigkeiten zu kämpfen. Die erste Schwierigkeit besteht darin, daß Menschen mit überdurchschnittlichen parapsychischen

Fähigkeiten selten sind, die zweite in dem mangelnden Verständnis der wissenschaftlichen Öffentlichkeit für die Erfordernisse der Forschung auf einem so komplizierten Gebiet wie dem der Parapsychologie, die dritte in dem Mangel an Fachkräften und materiellen Mitteln für diesen Forschungsbereich. Das ist natürlich bedauerlich für ein Fachgebiet, das uns zu vielen wertvollen Entdeckungen von theoretischer Bedeutung, aber auch zu einer ausgedehnten praktischen Anwendung in verschiedenen Wissenschaftszweigen sowie im Alltagsleben verhelfen kann.

Methodische Überlegungen

Nach der obigen Einführung müssen wir klarstellen, was ASW ist und was sie nicht ist. Zu diesem Zweck sieht man sich am besten an, welche Wechselbeziehung zwischen dem Menschen und der Außenwelt besteht. Die folgendes Skizze hilft uns, sie zu veranschaulichen:

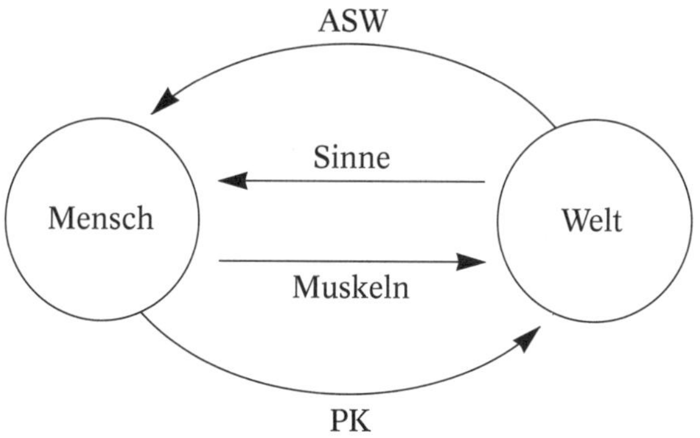

Der Mensch beeinflußt die Umwelt durch seine Aktivitäten. Gewöhnlich tut er das, im normalen täglichen Leben, durch Einsatz seiner Muskelkraft. Er dreht das Lenkrad seines Wagens, stößt einen Stein beiseite, hebt eine Münze auf, betätigt den Druckknopf einer Maschine usw.

Auf ähnliche Weise empfangen wir durch unsere klassischen fünf Sinne energiegetragene Signale aus der Umwelt. Diese Signale informieren uns über die Umwelt, wodurch es uns überhaupt möglich wird, die Herausforderungen unserer Umgebung anzunehmen und unser Leben zu erhalten. Das ist die normale physiologische Wechselwirkung, die im alltäglichen Leben immerzu stattfindet.

Die Parapsychologen haben jedoch entdeckt, daß wir unter bestimmten, zugegebenermaßen seltenen, Bedingungen die Umwelt ohne die Beteiligung von Energie beeinflussen können: sozusagen allein durch »die Kraft intensiver Gedanken«. *Das ist PK.* Umgekehrt können wir unter bestimmten Bedingungen Informationen über die Umwelt ohne die Beteiligung auch nur eines unserer körperlichen Sinne empfangen. *Das ist ASW.* ASW und PK arbeiten also analog zu unseren Sinnen und unserer Muskelkraft mit diesen zusammen.

Zur PK rechnen wir jeden auf die Ferne ausgeübten Einfluß, der nicht auf bekannten physikalischen Kräften beruht. Hierher würden – um nur einige Beispiele aufzuzählen, ohne hier auf deren Glaubwürdigkeit einzugehen – beispielsweise Berichte über Levitationen Heiliger gehören, Jesu Gang auf dem Wasser oder, in neuerer Zeit, mediumistische Bravourstücke wie Levitationen von Tischen, moderne Laborexperimente, in denen der Fall von Gegenständen (beispielsweise von geworfenen Würfeln) durch geistige Konzentration beeinflußt wird, usw. Es wird behauptet, PK vermöge nicht nur die Bewegung von Gegenständen zu bewirken, sondern praktisch jeden physikalischen oder chemischen Prozeß zu beeinflussen bzw. auszulösen: magnetische oder elektrische Effekte, die Erzeugung physikalisch unerklärbarer Lichter oder Töne usw., ferner chemische Reaktionen, die angeblich durch PK in leblosen Gegenständen ausgelöst wurden (z. B. die Aufprägung von Bildern auf fotografisches Papier vermittels ausschließlich geistiger Konzentration bei der »außersinnlichen Fotografie«), oder bei biochemischen Reaktionen in lebenden Organismen (ungewöhnliche Heilung). Berichte über Poltergeist-Phänomene und Spuk fallen ebenfalls unter diese Kategorie.

Die PK kann außerdem in einer Weise wirken, die an Telepathie erinnert. Bisher haben wir die Telepathie als Form der ASW erörtert: als Wahrnehmungsprozeß, in welchem der aktive Empfänger die Botschaft »liest«, die im Geist des Senders erscheint. Doch es wurde oft der entgegengesetzte Vorgang beobachtet, für den eine Aktivität des Senders charakteristisch ist: Der Sender konzentriert sich und prägt die Botschaft dem passiven Geist des Empfängers ein. Der letztere Vorgang gehört in die Kategorie der PK.

Diese Form eines Kontaktes von Geist zu Geist – oder von Psyche zu Psyche – setzen wir in Experimenten als gegeben voraus, in welchen der Sender den Empfänger aus der Ferne telepathisch zu beeinflussen versucht (ihn beispielsweise bestimmte Bewegungen machen läßt); das Phänomen wurde deshalb manchmal »Suggestion auf die Ferne« oder »telepathische Suggestion« genannt. Bei gewöhnlichen telepathischen Experimenten oder bei in Notfällen (Unfall oder Tod) spontan übermittelten telepathischen Botschaften kann man meist nicht entscheiden, welcher der beiden Mechanismen am Werk war: ob es sich um einen ASW-Prozeß, einen PK-Prozeß oder möglicherweise eine Kombination beider handelte.

Hier muß erwähnt werden, daß die meisten älteren Berichte über PK-Phänomene höchst fragwürdig erscheinen. Solche Phänomene wurden oft von Schwindlern aller Art (von Bühnen- und Unterhaltungskünstlern bis zu falschen Medien) in betrügerischer Absicht vorgetäuscht, meist unter Verwendung zielführender Hilfsmittel. Ein großer Teil der Berichte war vermutlich auch stark übertrieben.

Deshalb müssen wir, wenn uns ein Phänomen als PK präsentiert wird, zwei Kriterien anlegen und dürfen das Phänomen nur als PK akzeptieren, wenn beide gleichzeitig erfüllt sind:

1. Wir müssen den stichhaltigen Beweis haben, daß ein wirklicher objektiver Effekt erzielt wurde.
2. Dieser muß unter Bedingungen erzielt worden sein, die jede bekannte physikalische Energie als Effektursache ausschließen.

Die Erforschung der PK hinkt jener der bereits viel gründlicher erforschten ASW nach. Doch soweit die Gesetze ihres Auftretens bekannt sind, scheinen sie jenen zu entsprechen, denen die ASW unterliegt. Das deutet darauf hin, daß die beiden einander entgegengesetzten Funktionen in ihrem Wesen verwandt sind. Wir vermuten auch, daß die PK als Funktion der Psi-Energie auftritt– obwohl wir nicht wissen, was diese sein oder wie sie wirken könnte.

Zwei Wirkungsarten wären denkbar. Vielleicht entsteht die PK-Wirkung dadurch, daß die Psi-Energie in eine bekannte physikalische (kinetische, chemische usw.) Energie umgewandelt wird; und die Psi-Energie könnte als Katalysator funktionieren, der, entgegen dem zweiten Hauptsatz der Thermodynamik, Energieumwandlungen bewirkt. (Berichten zufolge beobachtete man in Séancen physikalischer Medien einen kalten Luftzug; das legt den Schluß nahe, daß die kinetische Energie für die Bewegung von Gegenständen möglicherweise auf Kosten der thermischen Energie aus der Luft erhalten wurde.)

Noch haben wir nur wenig zuverlässiges Wissen über die PK. Sie zweifelsfrei festzustellen, fällt schon schwer. Selbst wenn wir die leider immer wieder sich produzierenden üblen Schwindler unbeachtet lassen, sind Täuschungen nicht ausgeschlossen. Es kommt allzuoft vor, daß unerfahrene Beobachter winzige Veränderungen von Lufttemperatur und -feuchtigkeit, Luftströmungen, schwache Erdbeben, Materialspannungen oder andere physikalische Ursachen des bezeugten Phänomens übersehen.

Das vielleicht beste Beispiel zur Veranschaulichung der Schwierigkeiten, denen der Forscher angesichts eines behaupteten PK-Phänomens gegenübersteht, stellt die ungewöhnliche Heilung dar. Es wird bekanntlich behauptet, daß Patienten an heiligen Orten oder in Gegenwart besonders begabter Menschen von ihren Krankheiten geheilt werden können. Würde ein solches Phänomen sich als echt erweisen, wäre es ein Fall von PK: durch eine in der Physik bislang unbekannte und mit bekannten Gesetzen der Physik, Chemie oder Biologie nicht erklärbare Aktion erfolgt in einem lebenden Organismus eine objektive Veränderung.

In der Praxis jedoch steht hinter angeblichen Fällen ungewöhnlicher Heilung im allgemeinen eine der folgenden (natürlich nicht als PK einzustufenden) Ursachen:

1. Vor und nach der Behandlung wurde keine genaue Diagnose gestellt, so daß gar nicht bewiesen werden kann, ob überhaupt eine Besserung eintrat. (Die Glaubensbereitschaft erklärt die Übertreibungen in solchen Berichten oder ihre Erfindung.)
2. Wenn eine objektive Besserung eintritt, ist schwer zu bestimmen, welche Rolle die natürlichen Abwehrkräfte des Organismus spielten oder wie sich eine frühere oder gleichzeitige ärztliche Behandlung auswirkte.
3. Möglicherweise wurde auf den Patienten nur suggestiver Einfluß ausgeübt. Die Schmerzen – oder andere subjektive Symptome – verschwanden, aber eine objektive Veränderung im Gesundheitszustand erfolgte nicht.
4. Schließlich besteht die Möglichkeit, daß die beobachtete Wirkung psychosomatischer Natur war. Psychische Zustände wie heftige Emotionen, Suggestion im Hypnosezustand oder Glauben an den Heiler können manchmal sogar körperliche Veränderungen hervorrufen – doch das alles geschieht im Rahmen normaler physiologischer bzw. psychologischer Gesetzmäßigkeiten.

Um die erzielte Heilung und ihren PK-Charakter zweifelsfrei zu beweisen, müßte bei einer Reihe von Patienten eine zuverlässig diagnostizierte Besserung eintreten und gleichzeitig bei einer Kontrollgruppe von Patienten, bei denen keine Heilung versucht wurde, jede

Besserung ausbleiben. Die Besserung müßte erfolgen, ohne daß die Patienten von dem Heilversuch wüßten, denn nur so wäre ein möglicher suggestiver Einfluß ausgeschaltet. Kaum je wurde ein Fall ungewöhnlicher Heilung unter den strengen Bedingungen, die zum Nachweis einer durch PK eingetretenen Heilung nötig wären, beobachtet.

Jetzt aber kehren wir wieder zurück zur ASW. Wie gesagt, der Mensch empfängt Signale (die Informationen über verschiedene Ereignisse enthalten) aus der Umwelt, und zwar durch die Sinne: Gesicht, Gehör, Geruch, Gefühl, Geschmack und eine Reihe unbedeutender Sinne, wie den Gleichgewichtssinn im Innenohr usw. Wir haben uns alle an den Gedanken gewöhnt, daß unsere Sinne der einzige Kanal sind, durch welchen wir Informationen über die Außenwelt erhalten.

Das Bild ist weitgehend richtig, soweit es unser tägliches Leben betrifft, aber es ist nicht ganz richtig. In den letzten Jahren hat die Wissenschaft bewiesen, was schon lange vermutet und von verschiedenen »okkulten« Lehren behauptet wurde: daß der Mensch einen weiteren (»sechsten«) Sinn besitzt, der es ihm erleichtern kann, sich in der Umwelt zu orientieren – die ASW.

Stellen wir gleich zu Anfang klar, daß der zusätzliche Sinn noch unterentwickelt ist. Derzeit können ihn nur wenige Menschen wirksam einsetzen, und sogar sie auch nur selten, nur unter geeigneten Bedingungen. Diese rudimentäre, schlafende Fähigkeit verhält sich oft launisch. Der Grund liegt darin, daß wir nicht alle die komplexen Bedingungen kennen, die für ihr Wirken notwendig sind, und daß wir oft nicht einmal alle uns bekannten Bedingungen vollständig zu schaffen vermögen. Sie ist jedoch nachweislich eine gesetzmäßige Fähigkeit, sehr wahrscheinlich potentiell in allen Menschen vorhanden, und zeigt sich immer dann, wenn geeignete Bedingungen herrschen.

Für zukünftige Überlegungen ist es hilfreich, sich daran zu erinnern, daß sich im Gegensatz zur früheren Auffassung, die in der Telepathie eine »einfachere«, eher anerkennbare Fähigkeit sah als im Hellsehen, schließlich die Überzeugung durchsetzte, daß beide äquivalente Formen einer einzigen Fähigkeit, der ASW, sind. Ja, wenn es wirklich einen Grund gibt, eine dieser beiden Formen als »einfacher« anzusehen, so trifft das allem Anschein nach eher auf das Hellsehen als Grundfähigkeit zu; die Telepathie muß dann als hellseherische Ermittlung geistiger Vorgänge verstanden werden.

Wir sollten auch stets daran denken, daß die ASW auf zwei unterschiedlichen Ebenen wirkt (eine Tatsache, die in weiteren Einzelheiten noch erörtert werden wird):

1. Zum einen handelt es sich um den Vorgang, in dem Signale unbekannter Art und Herkunft vom Gehirn der Empfängerperson aufgenommen werden (man kann sagen, daß sie in ihr Unterbewußtsein gelangen). Dieser Vorgang hängt allein von den Eigenschaften der für die Übertragung der Signale verantwortlichen Faktoren ab.
2. Diese Signale werden dann im Nervensystem der betreffenden Person (in ihrer Psyche nämlich) verarbeitet, das bzw. die auf die empfangenen Informationen reagiert. Normalerweise werden die Signale bewußt erfahren, aber sie können auch unbewußt das Verhalten dieses Menschen direkt beeinflussen. Dieser Prozeß hängt gänzlich von der psychologischen Struktur des Wahrnehmenden ab.

Nicht alles freilich, was als ASW präsentiert wird, ist wirklich ASW. In diesem Zusammenhang muß das vermutlich älteste Dokument über ASW erwähnt werden. Es ist mehr als dreieinhalb Jahrtausende alt und veranschaulicht auch, daß die mit ASW verbundenen soziologischen Probleme in alten Zeiten dieselben waren wie heute. Archäologen entdeckten alte Tontafeln mit dem Testament des lange vergessenen hethitischen Königs Hattuschili I. (der um 1600 v. Chr. lebte): Der König warnt darauf seine Verwandte Hastajar und rät ihr, niemals Wahrsagern zu trauen.

Bezeichnend ist, daß dieses älteste existierende Dokument Kritik übt. Leider sind heute, in der Zeit des Raumflugs und der Atomenergie, viele Menschen ebenso abergläubisch und leichtgläubig wie ihre Vorfahren vor Jahrhunderten und Jahrtausenden. Und nicht wenige Menschen versuchen diese Vertrauensseligkeit und Glaubensbereitschaft auszunutzen. Es gibt heute berühmte Hellseher, die genauso angesehen sind wie die Orakel in alten Zeiten. Wir sollten uns jedoch vor Augen halten, daß Ruhm – so groß er sein mag – keine Garantie für wirkliche ASW-Gaben eines Hellsehers bietet. (In den Jahren 1971/72 untersuchte ich eine der berühmtesten amerikanischen Hellseherinnen und fand keine ASW-Fähigkeit.) Vielleicht beruht das wirkliche Talent solcher »Hellseher« nicht auf ASW, sonder auf guter Öffentlichkeitsarbeit und geschickter Werbung.

Wir stellen uns natürlich die Frage, wie man echtes ASW-Talent erkennt. Einfacher zu beantworten ist, wie man ein echtes ASW-Erlebnis erkennt. Hier die beiden Kriterien, die bei einem echten ASW-Erlebnis erfüllt sein müssen:

1. Das Erlebnis muß irgendwie gültige Informationen (Wissen) über die Außenwelt liefern.
2. Die Information muß durch einen Kanal erhalten werden, der nichts mit den somatischen Sinnen und rationaler Folgerung zu tun hat.

Analysieren wir unter diesem Gesichtspunkt einige Erlebnisse, wie man sie täglich haben kann:

1. Beispiel:

Herr und Frau A. scheinen in telepathischem Kontakt zu stehen. Es widerfährt ihnen oft, daß sie gleichzeitig denselben Satz beginnen, dieselbe Melodie summen oder daß einer ein Thema aufgreift, über das der andere gerade nachdachte.

In solchen Fällen wurde ganz offensichtlich Information über die Gedanken des anderen erhalten, und die entsprechende Reaktion erfolgte. Bedingung 1 ist erfüllt. Doch das geschah *nicht* notwendigerweise durch außersinnliche Wahrnehmung. Man kann die Gedanken eines Menschen oft aus seinen Gesten oder seinem Gesichtsausdruck erraten; der obige Fall läßt sich außerdem leicht mit der Parallelität des Denkens der beiden Menschen erklären. Sie leben schon lange zusammen, haben viele gemeinsame Erlebnisse, und nun führt irgendein Reiz (der vielleicht nicht einmal bewußt erkannt wird) dazu, daß beide an dasselbe denken. Stellen Sie sich beispielsweise vor, Sie hätten mit Ihrem Mann oder Ihrer Frau eine Urlaubsreise nach San Francisco gemacht. Während Sie über die Golden Gate Bridge fuhren, spielte das Autoradio eine bestimmte Melodie. Im Lauf der Zeit vergessen Sie die Melodie und auch deren Verbindung mit Ihrer Urlaubsreise. Doch es kann geschehen, daß Sie beide, wenn Sie später die Melodie hören, plötzlich an San Francisco denken.

2. Beispiel:

Ein Bühnendarsteller fordert das Publikum auf, einige Sätze auf einen Zettel zu schreiben, die er dann angeblich hellseherisch lesen will. Die gefalteten Zettel mit den Sätzen werden eingesammelt; der Künstler nimmt einen Zettel nach dem anderen, legt ihn an die Stirn und liest den Inhalt richtig; die Urheber der Sätze im Publikum bestätigen die Richtigkeit.

Hier wird gewöhnlich folgender Trick angewandt: Der Künstler ergreift den ersten Zettel und rät. Er kann auch einen Komplizen im Publikum haben, der ihm die Richtigkeit bestätigt; aber es geht sogar ohne Komplizen, denn das Versagen beim erstenmal läßt sich leicht mit schlechter »Einstimmung« oder falschen »Vibrationen« erklären. Dann entfaltet er den Zettel, liest für sich den Satz, angeblich, um die Richtigkeit selbst zu kontrollieren. Er ergreift den zweiten gefalteten Zettel, macht entsprechende theatralische Gesten und »liest« ihn hellseherisch. Doch er spricht den Satz aus, den er zuvor auf dem entfalteten Zettel normal gelesen hat. Auf diese Weise kann er richtig »lesen«, solange sein Publikum Interesse zeigt; es wird nicht bemerken, daß er immer einen Schritt voraus ist und den Satz normal liest, bevor er ihn äußert. Natürlich ist hier Bedingung 2 nicht erfüllt.

Selbstverständlich gibt es viele ähnliche Tricks (die oft auf Geheimkodes basieren), mittels derer man auf der Bühne Hellsehen oder Telepathie imitieren kann. Eine solche Darbietung entbehrt natürlich echter ASW. Höchstwahrscheinlich ist *jede* solche Bühnendarbietung ein Schwindel. Wirkliche ASW arbeitet selten – wenn überhaupt – so zuverlässig, daß man sie auf einer Bühne demonstrieren kann.

3. Beispiel

Frau B. berichtet von einem seltsamen Erlebnis: »Als ich den Sonnenaufgang betrachtete, überkam mich plötzlich ein Gefühl äußersten Glücks. Ich spürte, daß ich übermenschliche Kräfte besaß, und ich fühlte mich mit dem ganzen Universum in Kontakt. Ich fühlte meine enge Verbindung mit Gott und begann plötzlich den tiefen Sinn der menschlichen Existenz zu verstehen...«

Ein solches Erlebnis kann stark emotional geladen sein und das ganze künftige Leben des betreffenden Menschen zutiefst beeinflussen. Doch angesichts unserer obigen Kriterien müssen wir folgern, daß es *keine* ASW war. Bedingung 1 wurde nicht erfüllt. In der Flut der Emotionen offenbarte sich kein objektiv nachprüfbares Wesen.

4. Beispiel:

Herr C. besuchte einen Hellseher, der ihm folgendes prophezeite: »In Ihrem Leben wird in nächster Zukunft eine Veränderung eintreten. Sie werden weiter lernen müssen, Sie werden hart arbeiten müssen, aber ich sehe, daß Sie nach ein paar Jahren Erfolg haben und befördert werden, Sie werden eine hohe Stellung erlangen.»

Zwei Monate später erhielt Herr C. ein Angebot, für eine andere Firma zu arbeiten und wechselte die Stellung, da er vermutete, die neue Firma werde rasch wachsen. Er machte einen Kurs, um sich auf seinen neuen Posten vorzubereiten. Die neue Firma weitete sich schnell aus, und nach fünf Jahren harter, erfolgreicher Arbeit wurde er zum Abteilungsleiter ernannt.

Die Vorhersage traft voll und ganz ein, dennoch werden wir sie *nicht* als ASW akzeptieren; sie gehört in die Kategorie sogenannter Selbstverwirklichungs-Vorhersagen. Den ersten Teil der Prophezeiung (Veränderung in nächster Zukunft) dürfen wir getrost außer acht lassen. Die Vorhersage ist zu vage, und ihre Erfüllung kann bloßer Zufall sein. Bei jedermann findet früher oder später im Leben eine Veränderung statt, und auf die Vorhersage passen viele Ereignisse, nicht nur ein Stellenwechsel: Umzug, Heirat, Geburt eines Kindes, Todesfall in der Familie, schwere Verletzung usw. Die Behauptung, daß er weiterlernen müsse, kann eine bloße kluge Abschätzung künftiger Möglichkeiten gewesen sein: »informiertes Raten«. (Wenn der Hellseher Herrn C. als intelligenten, ehrgeizigen jungen Mann erkannte, war der Hinweis auf irgendwelches Weiterlernen eine natürliche Folgerung.)

Der Rest der Vorhersage ist als selbstverwirklichend zu bezeichnen: Glaubte Herr C. an die Vorhersage, dann glaubte er auch an Erfolg. Er war deshalb motiviert, fleißiger zu lernen, härter zu arbeiten, seine Arbeit mehr zu lieben; er zeigte den anderen gegenüber größere Begeisterung, wurde in seiner Arbeit erfahrener und erfolgreicher. Seine Beförderung war nur eine natürliche Konsequenz seines Erfolges und seiner Begeisterung für die Arbeit, sie läßt sich ursächlich auf die Vorhersage zurückführen. Wäre die Vorhersage pessimistisch gewesen, hätte er möglicherweise diese Chance verpaßt. Er hätte vielleicht gar nicht den Mut gehabt, die Stellung zu wechseln und generell mit weniger Selbstvertrauen und Begeisterung gearbeitet. Seine Erfolgsaussichten wären zwangsläufig geringer gewesen.

Ein anderes Bild ergäbe sich natürlich bei einer Vorhersage mit mehr Details und genaueren Einzelangaben, wie beispielsweise: »In zwei Monaten werden Sie ein überraschendes Stellenangebot von einer Firma erhalten, die eine neue Erfindung auf den Markt bringt. Anfangs wird das Gehalt sehr niedrig sein, aber lassen Sie sich nicht abschrecken; nehmen Sie die Stellung an. Die Firma wird schnell wachsen, und Ihr Gehalt wird rasch steigen. Man wird Sie auffordern, einen zweijährigen Geschäftsführerkurs zu machen, und wenn Sie Spanisch lernen, wird man Sie zum Leiter einer neuen Auslandsabteilung ernennen, die man in fünf Jahren in Mexico City einrichten wird.« Eine derart detailllierte Vorhersage kann – sofern sie eintrifft – eher als Fall von ASW akzeptiert werden.

5. Beispiel:

Herr D. behauptet, eine fliegende Untertasse gesehen zu haben. Er hat sie nicht nur gesehen, sondern glaubt auch, in telepathischem Kontakt mit intelligenten Wesen gestanden zu sein, die in diesem Raumschiff gekommen waren. Sie diktierten ihm eine lange Botschaft, worin sie das Leben auf ihrem Planeten schilderten, neue Moralgrundsätze für die Menschheit verkündeten und Herrn D. anwiesen, auf Erden als ihr Vertreter zu wirken und die offenbarte Lehre zu verbreiten. Ein solches Erlebnis beweist *keine* ASW. Es wurde keine verifizierbare Information übermittelt (Bedingung 1). Bei dem Erlebnis kann es sich um eine Halluzination – oder Erfindung – von Herrn D. handeln, und es gibt für ihn keine Möglichkeit, das Gegenteil zu beweisen.

Anders wäre die Lage, hätte die Botschaft verifizierbare Fakten enthalten, die Herr D. nicht kannte bzw. nicht kennen konnte. Meines Wissens ist so etwas nie geschehen. Aber wir können uns beispielsweise vorstellen, in der Botschaft, die Herr D. angeblich von der UFO-Besatzung erhielt, werde er gewarnt: »Seien Sie vorsichtig; in Ihrer Stadt wird ein Erdbeben stattfinden. Morgen gegen 13 Uhr wird Ihr Haus völlig zerstört werden. Bringen Sie alle Wertgegenstände aus Ihrem Haus und sorgen Sie dafür, daß um diese Zeit keiner Ihrer Angehörigen in dem Haus ist!« Herr D. gehorcht, er rettet seine Angehörigen und einen großen Teil des Familienbesitzes. Das Haus wird zerstört, wie prophezeit. In diesem Fall ist Bedingung 1 erfüllt: Herr D. erhielt eine richtige Warnung. Auch Bedingung 2 ist erfüllt: Es gab keine Möglichkeit für ihn, das Erdbeben vermittels der normalen Sinne vorauszusehen. Der Fall würde deshalb als Beispiel echter ASW akzeptiert werden können.

Dieses letzte – rein hypothetische – Beispiel hilft uns, etwas sehr Wichtiges zu veranschaulichen: Beachten Sie, daß wir nur den Schluß zogen, hier sei ASW am Werk gewesen. Nichts sonst wurde behauptet. In keiner Weise könnte daraus etwas hinsichtlich der Existenz von fliegenden Untertassen gefolgert werden, denn das Erlebnis könnte *nie und nimmer* die Existenz von UFOs beweisen.

Wir müssen in dem oben geschilderten Erlebnis zwei Aspekte klar unterscheiden:

1. den Empfang unbekannter Informationen, die das Wirken von ASW bezeugen,
2. die Art, in welcher die Informationen erlebt werden – was in diesem Zusammenhang völlig bedeutungslos ist.

(Bedenken Sie, daß bei der normalen Sinneswahrnehmung eine Information Sie in verschiedenen Formen erreichen kann. Sagen wir, Sie erfahren von einem günstigen Kaufangebot. Sie können im Radio davon hören, im Fernsehen etwas darüber sehen, es in der Zeitung lesen oder von einem Bekannten gesagt bekommen. Wie Sie es erfahren, spielt keine Rolle. Hauptsache ist, daß Sie es erfahren.)

In unserem Beispiel kann das Erlebnis einer Kommunikation mit außerirdischen Wesen nur Einbildung, eine Halluzination sein. Ein solches phantastisches Erlebnis kann eine seltsame Verkleidung sein, in welche sich die richtige ASW-Information hüllt. (Das Unterbewußte erfährt durch echte ASW von der Gefahr, spielt dann dem Wahrnehmenden einen Streich und läßt ihn eine dramatische Szene erleben.) Genauso hätte geschehen können – es sind tatsächlich Fälle verzeichnet, wo dies passierte –, daß Herr D. in einem Traum eine Warnung erhielt. Er hätte träumen können, daß sein Haus erbebe und zusammenstürze. Oder er hätte einen phantastischen, symbolischen Traum haben können, in dem beispielsweise sein geliebter Hund ihn aus dem Haus zog. Oder er hätte träumen können, sein Vater komme und warne ihn. Er hätte träumen können, ein Engel komme und warne ihn, oder er hätte vom Besuch einer fliegenden

Untertasse träumen können. Doch diese Träume würden nicht bedeuten, daß der Geist des Hundes oder des Vaters oder besagter Engel ihn warnen kamen. Es wären nur Träume, und wir wissen, daß sie – so phantastisch sie sein mögen – lediglich aus der Aktivität des Gehirns entstehen. Die angeführten Beispiele sollten klarmachen, daß die Form des Erlebnisses unwesentlich ist. Wirklich wichtig dagegen und wertvoll für Herrn D. wäre nur der Informationsgehalt des Erlebnisses gewesen.

Einige Aspekte von Erlebnissen, die ASW deutlich machen, sollten hier besonders hervorgehoben werden, da sie immer noch von vielen Leuten falsch interpretiert werden. Die *Depersonalisationen* (Änderungen der Persönlichkeit) gehören hierher. Besonders in spiritistischen Sitzungen mit Medien in Trance erlebt das Medium, daß es eine andere Persönlichkeit ist (gewöhnlich der Geist eines Verstorbenen). Dies gilt selbstverständlich auch für die moderne Variante von spiritistischen Sitzungen, neuerdings »Channelling« genannt – vielleicht ein eleganterer Name für das gleiche: den Glauben daran, daß Botschaften von anderen (spirituellen) Wesenheiten vermittelt werden.

Obwohl die Erlebnisse des Kontaktes mit anderen Intelligenzen eigentlich nichts Parapsychologisches bedeuten, werden manchmal in diesen Situationen ASW-Informationen übermittelt. Wir müssen uns im klaren darüber sein, daß hier zwei Aspekte zu unterscheiden sind:

1. die empfangene ASW-Information (die erste Phase des ASW-Prozesses),
2. die Form des Erlebnisses – in diesem Fall das subjektive Gefühl, daß die Information von einer anderen Wesenheit stammt (die durch Verzerrung in der zweiten Phase entstand).

Aber es wäre falsch, sich vorzustellen, daß die andere Wesenheit wirklich existiere – alles ist nur sozusagen ein lebhafter »Traum« des Mediums (des »Channellers«), in welchen das Gefühl dominiert: »Ich bin jemand anderer«. (In pathologischen Fällen führt so ein Erlebnis, zu dem Wahnglauben, daß die Person von einer fremden Intelligenz »besessen« sei.)

Die ASW-Information wird manchmal auch unbewußt geäußert – durch unbewußte Bewegungen. Hier wieder müssen wir zwei Aspekte unterscheiden. Ein typisches Beispiel dafür ist die *Wün-*

schelrute (die »Virgula«), ein elastischer Stab oder Draht, der manchmal zur Auffindung unterirdischer Wasser- oder Mineralvorkommen benutzt wird. Der Wünschelrutengänger oder Rutler hält sie mit beiden Händen (gewöhnlich gespannt, in labilem Gleichgewicht) und geht über das Gelände. An manchen Stellen neigt sich die Rute mit einem plötzlichen Ruck, was als Zeichen für das Vorhandensein des gesuchten Wassers oder Minerals gedeutet wird.

Die Deutung: in der ersten Phase des ASW-Prozesses kommt die Information »Hier ist Wasser«. Diese Information wird nicht bewußt erlebt, aber sie beeinflußt direkt die Muskeln der Hände des Rutengängers.

Der Ruck erfolgt, wenn unfreiwillige kleine Bewegungen der Hände des Rutlers die gespannte Rute aus ihrem labilen Gleichgewicht bringen; subjektiv jedoch wird der Ruck als Bewegung erlebt, die außerhalb der Virgula liegende Kräfte spontan auslösen.

Ähnlich wie die Wünschelrute funktioniert auch das sogenannte »Siderische Pendel«, es basiert auf ideomotorischen Bewegungen. Sie halten einen Gegenstand (einen Ring, eine Uhr, einen Edelstein oder einen anderen kleinen Gegenstand), der an einem Faden hängt, in der Hand. Nach einer Weile beginnt er zu schwingen, weil Ihre Hand dem Faden unwillkürlich kleine rhythmische Impulse gibt und das Pendel so in Bewegung setzt. Die Richtung, in welche die Impulse gegeben werden, bestimmen die Form der Schwingungen: Das Pendel kann entweder auf einer Ebene schwingen (dann zeichnet der hängende Gegenstand eine gerade Linie), oder es schwingt kreisförmig, elliptisch usw.

Wieder zwei Aspekte muß man hier unterscheiden:

1. die Bewegung des Pendels (die normalerweise physiologisch, durch winzige motorische Impulse der Muskeln verursacht wird),
2. die ASW-Information, die durch diese Bewegungen eventuell zum Vorschein kommen kann.

Hier sind wir schon weit genug, daß der Leser selbst seine ASW testen kann (oder auch zum Spaß mit ASW »spielen« kann). Das Pendel eignet sich gut dazu, um zwischen zwei möglichen Antworten auf Ihre Frage mit Ja oder Nein zu antworten. (Oder: Wird die schwangere Frau einen Jungen oder ein Mädchen bekommen? Ist meine Entscheidung richtig oder falsch? usw.)

Als *Pendel* benutzen Sie einen kleinen Gegenstand (egal welchen

– Schlüssel, Uhr, Ring – einfach irgend etwas); er wird an einen Faden gehängt, den Sie in der ausgestreckten Hand halten. Bevor Sie das Pendel verwenden, fragen Sie (und pendeln Sie die Anworten aus), welche Bedeutung die einzelnen Schwingungen haben. Es gibt vier: linksgerichteter Kreis, rechtsgerichteter Kreis, Schwingung auf und ab, Schwingung hin und her (siehe Abbildung):

Die Bedeutung der Schwingungen wird individuell verschieden sein. Halten Sie das Pendel und fragen Sie es, welche Schwingung eine positive Antwort darstellt (es könnte z. B. die Schwingung auf und ab »ja« bedeuten) und welche eine negative Antwort bedeutet (zum Beispiel Schwingung hin und her); die restlichen beiden Schwingungsrichtungen fassen Sie als Botschaften aus Ihrem Unterbewußten auf, die bedeuten: »Ich weiß es nicht«, und: »Ich will es nicht sagen.« Die beiden letzten Bedeutungen wurden angefügt, um die Zuverlässigkeit Ihres Experimentes zu steigern. Haben Sie einmal die Bedeutung der einzelnen Schwingungen ermittelt, halten Sie das Pendel in der ausgestreckten Hand, stellen Sie die Frage und versuchen, während Sie auf die Antwort warten, so losgelöst wie möglich zu sein. Sie müssen Ihre Gedanken und persönlichen Interessen völlig ausschalten. Sonst würde das Pendel nicht die gewünschte ASW-Information liefern, sondern nur Ihre Überzeugungen oder Wünsche widerspiegeln.

Wenn Sie sich für solcherart motorische Reaktionen interessieren, wollen Sie vielleicht auch die alte Praxis des *automatischen Schreibens* anwenden. Wir werden das Verfahren im folgenden beschreiben. Nehmen Sie sich jedoch die Freiheit, es gemäß Ihren Vorlieben abzuändern. Die Methode braucht oft eine längere Zeit (mehrere Sitzungen), kann aber zu sehr interessanten Resultaten führen.

Sie brauchen einen weichen Bleistift, Kugelschreiber oder Filzschreiber und ein Blatt Papier. Setzen Sie sich an einen Tisch, das Papier vor sich und die Hand leicht bei der linken oberen Ecke des Blattes ruhend. Halten Sie das Schreibwerkzeug nur in zwei Fingern und senkrecht zum Papier, statt in der üblichen schrägen Schreibhaltung.

Der Rest ist einfach, bis auf die Tatsache, daß Sie auch hier viel Geduld benötigen. Versuchen Sie einfach, Ihre Umgebung völlig zu vergessen und nur an das Problem zu denken, auf das Sie eine Antwort suchen. Während Sie Ihr Problem anvisieren, warten Sie geduldig, bis Ihr Arm sich zu bewegen beginnt. (Das automatische Schreiben entsteht oft durch Bewegungen des ganzen Arms, nicht nur der Hand und der Finger.) Vielleicht beginnt das Schreiben mit unlesbarem Gekritzel, aber das ist ein vielversprechendes Zeichen. Später wird die Botschaft verständlich werden. Natürlich dürfen Sie nie versuchen, Ihre Hand bewußt zu dirigieren oder im voraus an die Worte zu denken, die geschrieben werden. Sie denken an Ihr Problem; denken Sie, daß Sie ihre ASW aktivieren wollen, und tun Sie dann nichts weiter als *warten*.

Reagiert Ihre Hand lange nicht, können Sie nachzuhelfen versuchen, indem Sie mit der Hand einige leichte Bewegungen über dem Papier machen – und wieder warten. Sie können Ihre Hand aufwärmen, indem Sie einige Kreise zeichnen, ein paar Buchstaben oder Ihren Namen und das Datum schreiben. (Das Datum sollte ohnehin auf Ihrem Blatt stehen, das Sie sicher aufheben wollen, um Ihre Fortschritte zu kontrollieren.) Sie können auch ein Gebet an Gott oder Ihren Schutzengel oder andere gute kosmische Kräfte richten und um Hilfe bitten. Sagen Sie in Ihrem Gebet, daß Sie Ihre Hand in die Obhut dieser »höheren Kraft« geben und dieser Ihre Hand als Werkzeug zur Übermittlung der Botschaft und Beantwortung Ihrer Frage anvertrauen.

Oder man kann die sogenannte *Psychometrie* (besser: *Psychoskopie*) probieren:

Bitten Sie einen Freund, Ihnen irgendeinen Gegenstand zu geben, dessen Geschichte Sie nicht kennen. Es kann ein Ring sein, eine Fotografie, ein Schlüssel, eine Haarlocke von einer anderen Person, ein Brief, einfach irgend etwas. Fassen Sie den Gegenstand an, machen Sie Ihren Geist leer und fragen Sie nach Impressionen, die Ihnen wichtige Merkmale aus der Vergangenheit des Gegenstandes enthüllen. Dabei wird Ihnen die Vorstellung helfen, daß Sie dem Gegenstand in Ihrer Hand in seine Vergangenheit zurückfolgen. Warten Sie dann auf die Antwort. Oder bitten Sie Ihren Freund, an jemanden, der eine Beziehung zu dem Gegenstand hat, zu denken, und versuchen Sie, die Gedanken Ihres Freundes zu lesen und diese Person zu beschreiben.

Wichtig dabei ist, daß Sie selbst über diesen Gegenstand nichts wissen, und auch, daß der Gegenstand neutral aussieht, d. h., nichts über seine Vergangenheit verrät (eine Damenuhr läßt automatisch erkennen, daß der Eigentümer eine Dame ist; auch Banknoten oder Münzen sind nicht geeignet, da sie durch viele Hände gingen und ihre Vorgeschichte sich nicht gut kontrollieren läßt.)

Auch ist es wichtig, daß Sie sich bei dem Experiment gut fühlen, Lust dazu haben und nicht im Streß sind. Über die Stimmungen, die bei dem Experiment helfen oder stören sowie über die Rolle des psychoskopischen Gegenstandes werden wir später noch eingehender sprechen. Ein anderer ASW-Test ist das sogenannte *Fingerlesen* (auch »Hautsehen« oder »augenloses Sehen«). Es handelt sich um die seltene Fähigkeit, Farben und sogar Druckbuchstaben zu unterscheiden, ohne sie zu sehen – durch besondere Empfindungen in den Fingerspitzen. Es gibt überzeugende Beweise dafür, daß auch dies eine ASW-Fähigkeit ist. Die Information über die Farbe des Gegenstandes wird (durch Verzerrung in der zweiten Phase des ASW-Prozesses) in Berührungseindrücke verkleidet. Bedenken Sie, wie leicht Sie ein Kribbeln in den Fingerspitzen fühlen können, wenn Sie es wollen. Das erklärt vielleicht, warum sich das Fingerlesen relativ mühelos entwickeln läßt.

Bei dem Versuch, diese ASW-Form zu entwickeln, sollten Sie mit der einfachen Aufgabe beginnen, schwarze und weiße Flächen zu unterscheiden. Bereiten Sie einen Satz schwarzer und weißer Blätter Papier vor. Diese sollten sich nur in der Farbe unterscheiden, aber genau gleiche Oberflächen und übereinstimmende übrige Eigenschaften haben. Nehmen Sie beispielsweise Fotokopierpapier, setzen Sie die eine Hälfte dem Licht aus, die andere Hälfte nicht, und entwickeln Sie alles. Auf diese Weise erhalten Sie schwarze und weiße Karten, die sich in der Farbe unterscheiden, in der Oberflächenstruktur jedoch völlig gleich sind.

Verbinden Sie sich dann die Augen, um ablenkende Einflüsse auszuschalten. In dieser Phase des Tests kann Ihnen ein Freund behilflich sein. Er reicht Ihnen eine Karte; Sie berühren sie und versuchen, einen Gefühlseindruck zu bekommen. Wenn Sie die Farbe nennen, die nach Ihrer Meinung die Karte hat, sagt Ihr Freund Ihnen sofort, ob Sie recht haben oder nicht. Er reicht Ihnen eine weitere Karte, und der gleiche Vorgang läuft ab: Sie berühren die Karte, fühlen sie, nennen die Farbe, er sagt Ihnen, ob Ihre Antwort stimmt.

Wenn Sie verschiedene Farben berühren, lernen Sie nach und nach, die unterschiedlichen Berührungsimpressionen in Ihren Fingerspitzen zu unterscheiden und die für jede Farbe kennzeichnende Impression auszumachen. Die Gefühlseindrücke sind charakteristisch, aber individuell verschieden. Für manche Menschen beispielsweise fühlt sich Schwarz wärmer an als Weiß oder klebriger oder rauher; für andere kann es genau umgekehrt sein. Nach und nach werden Sie lernen, welches Gefühl bei Ihnen mit schwarzen oder weißen Flächen einhergeht. Später können Sie sich dann an anderen Farben versuchen.

Wenn Sie mit diesem ersten, rein der Vorbereitung dienenden Schritt Erfolg hatten, gehen Sie weiter. Sie unterlassen den direkten Kontakt Ihrer Finger mit der farbigen Oberfläche. Sie bedecken die Karte mit einem Blatt Papier, einer Kunststoffolie, einer Glas- oder Sperrholzplatte oder sogar einer Metalltafel und versuchen die Oberfläche durch diese Abdeckung hindurch zu »fühlen«.

In einer noch späteren Phase tauschen Sie die farbigen Karten gegen Karten mit komplizierten Mustern aus: Sie können aus Fotopapier Karten vorbereiten, die teilweise weiß und teilweise schwarz sind. Bei dem Test versuchen Sie dann die Grenzlinie zwischen den beiden Farben zu bestimmen. (Diese kann gerade oder verschieden gekrümmt sein.) In der letzten Phase versuchen Sie, Druckbuchstaben durch Berühren zu unterscheiden. Wählen Sie anfangs große hervorspringende Buchstaben – wie Überschriften in Zeitungen.

Der russische Psychologe A. S. Nowomeiskij schlug eine Variation des Fingerleseverfahrens vor. Man legt ein Blatt farbiges Papier vor sich hin, streckt den Arm hoch über das Papier und senkt ihn langsam. Wenn der Arm sich der Farbfläche nähert, fühlt man an einem Punkt eine Art Barriere, welche der Bewegung Widerstand zu leisten scheint. Lassen Sie einen Freund den Abstand Ihrer Hand von dem farbigen Papier an dem Punkt messen, wo Sie die Barriere zu fühlen beginnen. Nach Nowomeiskijs Feststellungen hängt der Abstand von der Farbe ab. Bei verschiedenen Farben wird die Barriere in verschiedenen Abständen von der Farbfläche gefühlt.

Einen Rat noch: Werden Sie nicht zum Sklaven eines einzigen Rituals. Wir haben gesehen, daß es viele Wege zur Kontrolle der ASW gibt. Alle können wirksam sein, es eignen sich jedoch nicht alle gleich gut für den einzelnen Menschen.

Kopieren Sie nicht einfach andere. Setzen Sie Ihren eigenen

Scharfblick und schöpferischen Sinn ein. Ermitteln Sie die Methode, die bei Ihnen am besten wirkt, bei der *Sie* sich am wohlsten fühlen. Möglicherweise wollen Sie sogar irgendeine Methode Ihren individuellen Bedürfnissen anpassen. Denken Sie immer daran: Je behaglicher Sie sich fühlen, desto bessere Ergebnisse dürfen Sie erwarten.

Führen wir zum Schluß einige einfache Aufgaben an, mit denen Sie Ihre sich entwickelnde ASW testen können:

- Nennen Sie die Farbe von Karten in undurchsichtigen Umschlägen.
- Benennen Sie Gegenstände in undurchsichtigen Schachteln.
- Drehen Sie die Zeiger einer Uhr aufs Geratewohl, ohne hinzuschauen, und versuchen Sie die Zeit anzugeben, die sie anzeigen.
- Bitten Sie Ihren Freund, etwas zu zeichnen, und versuchen Sie in einem anderen Raum, dasselbe zu zeichnen.
- Sagen Sie das Geschlecht ungeborener Babys voraus.
- Versuchen Sie die Überschrift und die Verteilung der Bilder auf der Titelseite der morgigen Zeitung vorauszusagen.
- Versuchen Sie vorauszusagen, für welche Ware im Fernsehen oder Radio als nächstes geworben wird.
- Versuchen Sie Ihrer Frau Gedanken zu »senden« und zu erreichen, daß sie etwas kocht, das Sie gern mögen. Oder versuchen Sie zu erraten, was Ihr Mann gern essen möchte.
- Wenn das Telefon klingelt, versuchen Sie zu erraten, wer anruft.

Ich bin sicher, Sie werden noch viele weitere Aufgaben finden, die sich genauso eignen wie die wenigen hier angeführten. Ich darf jedoch noch einmal an etwas Wichtiges erinnern, das leicht versäumt wird: Machen Sie es sich zur Regel, einen Bericht über alle Tests zu schreiben, die Sie vornehmen. Es ist ermutigend, Aufzeichnungen über alle Erfolge zu haben; aber vergessen Sie auch nicht, die Fehlschläge aufzuschreiben. Aus Fehlern können Sie mehr lernen als aus Erfolgen. Versuchen Sie die Fehler zu analysieren und in jedem Fall den Grund zu ermitteln, der dazu führte. Beim nächstenmal gelingt es Ihnen dann vielleicht, diese Fehler zu vermeiden.

Der wichtigste Hinweis soll wiederholt werden: *Große Geduld und Ausdauer sind vonnöten!*

Es gibt noch ein Erlebnis, das oft vorkommt und das auch oft falsch gedeutet wird, das Erlebnis des *déjà-vu* (»bereits gesehen«). Es läßt sich leicht erklären. Es ist so häufig, daß es vermutlich jedem irgendwann einmal widerfährt: Man kommt an einen Ort, an dem man noch nie war, und hat plötzlich den Eindruck, die Szenerie sei einem so vertraut, daß man sie schon irgendwo gesehen haben müsse.

Manchmal wird fälschlicherweise behauptet, solche Déjà-vu-Erlebnisse seien Erinnerungen aus einem früheren Leben. Die richtige Erklärung ist jedoch viel einfacher. Jedes Erlebnis, das wir haben, setzt sich aus vielen Details zusammen. Einige davon beeindrucken uns mehr, andere weniger. (Wenn Sie einen Freund treffen, fällt Ihnen vielleicht sein neuer Anzug auf, aber Sie bemerken die Farbe der Krawatte nicht, die er trägt. Sie hören sich aufmerksam an, was er über seine Familie berichtet, doch irgend etwas lenkt sie ab, als er den Titel eines Buches erwähnt, das er vor kurzem gelesen hat.) Im Laufe der Zeit gerät das Erlebnis in Vergessenheit. Zuerst vergißt man die oberflächlich registrierten Details; andere, die einen stärker beeindrucken, behält man länger im Gedächtnis. Die Erinnerung wird immer blasser und erlischt schließlich ganz. Es kann geschehen, daß man dann irgendwann in eine Situation gerät, die in mancher Hinsicht dem vergangenen, halbvergessenen Erlebnis gleicht. Die Details des früheren Erlebnisses wurden mittlerweile völlig vergessen, aber wenn das neue Erlebnis latente Spuren des vergangenen wiederbelebt, kann man ein unbestimmtes Gefühl der Vertrautheit haben. (Nehmen wir an, Sie begegnen einem Mann, der ähnlich gekleidet ist wie seinerzeit Ihr Freund; Ihnen kommt der Anzug des Unbekannten »vertraut« vor, aber Sie können sich nicht erinnern, wo Sie ihn schon gesehen haben; oder Sie erblicken das Buch, das Ihr Freund erwähnte, im Regal einer Buchhandlung, und Sie überlegen, wo Sie wohl eine Anzeige des Buches gesehen haben.)

Der folgende Fall veranschaulicht diesen Prozeß sehr gut. Ein englisches Paar kam auf einer Reise an einen See, der beiden sehr vertraut erschien. Sie wußten sicher, daß sie sich noch nie in der Gegend aufgehalten hatten, und begannen zu glauben, sie könnten ein früheres Leben hier verbracht haben. Sie kehrten nach London zurück und besuchten noch einmal eine Gemäldegalerie, in der sie kurz vor ihrer Abreise gewesen waren. Dort stießen sie auf ein Gemälde ihres Sees, das sie bei ihrem ersten Besuch gesehen haben mußten. Sie hatten es völlig vergessen, aber das bleibende winzige Erinnerungsstück genügte, um einen deutlichen Eindruck der »Vertrautheit« hervorzurufen.

In sehr seltenen Fällen enthält das Déjà-vu-Erlebnis ein hellseherisches Element. Es kann jedoch nur demonstriert werden, wenn der Perzipient an einen Ort kommt, an dem er noch nie war, und sein Erlebnis so stark ist, daß ihm – neben dem bloßen Gefühl der Vertrautheit – eine Information über den Ort einfällt, die sich anschließend bestätigt.

Einmal kam eine Gruppe Touristen nach Heidelberg und besuchte das dortige Schloß. Einer der Gruppe, der noch nie in dem Schloß gewesen war, hatte plötzlich den Eindruck, es zu kennen, und »erinnerte« sich, daß es in dem für die Öffentlichkeit nicht zugänglichen Schloßteil einen besonderen Raum gab. Er bat um ein Stück Papier und zeichnete einen Plan dieses Raumes. Später erlaubte man ihm, den Raum zu besuchen, und man stellte fest, daß seine Zeichnung und Schilderung genau der Wirklichkeit entsprachen. Er hatte außerdem den Eindruck, in der Heidelberger Universitätsbibliothek existiere ein bestimmtes Buch: Er kannte Autor und Titel und hatte das Gefühl, auf einer der Buchseiten stehe eine handschriftliche Notiz mit dem Namen eines alten deutschen Professors. Man fand das Buch, und der Name des Professors stand wirklich auf der Seite.

Man braucht keineswegs anzunehmen, daß der Mann in einem früheren Leben im Heidelberger Schloß wohnte oder das Buch besaß. Er kann vor dem Besuch einen lebhaften Traum gehabt haben, in dem er hellseherisch von der Existenz des ungewöhnlichen Raumes oder des Buches erfuhr. Den Traum vergaß er, aber der Besuch im Schloß belebte einige latente Erinnerungen, und er vermochte sich einiger zusätzlicher Details zu entsinnen. (Es besteht aber auch die Möglichkeit, daß ihm bei den Vorbereitungen auf die Reise ein Buch über das Schloß in die Hand gekommen war, worin der Raum beschrieben wurde und das er inzwischen vergessen hatte.)

Wenn wir jetzt lernen, Beobachtungen vorsichtig zu deuten, hilft es, ein paar Hinweise zu beachten, was das Konsultieren professioneller Hellseher betrifft, und besonders die Beurteilung ihrer Vorhersagen. Manchen können sich erfüllen, ohne daß die Präkognition überhaupt benutzt wurde. Der Erfolg kann auf verschiedenen Faktoren beruhen:

1. Einige Vorhersagen erfüllen sich zumindest teilweise, gleichgültig, wie eine Sache ausgeht. Wenn Ihnen die Hellseherin »Erfolg mit Hindernissen und Schwierigkeiten« voraussagt und Sie

haben Erfolg – nun, sie hat es ja prophezeit. Haben Sie keinen Erfolg – so hat sie auch das vorhergesagt: sprach sie nicht von Hindernissen und Schwierigkeiten?

2. Einige Ereignisse können einfach erraten werden. Je vager und allgemeiner die Vorhersage ist, desto eher erfüllt sie sich.
3. Viele Ereignisse (wie politische oder wirtschaftliche) lassen sich auf der Basis guten Wissens über die augenblickliche Situation und durch Einschätzung der wahrscheinlichsten künftigen Tendenzen vorhersagen.
4. Auch viele persönliche Prophezeiungen können eintreffen, wenn sie auf scharfer Beobachtung des Besuchers beruhen. Praktische Menschenkenntnis hilft einer Wahrsagerin viel. Hat sie ein junges Mädchen vor sich, das an Liebe und Heirat interessiert ist, wird sie ihm viel eher eine glückliche Ehe prophezeien als Erfolg im Studium; sie wird einem Farmer kaum eine Beförderung vorhersagen und einer Sekretärin kaum eine gute Ernte. Eine mütterlich aussehende alte Frau kann eher eine Vorhersage über Glück mit Enkelkindern erwarten als eine über Erfolg in einem geschäftlichen Abenteuer.
5. Einige scheinbar erfolgreiche Voraussagen werden durch Mißdeutung nachträglich konstruiert. Die Vorhersage von einem »Geldbetrag, der in Bälde eingeht« ist ziemlich populär. Sie gefällt dem Besucher und erfüllt sich mit ziemlicher Wahrscheinlichkeit bei jedermann. Es muß damit nicht unbedingt eine große Erbschaft oder ein hoher Lotteriegewinn gemeint sein, sondern es kann sich auch nur um den Gehaltsscheck, eine Rückzahlung, ein kleines Geschenk, einen gefundenen Geldschein, einen günstigen Verkauf, Rabatt bei einem Kauf, Gehaltserhöhung, eine höher dotierte Stellung usw. handeln. Wenn Sie nach einer Erfüllung suchen, werden Sie mühelos eine finden.
6. Manche Prophezeiungen erfüllen sich durch Selbstverwirklichung. Wenn Ihnen ein Hellseher Erfolg weissagt, regt er Sie zu gesteigerten Anstrengungen an, erfüllt Sie mit Selbstvertrauen und größerer Gemütsruhe, so daß Sie leichter durch Ihre eigenen Bemühungen Erfolg erzielen.

Eine Vorhersage kann gelegentlich eine psychologisch wohltuende (oder je nach dem Fall schädliche) Wirkung haben. Ich erinnere mich an eine wohltuende Wirkung, die ich als Student erlebte. Ich schwamm gern lange Strecken. Eines Tages schwamm ich über einen ziemlich großen See. Ich blieb lange in der Seemitte, lag auf dem Wasser und genoß das Gefühl der Einsamkeit. Plötzlich kam scharfer Wind auf, die Wellen wurden höher, und ich ermüdete. Da das Ufer zu beiden Seiten sehr weit weg war, beschlich mich die Angst, ich würde bei dem Wind nicht ans Land kommen. Panik packte mich, und ich drohte unterzugehen. In diesem Moment fiel mir mein Besuch bei der Hellseherin Frau B. ein (ich werde später noch auf diesen meinen Besuch zurückkommen). Ich war vor kurzem bei ihr gewesen, und sie hatte mir Voraussagen für eine spätere Zeit gemacht. Damit hatte sie ja zum Ausdruck gebracht, daß ich noch länger leben würde. Ich beruhigte mich, begann kräftesparender zu schwimmen und erreichte das Ufer verhältnismäßig leicht.

Viele Fälle der richtige Voraussage künftiger Ereignisse können, wir wir sahen, als reine Erfindung, als rationale Folgerung oder als selbstverwirklichend bezeichnet werden. Keine dieser Kategorien interessiert uns hier. Gelegentlich begegnet uns jedoch auch die wirkliche Fähigkeit, Informationen über künftige Ereignisse auf irgendeinem außersinnlichen, nicht rationalen Wege zu erlangen. Hierbei handelt es sich um »Präkognition«, die seltsamste ASW-Form und die am schwersten erklärliche, denn sie stößt unsere herkömmliche Vorstellung von Zeit und Kausalität um.

Wenn wir uns bewußt geworden sind, welche Mühe das Suchen kleiner Stückchen Wahrheit unter den Phantasien ehrlicher, doch irregeleiteter Menschen und den Tricks schamloser Betrüger bereitet, drängt sich uns eine Frage auf: Ist es überhaupt möglich, zuverlässig herauszufinden, ob ein Hellseher eine echte ASW-Fähigkeit besitzt?

Es ist schwierig, aber glücklicherweise haben wir einige Richtlinien:

1. Trauen Sie keiner Prahlerei über vergangene Leistungen; Sie sind nicht an dem interessiert, was eine Hellseherin in der Vergangenheit für unbekannte Menschen tat; Sie interessieren sich für das, was die Frau für Sie tut. Geschichten wie: »Letztes Jahre sagte ich Botschafter X..., und Professor Y bestätigte« sind ausgewählte Fälle übertriebener erstklassiger Erfolge und sollen Sie beeindrucken. Kein Hellseher wird Ihnen je die Fälle nennen, in denen er versagte. (Das wußten übrigens schon die alten Römer, wie die lateinische Redensart mahnt: »Hic Rhodus, hic salta!«)

2. Trauen Sie eindrucksvollen, vielversprechenden Worten in aufsehenerregenden Anzeigen nicht.
3. Trauen Sie Hellsehern nicht, die bei Anzeichen von Mißtrauen Ihrerseits beleidigt sind und sich gegen vernünftige Kontrollen wehren, durch die Betrug verhindert werden soll. Sie sollten sich voll und ganz davon überzeugen, daß der Hellseher nicht insgeheim seine Sinne einsetzte und nicht aus einem Wissen oder aus Zeichen, die Sie ihm unwillkürlich geben, erraten kann, was er Ihnen sagt. Sie müssen sehr erfinderisch im Ersinnen von Kontrollen und sehr aufmerksam sein – da Hellseher oft sehr erfinderisch im Ersinnen von Tricks sind. Wenn Sie Waren oder Dienstleistungen kaufen, wollen Sie nur einwandfreie Qualität. Warum nicht auf derselben Qualität bestehen, wenn man einen Hellseher aufsucht? (Oder kaufen Sie von ihm vielleicht nur die Illusion des Geheimnisvollen, ohne auf den Wert zu achten?) Der Hellseher verkauft ebenfalls Ware: seine Leistung. Und es ist an ihm zu beweisen, daß er gute Qualität liefert. Wenn er überhaupt selbst an seine Fähigkeit glaubt, wird er bereitwillig mit Ihnen zusammenarbeiten, um diesen Beweis zu erbringen. Eine Weigerung läßt nur eine einzige Auslegung zu: Der Schwindler weiß ganz genau, daß er den Beweis nicht erbringen kann.
4. Trauen Sie jenen nicht, die Ihnen eine genaue Aufzeichnung der gesamten Konsultation verwehren wollen. Machen Sie es sich zur Regel, alles niederzuschreiben oder, besser noch, auf Tonband aufzunehmen, was gesprochen wird.
5. Geben Sie sich nie mit allgemeinen Behauptungen zufrieden. Fragen Sie nach Einzelheiten, die der Hellseher in klaren Worten äußern soll. Lassen Sie sich nie mit scheinbar bedeutungsvollen Hinweisen abspeisen. Fragen Sie immer nach Einzelheiten. Einen begabten Hellseher stört oder kränkt es keineswegs, wenn Sie ihn freundlich unterbrechen und um eingehende Information über für Sie interessante Fragen bitten.
6. Machen Sie es sich zur Regel, den Hellseher nach Einzelheiten seiner Impressionen zu fragen. Bitten Sie ihn zu erklären, warum er dies oder jenes behauptet, ob er von seiner Meinung überzeugt ist, in welchem Maße und warum, aus welchem Grund er die andere Alternative für falsch hält usw. Sie können auf diese Weise Einblick in seine Arbeit erhalten, und das kann dazu beitragen, Ihr Vertrauen in ihn zu stärken.

7. Ich persönlich traue nie Wahrsagern, die bei der Deutung ihrer Zeichen feste Schemata haben (diese Linie in Ihrer Hand bedeutet dies..., jene Karte an dieser Stelle besagt das..., ein solcher Traum heißt immer, daß... usw.). ASW arbeitet nicht in einer so kindisch einfachen Weise.
8. Wenn Sie einen Hellseher aufsuchen, fragen Sie auch nach Einzelheiten aus Ihrem gegenwärtigen und vergangenen Leben, die Sie sofort nachprüfen können. Die direkte Prüfung der Leistungsqualität eines Hellsehers empfiehlt sich besonders, wenn Sie im Zusammenhang mit einer wichtigen Entscheidung einen Rat suchen. (Fällen Sie jedoch nie eine wichtige Entscheidung ausschließlich auf den Rat eines Hellsehers hin!)
9. Trauen Sie niemals Ihrem ersten Eindruck von Ihrer Unterredung mit dem Hellseher. Warten Sie mit Ihrem Urteil, bis Sie Zeit hatten, seine Behauptungen, wie sie während der Konsultation aufgezeichnet wurden, noch einmal durchzugehen. Trauen Sie bei dieser Überprüfung Ihren Notizen immer mehr als Ihrem Gedächtnis.
10. Im Laufe der Zeit entwickelte ich ein einfaches, nützliches Kriterium, das mir ermöglicht, wirklich mit ASW begabte Personen von betrügerischen Imitatoren zu unterscheiden. Es erwies sich als Tatsache, daß die ASW – wie bei Laboruntersuchungen stets beobachtet wurde – gewöhnlich unvollkommen ist. So unvollkommen, wie beispielsweise das Sehvermögen unter schlechten Beleuchtungsbedingungen sein kann oder die Wahrnehmung schwacher Geräusche inmitten störenden Lärms. Der wirklich begabte Hellseher liefert gewöhnlich korrekte Informationen, gelegentlich gemischt mit falschen Behauptungen. Ist das psychische Gleichgewicht des Hellsehers gestört (durch vorübergehende Indisposition oder andere Faktoren, die ihm nicht erlauben, sich richtig auf seine Aufgabe zu konzentrieren), verschlechtert sich seine ASW-Fähigkeit drastisch und kann sogar ganz verschwinden. Wer sich mit der wissenschaftlichen Erforschung der ASW befaßt hat, weiß genau, wie schwer es oft ist, die ASW überhaupt so zu aktivieren, daß sie ergiebig ist.

    Im Hinblick auf diese wohlbekannte Tatsache begegne ich zwangsläufig jedem Menschen, der eine vollkommene ASW-Fähigkeit zu haben behauptet, voller Mißtrauen. Im wirklichen Leben funktioniert die ASW nie so glatt wie bei vielen ASW-Demonstrationen auf der Bühne. Mißtrauen ist jedenfalls am Platz, wenn der Hellseher eine genaue Untersuchung zur Überprüfung seiner Leistungen nicht gestattet. Warum hat er Geheimnisse?

Bevor ich dieses Kapitel zu Ende bringe, möchte ich einige von meinen persönlichen Erfahrungen auf dem psychischen Gebiet schildern – teilweise um Ihnen die Lektüre ein wenig unterhaltsamer zu machen, aber hauptsächlich um zu zeigen, was alles man erleben kann, wenn man beginnt, sich für die psychische Forschung ernsthaft und aktiv zu interessieren, und wie vorsichtig man diese Erlebnisse deuten muß.

Besuch bei der professionellen Hellseherin

Die Hellseherin Frau Z., die ich als junger Student aufsuchte, gehört zu dieser Kategorie von Betrügern. Dennoch brachte sie es fertig, mich zu beeindrucken – zumindest eine Zeitlang. Ich war ungefähr neunzehn und studierte an der Prager Universität Chemie, interessierte mich aber bereits sehr für Hypnose, ASW und verwandte Dinge. Ich strebte nach praktischer Erfahrung auf diesem Gebiet.

Frau Z. wohnte in einem alten, schäbigen Mietshaus am Rande Prags. Ich mußte sie in aller Heimlichkeit aufsuchen, da das Praktizieren von Hellsehen in der Tschechoslowakei damals verboten war. Ich hatte eine Empfehlung von einem guten Freund. Als ich durch das muffige, gewundene Treppenhaus hinaufstieg und in der Ecke eines dunklen Gangs an ihre Tür klopfte, war ich sowohl wegen der mysteriösen Kräfte erregt, die ich herbeirufen würde, als auch wegen des Verstoßes gegen das Gesetz.

Die Tür ging auf, ich flüsterte den Namen meines Freundes als Losung, Frau Z. bat mich hinein und drängte sofort voller Aufrichtigkeit: »Sagen Sie mir nichts über sich! Ich will nichts hören. Meine übersinnlichen Kräfte sagen mir alles. Ich habe bereits mit Ihren Vibrationen Kontakt aufgenommen.«

Ich wußte damals bereits einiges über wissenschaftliche Methodologie und Logik, kannte den Wert klarer Ausdrücke für richtiges Denken und empfand instinktiv Abneigung gegen das Wort »Vibrationen«. Meiner Meinung nach war es ein protziges Wort, das in diesem Zusammenhang keinerlei Bedeutung besaß. Waren mein Charakter, meine Vergangenheit und meine Zukunft in irgendwelchen mysteriösen »Vibrationen« verborgen? Was für Vibrationen? Würde sie ein erhebendes Gefühl beim Anblick eines schönen Gemäldes auch als »Vibrationen« bezeichnen? Oder den bedrückenden, muffigen Geruch in ihrem Treppenhaus? Später fand ich heraus, daß das Wort »Vibrationen« von Hellseher und Medien in allen Ländern häufig verwendet wird, und ich wurde regelrecht allergisch gegen diesen fachmännisch klingenden, aber nichtssagenden Ausdruck. Wenn ich etwas hasse, dann »Vibrationen«. Seinerzeit jedoch überwand ich meine erste Abneigung. Worte waren unwichtig, mir ging es um Fakten.

Wir setzten uns, und Frau Z. ergriff die Initiative: »Sie möchten etwas von mir wissen.« (Natürlich wollte ich das!) – »Sagen Sie mir jetzt nur die Frage, die Sie stellen möchten.« Ich hatte ein großes Problem, das damals für mich lebenswichtig war. Eine einzige Frage quälte mich mehr als alles andere. Ich stieß hervor: »Ich arbeite an einem Experiment, wissen Sie. Wird es erfolgreich sein?«

Nun war Frau Z. an der Reihe. Sie begann langsam, beschleunigte ihr Tempo schrittweise und sprudelte die letzten Sätze so schnell hervor, daß ich dem Wortschwall kaum folgen konnte: »Sie sind Student – Sie studieren Chemie – Sie interessieren sich seit vielen Jahren schon dafür, Ihr Interesse setzte ziemlich früh ein, schon in der Realschule, Sie wollten auf die Universität, wollten immer mehr wissen, Sie haben zu Hause einige Experimente gemacht, aber Ihre Eltern wollten nicht, daß Sie diese Experimente zu Hause machen, es hätte eine Explosion geben oder gefährlich sein können. Ich sehe Sie viele Bücher lesen – – ja, Ihr Experiment wird erfolgreich sein. Natürlich wird es nicht leicht sein. Sie müssen es beharrlich versuchen. Es können einige Hindernisse auftreten, die müssen Sie überwinden. Wenn Sie aufgeben, könnte das schlecht sein. Aber Sie werden erfolgreich sein, Ihr Experiment ist ein Erfolg. Vielleicht wird das bald sein, aber vielleicht wird es noch einige Zeit dauern und noch einige Mühe kosten. Doch in den Vibrationen, die ich von Ihnen bekomme, ist Erfolg.«

Sie sagte noch mehr und ich war erstaunt. Alle ihre Äußerungen über mich stimmten völlig. Sie klang überzeugend, selbstsicher. Ich wußte genau, mein Freund hatte ihr nichts über mich erzählt. Und ich selbst hatte keine Zeit dazu gehabt. Der Schluß ihrer Rede klang beruhigend. Natürlich würde ich nicht aufgeben! Ich würde die Hindernisse überwinden!

Mir war unerklärlich, wie Frau Z. von meinem Studiengebiet und den Einzelheiten aus meiner Vergangenheit erfahren haben konnte. Ich fragte sie atemlos: »Woher wissen Sie soviel über mich?« Frau Z. sah mich mit erhabener Überlegenheit an: »Wissen Sie, meine Gabe. Es ist diese übersinnliche Kraft. Es ist wichtig, die richtigen Vibrationen zu erhalten.«

Ich verließ sie in tiefster Verwunderung. Während ich die Straße entlangging, dachte ich über das Erlebnis nach. Plötzlich, blitzartig, kam mir die Erkenntnis: Meine Frage! Ich hatte sie gefragt, wie mein Experiment ausgehen würde. Kein Wunder, daß meine Erwähnung des Experiments sie auf den Gedanken brachte, ich sei Chemiker. Als ich meinen Besuch bei ihr nun in der Retrospektive betrachtete, klang ihre erste Behauptung nicht mehr so selbstsicher wie direkt aus ihrem Mund. Sie hatte offensichtlich geraten, und als sie in der kurzen Pause, die sie machte, die Bestätigung erhielt (vielleicht hatte ich genickt), konnte sie ungefährdet fortfahren. Ihre Äußerungen trafen auf jeden Chemiker zu. Nachdem sie die Chemie bestätigt bekommen hatte, konnte sie das übrige als gegeben voraussetzen: mein frühes Interesse, die Experimente, die ich als Junge in Mutters Küche und im Keller machte, unangenehme Gerüche und Rauch, womit ich meine Eltern von Zeit zu Zeit ärgerte, und sogar eine Explosion in unserem Keller. Frau Z. sprach in vorsichtigen, allgemeinen Worten, doch meine erregte Phantasie ließ ihre Rede richtig und äußerst charakteristisch klingen. Und sie erfrechte sich zu sagen, sie habe es von meinen Vibrationen!

Die Geschichte hatte einen Höhepunkt, der sie zu einer regelrechten Komödie machte: Frau Z. sprach die ganze Zeit über Chemie. Ich war Chemiker, so weit, so gut. Aber als ich meine Frage stellte, dachte ich *nicht* an ein chemisches Experiment. Was ich plante, war eine spezielle Untersuchung auf dem Gebiet der Hypnose, das der Chemie so fern steht wie nur irgend etwas. Frau Z. hatte den wichtigsten Punkt nicht erkannt! Meine Schlußfolgerung wurde zum Urteil: Sie hatte mir überhaupt nichts Ungewöhnliches gesagt, doch so getan, als sei dies der Fall, und ihr Honorar kassiert. Sie war eine Betrügerin... Meine Behexung verflog.

Frau Z.s Darbietung ist ein Beispiel dafür, wie ein geschickter Hellseher seinen Besucher beeindrucken kann, ohne auch nur die geringste ASW erkennen zu lassen. Der Scharlatan scheitert selten, wenn er sich an folgendes Verfahren hält: Er überrascht seinen Besucher am Anfang mit irgendeiner richtigen, detaillierten Behauptung (die gewöhnlich so allgemein gehalten ist, daß sie auf die Mehrheit der Menschen zutrifft); dann fährt er mit ein paar Banalitäten fort (die ihm Zeit verschaffen, den Besucher zu taxieren und aus den Reaktionen des Besuchers mehr über diesen zu erfahren); schließlich läßt er die Darbietung darin gipfeln, daß er ein paar typische Hinweise gibt (in denen die Informationen, die er zuvor vom Besucher erhielt, in geziemend veränderter Form an diesen zurückgehen).

Während er die Reaktionen des Besuchers scharf beobachtet, schneidet er seine nächsten Behauptungen maßgerecht für ihn zu. Unbestimmte Behauptungen, voll Beredsamkeit vorgebracht (was dem Besucher unmöglich macht, alles Gesagte aufzunehmen), in populäre Wendungen gekleidet und mit hochmütiger Mysteriosität umgeben, erzeugen den Eindruck von Kenntnisreichtum. Protzige Werbung und glaubhafte Referenzen tragen dazu bei, das Bild eines hellsehenden Wundermenschen entstehen zu lassen.

Der Ruhm eines Hellsehers wächst dank eines Gesetzes, das ihn zwangsläufig wachsen läßt, unabhängig von der Qualität der Leistungen. Es ist ein absurdes Gesetz, doch es funktioniert. Wir könnten es als »Gesetz des akkumulierten Erfolges« oder »Gesetz der vergessenen Fehlschläge« bezeichnen.

Erfüllt sich die Vorhersage, die Ihnen ein Hellseher machte, erzählen Sie es Ihren Freunden. Natürlich handelte es sich um ein interessantes Erlebnis, das Erwähnung verdient. Geht dagegen die Vorhersage nicht in Erfüllung, brennen Sie kaum darauf, sie irgendwo zu erwähnen. Der Fehlschlag ist entschieden weniger interessant und angenehm als der Erfolg. Und Sie schämen sich vielleicht sogar ein bißchen, weil Sie Ihre Zeit bei dem betrügerischen Hellseher vergeudet und ihm vertraut haben. Es ist, als würde man sagen: »Ja, ich habe es versucht, aber ich bin gescheitert.«

Man hört Geschichten von berühmten Hellsehern oder Hellseherinnen, die fast im Rufe der Unfehlbarkeit stehen. Einige sollen wichtige politische Ereignisse (gewöhnlich die dramatischsten – das macht die Geschichte aufregender) richtig vorhergesagt haben, andere kündigten Naturkatastrophen an, wieder andere halfen bei der Aufklärung mysteriöser Verbrechen (oder wußten zumindest »im voraus«, wie das Verbrechen begangen wurde). Solche berühmte

Voraussagen haben den schwachen Punkt gemeinsam, daß sie erst nach ihrer Erfüllung veröffentlicht werden. Wir lesen erstaunliche Berichte über das, was vorhergesagt wurde, doch gewöhnlich immer erst, nachdem das »vorhergesagte« Ereignis eingetreten ist.

Experimente mit Naturheilern

Meine Erfahrungen mit Menschen, die parapsychische Kräfte zu haben behaupteten, waren oft enttäuschend. Am wenigsten enttäuschte mich vielleicht die Beobachtung zweier tschechischer Heiler, der Herren L. und Z., die angaben, verschiedene Krankheiten durch Gebet und Handauflegen heilen zu können. Ich experimentierte damals gerade mit den Schülern des Blindeninstituts in Prag. Blinde Schüler, meist im Alter zwischen sechzehn und fünfundzwanzig, lernten dort verschiedene Berufe. Ich hypnotisierte sie und trachtete bei Ihnen ASW zu entwickeln, da ich die Möglichkeiten untersuchen wollte, ihren verlorenen Gesichtssinn durch ASW zu ersetzen.

Bei dieser Arbeit erzielte ich einige Fortschritte. Mehreren Schülern gelang es beispielsweise (nicht immer, aber doch in einer befriedigenden Zahl von Fällen), mittels ASW die Positionen der Zeiger auf einer Uhr zu bestimmen. Ich brachte die Zeiger immer willkürlich in einer Stellung, die niemand kannte. (Es wurde eine besondere Uhr für Blinde mit einem metallenen Schutzdeckel über dem Zifferblatt verwendet; war der Deckel geschlossen, sah niemand die Zeiger.) Die hypnotisierten blinden Schüler wurden aufgefordert, den undurchsichtigen Deckel über dem Zifferblatt zu berühren und zu betasten. Wenn sie das taten, hatten sie Tasteindrücke, als fühlten sie die wirklichen Zeiger durch den harten Deckel; sie konnten die genaue Zeigerstellung angeben. Natürlich machten sie Fehler, weil die ASW in diesen Experimenten noch unvollkommen war; außerdem erforderte jeder einzelne Ablesevorgang relativ viel Zeit, so daß die Leistungsfähigkeit des neuen Sinnes ziemlich gering blieb.

Es führte jedoch immer ein langer Weg von den ersten Pionierbeobachtungen zur technischen Anwendung einer neuen Entdeckung. Die Experimente mit den blinden Schülern haben zumindest die Möglichkeit aufgezeigt, daß ASW, wenn sie besser entwickelt ist, in dieser praktischen Weise als Ersatz für den verlorenen Gesichtssinn eingesetzt werden kann.

Als ich Herrn L. kennenlernte und ihm von meiner Arbeit mit den blinden Schülern berichtete, erklärte er sich zu dem Versuch bereit, durch seine Heilkraft ihr Sehvermögen zu verbessern und seine Heilfähigkeit in einem kontrollierten Experiment zu demonstrieren. Unter den Schülern wurde eine Gruppe Freiwilliger ausgewählt. Man teilte ihnen den Zweck der Behandlung mit, und ein Augenarzt untersuchte sie vor der ersten Behandlung durch Herrn L. Herr L. kam dann regelmäßig ins Institut, betete für die Schüler und legte ihnen die Hände auf Köpfe und Augen auf. Nach der dreiwöchigen Behandlungsperiode (die Herr L. selbst vorgeschlagen hatte) wurden die Schüler erneut von dem Augenarzt untersucht. Der Spezialist prüfte sie auf *objektive* Veränderungen ihres Sehvermögens; Fortschreiten ihrer Krankheit, Zustand der Netzhaut; und er maß (in Fällen, in denen ein rudimentäres Sehvermögen erhalten war) objektiv den Grad ihres Sehvermögens. Das Ergebnis des Experiments war eindeutig: Zwei der Schüler hatten den subjektiven Eindruck, ihr Sehvermögen habe sich etwas gebessert, doch die Untersuchung des Spezialisten ergab bei *keinem* der Schüler eine *objektive* Besserung.

Die Mutter des Institutsdirektors hatte Krebs. Die arme alte Frau litt schrecklich, und die Ärzte gaben ihr nur noch etwa zwei Monate. Als wir das Heilexperiment bei seinen blinden Schülern erörterten, fragte der Direktor, ober der Heiler nicht auch seine Mutter behandeln könne. Ich ersuchte Herrn Z. um diese Behandlung, da er eine besonders hohe Erfolgsquote bei Krebspatienten angab. Er behandelte die alte Frau zunächst persönlich, später rief er sie nur jeden oder jeden zweiten Tag an.

Einen Tag nach der ersten Behandlung stand die alte Dame von ihrem Krankenlager auf. Sie hatte keinerlei Schmerzen, war heiter, optimistisch, machte mit unerwarteter Kraft kleinere Hausarbeiten, und ihr überraschend guter Gesundheitszustand schien anzuhalten. Doch zwei Monate später, genau nach der von den Ärzten genannten Zeit, starb sie.

Die Schlußfolgerung lautete, daß der Heiler zwar nicht in der Lage war, den Krankheitsverlauf aufzuhalten, daß seine Behandlung aber durch ihre Suggestivkraft die letzten Tage der bedauernswerten alten Dame angenehmer gestaltete. Wenn hier auch kein parapsychologisch bedeutsames Phänomen entdeckt wurde (tatsächliche parapsychologische Heilkraft demonstrierte Herr Z. nicht), so half der psychologische Einfluß des Heilers doch der Patientin, ihre Krankheit besser zu ertragen – und schon diese Hilfe war in ihrem Fall wertvoll. Natürlich weiß jeder Arzt, daß ein richtig gewähltes Wort der Ermutigung den Patienten oft von vielen Beschwerden befreit. Wir brauchen dafür keinen Heiler; doch bei manchen Patienten dürfte das Magische an der Behandlung des Heilers stärkere Suggestivwirkung haben als Worte ihres Hausarztes.

Der Parapsychologe jedoch befaßt sich nicht mit bloßem suggestivem Einfluß. Und er befaßt sich auch nicht mit Fällen, in denen starker Glaube oder akzeptierte Suggestionen Veränderungen im Körper hervorrufen. Die Parapsychologen suchen nach Fällen, in denen der Heiler durch eine bisher unbekannte Heilkraft im Gebet oder eine andere Art geistiger Konzentration *objektive* Veränderungen im lebenden Organismus bewirkt – sogar *ohne Wissen des Patienten* davon, daß eine Heilung versucht werden soll.

Untersuchung eines psychischen »Erfinders«

Eine Enttäuschung erlebte ich auch bei der Untersuchung der angeblichen PK-Kräfte von Herrn R. P. Der Mann war Techniker, ein erfolgreicher Erfinder und Neuerer auf dem Gebiet der Textilmaschinen. Seine technische Begabung stand außer Zweifel; aber daneben behaupteten er und seine jugendliche Tochter, PK-Fähigkeiten besonderer Art zu besitzen. Herr P. hatte eine Vorrichtung konstruiert, eine vertikale Nadel, die von einem Elektromotor gedreht wurde und ein Balancestück in Form einer dünnen, leichten Metallplatte trug. Wenn sich die Nadel drehte, bewegte die Reibung ihrer Spitze die Metallplatte und versetzte sie in Drehbewegung. Herr P. behauptete, über die Fähigkeit zu verfügen, die Bewegung der Metallplatte durch seine Sehkraft zu beeinflussen. Er sah die rotierende Platte an und stoppte sie oder brachte sie sogar zur Rotation in entgegengesetzter Richtung.

Natürlich könnte man einwenden, Atem oder andere Luftbewegungen im Raum würden die Rotation der leichten Metallplatte bewirken. Herr P. hatte Maßnahmen gegen einen solchen Einfluß ergriffen: Er stellte die gesamte Vorrichtung unter einen Glassturz und schloß dadurch aus, daß irgend jemandes Atem die Bewegungen der Metallplatte bestimmte. Doch seine Vorrichtung funktionierte und gehorchte scheinbar seinen Blicken.

Herr P. entwickelte eine seltsame Theorie über die Wirkungsweise seines Apparats. Er glaubte, eine spezielle »parapsychische« oder »biologische« Energie sei für die Effekte verantwortlich und konstruierte kunstvolle Vorrichtungen, die seiner Meinung nach als »Kondensatoren« dieser Energie dienten. Als ich zu ihm ging, um ihn und seine Tochter zu untersuchen, konnte ich nicht umhin, die phantastischen Formen seiner »Kondensatoren« zu bewundern, die eher künstlerischen Schöpfungen der modernen Bildhauerei als technischen Vorrichtungen glichen. Sie waren wirklich die Ursache der beobachteten Effekte, aber in anderer Weise, als Herr P. dachte.

Die »Kondensatoren« mußten sich immer im Experimentalraum befinden (unter dem Glassturz, in der Nähe der rotierenden Metallscheibe). In einer Position beschleunigten sie die rotierende Scheibe, in einer anderen bremsten sie sie. Für jede Veränderung des Effektes mußten die »Kondensatoren« in dem Experimentierkasten auf die entgegengesetzte Seite geschoben werden. Herr P. hatte eine weitere Vorrichtung konstruiert, mit welcher er seine kunstvollen Metallgebilde verschob, ohne seinen Experimentierkasten zu öffnen. (Er tat es ganz unauffällig, so daß weniger sorgfältige Beobachter es leicht übersehen konnten.) Doch die Bewegung zusätzlicher Gegenstände innerhalb des Experimentierraums stellte eine Variable dar, welche die beobachteten Effekte erklärte: Die rotierende Metallplatte rief in dem geschlossenen Experimentierkasten Luftströmungen hervor; die Bewegung der »Kondensatoren« störte die Strömungen zwangsläufig, und diese Störung beeinflußte die leichte, rotierende Metallplatte. Deshalb lautete die Schlußfolgerung: *Keine* PK! Dennoch feierten später journalistische Berichte (deren Verfasser die wirkliche Ursache der beobachteten Effekte zu erwähnen »vergaßen«) Herrn P. als PK-Phänomen. Künstlich erzeugte journalistische Sensationen schaden der ernsten Forschung immer.

Entlarvung eines Betrügers

Während Herrn P.s Behauptungen vermutlich auf Selbsttäuschung beruhten, handelte es sich bei meinem folgenden Erlebnis einwandfrei um Betrug. Um die Mitte der sechziger Jahre interessierte man sich in Osteuropa lebhaft für das Fingerlesen: die Fähigkeit einiger Menschen, Farben oder sogar Drucktexte zu bestimmen, als sähen ihre Fingerspitzen. Während dieser Interessenswelle erlangte Her A. aus einer ostungarischen Kleinstadt ziemlichen Ruhm. Er konnte mit verbundenen Augen Gegenstände erkennen, indem er lediglich die Hand ausstreckte, die Gegenstände aber nicht berührte. Er demonstrierte diese Fähigkeit mehreren Zeitungsleuten, die begeisterte Berichte über ihn schrieben.

Der Fall schien ernster Aufmerksamkeit wert, also fuhr ich nach Ungarn. An dem vorher vereinbarten Tag fand das Treffen mit Herrn A. und einer Gruppe seiner Freunde statt. Einer der Freunde erklärte, Herr A. habe, um für die Demonstration wirklich in guter Form zu sein, eine Woche Urlaub nehmen müssen. Er habe verschiedene Konzentrationsübungen gemacht und Ruhe und Erholung gebraucht. Man schlug mir vor, ihm den Verdienstausfall, den er meinetwegen hatte, zu ersetzen.

Ich verstand den Wink mit dem Zaunpfahl und bot Herrn A eine Summe an, die ihn zufriedenstellte. Dann gingen wir an die Arbeit. Erwähnt sei vorab, daß Herr A. den Eindruck absoluter Ehrlichkeit und Integrität erzeugte. Er erklärte, ehemaliger Schauspieler zu sein (was mich eine Zeitlang wachsam machte) und seine seltsame Fähigkeit durch Zufall entdeckt zu haben. Angesichts ihrer Ungewöhnlichkeit sei es sein einziges Ziel, sie in den Dienst wissenschaftlicher Forschung zu stellen. Er behauptete, ihm liege sehr daran, wissenschaftlich untersucht zu werden, weil er zur Ausweitung des menschlichen Wissen beitragen wolle. Er entschuldigte sich dafür, daß er Geld annahm – aber, nun, er und seine Familie müßten schließlich leben, und er könne es sich wirklich nicht leisten, auf Einkünfte zu verzichten.

Er sagte, er sei bereit, seine Fähigkeit zu jeder von mir bestimmten Zeit zu demonstrieren. Das war eine sachliche Einstellung, die Vertrauen erweckte. Ich bat ihn, unverzüglich mit der Demonstration zu beginnen.

Herr A. verband sich als erstes die Augen. Hier möchte ich den

Leser warnen: Das Verbinden der Augen ist *nie* ein zufriedenstellender Beweis für die Ausschaltung des Gesichtssinns. Wollen Sie jemanden auf ASW testen und sicherstellen, daß er seinen Gesichtssinn nicht einsetzen kann, stehen Ihnen viel bessere Mittel zur Verfügung: Schirme, undurchsichtige Behälter usw., Augenbinden sind nie ein Beweis!

In der ASW-Forschung besteht jedoch die Regel, möglichst wenig in das gewohnte Verfahren der getesteten Person einzugreifen. Einige Versuchspersonen sind an ihre eigenen Rituale gewohnt, und die große Bedeutung eines günstigen psychologischen Zustands der Versuchsperson gebietet deren Beibehaltung. Ein Eingreifen in die gewohnten Rituale zur unrechten Zeit kann das geistige Gleichgewicht der Versuchsperson stören, ihr Selbstvertrauen beeinträchtigen oder auch andere, oft triviale Wirkungen zeitigen, die ihre ohnedies unstabile Fähigkeit zerstören. Besonders während der Einführungsdemonstration gehen wir nach Möglichkeit nicht vom gewohnten Verfahren der Versuchsperson ab – einfach um zu sehen, was sie uns unter optimalen Bedingungen zu bieten hat. Es ist später immer noch Zeit, Kontrollbedingungen einzuführen, die eine absolute Ausschaltung der Sinneswahrnehmung garantieren. (Nur dann können wir einen Fall der ASW akzeptieren.)

Ich ließ also Herrn A. zeigen, was er zu bieten hatte. Er benutzte höchst eindrucksvolle Augenbinden. Als erstes legte er sich zwei große Taschentücher auf die Augen, dann schlang er ein großes Handtuch um den Kopf. Stirn, Haar und sogar die Nase waren ganz bedeckt.

Nun kam die eigentliche Demonstration. Ich legte den ersten Gegenstand vor ihn auf den Tisch, er streckte den Arm aus und benannte ihn. Ich wechselte den Gegenstand, er streckte den Arm aus und benannte ihn sofort. Und so weiter. Seine Antworten waren nie unbestimmt oder tastend. Er sagte beispielsweise nicht (wie es andere Sensitive oft machen): »Ich sehe einen großen dunklen Gegenstand von rechteckiger Form und daneben etwas Dünnes, Langes.« Statt dessen sagte er: »Es ist ein Bleistift, etwa fünfzehn Zentimeter lang, seine scharfe Spitze zeigt von mir weg. Daneben liegt ein Buch mit dunkelrotem Einband. Es ist *Krieg und Frieden* von Tolstoi, der Titel ist in Versalien gedruckt, und der Schutzumschlag ist an der rechten oberen Ecke leicht zerkratzt.«

Das war höchst eindrucksvoll. Um es aber als echte ASW akzeptieren zu können, mußte ich natürlich sicher sein, daß eine Sinneswahrnehmung nicht in Frage kam. Berührung war ausgeschlossen: Ich beobachtete ihn die ganze Zeit, er berührte den Gegenstand nie. Auch Geruch und Geschmack schieden aus. Hören kam kaum in Frage; im Raum hielten sich mehrere Menschen auf, doch niemand schien ihm Signale zu geben. Ich schickte meinen Assistenten, der mich auf der Reise begleitete, aus dem Zimmer, um von ihm prüfen zu lassen, ob niemand durchs Fenster Signale gab (obwohl das sehr unwahrscheinlich war) oder ob Anzeichen für irgendwelche geheimen Signale vorlagen, die ich übersehen haben könnte. Alle denkbaren Möglichkeiten mußten berücksichtigt werden. (Es war spät am Abend, und in dem Zimmer brannte helles Licht; der Assistent konnte die Demonstration ungesehen durchs Fenster beobachten.) Er fand nichts Verdächtiges. Außerdem waren betrügerische Signale nicht leicht zu geben. Ich wählte die zu bestimmenden Gegenstände immer selbst aus und verwendete Dinge, die ich aus Prag mitgebracht hatte.

Der Kernpunkt des Problems lag zweifellos in Herrn A.s Gesichtssinn. Wenn bewiesen werden konnte, daß er bei der Bestimmung der Gegenstände seine Augen nicht gebrauchte, hatte er entweder ASW oder eine Art besonderer Sensibilität in den Handflächen, und in beiden Fällen stand dann eine Untersuchung seiner Fähigkeit dafür.

Meine natürliche Reaktion war: Warten wir mit der Schlußfolgerung. Lassen wir ihn seine Vorführung wiederholen, verändern wir schrittweise die Beobachtungsbedingungen und bereiten wir ihn auf eine spätere Demonstration unter strengen Bedingungen vor. Es muß eine Veränderung der Bedingungen erfolgen, bevor ein überzeugender Beweis erbracht werden kann, dessen bin ich sicher (Augenbinden genügen nicht!), aber es hat keine Eile damit. Soll er zuerst dasselbe Phänomen mehrmals wiederholen. Ist die Versuchsperson ehrlich, stärkt das nur ihr Selbstvertrauen und auch das Vertrauen zum Beobachter. Gleichzeitig erfahre ich mehr über seine Darbietung und finde den besten Weg, ihn schrittweise und vorsichtig auf die notwendige Veränderung der Experimentalbedingungen vorzubereiten.

Ein gewisser Aspekt der Demonstration beunruhigte mich etwas: Herr A. arbeitete immer stehend und streckte den Arm immer in derselben Richtung aus, nämlich abwärts und leicht nach rechts. »Herr A.«, sagte ich vorsichtig, »warum stehen Sie die ganze Zeit? Wenn

Sie Sensitivität in den Händen haben, ist es praktischer für uns beide, am Tisch zu sitzen. Sie haben es dann bequemer, und ich lege die Gegenstände genau an die gleiche Stelle wie jetzt.«

Herr A. erklärte, das ginge nicht, weil er schon immer daran gewöhnt sei, im Stehen zu arbeiten. Seine Ablehnung war eine Art unliebsamer Überraschung, aber die Begründung klang nicht ganz unvernünftig. Herr A. war Schauspieler, vielleicht brauchte er die theatralische Pose wirklich. ASW ist eine empfindliche Funktion, und sogar ein so winziges Detail konnte sich auf sie auswirken.

Während ich über die logische Fundiertheit der obigen Erwägungen nachdachte, versuchte ich herauszufinden, welcher Unterschied bestünde, wenn wir saßen. Zweifellos ergab sich ein beträchtlicher Unterschied, was die Lage des Gegenstandes im Verhältnis zu Herrn A. betraf. Stand er, lag der Gegenstand weit unter ihm; saß er dagegen, befand sich der Gegenstand fast auf derselben Ebene wie sein Kopf. Gebrauchte er seine Augen, dann konnte er im Stehen nach unten schauen, im Sitzen dagegen hätte er gerade nach vorn blicken müssen. Augenbinden verhindern das letztere, aber nach unten gucken kann man.

Ich beobachtete Herrn A. noch genauer und stellte fest, daß er den Kopf leicht nach links neigte. Die Bewegung als solche konnte man als unschuldige theatralische Geziertheit betrachten, doch im Zusammenhang mit seinen vorausgegangenen Überlegungen wirkte sie ziemlich verdächtig.

Nach einigen weiteren Wiederholungen wußte ich genau, woran ich war. Legte ich einen Gegenstand auf den Tisch, machte Herr A. immer ein paar Schritte darum herum, und es gab unweigerlich einen Moment, wo er den Kopf so hielt, daß von seinen Augen an seiner Nase entlang eine gerade Linie zu dem Gegenstand führte. (Manchmal benannte er den Gegenstand nicht sofort, sondern veränderte seine Stellung und bezeichnete ihn erst, wenn er so stand, daß er ihn bestimmt nicht mehr sah.) Ich war sicher: diese eindrucksvollen Augenbinden! Die großen Taschentücher dienten nicht dazu, seine Augen ganz zu bedecken und ihn am Sehen zu hindern; sie hatten vielmehr die Aufgabe, das große Handtuch von der Nase abzuhalten und einen schmalen Spalt offen zu lassen, durch den Herr A. guckte. Ich wußte: Herr A. war ein Betrüger.

Ich hätte es dabei bewenden lassen, abreisen und einen Tag sparen können. Aber ich wollte ihm gegenüber so fair wie möglich sein.

Vielleicht hatte er doch ASW und betrog nur gelegentlich, in Perioden der Indisposition. Ich wollte ihm noch eine Chance geben. Also fragte ich ihn, ob er etwas dagegen habe, wenn ich einen Holzschirm mit einem Loch in der Mitte aufstellte; er würde die Hand durch das Loch stecken und den Gegenstand bestimmen wie zuvor. Herr A. hatte nichts dagegen. Offenbar war ihm nicht klar, daß man hinter einem Schirm nicht so leicht betrügen konnte.

Am nächsten Tag stellte ich einen großen Wandschirm auf, der die Gegenstände sicher vor Herrn A.s Blicken verbarg. In dem Schirm war ein Loch, gerade so groß, daß Herr A. seinen Arm durchstecken konnte. Auf der Rückseite des Schirms war an dem Loch ein Spezialärmel befestigt, der verhinderte, daß Herr A. an seinem Arm entlang durch das Loch sah.

Der Gesichtssinn war garantiert ausgeschlossen, wir hatten einwandfreie Bedingungen. Hic Rhodus, hic salta! Hier ist der Ort zu zeigen, was du kannst! Lassen Sie sich Zeit, soviel Sie wollen. Wir können den Test verschieben, wenn Sie sich nicht richtig in Form fühlen. Sie brauchen nicht einmal absolut recht zu haben. Ich bin zufrieden, wenn Ihre Antwort der Wirklichkeit einigermaßen nahekommt. Aber nur die Leistung unter solchen Bedingungen zählt.

Herr A. machte nicht einmal den Versuch. Als er erkannte, daß er sein betrügerisches Routineverfahren nicht mehr anwenden konnte, simulierte er einen Herzanfall aus Überarbeitung; er erklärte, die Überanstrenung durch die Konzentration habe ihn erschöpft und bedrohe seine Gesundheit. Er weigerte sich strikt, die Experimente fortzusetzen.

Beobachtungen dieser Art zeigen immer wieder, wie viele der Behauptungen, jemand habe ungewöhnliche Fähigkeiten, falsch sind. Einige beruhen auf Täuschung, andere auf unverschämtem Betrug. Ein Teil der falschen Behauptungen kann verdrängten Wünschen entspringen (nach öffentlichem Aufsehen, Selbstbestätigung usw.). Die meisten Betrügereien zielen jedoch auf finanziellen Gewinn ab. Der Parapsychologe muß immer auf der Hut sein, er muß sorgfältig alle Bedingungen untersuchen und darf als echte parapsychische Phänomene nur jene akzeptieren, bei denen alle denkbaren Erklärungsmöglichkeiten ausscheiden:

Bei der ASW müssen wir alle denkbaren Formen der Sinneswahrnehmung und der logischen Ableitung aus bekannten Tatsachen ausschalten.

Bei der PK müssen wir alle physikalischen Kräfte, chemischen oder biologischen Prozesse ausschalten, die das beobachtete Phänomen hervorrufen könnten.

Séance mit Tischrücken

Einmal lud mich eine Gruppe von Universitätsstudenten ein, einer von ihren Séancen beizuwohnen.

Da ich die Gefahren auf diesem Gebiet kenne, war ich auf der Hut, als ich die Einladung der Studenten annahm. Ihre Aufrichtigkeit zeichnete sich allerdings deutlich ab. Sie hatten mich eingeladen, weil sie einen Kommentar und Ratschlag von mir wünschten. Auf meine Aufforderung demonstrierten sie ihr übliches Verfahren, zeigten mir bereitwillig alles und folgten eifrig meinen Instruktionen. Dann forderten sie mich auf, bei ihnen am Tisch Platz zu nehmen.

Die Gruppe bestand aus zehn Studenten, fünf Jungen und fünf Mädchen. Eines der Mädchen (gleichzeitig eines der »Medien«) hatte einen Freund gehabt, der auch bei den übrigen Gruppenmitgliedern sehr beliebt gewesen war. Wir wollen ihn John Smith nennen. Obwohl ein friedlicher Mensch, war er durch unglückliche Umstände auf dem College-Gelände in ein Handgemenge mit der Polizei geraten. Wie mir Studenten erklärten, hatte er der Polizei bei der Wiederherstellung der Ordnung zu helfen versucht, doch in dem Tumult war er von einer verirrten Kugel getötet worden.

Die Séance begann. Wir befanden uns in einem kleinen, bescheiden möblierten Zimmer, der derzeitigen Wohnung eines der Studenten. Drei Studenten, die in früheren Séancen am erfolgreichsten gewesen waren, nahmen an einem leichten Tischchen Platz. Die übrigen, darunter ich, setzten sich längs der Wände auf den Boden. Man hoffte, Gelegenheit zu bekommen, mit dem Geist von John Smith zu sprechen – wie es schon mehrmals zuvor geglückt war.

Die drei Studenten (»Medien«), die an drei Tischseiten saßen, legten die Handflächen auf die Tischplatte. Die vierte Seite des Tisches blieb frei. Einige Sekunden herrschte Schweigen. Dann wandte sich die Führerin der Gruppe, das in der Mitte sitzende Mädchen, an den »Geist«: »Wenn ein Geist in unserer Mitte weilt, der mit uns sprechen will, soll er den Tisch zweimal aufschlagen.«

Die Szene war komisch in ihrer Ernsthaftigkeit und mutete höchst altmodisch an. Sie wirkte wie eine spiritistische Sitzung vor mehr als hundert Jahren. Ein seltsamer Anachronismus: Tischrücken im Atomzeitalter! Mit fiel ein uralter Scherz ein: »Ist der Geist hier, soll er zweimal mit dem Tisch aufschlagen; ist er nicht hier, soll er fünfmal aufschlagen.«

Aber die Studenten waren ernst und aufrichtig, und der Tisch kippte auf zwei Beine. Die beiden anderen Beine hoben sich in die Luft und als der Tisch gleich darauf zurückkippte, schlugen sie laut auf den Boden. Der zweite Schlag folgte sofort.

Die erste Bewegung wirkte etwas zögernd, und das führende Mädchen war nicht ganz zufrieden.

»Los«, sagte sie, »wir möchten, daß du lauter schlägst. Lege mehr Kraft in deine Botschaft!«

Zwei laute Schläge folgten.

»Als du in deinem materiellen Körper bei uns warst, hast du da John Smith geheißen? Acht Schläge für ja, zwei für nein.«

Der Tisch klopfte achtmal.

»War es eine Polizeikugel, die dich getötet hat? Ein Schlag für ja, drei für nein...«

»Es tut uns so leid um dich. Bist du jetzt glücklich? Zwei für ja, vier für nein...«

»Willst du, daß wir deiner Mutter eine Botschaft von dir ausrichten...?«

»Willst du, daß wir ihr sagen, du seist jetzt glücklich und würdest an sie denken...?«

Die Unterredung ging weiter. Die Studenten wollten zeigen, daß sie dem Phänomen wirklich kritisch gegenüberstanden. »Wie Sie sehen, berühren wir den Tisch. Aber glauben Sie nicht, daß wir ihn selbst bewegen. Wir fühlen deutlich, daß der Tisch gegen unsere Hände drückt und sich durch irgendeine Kraft bewegt, die aus ihm kommt. Wir achten sehr sorgfältig darauf, daß wir den Tisch nicht bewegen; wir berühren ihn nur. Oft entspricht die Antwort keineswegs unseren Erwartungen. Das zeigt an, daß der Tisch von irgendeiner unabhängigen Intelligenz bewegt wird, und wir glauben, es ist der Geist von John Smith.«

Um zu beweisen, daß bei dem Phänomen Levitation im Spiel sein müsse, sagten sie: »Sie können auf die Tatsache hinweisen, daß der Tisch immer zu Jane kippt. Das mag den Eindruck erzeugen, daß sie daraufdrückt. Aber schauen sie jetzt! John, willst du bitte den Tisch diesmal von Jane wegkippen?«

Die Frage wurde gestellt, und der Tisch gab seine Antwort, indem er in die entgegengesetzte Richtung kippte. Die Darbietung sah ganz überzeugend aus, da Jane – das »Medium« – die Hände beträchtlich heben mußte, um dem Tisch nachzugeben, der von ihr weg auf zwei Beine kippte, also auf der Seite hochging, an welcher sie saß.

Doch ich wußte bereits, wie die Bewegungen des Tisches zustande kamen: durch unfreiwillige Handbewegungen der Studenten. Die Studenten, die sich voll angespannter Aufmerksamkeit auf die »Kommunikation mit dem Geist« konzentrierten, übten variierenden Druck auf die Tischfläche aus; einige drückten lotrecht zur Tischfläche, andere tangential. Diese Kräfte summierten sich und führten schließlich zur Bewegung. Keiner der Beteiligten war sich dieser Tatsache bewußt, da der Druck unbewußt erzeugt wurde und der Druck jedes einzelnen nicht genügt hätte, um den Tisch zu bewegen. Der Druck aller mußte sich summieren. Auch schwankte das Ausmaß, in dem die einzelnen Beteiligten zu den Bewegungen beitrugen, zeitlich. In einem Augenblick dominierte ein Beteiligter, und die anderen fühlten, wie der Tisch ihre passiven Hände zog; kurz darauf übernahm ein anderer die dominierende Rolle, und der erste Beteiligte (der sich seiner Rolle nicht bewußt gewesen war) erhielt für seine eigene Person die Bestätigung, daß der Tisch sich ohne Druck seinerseits bewegte. Die Tatsache, daß die ganze Aktion unbewußt geschah und daß die Rollen unter den Beteiligten rasch wechselten, trug zur allgemeinen Illusion bei, der Tisch bewege sich von selbst.

Die Bestätigung für diese Erklärung kann jeder Leser mühelos erhalten: Nehmen Sie einen leichten Tisch, vorzugsweise mit langen Beinen und einer rauhen Oberfläche. Verwenden Sie eine Stütze für die Beine, die vermeidet, daß der Tisch auf dem Boden rutscht. Drükken Sie die Finger auf die Tischfläche, und wenn Sie guten Halt gefunden haben, bewegen Sie die Finger horizontal auf sich selbst zu. Achten Sie darauf, daß nicht Ihre Finger auf der Tischplatte oder die Tischbeine auf dem Boden gleiten. Der Tisch wird zu Ihnen hin kippen. Durch Übung lernen Sie es, diesen Trick so spielend auszuführen, daß niemand die geringste Anstrengung Ihrer Hände bemerkt. Den Tisch auf Ihrer Seite in die Höhe gehen zu lassen, ist etwas schwerer; aber es wird Ihnen ebenfalls gelingen, besonders wenn Ihnen jemand gegenübersitzt und Sie beide versuchen, den Tisch in dieselbe Richtung zu kippen. Und nun führen Sie sich eines vor Augen: derselbe Druck, den Sie absichtlich ausübten, kann auch unbewußt ausgeübt werden, wenn Sie sich stark auf die Bewegung des Tisches konzentrieren.

Es bedurfte weder einer besonderen Erkenntnis noch besonderer Originalität, diese Erklärung der Demonstration zu geben. Solche Tischbewegungen waren in spiritistischen Séancen gang und gäbe, und schon vor mehr als einem Jahrhundert fanden der berühmte britische Physiker Michael Faraday und der französische Chemiker Michel Chevreul diese völlig natürliche Erklärung für die geheimnisvollen Bewegungen der Spiritistentische. Faraday schrieb bereits 1853, nur fünf Jahre nach der Geburt des Spiritismus, vom »Wahn des Tischrückens«.

Die Möglichkeit, daß es sich um das Phänomen der Levitation (Telekinese) handelte, hätte nur bei einer Bewegung des Tisches ohne jeden physischen Kontakt mit den Studenten in Betracht gezogen werden können. Und sogar wenn wir überzeugt wären, daß die Beteiligten den Tisch nicht berührten, würden wir zögern, ein endgültiges Urteil zu fällen, bevor wir nicht eine gründliche Untersuchung des Tisches, aller Beteiligten und des ganzen Séance-Raums vorgenommen hätten. Wir würden den Wunsch haben, alle nur denkbaren normalen Ursachen der Bewegungen zuverlässig auszuschalten. Hätte nicht das Medium (vielleicht mit Hilfe eines Komplizen) den Tisch mit den Beinen bewegen können? Konnte der Tisch nicht durch versteckte Schnüre bewegt worden sein? Oder durch andere Mittel? Es könnte beispielsweise ein Stück Eisen im Tisch verborgen sein, und dieses könnte durch einen starken Elektromagneten beeinflußt werden. Wir sind nur bereit, die Möglichkeit eines psychokinetischen Effekts einzugestehen, wenn wir die hundertprozentige Überzeugung gewonnen haben, daß die beobachtete Bewegung auf keine bekannte physische Kraft zurückzuführen ist.

Es war schockierend für mich, daß in unserer aufgeklärten Zeit aufrichtig bemühten Studenten dieses einfache Wissen abging. Sie verharrten in einem Irrglauben, der schon vor einem Jahrhundert aufgedeckt worden ist. Leider stellt dieser Mangel an Aufklärung auf dem Sachgebiet der Parapsychologie keine Seltenheit dar. Hätte die öffentliche Bildung dazu beigetragen, das vorhandene Wissen besser zu verbreiten und den Studenten Einblick in die Probleme, Schwierigkeiten und Errungenschaften auf diesem Gebiet zu geben, wären viele bestehende Mißverständnissc beseitigt. Statt dessen bezieht die allgemeine Öffentlichkeit ihre Informationen aus drittklassigen Publikationen, die neben Unterhaltung sensationsbedingte Spannung und den Reiz des Geheimnisvollen, aber nur wenig faktisches Wissen bieten. Ernsthafte, wertvollere Publikationen – die zugegebenermaßen dünn gesät sind – verlieren sich in der Flut »okkulter« Literatur. Schlimmer wird das Ganze noch dadurch, daß sogar auch viele Wissenschaftler anderer Wissenszweige dieses Gebiet nach der Schundliteratur beurteilen. Sie erkennen nicht, daß die Parapsychologie wie jede andere Wissenschaft nach gesicherten Ergebnissen strebt; sie verwechseln sie mit Okkultismus, kritiklosem Glauben ans Übernatürliche, ja sogar Gespenstergeschichten.

Nicht lange danach bekam ich eine gute Gelegenheit, die Wirkung unfreiwilliger Bewegungen im Kreise meiner Studenten selbst zu prüfen. Nach einer mehr allgemeinen Unterredung mit »John Smith« wurde die Frage gestellt:

»Ist hier ein anderer Geist, der mit uns in Verbindung treten möchte? Ein Schlag für nein, zwei für ja.«

Zwei Schläge des Tisches verkündeten die Anwesenheit eines weiteren Geistes. Die Studenten wollten seinen Namen erfahren, und es wurde beschlossen, ihn zu buchstabieren. Sie luden mich ein, bei ihnen am Tisch Platz zu nehmen. Der Tisch sollte die betreffenden Buchstaben des Alphabets durch Klopfen mitteilen (ein Klopfzeichen für A, zwei für B usw.). Ich schlug ein anderes Verfahren vor, das etwas schneller und zweifellos schonender für die Tischbeine war, ein Verfahren, das ebenfalls mehr als ein Jahrhundert alt ist. Ich sagte: »Warum sprechen wir nicht das Alphabet durch und warten auf das Klopfzeichen beim richtigen Buchstaben?«

Die Studenten willigten ein, aber der Tisch mochte offenbar nicht, denn er arbeitete auf die gewohnte Tour weiter: Er begann mit harten, regelmäßigen Schlägen auf den Boden zu klopfen. Die Studenten zählten die Schäge: a – b – c – – – R. Und wieder: a – b – c – – – O. Der Tisch klopfte: R – O – B – E – S – T.

Beim fünften Buchstaben wollte der Tisch nach dem R innehalten, aber ich gab ihm absichtlich einen weiteren Impuls, um zu prüfen, ob die Studenten mein Eingreifen bemerkten. Sie taten es nicht. (Tut mir leid, Mädchen und Jungs, ich war es, der gemogelt hat.)

Der ermittelte Name sah seltsam aus. Die Studenten nahmen ihre Sache sehr genau:

»Haben wir den fünften Buchstaben richtig bestimmt? Zwei für ja, vier für nein.«

Ich hielt den Tisch nach dem zweiten Klopfzeichen. Das bedeutete: »Ja.« Der »Geist« beliebte zu scherzen.

Ich wußte nun genug, mochte aber das Spiel in diesem Stadium nicht stören. Ich wollte jedoch vom Tisch weg, die erfolgreichsten Studenten wieder hinsetzen und mit der Gruppe unter möglichst weitgehender Beibehaltung des ursprünglichen Verfahrens einen kurzen ASW-Test machen. Ich hatte nicht den geringsten Zweifel, daß kein Geist anwesend war, aber es bestand immerhin die Möglichkeit, daß in einem gewissen Maß ASW im Spiel war. Ob eine ASW-Leistung vorlag, wollte ich prüfen, indem ich dem angeblichen Geist die Aufgabe stellte, etwas herauszufinden, was die Studenten nicht wußten und was ich leicht nachprüfen konnte. Beispielsweise: »Teile durch Klopfen den Namen des Autors mit, dessen Buch ich hier in meiner Aktentasche habe.« Oder: »Wird diese schwangere Dame einen Jungen oder ein Mädchen zur Welt bringen?« Und dergleichen mehr.

Um bei einem solchen Test Erfolg zu erzielen, empfiehlt es sich zweifellos, sich so genau wie möglich an die gewohnten Praktiken des Zirkels zu halten. Wir brauchen nicht an Geister zu glauben, aber wir können bei dem Spiel mitmachen, uns an den »Geist« wenden und ihm leicht nachprüfbare Fragen stellen. Jede Abweichung vom gewohnten Verfahren könnte sich nachteilig auswirken und einer etwaigen ASW entgegenwirken. Deshalb wollte ich so unauffällig wie möglich vom Tisch weg.

Ich sagte, vielleicht störe meine Anwesenheit die Harmonie des Zirkels und es sei besser, wenn ich den Tisch verlasse. Die Studenten widersprachen höflich; sie konnten sich nicht vorstellen, daß ich ein störendes Element sei.

»Wir wollten den Geist fragen!« schlug ich vor.

»Ist Janes Anwesenheit am Tisch störend? Ein Schlag für ja, zwei für nein.«

Der Tisch antwortete: »Nein.«

»Stört Tom den Zirkel?«

... »Nein.«

»Stört der Doktor ihn? Ein Schlag für ja, zwei für nein.«

Ich mußte mich ziemlich anstrengen, um den Tisch sofort nach dem ersten Schlag festzuhalten. Ja, der »Geist« fand mich störend.

Ich verließ den Tisch, und die banale Konversation mit den »Geistern« ging weiter. Meine Hoffnungen erfüllten sich nicht, ich entdeckte keine ASW in dem Kreis. Doch eine dramatische Demonstration stand noch bevor.

Im Laufe des Gesprächs, das sich vermittels der Klopfzeichen fortsetzte, gerieten einige Studenten in solche Erregung, daß sie den bewußten Kontakt mit ihrer Umgebung verloren, die Anwesenheit des »Geistes« in ihrem eigenen Körper spürten und zu sprechen und handeln begannen, als hätten sie sich in die Persönlichkeit des Geistes verwandelt. Im Prinzip war diese Verwandlung nur etwas, das jeder Schauspieler erlebt, wenn er sich auf der Bühne lebhaft mit seiner Rolle identifiziert – aber die Studenten taten es unbewußt. Sie waren in Trance.

Generell gesehen waren die gesprochenen Botschaften der »Geister« genauso banal wie zuvor die Unterredung vermittels der Klopfzeichen. Der erste Junge, der in Trance geriet, überbrachte nur eine undeutliche, unzusammenhängende Botschaft von einem unbekannten »Geist«. Aber später erlebten wir eine höchst dramatische Episode.

Das Mädchen, dessen Freund von der Kugel getötet worden war, fiel in Trance. Das konzentrierte Denken an Geister, kombiniert mit Erinnerungen an ihren Freund, versetzten sie in eine Trance, die ihr gesamtes Verhalten veränderte. In dem schlafähnlichen Zustand erlebte sie eine Art Traum von ihrem Freund. Der Traum war so lebhaft, daß sie sich ganz in den Jungen verwandelt fühlte. Sie empfand wie er, handelte wie er und durchlebte in sehr dramatischer Weise seine Schmerzen und seinen Todeskampf, nachdem ihn die Kugel getroffen hatte. Sie hatte das Gefühl zu sterben.

Die packende Lebendigkeit der Szene stieg von Minute zu Minute. Die Personifizierung des sterbenden Jungen war äußerst realistisch und fesselnd, und die ganze Episode übte auf alle Anwesenden eine tiefe emotionelle Wirkung aus. Angesichts dieser Umstände beschloß ich einzugreifen. Ich sprach das Mädchen an, wie ich zu einer Hypnotisierten gesprochen hätte (ihr Zustand war tatsächlich eine Art autosuggerierter Trance); nachdem ich ihr kategorisch erklärt hatte, ich wolle nicht, daß sie noch länger an den toten Jungen denke, versicherte ich ihr, sie sei wieder sie selbst.

In dem Zustand ihrer Depersonalisation, als das Mädchen die Verwandlung in den »Geist« erlebte und auf keine äußeren Reize mehr reagierte (sie war schlaff und reglos bei der Berührung, antwortete nicht, wenn sie direkt angesprochen wurde) wußte ich, daß ich nur dann ihre Aufmerksamkeit anziehen konnte, wenn ich mitspielte. Also sprach ich zuerst zu dem »Geist des John«, als ob er wirklich existierte, überzeugte ihn, daß er das Mädchen verlassen müsse, und erst dann konnte ich dem Mädchen positive, heilbringende Suggestionen erteilen.

Durch entsprechende Suggestionen beruhigte ich ihre aufgewühlten Gefühle, stärkte sie in einer gesunden Einstellung zum Leben und gab ihr den Befehl, zu einem normalen, munteren Wachzustand zu erwachen. Sie erwachte friedlich und erinnerte sich nicht an ihren dramatischen Traum.

Auch die anderen Studenten begannen leichter zu atmen. Aus einem Zustand exaltierter Emotionen, mysteriöser Beklemmung und unheimlicher Ängste wurden sie in die ruhige Realität ihres Alltagslebens zurückversetzt. Ich hatte das Gefühl, mein Einschreiten sei eine gute Leistung in geistiger Hygiene gewesen.

Die Studenten staunten über die vom Mädchen so verschiedene Trancepersönlichkeit, deren Zeuge sie gewesen waren, zumal das Mädchen deren Rolle sehr überzeugend verkörpert hatte. Ihre Stimme hatte sich verändert und plötzlich tiefer, männlicher geklungen, ihre Ausdrucksweise und Redewendungen waren jenen des toten Jungen ähnlich geworden, so daß die Studenten ihren verstorbenen Freund klar zu erkennen geglaubt hatten. Außerdem vollzog sich die dramatische Szene sehr überzeugend. Die Studenten sahen darin eine beweiskräftige Demonstration der Identität der weiterlebenden Persönlichkeit.

Natürlich war diese Schlußfolgerung falsch. Jeder durchschnittliche Schauspieler könnte vermutlich die Rolle mit der gleichen Vollendung spielen. Die eigenartige Atmosphäre der Exaltiertheit wurde eher durch die Tatsache erzeugt, daß das Mädchen die Rolle in Trance, im Schlaf, spielte.

Im Prinzip war es keineswegs schwer für das Mädchen, den Jungen darzustellen, den sie genau kannte. (Hätte sie ihn nicht gekannt, wäre ihre Darbietung ein bemerkenswerter Fall von ASW gewesen.) Das einzige Ungewöhnliche lag darin, daß sie die Rolle in bewußtlosem Zustand spielte. Doch auch dies ist kein Wunder. Es geschieht immer wieder, daß Menschen im Schlaf sprechen, und es sind Fälle bekannt, da ein Schlafender sogar komplizierte Handlungen ausführte. Der Unterschied liegt nicht in der Qualität, sondern nur im Ausmaß.

Auch in Hypnose können komplizierte Handlungen vollführt werden, an die sich der Hypnotisierte nach dem Erwachen nicht erinnert. (Vergessen wir nicht, daß die Trance des spiritistischen Mediums im Grunde dem Hypnosezustand entspricht.)

Als die Sitzung zu Ende war, erörterte ich die Demonstration mit den Studenten. Ich versuchte ihnen zu erklären, was an unserem Erlebnis für die Wissenschaft interessant war.

Zunächst einmal interessierte es die Wissenschaft überhaupt nicht, ob die jungen Leute mit dem Geist von John Smith gesprochen hatten oder nicht. Das soll keineswegs bedeuten, daß die Frage des Weiterlebens nach dem Tod nicht wichtig sei. Eines Tages wird die Wissenschaft sicher Wege finden, darauf zu antworten – so oder so. Verließen wir uns nur auf die bisherigen Entdeckungen der Naturwissenschaften (der Physik, Chemie und Biologie), wäre die Antwort negativ. Fast alle religiösen Lehren beantworten die Frage positiv, doch sie basieren nicht auf Erfahrung, sondern auf dogmatischem Diktat einerseits und Überzeugung der Gläubigen andererseits, deshalb hat ihre Antwort wissenschaftlich keinen Wert. Überzeugende Beweise sind nötig.

Angesicht unseres begrenzten Wissens ist die Suche nach einer endgültigen Anwort verfrüht. Diese Feststellung ist kein Agnostizismus, sondern umreißt nur den gegenwärtigen Stand der Forschung.

Ich habe deshalb den Studenten vorgeschlagen, sie sollten ihre Aufmerksamkeit auf das Studium der ASW konzentrieren. Die Kernfrage ist *nicht*, ob der angebliche »Geist« von John Smith wirklich durch das Medium spricht bzw. sich durch Tischklopfen mitteilt oder nicht. Das ganze Verhaltensmuster des Mediums ist hier unwichtig. Wichtig ist dagegen nur, ob das Verhalten des Mediums (oder des Tisches, der vom Medium unbewußt bewegt wird) ein Wissen erkennen läßt, welches das Medium normalerweise nicht haben kann.

Zugegeben, ein derartiges Experiment ist nicht so dramatisch wie ein Gespräch über das Leben im Jenseits; doch es kann ergiebig sein und wertvoll für die Wissenschaft. Falls die Studenten feststellen sollten, daß Jane auf dem Weg der ASW wirklich den Inhalt undurchsichtiger Umschläge benennen (bzw. durch den Tisch signalisieren) oder einen verborgenen Gegenstand beschreiben kann, dürfte das Experiment aufregender werden als eine »Party mit Geistern«.

Hobbyforscher

Vor einigen Jahren wurde die Aufmerksamkeit vieler Menschen durch Experimente erregt, in denen angeblich Pflanzen telepathische Fähigkeiten zeigten. Der Entdecker dieses Phänomens war Cleve Backster, ein Spezialist für Lügendetektoren.

Beim üblichen Lügendetektortest wird die zu untersuchende Person an einen Polygraphen, ein elektrisches Aufzeichnungsgerät, angeschlossen. Wenn die Testperson lügt, vollziehen sich gleichzeitig ganz geringe physiologische Veränderungen in ihrem Körper (Blutdruck, Herzrhythmus, Atmung, Schweißabsonderung etc.), die man nicht sehen, aber mit einem hochempfindlichen Instrument feststellen kann. Diese Reaktionen treten ein, wenn das Grundgefühl des Wohlbefindens der betreffenden Person gestört wird.

Cleve Backster verband auch Pflanzen mit dem Polygraphen, um ihre Reaktion zu beobachten, wenn sie zum Beispiel einer Verletzungsgefahr ausgesetzt werden. Wenn er vorgab, ein Blatt der Pflanze verbrennen zu wollen, reagierte diese.

Nach weiterer Fortsetzung dieser Experimente kam er zu der Schlußfolgerung, daß Pflanzen ein »geheimes Gefühlsleben« haben und auf die Umwelt psychisch reagieren. Diese unwahrscheinliche Behauptung wurde nie endgültig bestätigt. Kritiker von Backsters Experimenten wiesen auf die methodischen Schwierigkeiten hin und behaupteten, daß die beobachtete Reaktion andere, näherliegende Gründe hatte; und auch wenn die Reaktion wirklich nichtphysischer Natur war, konnte sie auf einem PK-Einfluß des Beobachters zurückzuführen sein, statt auf eine angebliche telepathische Sensibilität der Pflanze.

Einmal besuchte ich einen älteren Mann, der im Hauptberuf in einer Halbleiterfirma mit Flüssigkristallen arbeitete und sich privat für Backsters Experimente interessierte.

Mein Gastgeber führte mich in eine Ecke seines Wohnzimmers, wo, inmitten von Topfpflanzen, seine Versuchsanordnung stand. Ich hatte nichts dagegen, daß er sein Gerät ins Wohnzimmer stellte. Schließlich kann sich nicht jeder für sein Hobby ein eigenes Labor leisten; außerdem wurden in der Vergangenheit, als die Wissenschaft nicht so fortgeschritten und professionalisiert war wie heute, viele wichtige Entdeckungen unter sehr primitiven Bedingungen gemacht. Gegen sein Wohnzimmer hatte ich nichts einzuwenden, wenn er nur bei seinen Experimenten und seinen Urteilen entsprechende Sorgfalt würde walten lassen.

Sein Gerät sah ziemlich eindrucksvoll aus. Es wirkt immer »wissenschaftlich«, wenn ein Besucher vor eine Anordnung untereinander verbundener schwarzer Kästen mit Knöpfen, Schaltern, Scheiben und Skalen geführt wird, mit einem Kabelgewirr, das man kaum überblickt, in dem sich jedoch der Gastgeber perfekt auskennt, wie man aus der Flut seines Fachvokabulars entnehmen kann.

Mein Gastgeber, der ein sehr selbstsicheres Auftreten hatte, schaltete unter einem Schwall rascher Worte, in die er effektvoll seine beeindruckenden Fachausdrücke einflocht, irgend etwas an. Er drehte einen Knopf, und die Nadel auf einer Scheibe bewegte sich. Dann stellte er an einem anderen Knopf etwas ein – und an noch einem – und danach konnte die Demonstration beginnen. An der Pflanze wurden Elektroden befestigt, die »schwarzen Kästen« arbeiteten, Kabel führten zu einem Aufzeichnungsgerät, das eine Art Polygraph war und automatisch die Reaktionen registrieren sollte, die mein Gastgeber zu erzielen hoffte.

»Nun werde ich Ihnen zeigen, wie verwünschende Gedanken auf die Pflanze wirken. Kurz nachdem ich anfange, die Pflanze zu verfluchen, werden Sie die Reaktionen sehen.« Und er verwünschte die Pflanze – wieder und wieder, aber nichts geschah. Keine Reaktion.

»Oh – ich glaube, ich habe eben eine neue Entdeckung gemacht. Ich mache die ganze Zeit neue Entdeckungen. Wissen Sie, als ich anfing, die Pflanze zu verwünschen, schoß mir ein Gedanke durch den Kopf: »Was nun, wenn es in Ihrer Gegenwart nicht klappen würde?« Anscheinend hat die Pflanze diesen meinen Gedanken aufgefangen. Sie war beruhigt, weil sie erkannte, daß die Verwünschungen nicht ernst gemeint waren. Und das waren sie nicht! Wie denn auch? Ich liebe sie; ich liebe meine Pflanze.«

Seine Beredsamkeit und lebhafte Gestik brachten ihn allmählich ins Schwitzen. Langsam begann sich die Nadel des Aufzeichnungsgerätes zu bewegen. Ich vermute, daß die gesteigerte Luftfeuchigkeit die Ursache für die Veränderung im elektrischen Widerstand zwischen den Elektroden und der Blattoberfläche war.

»Sehen Sie, die Pflanze hat jetzt auf meine liebenden Gedanken reagiert. Sie hat mich sagen hören, daß ich sie liebe.« Er trat nah zu der Pflanze und betrachtete sie liebevoll. Inzwischen kam seine Katze durch die halboffene Tür herein, und der verlockende Duft nach dem Kaffee, den seine Frau frisch filterte, drang uns in die Nasen. Die Kurve auf dem Aufzeichnungsgerät machte einen weiteren kleinen Sprung. »Sehen Sie, die Pflanze hat die Katze erkannt. Die beiden lieben einander.«

Die Katze strich langsam an der Pflanze vorbei, rieb ihr Fell an einigen Blättern, sprang über die Kabel und versetzte mit dem Schwanz die Drähte in leichte Schwingungen: Das Aufzeichnungsgerät vermeldete eine starke Reaktion. »Da können Sie sehen, wie sehr die Pflanze die Katze liebt. Sie ist in ihrer Gegenwart immer so aufgeregt! Nun können Sie mit einer weiteren, wirklich starken Reaktion rechnen.«

Entgegen seiner Vorhersage klangen die Schwingungen auf dem Registriergerät bald ab, und es zeigte sich ziemlich lange keinerlei Reaktion.

»Sehen Sie, diese Beobachtung habe ich schon einige Male gemacht. Wenn die Pflanze mit einer wirklich starken Emotion reagiert, ermüdet sie bald, und dann reagiert sie überhaupt nicht. Ist das nicht interessant? Sie ist wie ein Mensch. Wenn er müde wird, schläft er leicht ein.«

Mir bereitete die Fähigkeit meines Gastgebers, jede Beobachtung zu erklären, nachdem er sie gemacht hatte, einiges Unbehagen. Trat eine Reaktion auf, war sie ein Beweis für seine Theorie. Blieb sie aus, erklärte er dies, und es bewies ebenfalls seine Theorie. Ich fragte ihn: »Haben Sie Aufzeichnungen über frühere Experimente, die man nachprüfen kann? Wissen Sie: etwas Wiederholbares. Etwas, da Sie die nötigen Bedingungen hergestellt hatten, um einen bestimmten Effekt zu erzielen, und dann herauszufinden versuchten, wie viele Male dieser, nur dieser eine Effekt auftrat und wie viele Male er ausblieb.«

»Ob ich Aufzeichnungen habe? Lieber Himmel, natürlich! Hier, vor sich, sehen Sie eine Aufzeichnung. Eine permanente Aufzeichnung, die Bestand hat. Und Sie haben selbst gesehen, daß es geklappt hat. Sie haben sich mit eigenen Augen davon überzeugt. Und die Aufzeichnung gehört Ihnen. Nehmen Sie sie mit, als Souvenir.« Mit lässiger Geste riß er den Papierstreifen vom Aufzeichnungsgerät ab. »Sie können allen Leuten zeigen, daß es wirklich geklappt hat.«

Ich bekenne, daß mich das Experiment nicht zu überzeugen vermochte... Und ich bekenne des weiteren, daß ich meinem Gastgeber gegenüber nicht ganz ehrlich war. Ich schäme mich ein wenig, wenn ich an die Episode denke. Ich muß mir den Vorwurf machen, daß ich nicht den Mut hatte, grob aufrichtig zu sein. Hätten Sie den Mut aufgebracht, ihm zu sagen, daß man wissenschaftliche Forschung nicht auf diese Weise betreibt? Einem Professionellen – ja. Aber dieser Hobbyforscher war so warmherzig, freundlich, charmant und dienstbereit – und so begeistert, so selig, daß sein Versuch geklappt hatte. Er war wie ein Kind, dessen elektrische Eisenbahn wirklich zu fahren beginnt.

Ich hatte das Gefühl, eine Erklärung würde viel Zeit in Anspruch nehmen. Der Mann war so festgefahren in seiner Denkweise, daß er eine andere Meinung bestimmt nicht akzeptiert hätte. Sehr wahrscheinlich wäre er nur gekränkt gewesen. Und diesen netten, liebenswürdigen, gastfreundlichen Mann kränken, das war das letzte, was ich wollte. Außerdem war unser Treffen privat, keine wissenschaftliche Zusammenkunft, bei der man sich verpflichtet fühlt, mit konstruktiver Kritik zu helfen. Es hatte keinen Sinn, hier jemanden unglücklich zu machen. Ich nahm seine Aufzeichnung, faltete sie zusammen und steckte sie in meine Aktentasche. »Haben Sie besten Dank. Es war ein interessanter Abend.«

Später hörte ich Berichte (und las leider auch Veröffentlichungen), die begeistert die »Entdeckungen« dieses Mannes beschrieben. Forschungen dieses Typs sind irreführend. Sie bewirken, daß andere Wissenschaftler ihre Zeit (die vermutlich klüger genutzt werden könnte) mit vergeblichen Versuchen verschwenden, Pseudo-Entdekkungen nachzuprüfen; und später müssen dann oft die Pädagogen viel Zeit und Mühe aufwenden, um die fehlinformierte Öffentlichkeit »umzuschulen«.

Mein Gastgeber hat also vermutlich auf lange Sicht dem Fortschritt der Wissenschaft geschadet. Dennoch bringe ich es nicht über mich, seine Aktivitäten völlig zu verurteilen. Es ist nämlich sehr schön, ein wissenschaftliches Hobby zu haben. Begeisterung für die Arbeit, die man ausführt, und Hingabe an die persönlichen Ziele sind ein wichtiger Faktor bei jeder wissenschaftlichen Tätigkeit – manchmal wichtiger als geschliffen-eleganter, aber unfruchtbarer Professionalismus, der mir auch in der Parapsychologie begegnete. Ich gebe also – wenn auch zögernd – zu, daß es sich bei dem Experiment um eine Art wissenschaftliche Bemühung handelte, der nur etwas fehlte. Unglücklicherweise etwas *sehr Wichtiges* …

Mangelhafte Experimentalbedingungen findet man nicht nur in

Bädern, die zu Dunkelkammern, oder in Wohnungen, die zu Laboratorien umfunktioniert wurden. Folgendes Erlebnis hatte ich in einem wissenschaftlichen Labor, das sich in einer sehr angesehenen wissenschaftlichen Institution befand; ich war eingeladen worden, die Versuchsanordnung zu inspizieren, die man in einem Experiment zum Nachweis behaupteter PK benutzte.

Bei diesem Experiment sollte die Versuchsperson den Lichtstrahl biegen. Wieder sah ich auf dem Tisch eine ziemlich eindrucksvolle Sammlung von Experimentiergeräten (wie das in einem gut ausgestatteten Forschungsinstitut zu erwarten stand). Wichtigste Teile jedoch waren eine Lichtquelle und eine Leinwand, auf die der schmale Lichtstrahl als heller kleiner Fleck fiel.

Der Versuchsleiter erklärte: »Als wir die Versuchsperson aufforderten, den Lichtfleck zu bewegen, hat sie das wirklich getan.«

Ich fragte: »Wie sah der Effekt aus? Hat sich der Fleck an eine andere Stelle bewegt? Wie weit weg? In welche Richtung? Konnte die Versuchsperson den Fleck in jede Richtung bewegen, die Sie wünschten? Und konnten Sie ausfindig machen, ob sich der Effekt durch Variablen ändert, sagen wir, durch unterschiedlichen Abstand der Versuchsperson von den Geräten oder durch die Stellung ihres Körpers usw.?«

»Nein, so weit sind wir noch nicht gekommen. Es ist schwierig, das Interesse des Mannes an einem methodischen Experiment wachzuhalten – aber wenigstens haben wir ihn das Licht biegen sehen.«

»Wie groß war die Positionsveränderung des Lichtflecks?« Ich nahm an, eine permanente Verschiebung des Lichtflecks auf der Leinwand habe stattgefunden. Ein Effekt dieses Typs verwiese auf eine andauernde Änderung im Gerät.

»O nein, so war es nicht. Der Lichtfleck begann nur zu oszillieren.«

»Nur zu oszillieren?«

»Ja, aber es war deutlich zu sehen. Wir alle haben es gesehen. Das steht außer Zweifel.«

Bevor ich den Raum verließ, berührte ich wie nebenbei den Tisch mit dem Finger. Es war ein freistehender Tisch. Als ich auf eine Seite drückte, begann der helle Fleck zu oszillieren ... Ich wußte Bescheid.

Gerechtigkeitshalber muß ich erwähnen, daß diese Forscher vorsichtig und klug genug waren, keinen Bericht über das Experiment zu veröffentlichen; sie beschlossen, weitere Beweise abzuwarten, bevor sie an die Öffentlichkeit treten würden. Doch privat erzählten sie Bekannten davon... Und diese erzählten es wieder Bekannten – und die wieder. Der Kreis schloß sich: Die Geschichte kam aus anderen Quellen zu mir. Meine Studenten versicherten mir, sie wüßten, nachgewiesen durch Experimente in einem sehr bekannten wissenschaftlichen Labor, von einer berühmten PK-Versuchsperson, der es gelinge, einen Lichtstrahl zu biegen...

Die erfüllte Vorhersage

Doch auf psychischem Gebiet begegnet man nicht nur Enttäuschungen, sondern auch positiven, befriedigenden Leistungen, wie der Fall der Hellseherin Frau B. zeigt. Ich lernte sie durch gemeinsame Bekannte kennen und konnte ihre Leistungen über 15 Jahre bei unregelmäßigen Besuchen beobachten. Während dieser Zeit lieferte sie mir mehrere Vorhersagen über zukünftige Ereignisse, die zur Zeit der Vorhersage unmöglich erschienen. Später jedoch erfüllten sie sich überraschenderweise ganz exakt.

Frau B. war keine professionelle Hellseherin. Sie hatte ein regelmäßiges Einkommen, das für ihr bescheidenes Leben völlig genügte, und als Hellseherin arbeitete sie nur für einen engen Kreis von nahen Bekannten – ohne Leistungszwang und eher aus Freude an ihrer ungewöhnlichen Fähigkeit. Sie erwartete kein Honorar und akzeptierte nur persönliche Geschenke – etwa in der Art, wie man sie beim Besuch bei Freunden als Aufmerksamkeit zu überreichen pflegt. Auch meine ältere Schwester hatte mehrmals ihre Ratschläge gesucht – und als Ärztin konnte sie sich bei der alten Dame mit nützlichen Gesundheitshinweisen revanchieren.

Schon beim ersten Besuch sprach Frau B. wiederholt von einer weiten Reise, die sie in meiner Zukunft sah. Diese Aussagen nahm ich kaum ernst. Selbstverständlich wollte ich reisen, aber damals lebte ich in der kommunistischen Tschechoslowakei, wo ich geboren worden war und wo es praktisch unmöglich war, eine Bewilligung für eine Auslandsreise zu bekommen. An eine mögliche Emigration dachte ich damals nicht.

Doch mit der Zeit änderte sich manches. In den sechziger Jahren begannen sich die kommunistischen Regierungen für Parapsychologie zu interessieren – in der Hoffnung, daß man sie für militärische und Spionagezwecke benutzen könnte. In der damaligen Tschechoslowakei war ich der einzige Experte auf diesem Gebiet – also erhielt ich ein Angebot, mit dem Geheimdienst zusammenzuarbeiten. Als ich ablehnte (ich hatte eine Aversion gegen jede Art von Mitarbeit bei Geheimdiensten), unternahm man Schritte, um mich zu der Zusammenarbeit zu zwingen. Und die Behörden wußten sehr gut, wie sie mein Leben unangenehm und unsicher machen konnten. Ich beklagte mich bei zuständigen Institutionen, von denen ich Hilfe erhoffte, aber es half nichts. Im Gegenteil, der Druck wurde stärker, so daß ich zuletzt um meine persönliche Sicherheit zu fürchten begann. Endlich, nachdem ich keinen Ausweg gefunden hatte, beschloß ich im November 1966, mit meiner gesamten Familie zu fliehen – illegal auszuwandern. Selbstverständlich stand jetzt die große Aufgabe vor mir alles vorzubereiten, so daß wir ohne Risiko das Land verlassen könnten. Die Flucht mußte gut geplant und so ungefährlich wie ein Wochenendausflug sein.

Der erste Schritt war, mich geschlagen zu geben und in die Zusammenarbeit mit dem Geheimdienst einzuwilligen: »Genossen, sie haben gewonnen...« Dafür erbat ich, daß man mir und meiner Familie gelegentlich erlaubte, auf Urlaub ins Ausland zu reisen (was wohlwollend genehmigt wurde). Und so übernahm ich aus Zwang Verpflichtungen, von denen ich wußte, daß ich sie nie würde erfüllen können.

Die acht Monate nach meiner November-Entscheidung vergingen mit gründlichen Vorbereitungen für eine sichere Flucht.

Während der Vorbereitungen zog ich die alten Aufzeichnungen über die Sitzungen mit der Hellseherin Frau B. zu Rate. Als ich die Notizen durchblätterte, überraschten mich die häufigen Hinweise auf eine »sehr lange Reise«; sie waren mir früher entgangen. Freilich sprachen auch betrügerische professionelle Hellseher oft von einer »langen Reise« (vermutlich hatte ich die Aussagen deshalb nicht registriert). Frau B. wiederholte es mit erstaunlicher Beharrlichkeit, und das zu einer Zeit, da es für einen tscheoslowakischen Staatsbürger fast keine Hoffnung auf eine längere Auslandsreise gab.

In der Aufzeichnung über meine erste Begegnung mit Frau B. *(1. August 1952)* stand: »... Sie denken an irgendein anderes Land. Das wird zu einer unerwarteten Zeit kommen... Eine lange Reise ist da, sie war von allem Anfang an da. Ein Schiff war da und auch ein Flugzeug. [Erfüllung: Später, im Jahr 1967, flog meine Frau mit den Kindern nach USA, und ich reiste mit dem Gepäck separat per Schiff.] Es ist noch nicht in Reichweite, Sie werden einige Zeit darauf warten müssen... Ich sehe Sie (in der Zukunft), Sie sitzen und studieren etwas und schreiben. Um das tun zu können, werden Sie eine lange Reise machen müssen, ich sehe ein Schiff... Sie ziehen die Uniform an, aber nur für eine Weile, nur um sie wegzuwerfen und später Vorbereitungen für eine lange Reise zu treffen. [Ich wurde dann (unerwarteterweise) zum Militär einberufen und bald danach (wieder unerwarteterweise) entlassen.] Diese Reise wird eine Erleichterung für Sie bedeuten und etwas Großes für Ihr weiteres Leben.« (Frage: »Werde ich diese Reise mit meiner Frau machen?«) »Es ist da ein Schiff, das herkommt, und gleichzeitig ein Flugzeug, und beide wenden. Ich sehe einen Augenblick des Weinens, einen Augenblick der Verzweiflung. Alles geschieht wie in Hast, als wären Sie in Eile. Ihre Frau geht mit Ihnen, ich sehe sie für eine Weile zurückgehen, und erst nach einer Weile nimmt sie das Kind auf den Arm und folgt Ihnen.«

In anderen Aufzeichnungen hieß es:

2. Januar 1953: »Sie werden zu etwas verpflichtet sein. Verzweifeln Sie nicht. Es wird eine Art Vertrag sein, dem Sie irgendwie entkommen möchten. Aber Sie werden dazu nicht fähig sein. Dies wird der Augenblick sein, in dem Sie erkennen, wie Sie sich behaupten können und daß Sie sich auf die Reise vorbereiten müssen. Eine lange Reise liegt vor Ihnen... es ist eine Reise ins Ausland, die Sie für Ihr künftiges Leben unternehmen müssen... Was auch immer geschieht, welche Untat, Sie dürfen Gott nicht aufgeben... Dies wird die Prüfung Ihres Lebens sein, die Erprobung Ihrer Stärke... Da ist ein Büro, in das man Sie rufen wird. Man wird Ihnen drei Fragen stellen, und Sie werden alle beantworten. Aber Sie müssen im Namen Gottes gehen. Wenn man Ihnen diese drei Fragen stellt, werden Sie sie beantworten, und Sie werden die Tür zu einer langen Reise aufgehen sehen und dann werden Sie in Frieden leben.«

18. April 1953: »Sie werden Gott für einen Schmerz danken... Da ist eine lange Reise, die sich vielleicht verzögert – nein, dies ist keine Verzögerung, dies ist irgendein Hindernis... aber Sie werden sich auf eine Reise vorbereiten, die sehr weit weg führt.«

13. Juni 1957: »Ich sage Ihnen, Sie werden diese Reise unternehmen. Nicht gleich jetzt, aber die lange Reise liegt vor Ihnen. Es ist, würde ich sagen, eine Art Rätsel, wie es Ihnen gelingen wird, diese Reise zu unternehmen. Jemand aus dem Ausland wird Ihnen helfen. Sie werden eine Art Garantie erhalten, und man gibt Ihnen einige Papiere, ich sehe, es ist ein Visum. ... Eine Küste ist da, und Sie reisen ab... Sie werden weit weg arbeiten... Ihr Sohn wird in der Schule eine fremde Sprache brauchen... Seine Sie vorsichtig, wenn Sie Ihre Reise zu planen beginnen, damit Ihr Kind nichts ausplaudert... [Erfüllung: Erst nach der Ausreise aus der Tschechoslowakei und erst nachdem ich ihm endlich mitgeteilt habe, daß wir nicht zurückkommen würden, erzählte mir mein ältester Sohn, daß er uns ungewollt fast verraten hätte: Etwa anderthalb Monate vor unserer Abreise begann er in der Schule, auf die Frage des Lehrers, was die Kinder während der Ferien machen würden, zu prahlen, daß er nach Amerika fahre und nicht mehr zurückkehren werde. (Er konnte nicht erklären, wie er auf den Gedanken gekommen war – vielleicht hatte er das telepathisch gespürt?). Glücklicherweise hat ihn niemand ernstgenommen.] Dies wird während oder nach der Zeit sein, wo Sie wegfahren, als machten Sie eine Urlaubsreise.« [Genau erfüllt.]

Die folgende Aufzeichnung enthält eine unangenehme Komplikation, die sich auf die Informationen der nächsten Sitzung auswirkte. Ich führte Frau B. unabsichtlich in die Irre, indem ich falsche Kommentare zu ihren richtigen Impressionen gab. Mein Fehler lag darin, daß ich ihre Impressionen aus dem beschränkten Wissen heraus beurteilte, das ich damals hatte. Ich war nicht in der Lage, die Entwicklungen vorauszusehen, die in ihren Impressionen angesprochen wurden, und mißverstand deshalb deren Bedeutung. Kurz vor meinem Besuch bei Frau B. hatte ich um Reiseerlaubnis in die Vereinigten Staaten nachgesucht (das Gesuch wurde später abgelehnt). Ich achtete selbstverständlich darauf, Frau B. das Wissen von dem Gesuch nicht vorzeitig zu enthüllen. Als sie spontan von meinem Weggang zu sprechen begann, brachte ich ihre Worte natürlich mit diesem Gesuch in Verbindung. (Ich hatte meinen ständigen Wohnsitz von Geburt an in Prag und dachte nicht daran, fortzugehen.)

Frau B. sprach aber über die wichtige Reise, die erst 1967 zustandekommen sollte.

14. Mai 1958: »Denken Sie daran, wegzuziehen? Ich sehe Sie fortgehen.«

»Das kann sich auf mein unlängst eingereichtes Gesuch um Reiseerlaubnis beziehen.«

»Diese ist nicht für Rußland gedacht, nicht wahr?«

»Nein.«

»Ist es ein Geheimnis?«

»Nein.«

»Ich habe hier ›Geheimnis‹, ›Konzession‹ und ›Paragraphen‹. Was bedeutet das?«

»Ich weiß es nicht.«

»Dient die Abreise Ihrer besseren Zukunft?«

»Ja, ich glaube schon.«

»Reisen Sie zu mehreren?«

»Nein, ich habe das Gesuch nur für mich eingereicht.«

»Ein Geheimnis Ihrer Seele und Ihres Geistes. Paßt dies?«

»Vielleicht.«

»Sie wollen abreisen, wenn die kalte Zeit des Jahres vorüber ist und eine warme Zeit beginnt?«

»Ich weiß es nicht.«

»Seien Sie vorsichtig – damit die Reise, die vor Ihnen liegt – damit Sie zurückkommen können – wenn auch nicht sofort (sie war zweifellos durch meine Antworten irregeführt und tastete sich vor) – aber da steht eine weitere Reise für Sie bevor, die Ihrem Wohl und dem Wohl Ihrer ganzen Familie dient. Ich sah da einen neuen Wagen, aber er ist verschwunden. Nun sehe ich Sie mit einem Schiff, oder ist es ein langer Wagen? Es ergibt keinen Sinn für mich. ›Geheimnis Ihrer Seele‹ muß irgendwie dazu passen?«

»Vielleicht, ich weiß es wirklich nicht.«

»Ein verwirklichter Plan liegt vor Ihnen, in nicht sehr langer Zeit. Aber ich weiß nicht, vielleicht werden Sie noch einige Zeit warten müssen... Es sind einige schriftliche Zeilen hier. Sie werden über etwas diskutieren, verhandeln, und eine sehr lange Reise wird Ihnen angeboten... Am Ende dieser Reise ist eine verschlossene Tür... Ich sehe symbolisch die Tür, dies ist Ihre Reise... Eine Reise wird Ihnen angeboten, aber wenn Sie den Ort erreichen, wird es Ihnen nicht möglich sein, weiterzureisen oder auch zurückzukehren.« [Erfüllung: Alle diese Aussagen betrafen die spätere Reise (1967). Sie hatte auf meine Verhandlungen mit dem Geheimdienst hingewiesen. Selbstverständlich mußte ich aus Sicherheitsgründen alle Pläne geheimhalten. Nicht nur meine Kinder wußten nichts im voraus; ich konnte mich nicht einmal meiner Mutter und meiner Schwester anvertrauen. (Sie wiederum, wie es sich zeigte, machte ihre Pläne, die sie auch geheimhielt.) Nicht einmal der Hellseherin wagte ich dann meine Pläne zuzugeben. Und die verschlossene Tür: Mit meiner Flucht hatte ich die Brücken hinter mir abgebrochen und konnte nicht mehr in die Tschechoslowakei zurück.]

Als ich die alten Notizen durchging, stellte ich fest, daß Frau B. meine Flucht schon fünfzehn Jahre, bevor sie stattfinden sollte, vorausgesehen hatte. Ich bereitete die Reise vor, von der sie wiederholt gesprochen hatte, und es interessierte mich natürlich, welche Impressionen sie jetzt über die Reise hatte. Ich besuchte sie während meiner Vorbereitungen zweimal.

Besuch am 11. April 1967: Sofort nach meinem Eintreffen stieß Frau B. hervor: »Haben Sie nicht Fluchtgedanken?«

Sie traf genau den Kernpunkt meiner Probleme. Aber ich konnte ihr keine positive Antwort geben. Ich hielt es für zu gefährlich, meine Pläne irgend jemandem zu verraten. Andererseits wollte ich sie auch nicht durch eine negative Antwort fehlleiten. Deshalb erwiderte ich zweideutig: »Nicht eigentlich. Aber Sie wissen, man hat manchmal so Gedanken.«

»Sie könnten eine sehr lange Reise mit Ihrer Familie machen... aber es bestehen drei Hindernisse. Es ist keine Verhaftung, sondern eine Art Untersuchung. Sie müssen fest sein, dann werden Sie durchkommen. Wenn Sie sich für eine Lüge oder eine schmutzige Sache entscheiden, könnten Sie hinter Gitter geraten. Dies sind die schwierigsten Hindernisse innerhalb ziemlich kurzer Zeit... Sie können einen Weg finden, wo ein großes Schiff ist, Wasser...«

»Was sind das für Hindernisse, von denen Sie sprechen?«

»Es ist irgendein Büro. Dort ist eine Person, die Ihnen freundlich erscheinen mag, aber Vorsicht, hinter dieser Person sind Spieß und eine scharfe Klinge (sie sah es symbolisch)... Sie könnten glauben, der Mann sei gut, aber er ist ein Verräter. Dieser Mann könnte Sie ins Gefängnis bringen... Wer ist der Mann, den Sie als Mitarbeiter haben? Hat er Sie nicht verraten?«

»Ja, ich glaube, das könnte auf einen Mann zutreffen, mit dem ich bis vor kurzem Experimente gemacht habe, der sich aber mir gegenüber nicht ganz ehrlich verhalten hat. Ich glaube jedoch, daß dies eine andere Geschichte ist. Was können Sie mir sonst noch über die lange Reise sagen?«

»Wurde Ihnen nicht eine Reise über ein Wasser angeboten? Aber Sie müssen vorsichtig sein. Es ist jetzt nicht richtig zu fahren, erst nach einiger Zeit. Wenn Sie jetzt gleich gehen wollten, wäre es nicht gut, vielleicht sollten Sie eine Weile warten ... Vielleicht müßten Sie einen Umweg machen, und das wäre nicht zu Ihrem Vorteil.«

»Wann glauben Sie, könnte ich gehen?«

»Sie möchten in weniger als einem Monat gehen?« [Ich erhielt meinen Paß für Frankreich am 11. Mai, genau einen Monat nach diesem Gespräch.]

»Nein, vielleicht im Laufe eines halben Jahres.«

»Das ist etwas anderes. Wenn Sie jetzt gleich gehen wollten, hätten Sie keinen Erfolg. Verschiedenes wird mittlerweile geschehen. Wünschen Sie sich nicht, fort zu sein und Ihre Familie hier zu haben.«

Besuch am 17. April 1967: »Woran möchten Sie arbeiten, etwas eröffnen?«

»An der Erforschung von Fähigkeiten, wie Sie sie haben.«

»Aber vielleicht werden Sie einige – einige Probleme damit haben. Ich weiß nicht, ob dies eine Untersuchung ist, aber es ist etwas, als müßten Sie über eine Sache Rechenschaft ablegen. Seien Sie ruhig ... es wird da etwas geben, das Ihnen Kopfzerbrechen bereitet. Wann dachten Sie an eine Reise?«

»Offen gestanden, ich denke jetzt gerade daran.«

»Aber dies ist eine lange Reise?«

»Ja.«

»... Es ist, als würden aus irgendeinem Büro ... Ist man nicht hinter Ihnen her? Hat man Ihre Wohnung durchsucht?«

»Vor Jahren wurde meine Wohnung von der Polizei durchsucht, aber in letzter Zeit nicht.«

»Was bedeutet ›Sicherheit‹?«

»Ich weiß es nicht.«

»Aber Sie werden diese Reise auf jeden Fall machen müssen, eine lange Reise mit Ihrer Familie, an einen Ort, wo Sie arbeiten könnten. Versuchen Sie es nicht jetzt gleich, es muß sich von selbst ergeben, versuchen Sie nicht, die Sache voranzutreiben. Hatten Sie je einen Freund, mit dem Sie zusammenarbeiteten?«

»Ja.«

»Hat er Sie nicht verraten?«

»Ja, Sie könnten recht haben.«

»Kann er Erkundigungen über Sie einholen?«

»Ja.«

»Können Sie in diesem Zusammenhang Schaden leiden?«

»Ich glaube nicht, ich tue nichts, was gegen das Gesetz verstößt.«

»Wenn da jemand in einfachen Kleidern aus einem Büro, aus einer Dienststelle wäre, der geschickt mit Ihnen redet, fallen Sie nicht herein... Eines Tages werden Sie überarbeitet, müde und erschöpft sein, und da wird jemand bei Ihnen sein, der sanft zu Ihnen spricht, um Sie zu irgendeinem Geständnis zu verleiten. Was bedeutet das, ›Geheiminformation‹?«

»Ich kann es nicht sagen. Vielleicht einen Verdacht unserer Behörden, daß ich solche Informationen sammle?« (Ich durfte ihr die Wahrheit nicht sagen.)

»Was erwarten Sie in diesem Jahr?«

»Vielleicht diese Reise.«

»Sind um Sie herum nicht Farbige? Amerika? Ich habe das Wort ›Amerika‹ gehört... Wenn Sie die Reise dieses Jahr nicht bekommen, dann werden Sie definitiv nächstes Jahr gehen. [Das Gespräch fand zu Zeiten des konservativen Novotný-Regimes statt. Damals erwartete niemand die weitreichenden politischen Veränderungen, die in der Tschechoslowakei innerhalb eines knappen Jahres erfolgen sollten. Im Januar 1968 wurde das alte Regime durch das liberale Dubcek-Regime abgelöst (das dann die russischen Invasoren zerschlugen); es hob alle früheren Reisebeschränkungen auf, und jedermann, der um einen Paß nachsuchte, erhielt ihn sofort, ohne irgendwelche Schwierigkeiten.] ...Irgend jemand ist gegen Sie. Ist nicht eine schmutzige Sache im Spiel? Tun Sie nichts Niedriges!"

»Nein, das werde ich nicht. Ist es wahrscheinlich, daß man mir die Reise dieses Jahr erlaubt?«

»Sie können den Paß dieses Jahr erhalten. Wenn nicht, ganz sicher im nächsten Jahr... Sie werden eine Aufgabe haben, deretwegen Sie das Wasser überqueren müssen... Sie werden mehrere Sprachen perfekt beherrschen müssen. Es wird nicht in unserem Land sein, Sie werden das Wasser überqueren müssen, ja, es ist jenseits des Wassers. Dort spricht man nicht tschechisch. Sie und Ihre ganze Familie werden eine andere Sprache sprechen... Ein Möbelwagen kam her. Wollen Sie nicht umziehen?«

»Ich habe die Möglichkeit erwogen, aber ich bin jetzt nicht sicher.«

»Ein Möbelwagen hat hier vor mir gehalten.«

»Wann könnte dieser Umzug stattfinden?«

»Der Wagen ist eben hier zwischen uns eingetroffen. Das bedeutet, daß es ziemlich bald sein kann. Aber wie dem auch sei, diese Reise übers Wasser liegt vor Ihnen, und Sie werden sie nicht verpassen.... Jemand ist hinter Ihnen her, stimmt das?«

»In jüngster Zeit wurde ich von unseren Behörden verfolgt, aber ohne jeden rechtlichen Grund.«

»Ich sehe Sie an einem Ort, wo Sie Seelenruhe haben werden, aber jetzt während des Sommers, vor diesem Herbst, werden Sie beunruhigt sein, als würden Sie etwas erwarten. Doch versuchen Sie nicht, etwas voranzutreiben... Wohin gehört das Wort ›Spion‹?«

»Ich kann es nicht sagen. Vielleicht ein unbegründeter Verdacht unserer Behörden?«

»Glauben Sie, daß Sie im Ausland bleiben würden?«

»Vielleicht ja.«

»Wenn sie das innerhalb eines Monats tun wollten, könnten Sie nicht damit rechnen, aber später werden Sie dem nicht entgehen, und Sie werden ein neues Heim jenseits des Wassers suchen... Hier ist das Wort ›Paß‹, das kann bedeuten, daß Sie ihn vielleicht bald bekommen. Wer gab Ihnen das Versprechen?«

»Ein bestimmter Mann in einem Büro versprach mir den Paß, aber ich glaube nicht allzu fest daran.«

»Ihr Weg wird frei sein, nur jetzt gerade ist es nicht günstig... Was bedeutet das Wort ›Regierung‹ in Verbindung mit Ihnen? Ich habe es bereits zum zweitenmal hier.«

»Ich weiß es nicht, Können Sie mir jetzt schon sagen, ob mir diesen Sommer oder Herbst etwas von größerer Bedeutung widerfährt?«

»Zu einer Zeit, wenn warmes Wetter ist, gibt Ihnen jemand ein Formular zum Ausfüllen, aber ich weiß nicht, ob es dieses oder nächstes Jahr ist. Ich habe Schnee hier, das bedeutet Winter. Im Winter werden Sie eine Überraschung erleben, die Sie halb wahnsinnig machen wird. Diese wird Ihnen eine Veränderung bringen... Wollen Sie mit Ihrem Wagen ins Ausland gehen?«

»Ja.«

»Auch nach Amerika?«

»Ja, vielleicht.«

»Aber es wird kein Wagen sein, den Sie von einem Büro mieten?«

»Nein.«

»Es ist ein heller Wagen, ein großer. [Bevor ich die Tschechoslowakei verließ, kaufte ich einen neuen französischen Simca (in hellem Silbergrau), ein Modell, das davor in die Tschechoslowakei nicht eingeführt wurde und das größer war als die tschechischen Wagen. Als ich später in New York eintraf, mußte ich als erstes für eine Woche einen Wagen mieten (einen fast weißen Ford Galaxie), der viel größer ist als durchschnittliche tschechoslowakische Personenwagen.] Ich habe hier einen hellen Wagen, aber er ist nicht wie die Wagen hier. Sie werden einen ausländischen Wagen wollen. Ich habe einen solchen Wagen noch nie gesehen. Ich sehe einen Wagen auf Sie zukommen, der Sie fortträgt.«

»Frau B., ich habe ein Problem. Sie sprechen von einer Auslandsreise, aber ich plane in diesem Sommer eine lange Urlaubsreise mit meiner Familie. Doch wir würden sie hier in unserem Land machen, nicht ins Ausland. Was Sie sehen, ist vielleicht diese Reise. Außerdem plane ich in diesem Sommer mehrere Touristenreisen, möglicherweise sogar ins Ausland, von denen ich bestimmt zurückkommen werde. Sehen Sie vielleicht einige dieser Reisen?«

»Ich sehe sie alle und eine Menge Wäsche, und solche Dinge nimmt man nicht auf eine Urlaubsreise mit, die zwei oder drei Wochen dauern kann. Dies alles kann heißen, daß Sie auch in unserem Land reisen, aber es ist auch eine Reise da, die Ihnen zum Schicksal wird, eine Reise, die, wie ich sage, übers Wasser geht. Und es wird nicht lange dauern. Ich kann nicht sagen, ob es in diesem Jahr ist, ich habe da einen Winter, aber ich weiß nicht, ob es vor diesem Winter oder danach ist. [Nach mehreren Vorbereitungsreisen (durch die Tschechoslowakei sowie in die UdSSR, nach Ungarn, Ostdeutschland usw.) verließen wir Prag am 6. Juli 1967. Wir fuhren zwei Tage durch die Tschechoslowakei, weiter nach Ungarn, Jugoslawien (»südliche Route!«) und gelangten am 15. Juli 1967 nach Österreich. Streckenweise fuhren wir mit drei vollbeladenen Wagen zusammen, streckenweise getrennt. In Österreich warteten wir bis Oktober auf die amerikanischen Einwanderungsvisa. In die Vereinigten Staaten reisten wir getrennt. Meine Frau flog mit den Kindern, während ich in einem Wagen (die anderen beiden verkauften wir in Österreich) und der restlichen Habe per Schiff folgte. An unserem Bestimmungsort Durham in Nordkarolina trafen wir im Oktober bzw. November 1967 ein. Im Spätwinter 1967/68 erfuhr ich zu meiner Überraschung und meinem Entsetzen, daß wir neuerlich umziehen mußten. Im Sommer 1968 (nach einem kurzen Besuch in Europa, von wo ich per

Schiff mit einem weiteren Wagen zurückkam) übersiedelte ich mit meiner Familie nach Kalifornien. Die gesamte Reise aus der Tschechoslowakei bis zu unserem endgültigen Bestimmungsort in Kalifornien dauerte somit über ein Jahr. Das könnte erklären, warum Frau B. wegen des Winters unsicher war.] Ich sehe Sie jedoch nicht hierher zurückkommen. Und Sie bauen darauf… Will Ihre Schwester ebenfalls fliehen?«

»Ich weiß es nicht, sie hat mir nie etwas gesagt.«

»Wenn das Schicksal Sie wegträgt, wird auch sie nicht bleiben. [Sie floh tatsächlich, kurz nachdem sie von meiner Flucht erfahren hatte, und kam ebenfalls in die Vereinigten Staaten. Später wohnte sie in Brasilien.] Wenn Sie die Tür für lange hinter sich zumachen, wird Ihre Schwester Ihnen folgen. Ich sehe sie, in kurzer Zeit, das kann irgendeine Urlaubsreise sein. Aber ich sehe Sie auch, Sie machen große Vorbereitungen, und dann wollen Sie nicht zurückkommen. Sie bauen darauf, daß Sie nicht zurückkommen. Seien Sie vorsichtig, sprechen Sie nicht darüber – jene Reise kann durch unser Land gehen, aber da ist auch eine Reise, die Sie fortführen wird, an einen Ort, wo Sie eine fremde Sprache sprechen müssen… Sie werden jenseits des Wassers arbeiten.«

»Es ist sehr wichtig für mich zu wissen, ob die Reise übers Wasser in diesem oder im nächsten Jahr stattfinden wird.«

»Das hängt von Ihnen ab, davon, wann Sie ein Dokument, irgendeine Karte, in die Hand bekommen. Sie würden direkt zu einem Freund reisen, stimmt das?«

»Ja.«

»…Es ist eine Reise – eine – eine kann durch dieses Land gehen, aber die andere führt weit, weit weg. Sie möchten gern im August fahren, zwischen Juli und Oktober?«

»Ja, das kann sein.«

»In dieser Zeit wird Ihnen irgend etwas gewährt – aber ich habe unmittelbar danach Schnee hier. Wohin gehört das – ›südlich‹ –, wollen Sie auf einer südlichen Route fahren, von der Sie nicht zurückkämen?«

»Vielleicht.«

»Ich habe ein Wort ›südlich‹ hier… und ich sehe Sie Ihren Wagen nicht umwenden… Hier stehe ich, ein Wagen neben dem anderen kam hierher, und es ist viel Wasser da. Sie würden mit Ihrem Wagen über das Wasser müssen – es sind riesige Schiffe da. Ein fremdes

Land müßte Sie willkommen heißen... Ich möchte nicht sicher sagen, daß es dieses Jahr sein wird, es könnte auch nächstes Jahr sein – ich habe warmes Wetter hier – aber der Schnee verwirrte mich – doch ich würde wirklich sagen, daß es dieses Jahr ist.«

Ihre Versicherungen stärkten meine Hoffnungen auf den Erfolg meiner Pläne. Als ich dann den Paß für Frankreich erhielt, hätte ich jederzeit aufbrechen können. Aber ich wußte, daß meine Familie keine Reiseerlaubnis in den Westen erhalten würde, solange ich einen gültigen Paß für Frankreich besaß. (Die Behörden achteten sorgfältig darauf, Familienmitglieder als Geiseln zurückzubehalten.)

In einer derartigen Situation hat ein Einzelkämpfer lediglich die Möglichkeit, geduldig nach Lücken in der Organisation zu suchen. Je komplizierter eine Maschinerie ist, desto leichter kann etwas schiefgehen – das ist eine alte Weisheit. Je ausgeklügelter ein System ist, desto leichter kann man es durcheinanderbringen. Der Versuch lohnte immer, in das ausgeklügelte System der Paßabteilung Durcheinander zu bringen. Ich reichte Gesuch um Gesuch für immer neue Reisen ein, manche für mich allein, andere für einige Familienmitglieder, wieder andere für die ganze Familie. Einige dieser Reisen machten wir wirklich, andere Dokumente hoben wir für später auf. Innerhalb kurzer Zeit besuchte ich mehrmals Ungarn, Polen, Rumänien und Ostdeutschland. Früher oder später mußten die Behörden die Spur all dieser Reisen verlieren.

Die üblen Scherze der Paßabteilung (man stellte meiner Frau einen Paß für Österreich aus, während man meinen einzog) wandten sich gegen sie. Meine Frau erhielt die Genehmigung für zwei Reisen nach Österreich, fuhr jedoch nur einmal. Die Behörden übersahen, daß sie nochmals fahren konnte. Die Kinder hatten natürlich keine Reiseerlaubnis, wurden aber in den Reisepaß ihrer Mutter eingetragen.

Schließlich erhielt ich ein unauffälliges Dokument, das jedoch angesichts der Umstände das wertvollste von allen war: das Visum für die ganze Familie zu einem Bulgarien-Urlaub. Bulgarien war ein kommunistisches Land, aus dem ich unmöglich fliehen konnte, was die Beamten in der Paßabteilung natürlich wußten. Doch sie hatten übersehen, daß nun die ganze Familie (einschließlich der Kindergeiseln) die Tschechoslowakei verlassen konnte. Ich hatte, was ich brauchte.

Gegen Ende dieser Vorbereitungen verlangten meine neuen geheimdienstlichen Kontakter immer ungeduldiger die versprochenen Informationen aus Frankreich. Ich mußte so tun, als führe ich nach Frankreich, reiste aber statt dessen nach Moskau zu befreundeten Parapsychologen, um zu sehen, was für Fortschritte sie machten. Meine Kontakter hatten keineswegs etwas dagegen, wenn ich die gewünschten Informationen nicht nur aus Frankreich, sondern auch aus der UdSSR brachte. Als sie später bei mir zu Hause anriefen, waren sie ganz zufrieden mit der für sie hinterlassenen Botschaft, ich sei aus Frankreich zurückgekommen und sofort zu einem kurzen Aufenthalt nach Moskau gereist.

Eine Sicherheitsvorkehrung kam mir bei der ganzen Sache zugute. Die Herren wollten mir ihre Telefonnummer nicht geben, ich mußte stets auf ihren Anruf warten. Da ich keine Möglichkeit hatte, von mir aus mit ihnen Verbindung aufzunehmen, gewann ich für den dramatischsten Teil meiner 007-Geschichte zwei kostbare Tage. Ich war bereits aus Moskau zurück und stimmte unsere Reise endgültig ab (wir waren drei Erwachsene und zwei Kinder mit drei Wagen), als meine Kontakter wieder anriefen. Sie erhielten die Auskunft, ich würde jede Stunde aus Moskau zurückerwartet. Am selben Tag bekam meine Frau ihren nagelneuen Führerschein, ich klemmte die Kabel meines Telefons ab (es war unverdächtig, wenn der Apparat zwei Tage schwieg, und danach befanden wir uns in Sicherheit!), anschließend, am 6. Juli 1967, verließen wir Prag endgültig. Für alle Betroffenen fuhren wir nach Bulgarien in Urlaub.

Als ich am späten Abend des 7. Juli die Grenze nach Ungarn erreichte, empfand ich eher Trauer als Aufregung. Ich verließ mein geliebtes Land, vielleicht für immer, auf jeden Fall für sehr lange. Ich war etwas angespannt, hatte aber keine Angst. Unsere Dokumente waren in Ordnung, irgendeine unliebsame Überraschung stand nicht zu befürchten. Ich konnte die Reaktionen der Menschen, mit denen wir es an den Grenzkontrollstellen zu tun haben würden, ziemlich genau abschätzen, und alle Familienmitglieder hatten für jeden denkbaren Zufall präzise Anweisungen, wie sie sich verhalten sollten. Da drei voll beladene Wagen Verdacht erregen konnten, überquerten wir die Grenzen zu verschiedenen Zeiten und an verschiedenen Übergängen (mit vereinbarten Treffpunkten wie: Montag früh auf der Straße Nummer soundso, fünf Kilometer nach der Brücke über den Fluß X).

Einmal in Ungarn, hatten wir fast gewonnen. Ich besaß eine

ganze Tasche voller Reisedokumente, von denen keines für alle Personen oder Grenzen galt, die aber in ihrer Kombination der ganzen Familie erlaubten, absolut legal zu reisen. Wir mußten lediglich beim Überqueren der verschiedenen Grenzen immer die richtigen Dokumente auswählen. Die Reise verlief im großen und ganzen glatt, so daß wir sogar am Plattensee in Ungarn und an der jugoslawischen Adriaküste Rasttage einlegen konnten.

Gelegentlich gab es kleinere Probleme mit den Zollbeamten, wenn sie sich daran stießen, daß wir so viele Dinge mithatten, die für eine Urlaubsreise sinnlos erschienen (wie eine Rechenmaschine und drei Schreibmaschinen) Doch unsere Dokumente waren in Ordnung, und unsere Behauptung, wir hätten auch Dinge einer befreundeten Familie dabei, die eine Panne mit dem Wagen gehabt und deshalb geflogen sei, erklärte das Durcheinander in unseren Fahrzeugen; die absichtliche Unordnung machte eine gründliche Grenzkontrolle undurchführbar – besonders wenn ein kleines Kind in tiefstem Schlaf (oder war es Hypnose?) mitten darin lag, genau auf den Wertsachen, die wir am gründlichsten verbergen wollten.

So angenehm und glatt die Reise verlief, wir atmeten doch erleichtert auf, als wir am 15. Juli in Österreich eintrafen, wo wir um politisches Asyl nachsuchen konnten. Erst dort fühlten wir uns wirlich sicher. Wir konnten kaum glauben, daß der erste, dramatischste Teil unserer Reise vorüber war.

Dies spielte sich im Sommer 1967 ab. Hätten wir ein halbes Jahr gewartet, wäre es möglich gewesen, völlig legal und ohne jede Schwierigkeit auszureisen (aber auch ohne die erregenden Augenblicke, die den Erinnerungen Würze verleihen), genau wie Frau B. vorhergesagt hatte. Im Januar 1968 wurde das konservative Novotný-Regime vom liberalen Dubcek-Regime abgelöst, das alle Reisebeschränkungen aufhob. Zu der Zeit, da Frau B. ihre Vorhersagen machte und wir zu unserer Odyssee aufbrachen, konnten die Menschen in der Tschechoslowakei – ja sogar die höchsten politischen Funktionäre – nicht im entferntesten ahnen, was ihnen die nächsten sechs Monate bringen sollten. Die kurze liberale Zeit, der Prager Frühling von 1968, kam wie ein Blitz aus heiterem Himmel.

Außersinnliche Wahrnehmung (ASW)

Nachdem die ASW durch exakte quantitative Versuche nachgewiesen worden war, konnten sich die Parapsychologen nun der Erforschung ihrer Eigenschaften widmen. Dazu konnten auch quantitative Experimente verwendet werden (z. B. bei dem quantitativen Vergleich der Leistungen der Versuchspersonen unter verschiedenen Bedingungen). Hier untersuchte man besonders, von welchen Faktoren die ASW-Leistung abhängig ist – welche Bedingungen die ASW unterstützen und welche stören.

Spontanfälle und weniger exakte qualitative Experimente, bei denen die Versuchspersonen freie Aussagen machten, konnten jetzt studiert werden – sie hatten sogar den Vorteil, daß sie die ASW nicht nur in der verflachten schematischen Form zeigten (wie die quantitativen Experimente nach J. B. Rhine), sondern die ASW in ihrer Lebendigkeit und Fülle von Erlebnissen zum Vorschein brachten. Die qualitativen Experimente sind besonders geeignet, um die tiefenpsychologischen Faktoren zu untersuchen, die der ASW den Reichtum an Erlebnisformen verleihen. Sie sind auch für mannigfaltige symbolische Verzerrungen verantwortlich.

Nach und nach wurden Versuchspersonen gefunden, die ein größeres Verständnis für die wissenschaftliche Forschung hatten und sich in hohem Maße nach den Forderungen der Versuchsleiter richteten. Damit verloren die festgestellten Phänomene nach und nach ihren willkürlichen, unkontrollierbaren Charakter; sie ließen sich mit der Zeit in Versuchssituationen zutage fördern, in denen sie weit sachgemäßer beobachtet werden konnten.

Ein typisches Beispiel ist der Fall des französischen Hellsehers Pascal Forthuny, der in der Zeit zwischen den beiden Weltkriegen bekannt wurde. Pascal Forthuny fiel nicht in Trance, wie dies bei anderen Hellsehern häufig der Fall gewesen war. Seine paragnostischen Fähigkeiten zeigten sich in einem Zustand, der weitgehend an den normalen Wachzustand herankam. In ihm war er in der Lage, sich sehr wohl nach den Forderungen des Versuchsleiters zu richten, obwohl er seine übliche Routine beibehielt. Während des Versuchs versetzte er sich in einen Zustand geistiger Konzentration, der äußerlich nur durch eine gewisse Starrheit der Augen und Augenlider sichtbar war; von Zeit zu Zeit schloß er seine Augen und bedeckte sie mit den Händen. Häufig zeigte er seine Fähigkeit vor einer Gruppe ihm Unbekannter, indem er langsam zwischen ihnen hin und her ging und unter ihnen die Personen auswählte, die ihn am meisten ansprachen. Dann pflegte er verschiedene charakteristische Informationen aus dem Leben dieser Leute zu geben. Diese Aussagen waren nicht selten sehr detailliert und entsprachen in hohem Maße den Tatsachen. Für gewöhnlich wußte er im voraus, ob er fähig sein würde, über einige von den Teilnehmern viel oder wenig zu sagen. Es gab Personen, mit denen er nicht »in Kontakt« kommen konnte. (Der Grund dafür war, wie spätere Experimente zeigten, daß diese Personen für ihn nicht »interessant« genug waren. Das ist psychologisch gut verständlich: Unter den vielen Eindrücken auf Ihrer Ferienreise merken Sie sich am besten die Ereignisse, die Sie am stärksten interessierten.) Im allgemeinen war er sehr aufrichtig und bemühte sich gar nicht erst, zu raten oder unauffällig Informationen zu sammeln, wie das professionelle Hellseher häufig tun. Für gewöhnlich bat er die Anwesenden ausdrücklich, nichts zu sagen und ihm in keiner Weise zu helfen. Nur bisweilen forderte er sie auf, ihn zu unterbrechen, falls er einer völlig falschen Fährte folge und fortwährend Falsches sage. Gelegentlich kam es vor, daß einige Teilnehmer die Richtigkeit seiner Aussage bestritten – möglicherweise, weil sie sich schämten oder aus anderen persönlichen Gründen. Dann spürte er, daß der betreffende Teilnehmer Ausflüchte machte und ging zu einem anderen über.

Forthuny war sehr kritisch seinen informativen Visionen gegenüber, doch vermochte er nicht, durch Selbstbeobachtung den Mechanismus herauszufinden, dem er seine Information verdankte. Bisweilen empfand er sie als Visionen, in anderen Fällen als intuitive Ideen, sich aufdrängende Gedanken oder ähnliche Erscheinungen. Häufig hörte er wie von einer »inneren Stimme« Namen ausgesprochen oder sah sie nach Art von Inschriften auf Orientierungszeichen. Auch die Leistungen Forthunys waren nicht stets gleich gut; wie andere mit ASW-Fähigkeiten Begabte hatte auch er seine guten und seine schlechten Tage. Seine Fähigkeiten hingen sowohl von den Versuchsbedingungen wie von seiner jeweiligen Verfassung ab; Anfangserfolge verbesserten das Gesamtergebnis, ebenso zum Beispiel aber eine gute Mahlzeit und ein Glas Branntwein. Es war typisch, daß die Auswahl dessen, was er zu ermitteln gedachte, assoziativ erfolgte. Interessant ist ferner, daß viele seiner außersinnlichen Eindrücke ihm nicht als reale Erfahrungen wirklicher Dinge im strengen Sinne des Wortes kamen, sondern in Gestalt von Allegorien oder Symbolen. So empfing er Namen nicht selten nur mit dem Anfangsbuchstaben oder der Anfangssilbe. Die Symbole nahmen bisweilen die Form von Wortspielen an. So bat er bei einer Veranstaltung fortwährend eine Dame um Verzeihung (französisch »pardon«). Die Dame hieß Pardon. Er sah das Bild eines Mannes als Befehlshaber einer Armee vor sich; sein Name war Armas. Oder er sah eine Frau eine Menge Geld gewinnen (französisch »gagner«): ihr Name war Gagnerot. Einmal sagte er von einem jungen Mann, er sei als Wissenschaftler tätig und stehe in Verbindung mit einem Kardinal der römischen Kurie. Der Mann war Assistent von Madame Curie, der Entdeckerin des Radiums.

Als Beispiel für Pascal Forthunys Leistungen wollen wir einen Versuch vom 18. November 1925 anführen. Forthuny machte einem unbekannten Teilnehmer folgende Mitteilungen (wir bringen in Klammern jeweils die Bestätigung des Betreffenden): »Sie sind Ausländer. Ich sehe Sie in einem Land, in dem deutsch gesprochen wird. Ich sehe Sie auch in Zeitungen.« (Der Mann war ein österreichischer Journalist.) »Sind Sie nicht auf dem Weg nach Heidelberg?« (Zutreffend.) »Ich sehe Sie in einem niedrigen Raum in einer Wirtschaft.« (Der Teilnehmer konnte sich nicht an die Wirtschaft erinnern.) »In Ihrer Nachbarschaft lebt ein Mädchen, eine Russin... Vera?« (Richtig, nur der Name war leicht verstümmelt). »Es hat zu kämpfen und führt ein gefährliches Leben. Ich sehe es von einem Dolch bedroht.« (Die erste Angabe stimmte, doch wußte der Mann nichts Näheres zu der zweiten). »Sie waren ernstlich erkrankt und haben eine schwere Operation hinter sich. Ich sehe Sie in einer Klinik; Ihr Körper trägt eine seltsame Bandage.« (Richtig, der Mann trug für einige Monate ein Röhrchen.) »Sie haben hier einen bestimmten Auftrag zu erledigen. Ich höre den Namen Ca... Cachin. Haben Sie etwas mit diesem Mann zu tun?« (Ja, ich wurde von meinem Blatt geschickt, um ihn zu interviewen, wir sind für übermorgen verabredet.)

Bei einer anderen Demonstration am 3. Juni 1924 erklärte Pascal Forthuny einer Frau: »Ich sehe den Buchstaben D. Sie beabsichtigen, Ihr Land zu verlassen und möchten dies sehr bald tun.« (Die Frau: Ja.) »Sie wollen ein Mädchen mitnehmen.« (Ja, sogar zwei.) »Dau... Daubray.« (Mein Name ist Daudier.) »Ich sehe, Sie denken an einen Verstorbenen auf dem Friedhof zu Hause. Es ist etwas Ernstes geschehen. Ich sehe zwei Gräber, eins hinter dem anderen.« (Ja.) »Sie haben einen Feind, der tot ist. Leopold?« (Nein.) »Claude?« (Ja). »Er erzählt mir etwas von einem Zwischenfall mit einer Peitsche, den er bedauert.« (Ja, er hat damit ein Mitglied meiner Familie getroffen.) »Dieser Claude hatte eine Wiese am Fluß?« (Ja.) »Ich sehe diese Gegend. In der Nähe ist eine kleine Stadt.« (Ja.) »Wenn man nach Westen geht, kommt man an eine Straße, danach kommen Gärten, schließlich erreicht man eine Kreuzung. Die Straße führt in das Dorf C... Cor...« (Cortene.) »Wenn man noch weiter geht, gelangt man an eine alte Mühle, und dort liegt Claudes Wiese...« (Alles zutreffend.)

Eine weitere bemerkenswerte Leistung Pascal Forthunys: Im Frühjahr 1924 ließ er, von einem unwiderstehlichen Drang getrieben, dringende Geschäfte liegen und begab sich zu G. Geley vom Metapsychischen Institut in Paris. Er erzählte ihm erregt, er habe eben eine Vision von einer Flugzeugkatastrophe gehabt. Er habe einen Forscher in Polen mit seinem Flugzeug abstürzen und dabei sein Leben verlieren sehen. Nach dem Namen befragt, antwortete Forthuny: Woronow. Er schränkte jedoch ein: Des Namens sei er sich nicht ganz sicher. Am 14. Juni 1924 verlor Geley sein Leben bei einem Flugzeugabsturz in der Nähe von Warschau.

Solche und ähnliche Beobachtungen erlauben jetzt schon, uns ein vorläufiges Bild vom Wesen der ASW zu machen. Es kann kein Zweifel mehr bestehen, daß es sich hier um eine Wahrnehmungsfähigkeit handelt, die Teil des Menschen ist, der die betreffende Erkenntnis erlangt. Was den Vorgang der ASW selbst anbetrifft, so scheint es angebracht, ihn in zwei Phasen einzuteilen:

Phase 1: Die Gewinnung von Informationen über das erkannte Ereignis. Phase 2: Die Manifestation der gewonnenen Information durch Auftreten in der bewußten Erfahrung des Perzipienten oder durch Vergegenständlichung in einer Reaktion des Organismus des Perzipienten.

Diese Fakten sind schon geraume Zeit vorher von F. W. H. Myers, einem der Gründer der Londoner SPR, erkannt worden, der davon sprach, daß die Information zuerst in der subliminalen Sphäre (im Unterbewußten) auftaucht, worauf in einer zweiten Phase die eigentliche Kundgebung der Information erfolgt – entweder in der Form bewußter Erfahrung oder durch äußere Reaktion des Sensitiven. Auch E. OSTY gliedert den Vorgang der ASW in zwei Phasen: 1. die Herstellung des Kontaktes mit dem wahrgenommenen Gegenstand (Osty veranschlagt die Dauer dieser Phase je nach den Umständen auf eine bis mehrere Sekunden); und 2. das Auftreten der die Information vermittelnden Bilder (visions) im Bewußtsein. Dazu Ostys sehr wesentlicher Kommentar: »Uns scheint das Phänomen der Paragnose an dem Punkt zu beginnen, wo es in Wirklichkeit endet; der eigentliche Vorgang der ASW vollzieht sich gänzlich außerhalb des Bewußtseins des Sensitiven.«

Bei diesem Vorgang hängt die erste Phase ganz offenbar von einer Gesetzmäßigkeit rein parapsychischen Charakters ab und ist typisch für den ASW-Vorgang. Sie schließt das eigentliche Erfassen der Information über den erkannten Gegenstand mit einem bisher hypothetischen Wahrnehmungsorgan, die Übertragung dieser Erkenntnis auf den Perzipienten und ihre Speicherung in seinem Unterbewußtsein ein. Das Wesen dieses Vorganges ist bisher völlig unbekannt. Wir können auf spekulativem Weg zu der Annahme kommen, daß es sich um einen Vorgang der Informationsübertragung handelt, der auf der Verbreitung irgendwelcher energetischer Signale beruht, doch kennen wir weder Art noch Wesen dieser Signale und auch nicht die Art und Weise, auf die sie erzeugt oder empfangen werden.

Die zweite Phase ist vom Standpunkt der Parapsychologie aus von sekundärer Bedeutung. Ihr Verlauf hängt von der seelischen Struktur der erkennenden Person, von ihren bisherigen Erfahrungen usw. ab und unterliegt im allgemeinen den psychologischen Gesetzen. Je nach der augenblicklichen geistigen Disposition der erkennenden Person kann die eintreffende Information sich auf verschiedene Art und Weise kundtun: Unter günstigen Bedingungen kann sie bis in den Raum der Bewußtheit hineinreichen und, nachdem sie bewußt erfahren worden ist, in irgendeiner gebräuchlichen Kommunikationsform mitgeteilt werden: durch gesprochene oder geschriebene Worte, durch eine informatorische Skizze usw. Der Grad der bewußten Erkenntnis kann verschieden sein: eine vage Vorahnung; eine plötzliche intuitive Erfahrung nach Art eines unerklärlichen intuitiven »Erkennens«, begleitet von einem Gefühl der Gewißheit; ein lebhafter Traum; oder eine völlig klare Erfahrung halluzinatorischer Art (Pseudo-Halluzination) etwa in Gestalt einer Vision, einer Stimme oder dergleichen. In anderen Fällen reicht die Information gar nicht bis an das Bewußtsein des Perzipienten heran, sondern äußert sich durch eine objektive Reaktion des Organismus, die – sekundär – von Versuchspersonen durch Selbstbeobachtung bewußt erfaßt werden kann, aber nicht erfaßt zu werden braucht. Solche Reaktionen sind ebenfalls recht unterschiedlicher Art: reine unspezifische Gefühle innerer Unruhe oder des Unbehagens; drängende Antriebe, dies oder jenes zu tun; motorische Reaktionen (wie bei der Bewegung der Hand des Rutengängers, welche die Rute hält, oder dem automatischen Schreiben spiritistischer Medien), oder möglicherweise, z. B. bei bestimmten Versuchssituationen, vegetative Reaktionen des Organismus.

Das Auftauchen der Information in der bewußten Erfahrung hat oft den subjektiven Charakter blitzartiger Einfälle oder Erinnerungen. Bei quantitativen Kartenversuchen ist für gewöhnlich überhaupt keine eigene subjektive Erfahrung beteiligt; gleich, in welcher Art die Antwort der Versuchsperson erfolgt (motorisch oder verbal), sie wird als ein reines »Raten« erlebt. In der zweiten Phase wird die Information, namentlich soweit bewußte Erfahrung beteiligt ist, sehr häufig verarbeitet und je nach der psychischen Struktur der erkennenden Person symbolhaft verzerrt. Leider ist nur die zweite Phase unserer Beobachtung zugänglich. Damit beziehen sich unsere Erkenntnisse über die ASW, zu denen wir durch Beobachtung ihrer Einzelkundgebung gelangen, mehr auf die Außenseite des ASW-Vorganges als auf ihr inneres Wesen.

Einige Erkenntnisse über die ASW sind aus der Beobachtung spontaner Äußerungen dieser Fähigkeit gesammelt worden. Sie betreffen in der Hauptsache die Bedingungen, unter denen ASW auftritt. Tatsächlich treten die spontanen Phänomene in der großen Mehrzahl nicht bei Perzipienten auf, die sich im normalen Zustand wacher geistiger Aktivität befinden: sie zeigen sich weit häufiger zu Zeiten, in denen der Perzipient schläft oder in denen seine geistige Aktivität herabgesetzt ist und der vollen Klarheit entbehrt, zum Beispiel in Perioden der Müdigkeit oder Krankheit, in solchen der Entspannung nach anstrengender Arbeit, in einem Zustand geistiger Zerstreuung, des Wachtraumes oder des Halbschlafes. Ihr Gegenstand kann jedes beliebige Ereignis sein; doch sind Ereignisse dramatisch-tragischer Art: wie Tod, ernste Erkrankung, Unfälle usw. auffallend in der Überzahl.

Die übermittelte Information betrifft für gewöhnlich eine dem Perzipienten gefühlsmäßig nahestehende Person: einen nahen Angehörigen oder einen Freund, nur selten sind Fremde betroffen.

Die Beschreibung der Zustände, bei denen die Spontanphänomene am häufigsten auftreten, gibt uns schon den Hinweis, daß die ASW-Leistung mit der Unterdrückung der aktiven wachen Gedankentätigkeit verbunden ist. Starke bewußte Aktivität und Aufmerksamkeit (sowie Störungen durch sinnliche Reize) überschatten durch ihr größere Intensität die schwächeren ASW-Impressionen. Die Auswahl der Themen ist von psychologischen Gesetzmäßigkeiten, die das Interesse des Perzipienten wecken, abhängig. Am häufigsten sind dramatische oder tragische Ereignisse und Erlebnisse, zu denen der Perzipient eine besondere emotionale Verbindung hat: die, die Verwandte oder Freunde betreffen, oder die, die für ihn aus irgendwelchem Grund besonders interessant sind.

Spontane Phänomene treten nur selten als Folge bewußten Bemühens ein, wie dies im folgenden, oft zitierten Beispiel der Fall war:

Eines Abends beschloß S. H. Beard, ehe er zu Bett ging, im Schlaf seiner Freundin Veritiy und ihrer Schwester zu erscheinen. Er schlief ein im Gedanken an sie. Als er am anderen Morgen erwachte, wußte er nicht, ob der Versuch gelungen war; doch beide Frauen erzählten ihm später, sie hätten in der Nacht die Erscheinung seiner Gestalt gesehen und sich sehr davor gefürchtet. Der Versuch glückte ein zweites Mal: sein Erscheinen wurde von einer anderen, bereits verheirateten Schwester seiner Freundin Veritiy gesehen. Beim dritten Versuch ergriff er einige Kontrollmaßnahmen: Er informierte im voraus brieflich E. Gurney, daß er beabsichtige, sein »Double« zu den Geschwistern Verity zu senden. Hernach bestätigten diese, daß sie zu dem Zeitpunkt, zu dem der Versuch angesetzt war, Beards Erscheinung gesehen hatten. Ähnliche Versuche »gedanklicher Projektion« (»Seelenexkursion«) wurden von S. J. MULDOON durchgeführt. Zwölf Jahre lang unternahm er solche Versuche mit sich selbst, während er regungslos in seinem Bett lag, seine Sinne auf einen räumlich weit entfernten Ort projiziert. Während dieser »Reisen« des Geistes nahm er Dinge wahr, von denen er vorher keine Vorstellung gehabt hatte und die er nachträglich als zutreffend bestätigt fand.

Doch solche Fälle sind ziemliche Ausnahmen. Der größte Teil der spontanen Phänomene tritt unerwartet und absichtslos auf. Dieses Auftreten hängt weniger von willentlichem Bemühen als von einem emotionellen Element (Motivierung, Gefühlsregung) ab. Auch der Gegenstand (Thema) des spontanen Erlebnisses hängt von unbewußten Vorgängen im Geist des Perzipienten ab. Ausgangspunkt können z. B. Sorgen und Unruhe sein, wie im folgenden Fall: S. R. Wilmot fuhr mit dem Schiff von Liverpool nach New York. Als das Schiff auf hoher See war, hatte er eines Nachts gegen morgen eine Erscheinung, in der er seine Frau in seine Kabine kommen sah. Sie ging auf seine Schlafkoje zu, küßte ihn und ging nach kurzer Zeit wieder fort. Die Gestalt wurde auch von den Mitpassagieren gesehen, die in derselben Kabine schliefen. Als er in New York ankam, war die erste Frage seiner Frau, ob er gemerkt habe, daß sie während der Überfahrt bei ihm in seiner Kabine gewesen sein. Sie nannte ihm den Zeitpunkt und erklärte, sie habe sich um ihn gesorgt. Danach habe sie das Gefühl gehabt, als gehe sie über das stürmische Meer, finde sein Schiff, komme in seine Kabine und küsse ihn. Anschließend beschrieb sie genau das Schiff, das sie nie vorher gesehen hatte, sowie die Ausstattung der Kabine.

Die emotive Gestimmtheit der Psyche des Perzipienten bestimmt ferner die Art, in der die ASW sich im Einzelfall zeigt. Im Schlaf ist es für gewöhnlich ein Traum, im Wachzustand entweder ein intuitives Erlebnis, ein plötzlicher innerer Antrieb zum Handeln, eine Sinnestäuschung beziehungsweise eine Halluzination. Ein Beispiel für den Empfang einer außersinnlichen Information in Gestalt einer optischen Täuschung haben wir bereits früher angeführt. L. L. Wasiljew beschreibt einen ähnlichen Fall: Ein Student sah das Bild seiner sterbenden Freundin in einem Flecken an der Wand. Ein weiterer Fall dieser Art ereignete sich, als Mrs. F. im Januar 1939 ihre Schwester besuchte. Dabei las sie ihr aus einem Brief von ihrer Tochter S. den Satz vor: »Nanny liegt im Bett mit Grippe.« Gleich anschließend schrieb sie ihrer zweiten Tochter, sie möge ihr von Nannys Krankheit berichten. Nach Hause zurückgekehrt, fragte sie plötzlich, ob Nanny noch krank sei. Ihre Tochter S. war davon sehr überrascht, denn sie war sicher, ihrer Mutter nicht von dieser Krankheit (die es tatsächlich gegeben hatte) geschrieben zu haben, weil sie sie nicht hatte ängstigen wollen. Gemeinsam gingen sie den Brief durch und stellten fest, daß Nannys Krankheit nicht erwähnt war.

Mrs. F. hatte also beim Lesen des Briefes eine Halluzination gehabt, durch diese Halluzination aber die Wahrheit erfahren. Wir könnten noch hinzufügen, daß auch verschiedene Wahrsagepraktiken: wie das Ablesen der Zukunft aus einer Kristallkugel oder aus dem Kaffeesatz und ähnliche Dinge, ihrem Wesen nach primitive Konzentrationstechniken sind, die als Träger von ASW durch visuelle Täuschungen dienen.

Für gewöhnlich ist die spontane außersinnliche Erfahrung keine exakte Reproduktion der Realität, sondern auf verschiedene Art und Weise verzerrt. Bisweilen erscheint sie dramatisch hochgespielt, wie in den beiden folgenden Fällen: Mr. X., der 1939 Maschinist an Bord eines Dampfers war, sah beim Lesen einer Zeitung ganz plötzlich das Gesicht seiner Frau vor sich, die er zwei Jahre lang nicht mehr gesehen hatte. Zugleich hörte er sie mehrfach rufen: »Es ist nicht meine Schuld!« Danach erschien ihm das Bild eines unbekannten Mannes, an das er sich genau erinnern konnte.

Als er ein halbes Jahr später zu seiner Frau zurückkehrte, erzählte er ihr von seiner Vision, und sie bekannte ihm, daß sie zu ebendieser Zeit intimen Verkehr mit einem Mann gehabt habe, der genauso aussah wie jener, den Mr. X. gesehen hatte. Später konnte er sich selbst von der Übereinstimmung überzeugen.

Der andere Fall ereignete sich im Dezember 1937. Mrs. West verlor einen Rubin aus ihrem Ring. Vergeblich suchte sie überall nach ihm und hielt ihn schließlich für unwiederbringlich verloren. Am folgenden Tag saß sie im Zimmer, als sie eine Stimme hörte: »Und was ist mit dem Rubin?« Zuerst war ihr gar nicht bewußt, daß sie sich allein in dem Zimmer befand, und sie antwortete hörbar, der Rubin sei nun einmal verloren. Dann erkannte sie, daß niemand außer ihr im Zimmer war, wandte sich um und sah auf dem Boden den verlorenen Rubin in einem Sonnenstrahl aufblitzen.

Spontane außersinnliche Erlebnisse sind außerordentlich vielgestaltig, wie die folgenden Beispiele zeigen: Nicht weit von Irkutsk sah der Lokomotivführer eines mit voller Geschwindigkeit fahrenden Zuges plötzlich die Gestalt eines Mönchs mit erhobenem Arm ein Stück vor dem Zug auf den Schienen stehen. Der Lokomotivführer ahnte Schlimmes und zog daher die Bremsen. Es stellte sich heraus, daß ein kurzes Stück hinter der Stelle, an der er den Zug zum Stehen gebracht hatte, die Schienen aufgerissen waren.

Mr. R. hatte einen alten Onkel auf dem Land, den er von Zeit zu

Zeit besuchte. Wenn er ihn besuchte, mußte er für gewöhnlich an der Ziege des Onkels vorüber, die auf einer Wiese in der Nähe seines Hauses graste. Eines Nachts hatte Mr. R. die Vorstellung, als sei in seinem Schlafzimmer die Ziege seines Onkels. Am nächsten Tag erfuhr er, daß sein Onkel ganz unerwartet in der vergangenen Nacht gestorben war.

Das waren einige Beispiele der symbolischen Verzerrungen von spontanen ASW-Erlebnissen. Diese folgen im allgemeinen den Gesetzen der Traumphantasie: Da der Zustand der Unterdrückung der bewußten Aktivität sich dem Schlafzustand nähert, werden die ASW-Impressionen ungefähr so erlebt, als ob der Perzipient davon träumte.

Ein besonderes Beispiel von Symbolismus ist der Fall, in dem die Information die Form der Erscheinung eines Phantoms, einer Gestalt annimmt. Ein Fall dieser Art war das oben erwähnte Erlebnis von Mr. Wilmot. Auf diese Weise werden häufig Nachrichten vom Tod einer bekannten Person empfangen, wie in den folgenden Fällen: Als Pierre Cotté im Jahre 1913 eines Abends zu Bett ging, sah er vor sich eine Gestalt an das Fußende seines Bettes gelehnt. Er erkannte in ihr seinen Stiefbruder und hörte eine Stimme: »Hallo, Pierre! Auf Wiedersehen! Leb wohl!« P.C. richtete sich in seinem Bett auf und sprach seinen Bruder an, aber da zerfloß die Gestalt. Diese Erscheinung fand zu der Zeit statt, da sein Bruder starb. – J.C. in Grenoble war eben zu Bett gegangen, als er sah, wie die Türe des Schlafzimmers sich langsam, fast geräuschlos, öffnete. Die Gestalt eines Mädchens, das er einmal geliebt hatte, trat ins Zimmer. Die Erscheinung kam nah an sein Bett heran und beugte sich leicht über ihn. J.C. griff nach der Hand des Mädchens; sie war kalt. Dann verschwand das Phantom. Als J.C. sich von seinem Schrecken erholt hatte, bemerkte er, daß er ein Glas Wasser in der Hand hielt. Das Mädchen, das er zu sehen geglaubt hatte, starb zur gleichen Zeit in Toulouse.

Erlebnisse dieser Art sind bisweilen so lebhaft, daß sie den Eindruck eines objektiven Phänomens, der Erscheinung eines objektiv existierenden Phantoms, eines »Doppels«, des »Astralleibes« eines menschlichen Wesens erwecken. In früheren Zeiten wurden Fälle dieser Art, bei denen ein Verstorbener erschien, häufig als Beweis für die spiritistische Hypothese mißdeutet, das heißt als Erscheinung des »Geistes«. Für gewöhnlich aber lassen diese Erscheinungen sich unschwer als rein subjektive Erfahrungen erklären. Was ihnen eine besondere Note verleiht, ist nur ihre psychologische Dramatisierung. Die Subjektivität solcher Erfahrungen läßt sich deutlich aus den beiden folgenden Fällen ablesen. Im ersten Falle hatte nur eine der anwesenden Personen das betreffende Erlebnis, während im zweiten Falle zwei anwesende Personen verschiedene Erlebnisse hatten: Als Mr. Mouat sein Büro in London betrat, bemerkte er dort Mr. H. dieser arbeitete zwar in seinem Büro, kam aber für gewöhnlich nicht so früh. Auch ein Besucher sah Mr. H., als er das Büro betrat, doch ging er wieder hinaus, als sein Versuch, ein scherzhaftes Gespräch anzuknüpfen, fehlschlug. So blieb Mr. Mouat mit Mr. H. allein. Er sah ihm ins Gesicht und war überrascht über dessen traurigen Ausdruck wie auch darüber, daß H. keine Krawatte trug. Daher fragte er: »Was ist los mit Ihnen? Sie sehen so verstört aus.« Aber Mr. H. antwortete nicht, sondern blickte ihn weiter starr an. In dem Augenblick betrat ein anderer Besucher das Büro. Dieser sah nichts, und Mr. H. verschwand. Mr. H. war an diesem Tag nicht in London. Mr. Mouats Erscheinung muß subjektiver Art gewesen sein, da weder der zweite Besucher noch der Pförtner Mr. H. gesehen hatten. – Mrs. E. erzählte auf dem Sterbebett ständig von ihrem Schwager, den sie »Onkel Done« nannte. Während sie im Todeskampf lag, hörte Mr. Done eine Stimme rufen: »Onkel, Onkel!« Zur selben Zeit hörte seine junge Nichte eine Stimme: »Rosy! Rosy!« Obwohl es Nacht war, verließ sie ihr Zimmer, denn sie glaubte, ihr Onkel habe sie gerufen. Sie fand den Onkel im Wohnzimmer; auch er war aus seinem Zimmer gekommen, weil er meinte, sie habe ihn gerufen.

Eine besonders interessante Form parapsychischer Spontanphänome bilden die Erlebnisse der »Seelenexkursion«. Muldoons Erlebnisse waren von dieser Art. Doch muß gleich gesagt werden, daß diese Erlebnisse nicht alle von parapsychologischem Interesse sind. Bisweilen handelt es sich um Verzerrungen im normalen Wahrnehmungsprozeß; dann liegt eher ein Problem der Psychologie oder Psychiatrie vor. Doch manche dieser Erfahrungen sind ihrem Inhalt nach parapsychischer Art. Das ist zum Beispiel der Fall, wenn die betreffende Person nicht allein ihre körperliche Präsenz an einem zweiten Platz erlebt, sondern zugleich auch genaue Information über Geschehnisse erhält, die sich an diesem Platz abspielen. Berichte über Beobachtungen solcher Art erinnern uns an die Versuche mit der Projektion des Empfindungsvermögens (Übertragung bzw. Verlagerung von Sinneswahrnehmung) und vor allem Versuche mit »travelling clairvoyance« unter Hypnose. Solche »Seelenexkursionen« treten bisweilen ganz spontan auf, zusammen mit einer deutlich erlebten außersinnlichen Wahrnehmung. Dafür zwei Beispiele:

Im Jahr 1913 lag der Perzipient in Aden mit einer ernsthaften Dysenterie darnieder. Er fühlte sich sehr schwach und entnahm in halbbewußtem Zustand dem Gespräch der um sein Bett stehenden Ärzte und Pfleger, daß sie bei ihm mit einem Kollaps rechneten und entsprechende ärztliche Maßnahmen trafen. Kurze Zeit darauf hatte er das Gefühl, als schwcbc er etwa einen Meter über seinem Bett in horizontaler Lage, das Gesicht nach unten. Mit großer Aufmerksamkeit beobachtete er seinen Körper, den er genau sah, und wie die Behandlung durchgeführt wurde (rektale Infusion). Ebenso deutlich erkannte er die anwesenden Personen. Nach der Infusion fühlte er sich bedeutend besser. Er erlangte seinen normalen Bewußtseinszustand wieder und überzeugte sich davon, daß die Personen, die er während der Krise an seinem Bett gesehen hatte (einschließlich einer ihm bis dahin unbekannten Person), zu dieser Zeit wirklich dagewesen waren. – Rev. L. J. Bertrand war ein begeisterter Bergsteiger. Während eines schwierigen Aufstiegs fühlte er sich erschöpft und beschloß, auf halbem Weg haltzumachen. Seine Kameraden setzen ihren Aufstieg fort; er wollte mit ihnen zusammen zurückkehren, wenn sie beim Abstieg wieder vorbeikämen. Er setzte sich in eine schmale Nische in dem steilen Felsen. Eine Zeitlang hatte er ein Gefühl tiefer Befriedigung durch den Ausblick auf die umliegenden Gipfel. Doch überkam ihn plötzlich ein Anfall von Erstarrung zusammen mit Furcht vor dem Tod durch Erfrieren, weil er sich nicht genügend bewegen konnte, oder durch Absturz. Bald darauf begann er zu fühlen, wie sein Körper dahinschwand, und schließlich hatte er das Empfinden, als sei er tot und schwebe über das Land dahin wie ein leichter Ballon. Voll Erstaunen sah er deutlich den Weg, den seine Freunde beim weiteren Aufstieg nahmen. Als sie auf dem Rückweg wieder bei ihm anlangten, riefen sie ihn ins Bewußtsein zurück, und er konnte ihnen in Erinnerung an seine Vision ganz genau einiges beschreiben, was sie auf dem Weg zum Gipfel erlebt hatten.

Fassen wir nun zusammen, was unsere Untersuchungen von Spontanphänomenen bisher an Erkenntnissen über die ASW ergeben haben, so müssen wir zweifellos feststellen, daß diese Kenntnisse vor allem die psychologischen Aspekte der ASW betreffen, das heißt die zweite Phase des Gesamtvorganges. Was den inneren Mechanismus des eigentlichen ASW-Prozesses anbetrifft, so erfahren wir nur sehr wenig, das heißt, wir bekommen nur einige wenige Andeutungen über die Gesetzmäßigkeiten, aber keine wirklichen Erkenntnisse. Zunächst einmal sahen wir, daß die Reizquelle für ASW offenbar in einer weitgespannten Skala von Ereignissen besteht: von Gedanken und Empfindungen von Einzelpersonen bis zu komplexen Szenen, bei denen eine Vielzahl von Menschen oder leblosen Dingen beteiligt ist. Was das ermittelte Ereignis anbetrifft, so haben wir bisher noch keine Begrenzung für die Anwendbarkeit der ASW gefunden. Bei den Spontanphänomenen sind die Fälle von Ereignissen dramatisch-tragischer Art mit einer stark emotionellen Note in der Überzahl, aber das läßt sich durchaus auf psychologische Gründe zurückführen: Einerseits neigt der Perzipient für gewöhnlich dazu, die erregendsten Ereignisse als Gegenstand der Ermittlung auszuwählen; und man erinnert sich auch eher an dramatische Ereignisse, während Spontanphänomene, bei denen es um Alltägliches geht, sehr leicht übersehen oder gar nicht registriert werden. Was die Eigenschaften der ASW angeht, so ist die auffallendste Entdeckung, daß sie offenbar von der räumlichen Entfernung nicht in dem Maße beeinflußt wird wie normale Sinneswahrnehmungen. Es werden zahlreiche Spontanfälle berichtet, bei denen die Information über Strecken bis zu Tausenden von Kilometern übermittelt worden ist. Und schließlich scheinen die Spontanphänomene darauf hinzuweisen, daß in der ersten Phase des ASW-Prozesses wahrscheinlich zwei Mechanismen beteiligt sind: a) ein einfaches Aufnehmen eintreffender Information, eine Art Eindrücken der Information in den Organismus des Perzipienten auf der unbewußten Ebene; und b) das aktive Suchen nach Information, das vor allem in Fällen der Verlagerung des Beobachtungspunktes an einen Platz außerhalb des Körpers sichtbar wird. In der zweiten Phase wird dann die Information zur Erfahrung, wann und wenn der Geist des Perzipienten bereit ist, sie zu erfahren; und sie wird in einer Form erfahren, für die der Geist im gegebenen Augenblick bereit ist.

Wichtig für die Theorie erscheinen uns einige Spontanphänomene von deutlich paragnostischem Charakter, deren Auftreten auf einen bestimmten Platz beschränkt ist. Sie haben einen gewissen Zug von Objektivität, da sie häufig von verschiedenen Personen wahrgenommen werden, aber für gewöhnlich von einigen besonders sensitiv Begabten. Oft hängen sie mit irgendeinem tragischen Ereignis zusammen, das an dem betreffenden Platz stattgefunden hat, wie etwa in den folgenden Fällen: Miß Bedford sah einen Mann von einem Punkt der Straße in der Nähe des Flusses aus verzweifelt ins Wasser starren. Ihre Freundin, Miß Locke, hatte einige Zeit vorher denselben Mann am selben Platz gesehen. Miß Lockes Mutter hatte diese Erscheinung ebenfalls mehrfach gesehen. Dazu wird berichtet, daß etwa 50 Jahre vorher sich ein Mann aus Liebeskummer an dieser Stelle des Flusses das Leben genommen hatte. – In ähnlicher Weise haben Miß Moberly und Miß Jourdain in den Gärten des Trianon in Versailles eine Szene von außerordentlicher Lebensnähe aus dem Jahre 1789 erlebt, deren Hauptfigur Marie Antoinette war. Später haben sie viele Einzelheiten der Szene in den Archiven aus jener Zeit als tatsächlich geschehen bestätigt gefunden. Mehrere Jahre später haben am selben Platz des Trianon zwei andere Mädchen das gleiche Erlebnis gehabt; von den beiden ersten sie nichts wußten.

Beobachtungen dieser Art lassen es als möglich erscheinen, daß an einem solchen Platz eine gewisse »Spur« zurückgeblieben ist, die wir in etwa »mentale Ablagerung« (mental impregnation) nennen können. Eine solche Spur könnte entweder eine Art Überbleibsel einer bei einem tragischen Ereignis einer früheren Zeit an dieser Stelle erlebten starken Emotion sein oder das Produkt wiederholter, gleichlaufender Gedanken verschiedener Personen, die das Ereignis am selben Platz erlebt haben. In diesem zweiten Fall könnte eine Spur des tragischen Ereignisses geschaffen worden sein, ohne daß dieses Ereignis an dem betreffenden Platz überhaupt stattgefunden hat.

Bestimmte Versuchsergebnisse lassen es als möglich erscheinen, daß es solche »mentale Ablagerungen« gibt. Erinnern wir uns nur an die auffallende Ähnlichkeit der geschilderten Spontanerlebnisse mit – zum Beispiel – Versuchen von Kotik, bei denen die Versuchsperson auf einem Stück Papier ein Bild sah, das vorher durch Gedankenkonzentration darauf »geheftet« worden war –, oder an den Fall der Versuchsperson Chowrins, die den Inhalt eines verschlossenen Briefes »fühlte«. Erwähnen wir ferner in diesem Zusammenhang aus zeitlich weiter zurückliegenden Berichten den Fall des Rutengängers H. Mager, von dem er hieß, er habe durch seine Praktiken fiktive Quellen geschaffen, die im Boden gar nicht existieren: Quellen, die dann von anderen Rutengängern, die später und unabhängig von ihm das betreffende Gebiet untersuchten, wiederholt angezeigt wurden. In jüngerer Zeit beklagte sich W. H. Tenhaeff über die Tendenz von Versuchspersonen, denen ein psychoskopischer Induktor vorgelegt wurde, Angaben zu machen, die, ohne daß sie es wußten, andere Versuchspersonen vor ihnen gemacht hatten – auch in Fällen, in denen die Angaben der anderen falsch gewesen waren.

Eine größere Zahl von Erkenntnissen zur ASW sind in verständlicher Weise durch experimentelle Forschung zutage gefördert worden. Bei der Bewertung ihrer Ergebnisse dürfte es zweckmäßig sein, sich mit den Verfahren quantitativer und qualitativer Versuche getrennt zu befassen.

Qualitative Versuche sind durchgeführt worden mit folgenden grundlegenden Versuchsanlagen:

a) Versuche in der typischen Anlage für die Erforschung von Telepathie mit Agent und Perzipient, wobei der Übertragungsgegenstand für gewöhnlich Zeichnungen sind.
b) Versuche in der Anlage für die Erforschung des Hellsehens, bei denen die Versuchsperson die Aufgabe hat, Gegenstände zu erkennen, die in undurchsichtigen Umschlägen verschlossen sind oder hinter einem unmittelbar vor die Versuchsperson hingestellten Schirm liegen.
c) Versuche, die stärker denen zur Erforschung des Hellsehens gleichen, sich aber dadurch von diesen unterscheiden, daß die Wahrnehmung der Versuchsperson sozusagen außerhalb von deren Körper verlegt ist. Diese Versuche sind oft mit Versuchspersonen im Zustand der Hypnose durchgeführt worden.
d) Psychoskopische Versuche, deren Anlage eine gewisse Ähnlichkeit mit der der vorigen Gruppe aufweist. Die Versuchsperson hält einen Gegenstand, den Induktor, in der Hand und bekommt den Auftrag, Ereignisse aus der Geschichte des Gegenstandes, seinen Eigentümer oder Personen, die mit dem Induktor in Berührung gekommen sind, zu beschreiben. Wie wir sehen werden, können wir als sicher annehmen, daß wir es auch hier mit einer Art Verlagerung des Beobachtungspunktes außerhalb des Körpers zu tun haben, diesmal »an« den Induktor, zurück in die Vergangenheit. Doch das Übertragungserlebnis ist hier nicht so deutlich zu erkennen wie bei den Versuchen der vorigen Gruppe; das ist allgemein der Fall bei Versuchspersonen, die ihre Fähigkeit in einem Zustand produzieren, der dem Wachzustand sehr nah ist.

Im Unterschied zu den Versuchen der Gruppe c, wo die Verlagerung des Beobachtungspunktes gemäß der Forderungen des Versuchsleiters erfolgt, geschieht sie bei psychoskopischen Versuchen mehr oder weniger spontan. Dann dient der Induktor als Orientierungsmittel. Diese orientierende Funktion des Induktors ist natürlich keineswegs vollkommen. Wenn der Induktor der Versuchsperson vorgelegt wird, besteht der implizite Versuchsauftrag darin, irgendein Ereignis festzustellen, das mit der Vergangenheit des Induktors verbunden ist, doch werden damit der Gegenstand oder die Situation, die ermittelt werden sollen, nicht ausdrücklich spezifiziert. Daher braucht die Versuchsperson nicht unbedingt auf das Ereignis aus der Geschichte des Induktors zu reagieren, das vom Standpunkt des Versuchsleiters aus das hauptsächliche ist, sondern sie kann auf ganz andere Ereignisse stoßen, die dem Versuchsleiter unbekannt sein können oder nicht seinen Annahmen entsprechen.

Besser kontrollierbare Experimente dieser Art kann man in Hypnose machen: Dabei ist nicht einmal der Induktor nötig, sondern man kann die Versuchsperson direkt durch entsprechende Suggestionen zur Quelle der Information führen – und zwar gerade zu der erwünschten Quelle der Information. In diesen Experimenten kommt eine besonders eindrucksvolle Erlebnisform zum Vorschein, die sogenannte »travelling clairvoyance« (etwa »reisendes Hellsehen«). Gelegentlich war diese Art von Erlebnis auch in spontaner Form in Gestalt der »Seelenexkursion« (out-of-the-body-experience außerkörperliche Erfahrung, AKE) zu beobachten (bisweilen auch – nicht gerade glücklich – als »Astralprojektion« bezeichnet). Bei einem solchen Versuch wird der Versuchsperson in Hypnose suggeriert, sie reise an einen anderen Ort (entweder im Raum oder in der Zeit), die Versuchsperson hat dann das ganz konkrete Erlebnis, als befände sie sich körperlich an einem anderen Ort. Sie kann deutlich die Gegenstände und Vorgänge dieses anderen Ortes sehen und erleben.

Von einem typischen Experiment dieser Art berichtete der schwedische Parapsychologe John Björkhem. Die hypnotisierte Versuchsperson, Frau Klaar, bekam die Aufgabe, in ihrer Vorstellung in eine andere Wohnung, wo sie niemals gewesen war, zu »gehen« und zu berichten, was sie dort sieht.

John Björkhem hat den vollen Bericht von diesem Versuch mitgeteilt:

Frau Klaar wurde hypnotisiert und anschließend aufgefordert, sich vorzustellen, sie verlasse ihren Körper, steige die Treppe hinab in das untere Stockwerk und gehe dort durch die Türe mit dem Namensschild W. Nachdem sie gesagt hatte, sie habe das Gefühl, an der richtigen Türe zu stehen, betrat sie im Geist das Zimmer und berichtete gemäß den ihr gestellten Fragen. Von Zeit zu Zeit gab sie auch spontan diese oder jene Beschreibung. Sie erklärte:

»Ich betrete einen Vorraum. Links sehe ich Kleidungsstücke, darüber ein Ablagebrett, ein anderes darunter. Vor mir ist eine Türe. Sie ist grau mit einer eingelassenen Glasscheibe. An der Türe ist auch ein Spiegel ohne Rahmen von über einem Meter Höhe und knapp einem halben Meter Breite. Rechter Hand ist ein Vorhang.« – »Gehen Sie durch den Vorhang und beschreiben Sie, was sie sehen.« – »Ich stehe in einem Zimmer. Es ist ein Empfangsraum. Rechts ist ein offener Kamin. Der Kaminsims ist aus Marmor.

Auf ihm steht eine Uhr. Sie ist aus Gold und Marmor. In der Nähe steht auch noch eine Figur. Ich erkenne nicht, was für eine Figur es ist, es können mehrere Figuren sein, vielleicht auch einige liegende. Außerdem sind noch mehrere Gegenstände dort, die ich nicht genau erkennen kann.«

»Gehen Sie jetzt in das Zimmer, das Ihnen gegenüberliegt, wenn Sie sich umdrehen!«

»Ja, das habe ich getan. Links steht eine Liege, bedeckt mit einer geblümten Plüsch-

Nachprüfung

Vorraum, Kleidungsstücke: richtig.

Ablagebrett, Türe: richtig.

Spiegel ohne Rahmen: 84 × 41 cm.

Scheibe, Farbe: richtig.

Vorhang, Platz: richtig.

Empfangsraum, offener Kamin: richtig.

Marmorplatte: richtig.

Uhr, golden usw.: richtig.

Buddha, Aschenbecher und allerlei verschiedene Gegenstände.

Liege, Standort: richtig.

Überdecke: richtig.

decke. Davor steht ein rechteckiger Tisch mit abgerundeten Ecken. Auf ihm liegt ein dickes Album mit dunklem Ledereinband. Das Album ist an die 10 cm dick.«

Tisch mit abgerundeten Ecken: richtig. Familienbibel, 12 cm dick, mit Fotografien, wie ein Album.

»Öffnen Sie es und sehen Sie sich die Fotografien an!«
»Ja, das habe ich getan. Da ist zuerst ein Foto von Mr. W., ohne Hut; dann ein Foto der ältesten Tochter Ruth; beide sieht man zusammen auf einem weiteren Foto rechts davon. Rechts sehe ich ferner ein Bücherbrett.«

Personen, Kleidung: richtig. Beide auf der rechten Seite: richtig. Bücherbrett: richtig. Auf der rechten Seite: richtig.

(Einige Ungenauigkeiten und Irrtümer ergaben sich, als die Versuchsperson aufgefordert wurde, in dem geschlossenen Buch zu lesen.)
»Bitte, beschreiben Sie den Raum weiter!«
»Auf dem Boden liegt ein grüner Teppich. Vor dem Fenster steht ein angewinkelter Ecktisch. Ich sehe einen Blumentopf, kann aber nicht erkennen, ob er auf dem Fensterbrett oder auf einem schmalen Tisch steht. Auf dem Tisch vor dem Fenster liegt eine Decke.«

Teppich mit der Grundfarbe blaugrün. Tisch, bedeckt mit einer Glasplatte.

»Bitte, fühlen sie auf dem Tisch nach, ob irgend etwas auf ihm liegt!«

Keine Decke auf dem Tisch.

»Ja, aber es ist kein Tischtuch, es ist eine Glasplatte, vielleicht ist es ein Teetisch.«
»Ist jemand anwesend?«
»Herr W. war vor kurzem im Salon, ist aber jetzt weggegangen. Ich weiß nicht, wo er ist.«

Zur Zeit des Versuchs, um 19.15 Uhr, führte Herr W. den Hund aus.

Bei einem dieser Versuche mit »travelling clairvoyance« wurde, ebenso wie bei dem vorhin beschriebenen Versuch Backmans, das Phantom der hypnotisierten Person an der Stelle gesehen, an der sie ihre Ermittlungen anstellte. Während seines Aufenthaltes in Uppsala hypnotisierte Björkhem eine junge Lappin und gab ihr den Auftrag, im Geiste zu ihren Eltern, einige hundert Kilometer entfernt, zu reisen. Das Mädchen beschrieb die Vorgänge in der Küche, erzählte, was der Vater und die Mutter gerade taten; sie fand den Artikel in der Zeitung, den ihr Vater im Augenblick las. Ein paar Stunden später riefen die Eltern des Mädchens in Uppsala an. Sie sagten, sie hätten die Gestalt ihrer Tochter in der Küche erscheinen sehen und seien nun in Sorge dies bedeute, daß ihr etwas Schlimmes widerfahren sei.

Die drei ersten Versuchstypen haben auch einige Erkenntnisse über die erste Phase des ASW-Vorganges erbracht, während die psychoskopischen Versuche, bei denen die Versuchspersonen für gewöhnlich eine größere subjektive Freiheit hatten, vornehmlich Aufschluß über die psychologischen Eigentümlichkeiten der ASW in ihrer zweiten Phase lieferten.

Die Erkenntnisse über die erste Phase bestätigen die Schlüsse, die wir schon bei der Bewertung der Spontanphänomene gezogen haben. Zum ersten haben, was den Einfluß des räumlichen Abstandes auf die ASW anbetrifft, zahlreiche Versuche gezeigt, daß sie über sehr große Entfernungen hin wirksam werden kann.

Das zeigen beispielsweise auch viele telepathische Experimente, die sogar über große Entfernungen (Tausende von Kilometern) erfolgreich durchgeführt wurden. Ebenso bestätigen die Experimente mit »travelling clairvoyance«, die auch auf große Entfernungen gelingen können, dieselbe Schlußfolgerung.

In diesem Zusammenhang können wir auch Experimente erwähnen, in denen die Sensibilität an eine andere Stelle des Körpers der Versuchsperson oder in ihre unmittelbare Nähe verlegt wurde. Von solchen Beobachtungen wurde – als Kuriosität – besonders in früherer Zeit berichtet, als noch eine große Verwirrung hinsichtlich der Variabilität der Phänomene herrschte. Man findet diese Fälle schon in den Schriften der ersten »Magnetiseure«. Phänomenologisch gesehen stellen sie eine wechselnde Mischung von Beobachtungen dar. Dabei kann es sich durchaus um hysterische Symptome oder Wahrnehmungsstörungen ohne jeden parapsychischen Effekt handeln, wie es vermutlich bei jener Patientin Pétetins der Fall war, die nichts hören konnte, wenn man ihr laut in die Ohren sprach, wohl aber etwas, wenn man es, und sei es noch so leise, an ihren Fingerspitzen flüsterte. Daneben sind andere Fälle beobachtet worden, die wir wohl als ASW betrachten können –, Fälle, in denen Versuchspersonen reagierten, als wären einzelne von ihren Sinnesorganen an anderer Stelle ihres Körpers, in den Körper des Versuchsleiters oder sogar in leblose Gegenstände ihrer Umgebung verlagert. So »sah« eine andere Patientin Pétetins mit dem Leib und konnte Karten identifizieren, die ihr unter einer Decke auf den Leib gelegt wurden. Sie konnte auch den Geschmack verschiedener Speisen mit den Fingerspitzen wahrnehmen. Ähnliche Übertragungen des Empfindungsvermögens auf ungewöhnliche Körperstellen werden von vielen anderen Autoren berichtet.

Interessante Fälle von Übertragung des Empfindungsvermögens auf den Versuchsleiter berichten die frühen Magnetiseure als besonders vollkommene Form hypnotischen Rapports (verbunden mit Telepathie). Die »magnetisierten« Personen empfanden den Geschmack von Substanzen, die der Magnetiseur im Mund hatte, sie fühlten Schmerzen, wenn sie dem Magnetiseur zugefügt wurden, und dergleichen mehr. In jüngerer Zeit ist das gleiche Phänomen auch von G. Pagenstecher bei seiner Versuchsperson Maria Reyes de Z. geschildert worden. Befand sie sich in tiefer Hypnose, so war sie unfähig, die Umgebung mit den eigenen Sinnen wahrzunehmen, doch erlebte sie alle Sinneswahrnehmungen Pagenstechers als ihre eigenen. Wenn ihm Pfeffer oder andere Substanzen mit recht charakteristischem Geschmack auf die Zunge gelegt wurde, hatte sie die gleichen Geschmacksempfindungen. Wenn Pagenstecher Ammoniak roch, hatte auch sie den Geruchseindruck von Ammoniak.

Ein besonders interessantes Phänomen ist die Verlagerung des Gesichtssinnes oder anderer Sinne in die Fingerspitzen; davon haben wir bereits gesprochen (S. 177 f.). So konnte Chowrins Versuchsperson Miß M. Farben durch Berührung unterscheiden. Sie erkannte die Farben von Papierstücken, die ihr in Reagenzgläsern unter einer Decke in die Hand gegeben wurden. Sie erkannte ebenfalls durch Berührung den Geschmack verschiedener Substanzen, die ihr in Flaschen ohne Aufschriften vorgelegt wurden: Zuckerlösung, Salz, Salzsäure, Zinksulfat, Chinin. Sobald sie die Flaschen berührte, empfand sie augenblicklich einen süßen, salzigen, sauren oder bitteren Geschmack beziehungsweise eine adstringierende Wirkung – je nach der Substanz, die sie berührte. Der Versuchsleiter prüfte selbst den Geschmack der vorgelegten Lösung erst, nachdem die Versuchsperson ihre Antwort gegeben hatte. Auch E. Boirac berichtet von der Versuchsperson Louis S., die es fertigbekam, mit den

Fingerspitzen zu lesen, wenn sie den Text mit ihnen berührte; die Augen waren ihr verbunden. Dieses Experiment gelang auch dann noch, wenn Louis S. mit verbundenen Augen auf seinem Stuhl saß, den Rücken Boirac zugewandt, von ihm nur am Ellbogen festgehalten, während er die Finger über die Zeilen der Zeitung leiten ließ: L. S. las also, was ihm durch Boiracs Finger angezeigt wurde. Hierher gehören auch moderne russische Experimente mit Fingerlesen.

Über die Übertragung sinnlicher Wahrnehmungsfähigkeit auf Gegenstände in der näheren Umgebung der Versuchsperson berichtete de Rochas. Seine Versuche erinnern stark an magische Praktiken primitiver Völker. So legte er zum Beispiel eine kleine Wachspuppe für einige Zeit in die Nähe der »magnetisierten« Versuchsperson. Wenn er der Wachspuppe danach einen Stich mit einem Messer versetzte, spürte die Versuchsperson diesen Stich. Bei einem anderen Versuch schnitt er der Versuchsperson eine Haarlocke ab und befestigte sie am Kopf der Wachspuppe. Dann weckte er die Versuchsperson. Obwohl sie nichts von den abgeschnittenen Haaren wußte, hatte sie das Gefühl, als ziehe sie jemand an den Haaren, wenn de Rochas an den an der Puppe befestigten Haaren zog. Ein weiterer Versuch: eine photographische Platte wurde auf die Versuchsperson gelegt, die sich in »magnetischem« Schlaf befand. Einige Zeit später wurde sie in die Kamera geschoben, und von der Versuchsperson wurde eine Aufnahme mit ihr gemacht. Jedesmal, wenn der Versuchsleiter das Bild auf dem Negativ berührte, spürte die Versuchsperson dies. Ritzte der Versuchsleiter das Bild mit einem Stift an der Stelle, an der die Hand der Versuchsperson abgebildet war, erschien an der entsprechenden Stelle der Hand der Versuchsperson ein rotes Mal.

In jüngerer Zeit führte R. Tischner ähnliche Versuche durch. Er nahm drei völlig gleiche Gläser mit Wasser, die mit kleinen Zetteln markiert waren, an deren unteren Enden die Zahlen 1, 2 und 3 standen. Tischner nahm das Glas Nr. 3 und forderte die Versuchsperson, die sich in tiefer Hypnose befand, auf, ihre sinnliche Wahrnehmungsfähigkeit in dieses Glas zu verlegen. Fünf Minuten später stellte er es zwischen die beiden anderen und wechselte ihre Plazierungen; danach wurde die Plazierung noch einmal von seinem Assistenten verändert, der Handschuhe trug, so daß niemand mehr wußte, in welches von den Gläsern die sinnliche Wahrnehmungsfähigkeit der Versuchsperson verlegt worden war. Wenn einem bestimmten Glas Stiche versetzt wurden, spürte die Versuchsperson diese Stiche, während sie bei den beiden anderen unempfindlich blieb. Die spätere Nachprüfung ergab, daß es tatsächlich Glas Nr. 3 war, bei dessen Berührung sie reagierte. Auf diese Weise gelang es Tischner, die verschiedensten sinnlichen Wahrnehmungsfähigkeiten der Versuchsperson: Geschmack, Geruch usw. in die Gläser mit Wasser zu verlegen. Diese Versuche wurden auch von Jarl Fahler erfolgreich wiederholt mit Personen unter Hypnose.

Im Hinblick auf die obengenannten Fälle offensichtlicher Verlagerung der Sinneswahrnehmungen sollte gesagt werden, daß wir bei unserem gegenwärtigen Wissensstand nicht in der Lage sind, den Mechanismus dieses ASW-Vorganges in jedem einzelnen Fall exakt zu bestimmen. Vermutlich sind in den verschiedenen Versuchspersonen und bisweilen auch in ein und derselben Versuchsperson bei verschiedenen Fällen verschiedene Mechanismen beteiligt. Wir können sogar annehmen, daß eine Informationsquelle mit mehreren Kanälen eher die Regel als eine Ausnahme ist. So möchten wir annehmen, daß die Verlagerung von sinnlichen Wahrnehmungsfähigkeiten in die Fingerspitzen der Versuchsperson auf ein Mitwirken von hellseherischen Fähigkeiten hinweist, die in der subjektiven Erfahrung der Versuchsperson den Eindruck eines »Sehens mit den Fingern« wecken; dagegen möchten wir in den Fällen, in denen das sinnliche Wahrnehmungsvermögen auf den Versuchsleiter übertragen ist, eher mit einem telepathischen »Abzapfen« von Informationen aus dem Geist des Versuchsleiters rechnen. Daher neigen wir nicht selten dazu, diese Erfahrungen als einfache Fälle von Hellsehen oder Telepathie zu interpretieren, bei denen die Erfahrung der »Sinnesübertragung« durch subjektive Dramatisierung erfolgt, und zwar auf dem Weg einer psychisch begründeten Erlebnisverzerrung, die keine eigene innere Bedeutung besitzt. Doch vor allem in Fällen, in denen sich organisierte Informationskomplexe gebildet haben (für gewöhnlich um einen zentralen Kern herum), wie bei psychoskopischen Versuchen oder Versuchen mit »travelling clairvoyance«, liegt eine andere Möglichkeit der Erklärung nahe: Wie es scheint, handelt es sich um die tatsächliche Übertragung irgendeines »Faktors der Informationssammlung« (vielleicht können wir sagen: eines »Organs der ASW«) an den Platz, an dem die Feststellung erfolgt. Diese Erklärung ist einfacher und weniger weit hergeholt.

Die Frage nach der Informationsquelle ist zweifellos ein Kernproblem der ASW-Forschung. Ja es ist der Punkt, in dem Hellsehen sich von Telepathie unterscheidet. Im allgemeinen können wir feststellen, daß die experimentelle Forschung den Schluß bestätigt, den wir bereits aus der Betrachtung von Spontanphänomenen gezogen haben, nämlich daß die Informationsquelle bei der ASW jede beliebige Art von Ereignis sein kann. Bisher sind in dieser Hinsicht noch keine Begrenzungen entdeckt worden. Und es hängt ab von den Versuchsbedingungen und der seelischen Disposition der Versuchsperson, welcher von den vielen möglichen Mechanismen der ASW im jeweiligen Einzelfall betätigt wird.

Theoretisch interessant ist das Phänomen der Psychoskopie, denn die Rolle, die der Induktor dabei spielt, erschien lange Zeit ziemlich rätselhaft. Vier Haupthypothesen zu seiner möglichen Rolle sind inzwischen entwickelt worden:

1. Der Induktor hat möglicherweise nur eine suggestive Bedeutung: Die Versuchsperson nimmt nur an, ein Induktor sei notwendig, während er in Wirklichkeit nicht notwendig ist.
2. Möglicherweise dient der Induktor als eine Art Konzentrationsmittel, als Hilfe zur Erreichung des erforderlichen geistigen Zustandes, in dem dann die ASW wirksam wird.
3. Es ist möglich, daß der Induktor Träger eines »Fluidums« unbekannter Art ist, in dem Gedanken und Empfindungen seines Besitzers sich konzentrieren oder auf dem »Spuren« von mit ihm zusammenhängenden Ereignissen zurückgeblieben sind; die Versuchsperson würde dann mit dieser dem Gegenstand anhaftenden »Imprägnation« (Ablagerung) in Berührung kommen.
4. Der Induktor lenkt die Wahrnehmungsfähigkeit der Versuchsperson auf das zu bestimmende Ereignis; irgendwie zeichnet die Versuchsperson die Geschichte des Induktors nach, stößt auf das Ereignis, das ermittelt werden soll, und stellt einen direkten Kontakt zu diesem Ereignis her.

Vor einer (noch folgenden) ausführlichen Darlegung wollen wir hier bereits erklären, daß die letzte dieser vier Hypothesen sich als richtig erwiesen hat. Bisweilen kommt auch ein »Lesen« einer »aufgeprägten« Information in Frage, wie es die dritte Hypothese besagt, doch mit der Einschränkung, daß es sich nicht um eine »Imprägnation« mit in der Vergangenheit liegenden Ereignissen handelt, die als solche wahrgenommen wird, sondern – wie wir später sehen werden –

um eine »Imprägnation« mit gedanklichen Vorgängen, die in der Vergangenheit im Zusammenhang mit diesem Gegenstand stattgefunden haben.

E. Ostys Forschungen haben ganz wesentlich zur Erkenntnis der Rolle des Induktors bei der Psychoskopie beigetragen. Er gelangte zu dem Schluß, daß in seinen Versuchen die Informationsquelle unmittelbar in der erkannten objektiven Tatsache lag, das heißt, in Ereignissen, die mit dem Besitzer des Induktors zusammenhingen. Von seinen Beobachtungen aus konnte Osty bereits zu gewissen Verallgemeinerungen schreiten: Wenn die Person, über die der Sensitive seine Angaben macht, sich in seiner räumlichen Nachbarschaft befindet, ist die Informationsquelle ganz offenbar vornehmlich die betreffende Person selbst. Der Sensitive schildert meistens Einzelszenen aus dem Leben dieser Person. Dabei hält er oft die Hand des Betreffenden, und diese Berührung dient für ihn als Anhaltspunkt zur Herstellung des Kontaktes mit ihm. Ist die Person abwesend, über die, wie man annimmt, der Sensitive berichtet, läßt dieser sich für gewöhnlich einen Gegenstand geben, der der Person gehört, und dieser Gegenstand hilft ihm, den Kontakt herzustellen. Wird ein solcher Induktor verwendet, so sind die Ergebnisse der Ermittlung im großen und ganzen genauso, als wäre die Person anwesend. Ist der Kontakt einmal hergestellt, so könnte der Versuchsperson der Induktor fortgenommen werden, ohne daß dadurch die Richtigkeit weiterer Angaben beeinflußt werden würde. Von Zeit zu Zeit kommt es vor, daß der Sensitive sich in der Person täuscht und nicht den Besitzer des Objektes beschreibt, sondern eine andere Person, die zufällig mit dem Induktor in Berührung gekommen ist. Tatsächlich kann der Sensitive mit jeder beliebigen Person Kontakt herstellen, die mit dem Induktor Kontakt gehabt hat. Wurde der Kontakt mit mehreren Personen aus der Geschichte des Induktors hergestellt, dann wurden die berichteten Dinge den Personen zugeschrieben, zu denen sie wirklich gehörten. Es ist wichtig festzustellen, daß es nicht so etwas wie eine Mischung der Eigenarten von Personen und Ereignissen gibt, die mit dem Induktor zu tun hatten; jede einzelne Person und jedes Ereignis bildeten eine von allen anderen völlig unabhängige, eigene individuelle Einheit. Manche besonders begabte Sensitive brauchten den Induktor gar nicht. So betätigte zum Beispiel Mrs. Morel ihre ASW-Fähigkeit im Zustand der Hypnose; doch in solchen Fällen mußte die Versuchsperson sorgfältig durch Instruktionen des

Versuchsleiters an den näher zu ermittelnden und zu bestimmenden Punkt herangeführt werden.

Osty faßte seine Haupterkenntnisse über die Rolle des Induktors folgendermaßen zusammen:

1. Um über den Besitzer des Induktors berichten zu können, muß der Psychoskopist zunächst Kontakt zu ihm herstellen. Zu diesem Zweck erweist sich der Induktor als nützlich. Wenn er den Induktor zur Hand nimmt, gelangt der Psychoskopist fast augenblicklich zum Kontakt mit seinem Besitzer.
2. Jede beliebige Person, die mit dem Induktor in Berührung gekommen ist, wird dem Psychoskopisten zugänglich. Der Versuchsleiter ist für gewöhnlich nicht in der Lage, im voraus zu bestimmen, welche von diesen Personen vom Psychoskopisten ausgewählt wird.
3. Doch sind auch weitere Personen zugänglich, die mit der Person in Kontakt waren, die ihrerseits – zu irgendeinem Zeitpunkt – mit dem Induktor in Kontakt gewesen ist.
4. Auf Grund dessen ist der Psychoskopist in der Lage, Einzelheiten aus dem Leben aller dieser zugänglich gewordenen Personen, unabhängig von einander, wahrzunehmen.
5. Ist der Kontakt mit einer Person bereits durch den Induktor hergestellt, dann kann der Induktor sogar zerstört werden, ohne daß dadurch die ASW irgendwie beeinträchtigt wird.
6. Wenn der Sensitive den Kontakt mit einer Person hergestellt hat, dann ist für ihn sowohl das gesamte vergangene wie auch das gesamte zukünftige Leben dieser Person zugänglich (also nicht allein die Zeitspanne, während der die betreffende Person mit dem Induktor in Kontakt war), gleich in welchem Abschnitt seines Lebens er mit dem Induktor Kontakt hatte und unabhängig von der seitdem verstrichenen Zeit. Es ist auch unwesentlich, ob die betreffende Person noch lebt oder schon gestorben ist.
7. Die physikalisch-chemischen Eigenschaften des Induktors, also das Material, aus dem er besteht, haben keinerlei Bedeutung. Doch ist es besser, als Induktoren Gegenstände zu wählen, mit denen die betreffende Person in ständigem Kontakt gewesen ist.
8. Die Periode, in der die Person mit dem Induktor in Kontakt war, steht in dem Reizeffekt, den sie auf den Sensitiven ausübt, in keinem proportionalen Verhältnis zur Länge der Dauer dieses Kontaktes. War der Induktor mit mehreren Personen in Kontakt, so

wählt er nicht etwa bevorzugt »Imprägnationen« aus, die diesen Personen gemeinsam waren.*

9. Die seit dem Kontakt verflossene Zeit scheint keinen Einfluß auf die Brauchbarkeit eines Gegenstandes als Induktor zu haben.
10. Kommen verschiedene Induktoren, die von verschiedenen Personen stammen, miteinander in Berührung, so wird dadurch weder die Brauchbarkeit eines von ihnen als Induktor noch die Qualität der durch sie gewonnenen Information beeinflußt.
11. Irrtümer, die bei einer Sitzung vorgekommen sind, zeigen die Tendenz, sich auch in den folgenden Sitzungen zu wiederholen, selbst wenn der Versuchsleiter nicht von dem betreffenden Psychoskopisten oder den ursprünglich gemachten Angaben weiß.

Diese Beobachtungen sprechen ganz offenkundig zugunsten des Schlusses, daß der Induktor für den Sensitiven nur eine Hilfe darstellt, um mit der betreffenden Person in Kontakt zu kommen. Es gibt keine »Fluida« verschiedener Personen, die am Induktor haften, Fluida, die einander beeinflussen und möglicherweise von einem Induktor auf den anderen übergehen würden. Nur Punkt 11 deutet auf die Möglichkeit hin, daß der Induktor von einer früheren Fehlangabe »überlagert« wird (offenbar durch die Gedanken des betreffenden Sensitiven selbst).

Die Rolle des Induktors besteht somit darin, den Sensitiven mit dem zu ermittelnden Ereignis, zum Beispiel mit dem Besitzer des Induktors, in Kontakt zu bringen. Sobald der Kontakt mit einer Person hergestellt ist, vermag der Sensitive durch ASW ihren gesamten Lebenslauf zu verfolgen. Diese Entdeckungen haben einen wichtigen Aspekt, der uns an interessante in ihm enthaltene Folgerungen heranführt. Wiederholen wir: Der Induktor bringt den Sensitiven in Kontakt mit einer Person, die *in der Vergangenheit* einen Kontakt mit dem Induktor hatte (und das auch in Fällen, in denen diese Person inzwischen verstorben ist). Das veranlaßt uns zu der Annahme, daß die Wahrnehmungsfähigkeit der Versuchsperson nicht nur an

* Das oben Gesagte bedarf einer weiteren Klärung: Je länger der Kontakt einer Person mit dem Induktor gewährt hat, desto größer ist die Wahrscheinlichkeit, daß der Sensitive speziell diese Person erfaßt. Im übrigen werden weder Informationsqualität noch -menge durch die Dauer dieses Kontakts beeinflußt. Außerdem hängt die Wahrscheinlichkeit, daß die Person erfaßt wird, auch davon ab, wie »interessant« diese Person für den Sensitiven ist.

verschiedene Orte im Raum, sondern auch an verschiedene Zeitpunkte verlagert werden kann (nämlich auf jenen Augenblick in der Vergangenheit, an dem die betreffende Person mit dem Induktor in Kontakt war). Mit anderen Worten: Die Versuchsperson kann die Fähigkeiten besitzen, mit Hilfe von ASW Informationen über Ereignisse – nicht allein an einem entfernten Punkt im Raum, sondern auch an einem zeitlich entfernten Punkt (in der Vergangenheit) – zu gewinnen. Das ist eine wichtige Entdeckung über den Mechanismus der ersten Phase der ASW: Nicht allein der räumliche, sondern auch der zeitliche Abstand (in der Vergangenheit) ist für die ASW ohne Bedeutung. Daß sich dies wirklich so verhält, wird durch zahlreiche Versuche mit »travelling clairvoyance« ebenfalls bestätigt, bei denen die Wahrnehmungsfähigkeit der Versuchsperson nicht nur an andere Orte im Raum, sondern auch in eine andere Zeit verlegt wird. Diese Entdeckung weist außerdem darauf hin, daß Signale, die bei den ASW-Vorgängen als Informationsträger wirken, nicht allein im Bereich des Raumes, sondern auch in dem der Zeit »wandern« können, so seltsam dies auch angesichts der Tatsache sein mag, daß keine anderen bekannten energetischen Signale die Zeitschranke zu durchbrechen vermögen.

Weitere Entdeckungen zur ASW mittels qualitativer Versuche sind mehr psychologischer Art. Wir wollen versuchen, sie in einer systematischen Form in zwei getrennten Gruppen zusammenzufassen, obgleich sie sich in einem gewissen Umfang überschneiden:

1. Psychodiagnostische Forschungen mit dem Ziel, die günstigsten Bedingungen für das Auftreten von ASW zu ermitteln.
2. Forschungen zur Psychodynamik von Formen des Auftretens der ASW, die unsere Kenntnisse der psychologischen Charakteristika des Auftretens von ASW vor allem über die zweite Phase des Vorganges der ASW erweitern.

Die erste Gruppe von Entdeckungen betrifft also die Bestimmung von Bedingungen, die zum Zustandekommen besonderer ASW-Leistungen beitragen. Verschiedene Autoren haben sich vor allem bemüht, bestimmende Charakteristika der mit überdurchschnittlichen ASW-Fähigkeiten Begabten zu finden, in der Hoffnung, dadurch die Auswahl solcher Personen aus der Gesamtbevölkerung zu erleichtern. Frühere Forscher, die die Leistungen spiritistischer Medien untersuchten, haben deren seelische Struktur und Eigenart nicht systematisch studiert; doch lassen sich schon in ihren Schriften einige flüchtige Hinweise auf die häufigsten für die Medien typischen Charaktermerkmale finden: So weisen sie hin auf ihre gesteigerte Suggestivität, ihre emotionale Unstabilität, ihre Neigung zur Schrulligkeit, ihre Abhängigkeit von schlechten Stimmungen, ihr impulsives Verhalten usw. In neuerer Zeit hat eine Anzahl holländischer Autoren versucht, größere Gruppen von Sensitiven systematisch vom charakterologischen Standpunkt aus zu untersuchen, um Charaktereigenarten festzustellen, die ihnen allen eigen sind. Diese Untersuchungen haben verschiedene psychologische Eigenarten der mit der Fähigkeit zur ASW Begabten erkennen lassen. So beobachtete man in diesem Zusammenhang bei ihnen recht häufig emotionale Labilität, Launenhaftigkeit, mangelndes Selbstvertrauen, das Gefühl der Schutzbedürftigkeit, geringe Anpassungsfähigkeit oder gewisse neurotische Züge; anderseits aber wurde nachgewiesen, daß die Fähigkeit der ASW nicht mit psychischen oder nervlichen Störungen in Zusammenhang steht. Alles in allem waren die Entdeckungen, die dabei gemacht werden konnten, nicht zahlreich und systematisch genug, um Grundlagen für eine leichtere Auswahl von ASW-Begabungen aus der Gesamtbevölkerung zu liefern. Vielmehr haben sie mit einer etwas entmutigenden Gewißheit gezeigt, daß eine solche Auswahl nach Charaktereigenschaften in Wirklichkeit kaum durchführbar ist. Jedenfalls ist nicht erkannt worden, ob die bei diesen charakterologischen Untersuchungen festgestellten Charakterzüge in sich bereits genügen, um mit Sicherheit sensitiv Begabte herauszufinden, oder ob sie in Wirklichkeit nur der betreffenden Einzelperson helfen, in einer bestimmten Zeit ihres Lebens die Bewußtseinslage zu erreichen, die für das Auftreten von ASW günstig ist. Wir werden noch sehen, welch wichtige Rolle die jeweilige Bewußtseinslage spielt.

Die zweite Forschungsrichtung umfaßte vor allem Bemühungen zur Bewußtseinslage und seelischen Verfassung, die für das Auftreten von ASW günstig sind. Es konnte festgestellt werden, daß auch solche Sensitive, die ihre Fähigkeit in einem scheinbaren Wachzustand betätigen, durch Selbstkonzentration in einen gewissen veränderten Bewußtseinszustand kommen. Wenn wir dazu noch berücksichtigen, daß ASW sehr häufig unter Hypnose auftritt oder in anderen Zuständen geminderter Bewußtheit, so legt sich uns der Schluß nahe, daß zum effektiven Auftreten von ASW ein irgendwie vom normalen abweichender Bewußtseinszustand als notwendig betrachtet werden kann. Damit ist die Frage auf die wesentlichen Züge dieses speziellen Bewußtseinszustandes reduziert.

Im Laufe der Zeit hat sich unter den Parapsychologen die Meinung durchgesetzt, daß ASW nicht eine nur wenigen besonders Begabten vorbehaltene Eigentümlichkeit darstellt, sondern daß sie vielleicht bei allen Menschen in einer latenten Form vorhanden ist. Doch ist es für das tatsächliche Auftreten von ASW vorteilhaft, wenn die betreffende Person geistig entsprechend vorbereitet wird. Bei Spontanphänomenen können eine seelische Spannung, eine innere Krise oder eine starke Gemütsbewegung dafür ausreichen. Experimentell stellt sich ASW ein in Zuständen der Hypnose, des Schlafes, der Versenkung, der Trance unter dem Einfluß gewisser Drogen, monotoner Reize, bei Entspannung und dergleichen. Offenbar ist das Wichtigste, daß die Versuchsperson einen spezifischen Zustand geistiger Konzentration (oder Gedankenruhe) und Loslösung von den Sinneseindrücken der Umwelt erreicht. Diese Geistesverfassung, in der das Bewußtsein gegen die gewohnten Sinnesreize abgeschirmt ist, öffnet den Weg für den Zutritt außersinnlicher Reize. Ein anderes Charakteristikum dieses Geisteszustandes ist der »Monoideismus«, das heißt: Der Bewußtseinsinhalt variiert nicht wie im normalen Wachzustand, sondern ein einzelner Gedanke wird unverrückbar im Bewußtsein festgehalten. In diesem Zustand ist auch die normale Wachtätigkeit (logisches Denken) ausgeschaltet. Dieser notwendige Bewußtseinszustand wird für gewöhnlich mit verschiedenen Namen bezeichnet (Trance, Ekstase und ähnlichen), und den Autoren fällt es für gewöhnlich schwer, ihn in wirklich adäquater Weise zu schildern und zu definieren. Bei den heutigen Fällen von ASW wird er offenbar nur annähernd erreicht. Wäre es möglich, diesen zum Auftreten von ASW führenden Bewußtseinszustand exakt zu bestimmen und irgendeine willkürlich ausgewählte Person in ihn zu versetzen, so wäre man vermutlich in der Lage, bei jedem beliebigen Menschen ASW zu wecken, auch wenn der Betreffende scheinbar keine Spur von dieser Fähigkeit besitzt. Das nach dem Ersten Weltkrieg sehr bekannte spiritistische Medium Mrs. Leonard äußerte in der Autobiographie folgende Meinung: »Die Entwicklung der Fähigkeit des Hellsehens oder Hellhörens besteht einfach darin: lernen, sich darauf ›abzustimmen‹. Selbst das beste Medium ist nach meiner Meinung keine Person mit einer besonderen Begabung, sondern ein Mensch, der entweder durch konzentrierte Bemühung oder unterstützt durch sein Temperament oder beides in die Lage versetzt worden ist, die Fähigkeit einer raschen und vollständigen Abstimmung (tune in) zu entwickeln.«

Alle Wissenschaftler, die sich für diesen Aspekt interessiert haben, betonen übereinstimmend die Wichtigkeit eines veränderten Bewußtseinszustandes für das Auftreten von ASW. Zum Beispiel macht auch G. N. M. Tyrrell darauf aufmerksam, daß für das Auftreten von ASW »ein gewisser Traumzustand notwendig ist – ein leichtes Abweichen vom normalen Bewußtseinszustand – und (daß) dieser Zustand durch das geringste Maß an Befangenheit, Unbehagen, stimmungsmäßigen oder körperlichen Störungen gehemmt wird.« In seinen quantitativen Versuchen mit Miß G. J. hat Tyrrell gezeigt, daß diese bisweilen bei Testreihen Gruppen von sechs bis zehn Treffern hatte und unmittelbar davor oder danach nur auf die Zufallserwartung von Treffern und Fehlern kam. Miß G. J. hatte subjektiv ein besonderes Bewußtsein dieser Perioden erhöhter Trefferzahlen: Sie hatte dann ein Gefühl, als sei ihre Umgebung ihrem Bewußtsein entrückt. Auch empfand sie in solchen Augenblicken selbst, daß ihre Eindrücke sicher richtig seien. H. Bender ist zu ähnlichen Schlüssen wie Tyrrell gelangt. Auch C. Bruck bestätigte, daß ein Zustand eingeschläferter Bewußtheit für das Auftreten von ASW günstig ist. Ebenso weist R. Sudre darauf hin, daß für das Auftreten von ASW der Trancezustand von Bedeutung ist, und setzt diesen Zustand dem hypnotischen gleich. Bei Brugmans Versuchen wurde festgestellt, daß die Versuchsperson van Dam sich in einem »Zustand der Passivität« befand, in einem Zustand der Entspanntheit, der einem Halbschlaf nahekam. Daß dieser Zustand vorhanden war, wurde sogar durch Messung des elektrischen Hautwiderstandes bei der Versuchsperson festgestellt. Van Dam erklärte nach Selbstbeobachtungen, daß die Herbeiführung eines Zustandes der »Bewußtseinsleere« notwendig sei für den Erfolg des Versuches. Bisweilen gelang es ihm nicht, sich in diesen Bewußtseinszustand zu versetzen; dann verliefen die Versuche weniger erfolgreich.

Der Bewußtseinszustand, der zur ASW führt, läßt sich nur schwer exakt beschreiben; ebenso schwer lassen sich die subjektiven Erfahrungen der Versuchsperson charakterisieren. Auf Selbstbeobachtung beruhende Schilderungen von Personen mit überdurchschnittlicher Begabung zur ASW helfen uns, einiges Licht in diese Fragen zu bringen. So beschrieb der Sensitive de Fleurière, der von E. Osty untersucht wurde und in einem scheinbaren Wachzustand arbeitete, diesen Zustand folgendermaßen: »Ich bin mir völlig klar darüber, daß der Bewußtseinszustand, in dem ich mich befinde, nichts gemein hat mit meinem gewöhnlichen Bewußtseinszustand. Ich bin nicht mehr derselbe Mensch; ich sehe oder fühle nicht mehr in der gleichen Weise wie vorher. Ich habe das Empfinden, als besäße ich eine zweite Persönlichkeit, oder vielmehr, als sei in meinem tieferen Innern eine andere Person verborgen, die nun plötzlich auftauche und an die Stelle meiner normalen Persönlichkeit träte. Dennoch habe ich nicht den Eindruck, als sei mein normales Denken vollkommen ausgeschaltet; das ist sicher nicht der Fall. Doch fühle ich, daß unter der Oberfläche meiner bewußten Intelligenz, die mein gewöhnliches Leben lenkt, eine unterbewußte Intelligenz lebt und wirkt, die beständiger und umfassender ist als die bewußte... Wenn dieser Zustand etwas länger andauert, habe ich buchstäblich das Gefühl, in diesem besonderen Zustand der Erhebung aufzugehen, den wir zum Beispiel erleben, wenn wir uns von einer musikalischen oder dichterischen Inspiration fasziniert fühlen. Ich erlebe das so stark, daß ich häufig vollkommen das Bewußtsein von dem Ort, an dem ich mich befinde, und von den Gegenständen die mich interessieren, verliere. In diesen Zustand und aus ihm heraus gelange ich sehr schnell, fast so leicht, wie ich meine Augen öffne oder schließe, um mit der Außenwelt in Kontakt zu kommen oder diesen Kontakt zu unterbrechen. Nach langen Sitzungen fühle ich mich in einem Zustand, der der Betätigung meiner Fähigkeit entschieden nicht weniger günstig ist, sondern eher in höherem Maße. Ich fühle, wie meine Stimmung sich immer mehr hebt; und parallel damit steigert sich auch meine geistige Erhebung, die meine Fähigkeit zur paranormalen Wahrnehmung vergrößert.«

Die Schilderungen machen uns verständlich, wie schwierig es ist, eine genaue Beschreibung des Bewußtseinszustandes zu geben, der zum akuten Auftreten von ASW führt. Dieser Zustand ist offenbar so ungewöhnlich, daß es unserer Sprache an geeigneten Wörtern zu seiner Bezeichnung fehlt. Etwas erfolgreicher scheint mir der Beschreibungsversuch von Mrs. Sinclair zu sein, mit der ihr Gemahl, der Schriftsteller UPTON SINCLAIR, seine telepathischen Versuche mit der Übertragung von Bildern durchführte. Die ungewöhnliche Sprachbeherrschung des großen Schriftstellers hat offenbar dazu beigetragen, daß diese Beschreibung genauer wurde.

Mrs. Sinclair gibt folgende Anweisungen, wie man zu ASW gelangen kann: »Als erstes haben sie die Kunst ungeteilter Aufmerksamkeit oder Konzentration zu erlernen. Damit meine ich etwas ganz anderes als das, was für gewöhnlich darunter verstanden wird. Man ›konzentriert sich‹ auf die Abfassung eines Kapitels in einem Buch oder auf die Lösung einer mathematischen Aufgabe; aber das ist ein komplizierter Prozeß der Aufmerksamkeitsverteilung, in dem die Aufmerksamkeit auf ein Detail nach dem anderen gerichtet wird in der Funktion des Urteilens, Abwägens und Entscheidens. Die Art von Konzentration, die ich meine, besteht darin, die Aufmerksamkeit auf *einen* Gegenstand oder einen *unkomplizierten* Denkinhalt wie Freude oder Friede zu richten und ihn darauf festzuhalten. Das ist kein Denken; es ist ein Hemmen aller Gedanken außer dem einen Gedanken oder Denkgegenstand. Dabei müssen Sie die Regung zurückhalten, dieses oder jenes *über* den Gegenstand zu denken, ihn zu prüfen, ihn zu bewerten oder von ihm aus Assoziationen aus der Erinnerung zu bilden.

Der Durchschnittsmensch hat niemals von einer solchen Form von Konzentration gehört und muß daher erst lernen, wie sie zustande gebracht wird.

Zugleich muß er lernen, sich zu entspannen, denn seltsamerweise besteht ein Teil der Konzentration in vollständiger Entspannung... Um sich in dieser ungeteilten Weise zu konzentrieren, geben Sie sich selbst zuerst eine ›Suggestion‹ mit dem Ziel, Ihren Geist und Ihren Körper zu entspannen, den Körper empfindungslos und den Geist zu einem unbeschriebenen Blatt zu machen, sich dabei aber die Kraft zu erhalten, diese Konzentration in kurzer Zeit zu ›brechen‹. Mit ›den Körper empfindungslos machen‹ meine ich, daß Sie Ihren geistigen Einfluß auf alle körperlichen Empfindungen, ja Ihr Bewußtsein von ihnen, völlig entspannen. Wenn Sie sich diese Suggestion ein paarmal gegeben haben, gehen Sie weiter und beginnen, Körper und Geist zu entspannen. Das heißt, Sie dämpfen Ihre geistige Anteilnahme an allen Dingen Ihrer Umgebung; Sie hemmen alle Gedanken, die aus dem Unterbewußten (oder woher die Gedanken sonst kommen) ins Bewußtsein einzudringen suchen. Das ist natürlich eine bedeutend tiefergreifende Sache als ›eben entspannen‹ ... Vielleicht ist es gut für Sie, wenn Sie folgendermaßen anfangen: den Körper so vollständig wie möglich entspannen; danach sich eine Rose oder ein Veilchen, kurzum: irgend etwas Erfreuliches, Vertrautes vorstellen, das keine Elemente emotionaler Erinnerung birgt; ständig, aber mit innerer Gelassenheit, den ausgewählten Gegenstand anschauen, nur an ihn denken, keine Erinnerungen, die er vielleicht weckt, ins Bewußtsein dringen lassen; ständig die Aufmerksamkeit darauf gerichtet halten, geradezu die Farbe oder die Form der Blume sehen und sonst nichts; nicht über die Blume nachdenken, sondern sie nur anschauen. Wählen sie nur eins, worauf Sie sich konzentrieren, also etwa die Form oder die Farbe der Blüte oder aber beide zusammengenommen in einem Anschauungsbild ›rosé und rund‹... Blumen sind im allgemeinen am besten als Ruhepunkt geeignet und lassen sich ihrem Wesen nach nicht so leicht in zerstreuende Erlebnisse einbeziehen. Im Unterschied dazu könnte ein Tintenfaß an die Mühe geistiger Arbeit erinnern, ein Löffel vielleicht an Medizin. Suchen sie also einen Frieden einflößenden Gegenstand, den Sie anschauen. Haben Sie ihn gefunden, dann sehen sie ihn mit ungeteilter Aufmerksamkeit an. Wenn Ihnen das gelingt, werden Sie finden, daß man dabei leicht einschlafen kann. Doch müssen Sie zwischen Schlaf und dem Zustand, den Sie erreichen wollen, klar unterscheiden... Nachdem Sie die Konzentration auf eine Blume geübt und dabei das Einschlafen vermieden haben, werden Sie fähig sein, jenen besonderen Zustand der Bewußtseinsleere zu erreichen, den Sie brauchen, um erfolgreiche telepathische Versuche durchzuführen. Anfangs kann es manche Spannung geben, doch dann erfolgt eine Lösung von der – körperlichen wie geistigen – Spannung; damit tritt die Entspannung oder Leere des bewußten geistigen Lebens ein. Die Praxis wird Sie lehren, was dieser Zustand ist, den Sie nach einiger Zeit ohne besondere Anstrengung erreichen.«

Zur Lösung der Aufgabe, mit Hilfe von ASW Zeichnungen zu erkennen, gibt Mrs. Sinclair die folgenden Richtlinien: »Schließen Sie Ihre Augen und entspannen Sie ihren Körper. Entspannen Sie ihn vollständig. Machen Sie Ihr Bewußtsein vollkommen leer und halten Sie es leer. Denken Sie an nichts. Es werden Gedanken kommen. Halten Sie sie zurück. Weigern Sie sich zu denken. Und verharren Sie für einige Augenblicke in diesem Zustand. Es ist wesentlich, einen Zustand geistiger und körperlicher Passivität herbeizuführen. Ist der Geist nicht passiv, so empfindet er die körperlichen Sinneseindrücke. Ist der Körper nicht entspannt, so stören seine Sinnesempfindungen die notwendige Passivität des Geistes... Wenn Sie nun völlig entspannt sind, halten Sie ihr Bewußtsein leer... Halten

Sie es für einige Augenblicke in diesem Zustand und geben Sie dann Ihrem unbewußten Geist in Gedanken den Befehl, Ihnen zu sagen, was auf dem Papier steht, das Sie in der Hand halten. Halten Sie die Augen geschlossen und den Körper entspannt; geben Sie den Befehl wortlos und mit so wenig geistiger Anstrengung wie möglich. Notwendig ist dagegen, ihn klar und positiv zu geben, das heißt: sich darauf zu konzentrieren. Sagen Sie Ihrem unbewußten Geist: ›Ich möchte das Bild, das auf dieser Karte oder diesem Stück Papier steht, meinem Bewußtsein vorgelegt haben.‹ Und konzentrieren Sie sich dabei geistig auf das, was Sie sagen. Wiederholen Sie, als sprächen sie direkt zu einem zweiten Selbst: ›Ich will sehen, was auf *dieser* Karte hier steht.‹ Dann entspannen Sie sich wieder zur völligen Leere und bleiben einige Augenblicke in dieser Leere; danach versuchen Sie sacht, ohne Anspannung, zu sehen, was für Formen in dem leeren Raum erscheinen, in den Sie mit geschlossenen Augen blicken. Suchen Sie nicht etwas vor Ihren Blicken heraufzubeschwören; verharren Sie in Erwartung und lassen etwas kommen... Diese Technik erfordert Zeit und Geduld...«

Wir können demnach schließen, daß ASW nicht Sache einiger besonders begabter Einzelpersönlichkeiten ist, sondern vielmehr mit einem spezifischen Bewußtseinszustand zusammenhängt. Das seltene Auftreten dieser Fähigkeit läßt sich dadurch erklären, daß nur wenige Menschen diesen besonderen Bewußtseinszustand erreichen, gleich aus welchen Gründen.

Damit sind wir zu der Frage gekommen, ob ASW erlernbar ist. Sie wird unterschiedlich beantwortet. Frühere Autoren (wie zum Beispiel A. K. Schechowski) kamen zu dem Schluß, ASW sei durch Übung zu erlernen. Bei seinen Telepathieversuchen wurden die Leistungen der Versuchspersonen durch Übung verbessert. Es gibt eine umfangreiche spiritistische Literatur, die sich mit der Entwicklung von Medien befaßt und erkennen läßt, daß der Glaube, paranormale Kräfte ließen sich durch Übung erwerben, weit verbreitet war.

In neuerer Zeit aber neigte J. B. Rhine zur Annahme des Gegenteils. Rhine betonte den unbewußten Charakter des ASW-Vorgangs in seiner grundlegendsten Phase, die jede Möglichkeit, diese Fähigkeit wirklich und bewußt zu erlernen, zweifelhaft macht. Abgesehen davon haben ASW-Gehalte keine eigentümliche Modalität ihrer bewußten Manifestation. Vergleichen wir zum Beispiel ASW mit visueller Wahrnehmung: Visuelle Wahrnehmungsinhalte haben ihre typische Modalität, durch die sie sich von Wahrnehmungen anderer Sinne – Gehör, Tastsinn usw. – unterscheiden, so daß der Empfänger der Wahrnehmung augenblicklich des eintreffenden visuellen Eindruckes gewahr wird und ihn als solchen erkennt. Außersinnliche Eindrücke entlehnen dagegen, wenn sie ihren Weg ins Bewußtsein finden, ihre Einkleidung irgendeiner bewußten Erfahrung. Dann nehmen sie verschiedene Formen an: wie Vorahnungen, Intuitionen, sich aufdrängende Gedanken, Träume oder (Pseudo-)Halluzinationen verschiedener Sinne. Haben wir einen außersinnlichen Eindruck, so erkennen wir ihn für gewöhnlich nicht mit Gewißheit, denn wir können ihn nicht ohne weiteres von anderen Erfahrungen unterscheiden. Das wird besonders typisch sichtbar bei quantitativen Versuchen mit der Identifizierung von Karten. Bei diesen Versuchen ist die Versuchsperson nicht in der Lage, auf der Grundlage von Selbstbeobachtungen zu sagen, welche ihrer Identifizierungen richtig und welche falsch sind. Die subjektive Erfahrung ist nur die eines »Ratens«.

Wenn die Sichtbarkeit bei visuellen Wahrnehmungen schlechter wird, zum Beispiel wenn die Beleuchtung nachläßt oder der beobachtete Gegenstand zu weit entfernt ist, erkennen wir augenblicklich die verschlechterten Bedingungen. Wir können die Zuverlässigkeit unserer Wahrnehmung einschätzen und genau den Augenblick erkennen, in dem die Bedingungen keine zuverlässige Beobachtung des wahrgenommenen Gegenstandes mehr gestatten. Bei der ASW tritt dieses Merkmal nicht auf, offenbar als Folge ihrer andersartigen phylogenetischen Vergangenheit. Es kann vorkommen, daß normales Auftreten von ASW in eine entgegengesetzte Form des »Psi-missing« (Psi-bedingte Fehler) umschlägt, und die Versuchsperson nicht fähig ist, es zu bemerken. In ähnlicher Weise sind Personen mit überdurchschnittlicher ASW-Begabung – Paragnosten, Hellseher und ähnliche – für gewöhnlich nicht in der Lage, richtige und falsche Eindrücke mit völliger Sicherheit auseinanderzuhalten. Jedenfalls wird der außersinnliche Charakter einer Erfahrung letztlich nur dann entdeckt, wenn seine Übereinstimmung mit der Realität überprüft wird, wenn später eine erhebliche Übereinstimmung dieser Feststellung mit der Wirklichkeit erkannt wird. Anderseits ist dieser unbewußte Charakter glücklicherweise kein notwendiges Merkmal aller ASW. Manche Sensitive, wie zum Beispiel G. Croiset, Mrs. Sinclair und andere, hatten bisweilen ein absolut sicheres Gefühl, daß ihre außersinnlichen Eindrücke richtig waren. Auch Miß J. K., eine der Versuchspersonen des Autors dieses Buches, empfand einmal (und zwar in einem Zustand besonders gesteigerter Angeregtheit) die absolute Gewißheit, daß ihre ASW-Eindrücke richtig waren. Bei einem Versuch hatte J. K. die Aufgabe, ASW-Karten zu identifizieren, die in Umschlägen aus steifer undurchsichtiger Pappe verschlossen waren. Anstatt in der üblichen Weise die Karten zu bestimmen, wie sie ihr vom Versuchsleiter vorgelegt wurden, machte sie sich aus ihrer Aufgabe einen Scherz: Sie nahm einen Packen von Umschlägen mit Karten in die Hand und erklärte, sie wolle die ASW-Fähigkeit ihres Versuchsleiters prüfen. Um ihr eine Freude zum machen, riet der Versuchsleiter den Inhalt der Umschläge, während J. K. triumphierend seine Fehler korrigierte: ihren eigenen ASW-Eindrücken folgend. Der Versuchsleiter äußerte Zweifel über ihre »Korrekturen«, aber sie erwiderte: »Ich *weiß*, daß sie richtig sind.« Eine spätere Prüfung ergab, daß sie recht hatte: Alle Angaben, die sie mit dieser absoluten Gewißheit gemacht hatte, waren richtig.

Wie es scheint, gilt die Meinung von Rhine nur für quantitative Experimente mit dem Kartenraten, die nach seiner Methode durchgeführt werden.

Autoren, die gute Sensitive überprüft haben, wie Osty, Tenhaeff und andere, kommen zu dem Schluß, daß Erfahrung und praktische Fertigkeit letzlich dazu beitragen können, die Leistungen der Sensitiven zu steigern. Gewiß haben diese Personen ihre Fähigkeit nicht völlig unter Kontrolle, und ihre ASW kann auch zeitweilig in ganz unvorhersehbarer Weise verschwinden. Doch bei genügender Praxis können sie schließlich lernen, die Bedeutung ihrer Visionen richtig zu interpretieren. Außersinnliche Eindrücke werden im Bewußtsein für gewöhnlich als eine Art wirklichkeitsgetreuer (Pseudo-)Halluzination verschiedener Sinne empfunden. Diese wirklichkeitsgetreuen halluzinatorischen Erlebnisse haben nicht selten eine große Ähnlichkeit mit gewöhnlichen Halluzinationen, bei denen kein außersinnliches Element beteiligt ist. Bisweilen fällt es sehr schwer, die beiden Phänomene auseinanderzuhalten. Auch kann es, wenn die außersinnliche Erfahrung einen in Symbole eingekleideten Inhalt hat, schwierig werden, die Symbole recht zu deuten. Viele Irrtümer von Sensitiven gehen zweifellos auf diese Schwierigkeit des Interpretierens zurück. Aber die Praxis scheint bei ihrer Bewältigung eine große Rolle zu spielen: Ähnlich wie der Mensch in seiner frühesten

Kindheit lernen muß, seine Sinneswahrnehmungen zu koordinieren, kann der Sensitive durch beharrliche Selbstbeobachtung Kriterien finden, die ihm behilflich sein können, die Richtigkeit seiner einzelnen Erfahrungen zu beurteilen. Diese Beurteilung kann schwierig sein. Gewiß ist sie bedeutend schwieriger als die subjektive Beurteilung der Inhalte normaler Sinneswahrnehmungen und erfordert auf seiten der wahrnehmenden Person eine besonders konzentrierte Aufmerksamkeit. Möglicherweise steht die Gedankenleere, die eine der Voraussetzungen für das Auftreten der ASW ist, zu der für diese Beurteilung notwendigen geistigen Arbeit im Widerspruch. Dennoch scheint eine solche Beurteilung grundsätzlich möglich zu sein.

Dann aber dürfte die experimentelle Kontrolle über die ASW nicht allzu schwierig sein, wenigstens nicht im Prinzip. Es müßte genügen zu lernen, 1. wie man den Bewußtseinszustand erreicht, der zur ASW führt, und 2. wie sich in zuverlässiger Weise die Richtigkeit von (Pseudo-)Halluzinationen beurteilen läßt, in deren Gestalt die außersinnlichen Wahrnehmungen erlebt worden sind. Ließe sich das erreichen, so könnte ASW von allen Menschen erlernt werden. Doch auch dann hätten wir zweifellos mit unterschiedlichen Leistungen zu rechnen, je nach der Begabung des einzelnen.

Andere bei qualitativen Versuchen gemachte Entdeckungen betreffen die zweite Phase des ASW-Vorganges, also die äußere Bekundung der ASW-Information. Diese Entdeckungen vornehmlich psychologischer Art sind durch gründliche Untersuchung einzelner besonders eindrucksvoller Fälle von ASW zustande gekommen. Von besonderer Bedeutung sind hierbei die bewußt erfahrenen ASW-Eindrücke. (Diese lebendige, bewußte Erfahrung geht bei den rein quantitativen Kartentests verloren.) Die umfassendsten Entdeckungen sind bei den visuellen Formen der ASW gemacht worden, bei denen die ASW-Eindrücke in der Form visueller (Pseudo-)Halluzinationen erlebt werden.

Einer der charakteristischen Züge bei bewußten Manifestationen von ASW ist *die langsame Entwicklung der Eindrücke.* Dieses Merkmal ist von vielen Parapsychologen hervorgehoben worden, so von E. Osty, R. Tischner, W. Wasiljewski und anderen.

Dieses Merkmal wird an dem folgenden Experiment des Autors deutlich, der uns außerdem auch zeigt, wie die Versuchsperson geschickt ihre Fähigkeit der ASW als zusätzlichen Sinn gebrauchen und mit ihrem kritischen Verstand ihre ASW-Eindrücke interpretieren und bewerten kann. Die Versuchsperson – wiederum Miß S. K. – hatte die Aufgabe, einen Hammer zu erkennen, der hinter einem dunklen undurchsichtigen Schirm lag. Der Hammer hatte einen alten, durch langen Gebrauch abgenutzten Stiel und am Ende des Stieles, wo der eiserne Kopf befestigt war, eine etwa einen Zentimeter breite Kerbe. Diese Kerbe stach durch die Helle des Holzes an dieser Stelle beträchtlich von dem schmutzigen Stiel und dem dunklen Eisenkopf ab. Die Versuchsperson erklärte: »Jetzt sehe ich einen langen dunklen Streifen (ihre Längenangabe kam der tatsächlichen Länge des Hammerstieles beträchtlich nah), und in der Nähe ist ein anderer, dunkler Fleck, der fast wie der Schatten dieses Streifens aussieht. Der Streifen gleicht einem Lineal… aber ich habe ihn jetzt von der Seite gesehen. Er ist doch kein Lineal, er ist dicker, es könnte eine Art Stange sein, und der dunkle Fleck darüber ist auch kein Schatten… Es ist ein Hammer… Aber oben am Stiel sehe ich eine Art hellen Streifen, der mit der Grundfläche verschmilzt, und dadurch bekam ich den Eindruck, als ständen die beiden Flecke nicht in direktem Zusammenhang miteinander.«

Ein anderes typisches Merkmal qualitativer ASW-Eindrücke ist ihr *fragmentarischer Charakter*. Der Hellseher (Paragnost) empfängt normalerweise keine so genaue Wiedergabe des wahrgenommenen Ereignisses oder Gegenstandes, wie man sie in einem Spiegel sähe. Ja er erkennt für gewöhnlich die wahrgenommene Wirklichkeit nicht in ihrer Ganzheit. Er greift nur Teile, Teileindrücke heraus, und es kann für ihn sehr schwierig werden, diese Einzelteile in ein richtiges Ordnungsgefüge einzubauen. Die richtige Lokalisierung und Deutung dieser Eindrücke erfolgt nachträglich an Hand anderer, begleitender Eindrücke. Dabei geschieht es nicht selten, daß der Hellseher die Bedeutung seiner Eindrücke falsch interpretiert. Daher treffen wir sehr häufig auf Mißverständnisse, die durch falsches *Verschmelzen von Teileindrücken* zustande kommen: Der Hellseher hat verschiedene fragmentarische Eindrücke erhalten, die einander in mancher Hinsicht ähnlich sind – beispielsweise, wenn sie zwei verschiedene, aber irgendwie ähnliche Ereignisse wiedergeben. Deutet er nun diese richtigen, wenngleich unvollständigen Eindrücke zusammengefaßt als Darstellung eines einzelnen Ereignisses, so kann er in seinen abschließenden Ergebnissen zu einem völligen Mißverständnis kommen.

Ein weiteres typisches Merkmal der bewußten Darstellung außersinnlicher Eindrücke ist ihre *symbolische Gestalt.* Symbolhafte Ausdrucksformen sind bei qualitativen Versuchen mit Sensitiven so häufig, daß E. Osty erklären konnte, er habe bei seinen Versuchen nie das Glück gehabt, wirklich realistische Eindrücke zu beobachten, also Eindrücke, die in exakter Weise die Wirklichkeit wiedergeben. Seine Paragnosten hatten immer symbolhaft eingekleidete Eindrücke, und die Form der Symbole war durch die seelische Struktur des jeweiligen Sensitiven bedingt. Sie sind individuell verschieden, und der Sensitive muß seiner persönlichen Erfahrung nach die richtige Deutung finden. Die Vielfalt der symbolischen Verschlüsselung läßt sich an mehreren Beispielen aus der experimentellen Praxis Ostys aufzeigen. So etwa an der Aussage: »Das Leben dieses Mannes kommt mir vor wie ein dunkler Streifen, der in letzter Zeit immer dünner wird... Und er wird in Zukunft noch dünner... Jetzt höre ich ihn zerbrechen... Das bedeutet den nah bevorstehenden Tod.« – Oder: »Diese Dame hat etwas ganz Ungewöhnliches in ihrem Kopf. Sie sieht nicht wie die übrigen Menschen... Ich sehe ein schwarzes Loch in ihrem rechten Auge... Sie kann mit dem rechten Auge nicht sehen.«

Eine ganze Anzahl interessanter Symboldarstellungen hat Tenhaeff beschrieben. So sah zum Beispiel ein Paragnost sechs Glas Bier über dem Kopf eines Klienten; das Bier verwandelte sich plötzlich in Rum. Der Paragnost glaubte zuerst, sein Klient habe etwas mit einer Wirtschaft oder einem Restaurant zu tun. In Wirklichkeit war er in einem Dorf namens Sexbierum geboren. Ein anderer Paragnost sah bei einer seiner Klientinnen Soldaten marschieren und schloß daraus, die Klientin habe etwas mit der Armee zu tun. Die Dame verneinte dies, aber der Paragnost erklärte: »Ich habe ein Bild vor Augen, das an ein Militärlager erinnert.« Der Mädchenname der Klientin war van den Harskamp (holländisch: harskamp = Militärlager). Bei einem anderen Versuch hatte ein Sensitiver die Vorstellung von einer Mühle, und immer wieder drängte sich ihm der Gedanke an Mehl auf. Schließlich stellte sich heraus, daß der Name des Klienten »Meel« (holländisch: Mehl) lautete. Bei anderer Gelegenheit wurde dem Paragnosten das Porträt eines Mannes gezeigt, den er nicht kannte. Er fragte: »Kommt dieser Mann oft nach Belgien?« (Negative Antwort.) Die nächste Frage des Sensitiven lautete: »Ist dieser Mann kürzlich bei einer Prozession mitgegangen?« (Wieder eine negative Antwort.) Bei einer flüchtigen Bewertung dieses Ergebnisses könnten wir schließen, daß der Paragnost hier zweimal erfolglos nur »geraten« hatte. Doch gab er nicht nach, da er das sichere Empfinden hatte, auf der richtigen Spur zu sein. Er erklärte: »Das kann ich nicht verstehen: Das Bild weckt in mir den Gedanken an den belgischen Marktflecken Hoogstraten, wo ich als Junge einmal eine Prozession gesehen habe. Und jetzt sehe ich die Prozession ganz deutlich.« Der Name des Mannes auf dem Bild war Hoogstraten. Der Sensitive G. Croiset hatte seine eigene charakteristische Symbolik; wenn er zum Beispiel im Zusammenhang mit einem Klienten einen Pfirsich sah, war das für ihn immer ein Zeichen, daß der Betreffende krebskrank ist. Die Assoziation hatte ihren Ursprung darin, daß Croisets Mutter an Krebs gestorben ist; im letzten Stadium ihrer Krankheit aß sie besonders viele Pfirsiche.

Wenn auch Symbolausdrücke sehr häufig sind, so ist es doch nicht die Regel, daß außersinnliche Eindrücke *immer* in symbolischer Form erscheinen. Das geschieht in der Hauptsache bei Sensitiven, die ihre Fähigkeit ohne Anleitung entwickelt haben. Doch gibt es viele Beobachtungen – zum Beispiel bei Versuchen in der Hypnose –, in denen die außersinnlichen Eindrücke ein genaues Bild der beobachteten Ereignisse ergeben. Doch wenn wir die weniger vollkommenen Formen der Darstellung außersinnlicher Wahrnehmungen im bewußten Zustand, wie sie vornehmlich bei spontanen Paragnosien auftreten, näher untersuchen, so erhalten wir wichtige Erkenntnisse über die psychisch bedingten Merkmale dieser Phase des ASW-Vorganges. Verallgemeinernd können wir sagen: Die ASW-Eindrücke stellen sich im Bewußtsein in einer Form dar, für die der Geist des Perzipienten disponiert ist. Die außersinnlichen Erfahrungen werden in ihren konkreten Einzelheiten durch die seelische Struktur des Perzipienten geformt: durch seine persönliche Erfahrung in der Vergangenheit, seine Erinnerungen, seine augenblickliche Gemütsverfassung und dergleichen.

Das oben Ausgeführte betraf den Einfluß der seelischen Struktur des Perzipienten auf die abschließende Form seiner ASW-Erfahrung. Aber bei spontan Sensitiven, die für gewöhnlich nur wenig durch Instruktionen des Versuchsleiters in ihrer freien Betätigung der ASW eingeengt werden, die eine große Freiheit in der Auswahl der zu ermittelnden Gegenstände und Ereignisse haben, ergibt sich ein weiteres interessantes Problem: Wodurch wird die faktische Auswahl der

ASW-Eindrücke bestimmt? Wenn der Paragnost über einen Klienten Aussagen macht, so ist ihm eine Fülle verschiedener Ereignisse und Szenen aus dessen Leben zugänglich. Die einen werden bevorzugt registriert, andere völlig ignoriert. Nach welchen Gesetzen erfolgt die Selektion unter den Visionen des Sensitiven?

Dieses Problem hat W. H. C. Tenhaeff eingehend untersucht. Mit dem bekannten Sensitiven Gerard Croiset hat er öffentliche Vorführungen veranstaltet, ähnlich den Versuchen Ostys mit Pascal Forthuny. Während der Vorführungen ging Croiset unter die Teilnehmer und suchte sich Personen aus, über deren Leben er zu berichten wünschte. Tenhaeff beobachtete, daß Croiset mit Vorliebe solche Leute aussuchte, deren persönliche Geschichte eine assoziative Beziehung zu Ereignissen zeigte, die er selbst in seiner Vergangenheit mit besonderer emotionaler Anteilnahme erlebt hatte. Ebenso wählte Croiset aus dem Leben der Betreffenden mit Vorliebe solche Ereignisse aus, die einen assoziativen Zusammenhang mit Ereignissen seines eigenen Lebens hatten, vor allem mit Ereignissen, die für ihn besonders wichtig gewesen waren und die in ihm eine emotionale Spur oder ein Trauma hinterlassen hatten. Dasselbe war der Fall bei anderen Sensitiven.

Ein sehr aufschlußreiches Beispiel kennen wir von Croiset. Als er etwa zehn Jahre alt war, brauchte er einmal dringend zehn Cent, um ins Kino gehen zu können. Es war schon dunkel, da begegnete er einem Mädchen, das mit ihm zusammen zur Schule ging. Seine Mutter hatte es einkaufen geschickt, und es zählte gerade sein Geld. Dabei fiel ein 10-Cent-Stück aus seinem Portemonnaie und rollte auf Croiset zu. Er tat, als wolle er dem Mädchen helfen, das verlorene kleine Geldstück wiederzufinden, stellte aber in Wirklichkeit den Fuß darauf und nahm es in einem unbeobachteten Augenblick an sich. Doch heftige Gewissensbisse veranlaßten ihn, dem Mädchen das Geld zwei Tage später zurückzugeben. Nun wurde Croiset, als er schon ein weitbekannter Hellseher war, eines Tage zu einem Kranken gerufen, der wegen irgendeines organischen Leidens in ärztlicher Behandlung war, bei dem aber die Therapie nicht anschlug. Als er ihn besuchte, erschien ihm ein Bild des Mädchens aus Middelburg über dem Kopf des Patienten. Daraufhin fragte Croiset ihn geradeheraus, wem er Geld gestohlen und welcher Frau er es nachher gegeben habe. Nach einer Weile bekannte ihm der Mann, er habe einem seiner Freunde Geld gestohlen und es seiner Freundin geschenkt. Danach erzählte Croiset ihm noch andere zutreffende Einzelheiten aus seiner Vergangenheit. Am Ende stellte sich heraus, daß die Krankheit des Patienten psychisch bedingt war. Nachdem der Diebstahl wiedergutgemacht war, konnte ein Neurologe ihn vollends wiederherstellen.

Bei einem anderen Anlaß, einem öffentlichen Auftritt im Oktober 1953, berichtete Croiset, daß einer der Anwesenden einige Wochen zuvor in einer großen Stadt ein unerfreuliches Erlebnis gehabt habe: Als er über die Straße gegangen sei, habe er plötzlich bemerkt, daß einer seiner Schnürsenkel sich gelöst hatte. Als er anhielt und sich niederbeugte, um ihn wieder zuzuschnüren, stolperte ein hinter ihm gehender Mann über ihn und stürzte. Der Mann war wirklich einige Wochen zuvor in London gewesen, wo ihm dies widerfahren war. Croiset konnte auch irgendwie den psychologischen Hintergrund seines Eindrucks erklären: Er berichtete, etwas ganz Ähnliches sei ihm in seiner Kindheit widerfahren. Als er etwa zwölf Jahre war, kam er eines Tages mit einem seiner Schulkameraden in ein Haus, in dem jemand gestorben war. Sein Kamerad, ein Katholik, kniete plötzlich nieder, und Croiset, der nicht damit gerechnet hatte, stolperte über ihn und stieß mit dem Kopf gegen den Sarg.

Eine derartige psychisch motivierte Auswahl unter den sich bietenden Eindrücken führt bei manchen Paragnosten zu einer ausgeprägten Spezialisierung auf bestimmte Gegenstände und Themen der Ermittlung. So beobachtete Tenhaeff, daß eine Psychoskopistin, Miß V. K., die ein paar Jahre zuvor ein Verhältnis mit einem verheirateten Mann gehabt hatte, besonders leicht ähnliche Dreiecksverhältnisse unter ihren Klienten herausfand. Oder: da sie eine Zeitlang beabsichtigt hatte, nach Australien zu emigrieren, erkannte sie bevorzugt ähnliche Wünsche bei ihren Besuchern. Einen anderen Paragnosten veranlaßten seine unbefriedigten sexuellen Wünsche, bevorzugt Eindrücke mit sexuellen Motiven auszuwählen. Der Paragnost, den Tenhaeff mit dem Pseudonym Alpha bezeichnet, hatte die Spezialität, Ertrunkene zu suchen. Das hing mit einem dramatischen Erlebnis seiner Jugend zusammen, bei dem er selbst beinahe ertrunken wäre. Aufträge, bei denen es darum ging, einen Dieb zu entdecken, übernahm Alpha nicht gerne. Er erklärte dies damit, daß er selbst einmal irrtümlich des Diebstahls verdächtigt worden sei und die Vorstellung nicht ertragen könne, irgend jemand werde möglicherweise seiner Aussage wegen ungerechtfertigt als Dieb verdächtigt. Der Paragnost

Beta dagegen, der in seiner Kindheit ebenfalls einmal in den Verdacht eines Diebstahls geraten war, übernahm gern solche Aufgaben, weil er hier die Möglichkeit sah, den wirklich Schuldigen zu finden. Der Paragnost Delta, der, wie bei einer psychodiagnostischen Analyse festgestellt worden war, unter dem Gefühl der Einsamkeit litt und sich verschiedentlich schon mit Selbstmordgedanken getragen hatte, übernahm mit Vorliebe und mit ungewöhnlichem Erfolg die Nachforschung nach den Leichen von Vermißten, bei denen sich hernach herausstellte, daß sie Selbstmord begangen hatten.

Dieser vom Paragnosten unwillkürlich getroffenen Auswahl zufolge kann es vorkommen, daß Paragnosten von manchen Personen eine Fülle von Einzelheiten zu berichten wissen. Werden sie aber Personen gegenübergestellt, deren Erfahrungen und Erlebnisse sich nicht zu denen des betreffenden Paragnosten in assoziative Beziehungen bringen lassen, so können sie wenig oder gar nichts über sie sagen. Das wurde bereits sehr früh von F. W. H. Myers beobachtet, der zwischen solchen Menschen unterschied, deren Anwesenheit ASW fördert, und solchen, die sie behindert (»good sitters« und »bad sitters«). Er erklärte das durch die Annahme, der Hellseher könne auf telepathischem Weg mit verschiedenen Personen mehr oder weniger leicht Kontakt bekommen. Auch E. Osty unterschied »personnes favorisantes« (= Personen, die günstige Vorbedingungen bieten) und »personnes stérilisantes« (= Personen, die ungünstige Voraussetzungen bieten).

Hier liegt der Grund für die bescheidenen Ergebnisse mancher Versuche letzten Endes in dem Mangel an genügend ansprechenden Ereignissen im Leben des Klienten. Doch können die wenig stabilen Fähigkeiten des Paragnosten auch auf andere, direktere Art und Weise im positiven oder negativen Sinn beeinflußt werden. So gibt es Menschen, die allein durch ihre Anwesenheit (ihr Verhalten, ihre Blicke, ihre Zwischenbemerkungen usw.) die innere Harmonie der Versuchsperson stören, selbst wenn sie die beste Absicht haben, eine möglichst günstige Atmosphäre zu schaffen. Ein wie geringes Maß an derartigen Störungen schon genügt, zeigt ein quantitativer Versuch, der von D. J. West und G. W. Fisk durchgeführt wurde. Die beiden organisierten gemeinsam einen Versuch der Kartenidentifizierung; dabei stellte sich heraus, daß die Versuchspersonen signifikante, über die Zufallserwartung hinausgehende Trefferzahlen nur mit Karten erzielten, die von Fisk hergerichtet worden waren, während ihre

ASW bei Karten, die West hergerichtet hatte, nicht funktionierte. Die Versuchspersonen wußten übrigens nicht, welche Karten von Fisk und welche von West präpariert worden waren.

Wir können also feststellen, daß das aktuelle Auftreten von ASW sehr unstabil ist. Das hat Osty sehr gut formuliert, wenn er die Bedingungen für dieses Auftreten von ASW folgenderemaßen zusammenfaßt: »Alles, was in ungünstiger Weise auf das Gehirn einwirkt, kann die Qualität der ASW-Fähigkeit stören: starke anhaltende Emotionen (Unruhe, seelischer Schmerz, starke Gemütsbewegungen usw.), körperliche Schwäche (geistige oder körperliche Überarbeitung usw.), Krankheiten aller Art, namentlich Störungen der Verdauungsorgane... Außer durch diese gewichtigeren körperlichen und seelischen Einflüsse, die anhaltende starke Leistungsschwankungen hervorrufen, ändert sich die Fähigkeit des Paragnosten in ihrer Qualität von Tag zu Tag, von Stunde zu Stunde, auch unter dem Einfluß nicht wahrnehmbarer innerer und äußerer Faktoren alltäglichster und banalster Art: eine unpassende Zeit für den Versuch, ungenügender Schlaf, Eintreffen unerfreulicher Nachrichten, eine leichte Erregung, geringfügige Verdauungsstörungen usw. sind von Belang. Solche Kleinigkeiten rufen seelische Störungen hervor, die groß genug sind, um die ASW-Fähigkeit von einem Augenblick zum anderen zu verändern, und zwar in einem Umfang, der in seiner Größenordnung keineswegs der Ursache entspricht. Eine Versuchsperson mit einer ausgezeichneten Fähigkeit kann urplötzlich vollkommen ins Durchschnittliche absinken oder bisweilen sogar ihre ASW-Fähigkeit völlig verlieren... Doch diese in der psychophysischen Disposition der Versuchsperson liegenden Gründe für Schwankungen in der ASW-Fähigkeit sind nicht die einzigen. Hinzu kommen andere: z. B. Einflüsse, die von den Menschen ausgehen, auf die sich der Vorgang der ASW richtet. Wenn die Haltung oder eine Äußerung irgendeiner beteiligten Person auch nur Spuren von Böswilligkeit zeigen, so wird die hochsensible Psyche der Versuchsperson davon beeinflußt, und ihre ASW-Fähigkeit arbeitet schlecht oder bleibt völlig aus. Das Antipathiegefühl wird nicht unbedingt durch offen erkennbare Eigenarten oder Merkmale geweckt. Die Antipathie des Paragnosten bestimmten Personen gegenüber ist oft intuitiv, unmittelbar und spiegelt sich in seiner seelischen Aktivität... Auf seiten der Person, die Gegenstand der ASW ist, dürfte der Hauptgrund für solche Schwankungen in einer bestimmten psychophysischen Eigenart zu suchen sein. Diese Eigenart ist zwar als solche heute noch unbekannt, zeigt sich aber durch Auswirkungen und hat zur Folge, daß – unter sonst gleichbleibenden Bedingungen – verschiedene Menschen für den Paragnosten in unterschiedlichem Ausmaß zugänglich sind.«

Bisweilen ist auch anzunehmen, daß das Versuchsergebnis von gewissen inneren Hemmungsmechanismen beeinflußt wird, die verhindern, daß gewisse Erkenntnisse bis ins Bewußtsein dringen. Tenhaeff spricht in diesem Zusammenhang von einer »unbewußten Abwehr« gegen manche Erkenntnisse. Das gleiche Phänomen hat auch Osty beobachtet und dazu bemerkt, die Paragnosten unterließen es häufig, den nah bevorstehenden Tod eines Klienten vorauszusagen. Das heißt: Auch wenn sie eine große Anzahl richtiger Angaben über den Betreffenden gemacht haben, selbst wenn sie eine Anzahl richtiger präkognitiver Aussagen bringen (zum Thema Präkognition), unterlassen sie es oft, den Tod des Klienten vorauszusagen, obwohl dieser ein so außerordentliches Ereignis ist, daß man erwarten kann, daß sie ihn erkennen. Zur Erklärung gibt es zwei Möglichkeiten: Entweder erkennt der Paragnost den baldigen Tod des Klienten wirklich nicht –, das wäre ein echter Fall von »unbewußter Abwehr«, oder aber er zieht es vor, die gewonnene Erkenntnis für sich zu behalten, um dem Betreffenden den Schock zu ersparen.

In Zusammenhang mit diesem Phänomen steht auch eine interessante Beobachtung von N. Fodor, der eine ganz ungewöhnliche Form von Telepathie entdeckte, die er als »inhibitiv« (inhibitorisch) bezeichnete. Sie hängt offenbar mit dem Phänomen des »Psi-bedingten Fehlers« (psi-missing) zusammen und ist eine Art von »Telepathie in umgekehrter Abfolge.« Während sich im Normalfall die telepathische Wahrnehmung schließlich in einer bewußten Erfahrung äußert, beobachtete N. Fodor Fälle, die offenbar telepathisch bedingt waren, wo aber der angenommene telepathische Einfluß sich so auswirkt, daß er die bewußte Erfahrung mancher Erinnerung oder Wahrnehmung behindert. Er nennt einen Fall, in dem er nicht in der Lage war, sich an einen Namen zu erinnern, der für einen anderen Anwesenden eine unerfreuliche Bedeutung hatte: In einem Gespräch nach dem Essen während einer Abendgesellschaft wollte er ein Gedicht von Thomas Lake Harris zitieren. Trotz aller Bemühungen war es ihm plötzlich unmöglich, sich an den Namen Harris zu erinnern, während der Name Lake ständig in seinen Gedanken auftauchte. Dieser Zustand blieb, bis die Gäste heimgegangen waren;

erst danach fiel ihm der vergessene Name wieder ein. Er forschte nach der Ursache, indem er sich bei einer befreundeten Dame und einem befreundeten Herrn, die auch an der Gesellschaft teilgenommen hatten, erkundigte, welche Bedeutung der Name Harris für sie habe. Die Dame antwortete: Harris ist der Name eines Mannes, mit dem ich einmal gut befreundet war, doch hatte ich Gründe, die Verbindung mit ihm abzubrechen: seine Anträge waren mir nicht angenehm. Der Herr entgegnete: Harris ist der Name eines Mädchens, das ich einmal gekannt habe. Doch höre ich den Namen nun nicht mehr gern.

Der Sensitive erlebt den Empfang von Informationen über andere Personen häufig als ein »Sich-in-den-anderen-versetzt-Fühlen« (Einfühlen). Es läßt sich nicht ohne weiteres entscheiden, ob das nur das subjektive Erlebnis eines Gefühls der Entpersönlichung ist, oder ob wir es hier mit einer Art von wirklichem intensiviertem telepathischem Kontakt mit der anderen Person zu tun haben. So erklärte der Psychoskopist S. Ossowiecki, wenn ihm zum Beispiel ein Brief als Induktor gegeben werde, brauche er sich nicht darum zu kümmern, was darin geschrieben stehe. »Ich nehme den Umschlag in die Hand und halte ihn fest in dem Wunsch, mit der Person in Kontakt zu treten, von der der Brief kam. In einem bestimmten Augenblick habe ich dann das Gefühl, ich sei die Person, die auf das Papier geschrieben hat; dann taucht in meinen Gedanken auf, was diese Person gedacht hat, der Sinn dessen, was sie geschrieben hat, und die Unterschrift, die sie unter den Brief gesetzt hat – ganz, als wäre es eine eigene Erinnerung. Und es ist wie eine Erinnerung... Das Wichtigste dabei ist, daß ich mit der betreffenden Person in Kontakt komme. Es gibt Personen, mit denen ich ziemlich leicht Kontakt aufnehmen kann, daneben aber auch solche, bei denen es mir nicht gelingt. Das Papier selbst bedeutet nichts. Ich muß Kontakt bekommen mit dem Schreiber. Der Umschlag mit seinem Inhalt ist nur eine Hilfe, die es mir möglich macht, mit der Person in Kontakt zu treten, die nicht persönlich anwesend ist.«

Diese Beobachtung hat auch Tenhaeff bei vielen seiner Sensitiven gemacht. Der Paragnost kann die Krankheit (Schmerzen usw.) eines Klienten häufig dadurch erkennen, daß er sich in dessen Person versetzt fühlt. Tenhaeff beschreibt einen Fall, in dem ein Paragnost einen Induktor bekam, der von einer Frau stammte, die einen Autounfall gehabt hatte. Der Sensitive durchlebte alle Befürchtungen,

Ängste und Schrecken, die die Frau im Augenblick des Unfalls durchlebt hatte, sowie alle Schmerzen ihrer Verletzungen. Ja er erlebte sogar die Symptome der Gehirnerschütterung, die die Frau erlitten hatte.

Ein anderer von Tenhaeff mitgeteilter Fall: Im Oktober 1951 erklärte Croiset, wenn er an seinen Freund N. denke, dann empfinde er jedesmal starke Schmerzen in der Herzgegend und Angstgefühle; dabei erfreute dieser Freund sich bis dahin einer guten Gesundheit. Croiset sagte, der Mann werde bald ins Krankenhaus kommen, vermutlich wegen eines Herzanfalls. Er werde wieder gesund werden, aber danach nicht mehr länger als zwei Jahre leben. Im Dezember 1951 wurde der Freund nach einem Herzanfall ins Krankenhaus eingeliefert. Seine Beschwerden waren die gleichen, die Croiset vorher erlebt hatte. Der Mann wurde wieder gesund, starb aber ganz plötzlich im August 1953.

Derartige Erlebnisse stellen sich bisweilen auch ganz spontan im Alltagsleben ein. So berichtet zum Beispiel der Psychiater B.E. Schwarz davon, daß er plötzlich starke Zahnschmerzen bekam. Er suchte seinen Zahnarzt auf, der ihm erklärte, seine Zähne seien vollkommen in Ordnung. Später stellte sich heraus, daß zur selben Zeit, da er diese Schmerzempfindungen hatte, seiner Mutter unter großen Schmerzen ein Zahn gezogen wurde.

In Fällen wie den oben genannten, die eindeutig telepathischen Charakters sind, kann oft ein typischer Zug der Telepathie beobachtet werden: *Telepathie aus den Randzonen des Bewußtseins.* Normalerweise stellt sich der Laie die Telepathie so vor, daß der Gegenstand der telepathischen Übertragung in den meisten Fällen solche Gedanken, Eindrücke und Gefühle sind, auf die der Sender sich intensiv konzentriert und die damit im Zentrum seiner Aufmerksamkeit stehen. Das ist aber keineswegs immer der Fall. Vielmehr geschieht es nicht selten, daß gerade solche Elemente psychischer Aktivität, die nicht im Zentrum der Aufmerksamkeit stehen, bevorzugt übertragen werden: Gedanken, Empfindungen und Gefühle, die man einmal gehabt hat, die dann aber vergessen oder durch andere, nachfolgende Erlebnisse überlagert wurden. Starke geistige Konzentration und Willensanstrengung mindern bisweilen sogar die Ergebnisse telepathischer Experimente.

Telepathie aus den Randzonen des Bewußtseins ist auch von früheren Autoren schon recht häufig berichtet worden. Von neueren

Autoren teilt z.B. S.G. Soal mit, daß er, wenn er das spiritistische Medium Mrs. Blanche Cooper nach einem Namen gefragt habe, dieses Medium nur selten in dem Augenblick geantwortet habe, in dem er an den Namen dachte. Doch etwas später, wenn er an etwas ganz anderes dachte, habe es den gefragten Namen richtig genannt. Auch W.H.C. Tenhaeff hat bei seinen Versuchen mit Sensitiven das Phänomen der Telepathie aus den Randzonen des Bewußtseins beobachtet. Während einer öffentlichen Vorführung z.B. erwähnte ein Paragnost gerade jenes Ereignis aus der Vergangenheit eines Mannes (ein Verhältnis zu einer Frau), das dieser niemals vor der Öffentlichkeit bekannt hätte und an das er deshalb den ganzen Abend über nicht zu denken versuchte in der Befürchtung, der Paragnost könne es auf telepathischem Wege erfahren.

Gute Beispiele für telepathische Übertragungen aus Randzonen des Bewußtseins haben auch Burt und Usher bei ihren Telepathieversuchen auf große Entfernungen beobachtet. So war zum Beispiel bei dem Telepathieversuch zwischen Prag und Paris ausgemacht, der Sender solle um 8.30 Uhr von Prag aus ein telepathisches Signal senden und der Perzipient (Empfänger) solle versuchen, dieses Signal zur selben Zeit in Paris aufzufangen. Zur Zeit des Versuchs befand sich der Sender in einem Prager Restaurant. Mehrere Leute waren dort, und sie aßen Brathähnchen. Dabei ging es ziemlich geräuschvoll zu; außerdem wurde in dem Gastzimmer Klavier gespielt. Vor den Fenstern waren grüne Vorhänge. Da er noch etwas Zeit hatte, begann der Sender, Schach zu spielen. Dabei vertiefte er sich vollkommen in das Spiel. Plötzlich fiel ihm der Versuch ein, und er beeilte sich, in einen ruhigeren Raum zu kommen, um seine Gedanken zu beruhigen und das telepathische Signal senden zu können. Zur selben Zeit zeichnete der Perzipient in der Nähe von Paris aus einer Anzahl sich überkreuzender Linien ein schachbrettartiges Muster und erklärte: »Brathähnchen, Bratensoße, drei Leute, es wird viel gesprochen, grüne Vorhänge, jemand bearbeitet ein Klavier.«

Telepathische Übertragungen aus den Randzonen des Bewußtseins sind von dem französischen Parapsychologen R. Warcollier experimentell untersucht worden. Bei einem seiner Versuche konzentrierte er sich auf ein Bild, das einen ägyptischen Sarkophag darstellte. Beiläufig nahm er auch ein vor ihm an der Wand hängendes Bild wahr. Nach und nach wurde seine Aufmerksamkeit stärker von dem Bild an der Wand angezogen. Das erste, was er darauf näher zu erkennen begann, war ein Punkt, von dem eine große Anzahl Strahlen ausging, ferner eine Anzahl von in einem Punkt zusammenlaufenden Linien, was bei ihm den Gedanken an einen Kometen weckte: ein fünfstrahliger Stern mit sechs annähernd parallel laufenden Kurven. Das übertragene telepathische Signal wurde von mehreren Perzipienten aufgefangen. Zwei von ihnen skizzierten als übermittelte Vorstellung einen Sarkophag (telepathische Übertragung aus dem Bewußtseinszentrum). Die Zeichnungen der sechs übrigen ließen erkennen, daß sie das Bild des Kometen empfangen hatten (Telepathie aus den Randzonen).

Sehr wichtig für jede eventuelle bewußte Beherrschung und praktische Anwendung der ASW ist das *Problem der Fehlleistungen*. Wir können sie in Analogie zu den Sinnestäuschungen und anderen Fehlleistungen der klassischen Sinne verstehen. Doch um sie näher zu erklären, müssen wir den Vorgang der ASW stärker in seine Einzelteile zerlegen als wir es bisher getan haben. Wir können dann unterscheiden:

Die erste Phase:

a) Spiegelung der Information über das ermittelte Ergebnis in einem angenommenen tragenden Medium*, in dem sich, nach unserer Hypothese, die ASW-Signale fortpflanzen.
b) Weiterleitung der Information über das ermittelte Ereignis (das heißt der ASW-Signale, die sich durch das hypothetische tragende Medium verbreiten) bis hin zum Perzipienten.
c) Das Eintreffen der Information (ASW-Signale) im Organismus des Perzipienten und die Stimulierung des Gehirns (unbewußte Ebene).

Die zweite Phase:

a) Auftreten der Information in der bewußten Erfahrung des Perzipienten.
b) Objektivierung der bewußt aufgenommenen Feststellung (durch gesprochenes oder geschriebenes Wort, Zeichnung usw.) oder – unter Auslassung der Phase 2a – Objektivierung durch eine unbewußte Reaktion. So differenzieren sich Telepathie und Hellsehen

* »Medium« an dieser Stelle wie auch unter b) natürlich nicht im parapsychologischen, sondern im physikalischen Sinne. (Der Übersetzer.)

offenbar in Phase 1 a. Phase 1 b ist für jene Fälle verantwortlich, in denen ASW auf große Entfernung wirksam wird oder in denen sie die Zeitschranke überschreitet. Die Untersuchung dieser Phase wird uns vermutlich auch helfen, einige Fragen zu beantworten, die der Parapsychologie fern zu liegen scheinen, zum Beispiel bestimmte Probleme der theoretischen Physik und der Kosmologie (über die Struktur des Raum-Zeit-Kontinuums u. ä.). Und schließlich kann die Untersuchung von Phase 1 c neues Licht auf das alte Problem des Verhältnisses zwischen Geist und Körper werfen. Leider sind uns sämtliche möglichen Beschränkungen des ASW-Vorganges sowie alle Gründe für die Verzerrung eintreffender Informationen, soweit sie in der ersten Phase liegen können, gegenwärtig noch im wesentlichen unfaßbar. Aus diesem Grund haben sich die Parapsychologen auch mehr der Untersuchung derjenigen Irrtümer und Fehlleistungen zugewandt, die in der zweiten Phase eintreten können. Diese sind, wie wir sehen werden, psychologischer Art.

Irrtümer bei ASW sind von den frühesten Zeiten der Forschung an immer wieder berichtet worden. So beobachtete man bei frühen Versuchen mit telepathischer Übertragung von Zeichnungen, daß verschiedene Perzipienten dahin tendierten, die übertragenen Zeichnungen zu vereinfachen, während, im Gegensatz dazu, andere die Tendenz zeigten, nicht vorhandene Einzelheiten hinzuzufügen. Der wohl erste, der solche Irrtümer methodisch untersucht hat, war J. H. Zhuk. Bei Versuchen mit der telepathischen Übertragung von Zeichnungen verglich er die Zeichnungen, welche Versuchspersonen a) im Rahmen eines telepathischen Versuchs und b) nachdem ihnen die übermittelte Zeichnung für eine ganz kurze Zeitspanne offen gezeigt worden war, angefertigt hatten, mit den »gesendeten« Vorlagen. Dabei ergab sich, daß die Zeichnungen durch blitzartig projizierte Bilder stimulierter Versuchspersonen den Vorlagen weniger glichen als die auf Grund telepathischer Eindrücke erstellten.

Bei qualitativen ASW-Phänomenen sind Irrtümer visueller Art recht häufig. Das hängt offenbar damit zusammen, daß die außersinnlichen Eindrücke im Bewußtsein oft als visuelle (Pseudo)Halluzinationen auftreten. Ist das halluzinatorische Erlebnis undeutlich, so erscheint der Irrtum als Sinnestäuschung oder als Versehen.

Irrtümer visuellen Ursprungs sind auch bei quantitativen Versuchen in den Fällen von systematischem Irrtum (»consistent missing«) festgestellt worden: So war bei Versuchen mit ASW-Karten mehrfach zu beobachten, daß Versuchspersonen dazu neigten, den Stern als Kreuz zu mißdeuten (da das Charakteristikum beider Figuren darin besteht, daß mehrere Strahlen von einem zentralen Punkt ausgehen) und einen Kreis als Viereck (gemeinsames Merkmal: ein schwarz umrandeter weißer Raum). Und der Autor dieses Buches konnte bei Versuchen, gedruckte Texte in der Hellsehsituation zu lesen, wiederholt beobachten, daß Versuchspersonen die Großbuchstaben O als C und P als R (oder auch die Zahl 8 als 3) mißdeuteten u.ä. Bei Versuchen, in denen die Aufgabe gestellt war, durch Hellsehen auf Uhren die Stunde festzustellen, waren bisweilen undeutliche Vorstellungsbilder die Ursache für Irrtümer mit den Zeigern. Gleichfalls interessant ist eine andere, relativ häufig vorkommende Form des Irrtums. Dabei erscheint der in der Hellsehsituation wahrgenommene Gegenstand um 90° oder 180° gedreht oder in spiegelbildlicher Form. Eine restlos überzeugende Erklärung für diese Beobachtung haben wir nicht. Pagenstecher wollte sie damit in Zusammenhang bringen, daß auch beim normalen Sehen das Bild umgekehrt auf die Netzhaut projiziert wird. Doch können wir in diesem Phänomen ebensogut ein Anzeichen dafür erblicken, daß der ASW-Vorgang jenseits unserer dreidimensionalen Welt verlaufen kann, vielleicht in dem, was wir als zusätzliche »Dimension« des Raumes verstehen könnten.

R. Dufour hat die Irrtümer, die er bei Versuchen beobachtete, in denen die Versuchsperson die Aufgabe hatte, mit Hilfe von ASW komplizierte Zeichnungen nachzuzeichnen, systematisch analysiert. Dabei entdeckte er folgende Gruppen und Formen von Irrtümern:

A) Entstellungen rein geometrischer Art:

1. Drehung der Gesamtzeichnung oder eines ihrer Teile.
2. Vergrößerung oder Verkleinerung der Gesamtbilder oder eines ihrer Teile.
3. Verstümmelung einzelner Teile.
4. Verlegung einzelner Teile.

B) Entstellungen psychologischer Art:

1. Analogie und symbolische Darstellung.
2. Schematisierung.
3. Schöpferische Veränderung und Eingliederung in einen größeren Zusammenhang.

4. Wiederholung (bisweilen seltsame und ungenaue) desselben Bestandteils.
5. Verdichtung, Verschmelzung zweier oder mehrerer Teile zu einem.

Nach Dufour ist beim Erkennen von Zeichnungen auf dem Wege des Hellsehens das, was zuerst aufgegriffen wird, die Form der Zeichnung; erst in zweiter Linie wird der Bedeutungsgehalt des Bildes erfaßt. Als Hauptquellen der Irrtümer und Ungenauigkeiten bezeichnet Dufour: 1. Konfabulation; 2. Eindringen fremder, telepathisch oder hellseherisch gewonnener Wahrnehmungen, die nicht zum Thema gehören, das gestellt worden ist; 3. unbewußtes Bemühen der Versuchsperson, Erfolg um jeden Preis zu erzwingen.

Die vermutlich detaillierteste Untersuchung der Irrtümer der ASW hat der französische Wissenschaftler E. Osty durchgeführt. Dabei machte er vor allem auf die Irrtumsquellen aufmerksam, die bei Versuchen auftreten, bei denen die Paragnosten Angaben über ihnen unbekannte Personen machen. Er klassifiziert sie folgendermaßen:

1. Irrtümer auf Grund phsychischen Versagens des Paragnosten:
   a) Dem Paragnosten gelingt es nicht, Erkenntnisse über die betreffende Person aufzufangen. Daraufhin erklärt er sich entweder nur für unfähig, Eindrücke aufzunehmen, oder – und das ist bedeutend unerfreulicher – er füllt die Lücke in seinen Eindrücken durch Konfabulieren. Diese Konfabulation ist entweder vollständig oder ergänzt bruchstückhafte, durch ASW gewonnene Eindrücke. Auch Vermutungen, Wünsche und Pläne von Teilnehmern können aufgefangen werden und stören den Erfolg des Versuches.
   b) Der Paragnost empfängt Erkenntnisse über die betreffende Person, doch diese werden durch seine Phantasie entstellt.
   c) Ferner können Irrtümer entstehen durch falsche Interpretation des Paragnosten, wenn er symbolhafte, allegorisierende Anschauungsbilder übersetzen will in ihre reale Bedeutung. Wegen der ungeheuren Komplexität von Symboliken kann eine derartige Interpretation bisweilen sehr schwierig werden. Osty unterscheidet hierbei: *Irrtümer durch Approximation* (= der Paragnost erreicht in seiner Aussage die Wirklichkeit nur annäherungsweise), *Irrtümer in der Anwendung* (= der Paragnost wendet in sich richtige Erkenntnisse am falschen Platz an) und *Irrtümer in der Zeitbestimmung*.

Als Beispiel für einen Irrtum in der Anwendung berichtet er folgenden Fall: Seine Versuchsperson de Berly beschrieb in allen Einzelheiten den Tod ihres Klienten; sie nannte das Alter des Betreffenden, seine Schmerzen und die Situation, in der der Tod eintreten sollte. Die Voraussage erfüllte sich – aber nicht an dieser Person selbst. Fünf Jahre später starb deren Vater unter Bedingungen, die genau der Voraussage entsprachen.

d) Eine absichtlich falsche Aussage: Will der Paragnost dem Klienten Angst und Kummer ersparen, so gibt er ihm bewußt eine weniger schlimme, unrichtige Information.

e) Irrtümer dieser Kategorie entstehen ferner, wenn wir versuchen, den Paragnosten zu einer Leistung zu drängen, zu deren Bewältigung er nicht in der Lage ist.

f) Weitere Irrtümer haben ihren Ursprung in dem ASW-Vorgang selbst. Auf Grund des fragmentarischen Charakters der ASW-Eindrücke oder der Spezialisierung verschiedener Paragnosten – wenn sie gewisse Kategorien von Fakten aus dem Leben ihrer Klienten nach ihren eigenen »Vorlieben« auswählen – können leicht wichtige Tatsachen ausgelassen werden.

2. Irrtümer, die durch den Klienten hervorgerufen werden.
Bei manchen Personen ist der Paragnost unfähig, Eindrücke von ihnen zu empfangen. Abgesehen davon können Gedanken, Wünsche und Mutmaßungen anderer Personen ihn beeinflussen und Irrtümer verursachen.

3. Irrtümer, die ihren Ursprung in dem Versuchsleiter haben.
Der Versuchsleiter kann einen Irrtum hervorrufen, wenn er den Paragnosten nicht richtig behandelt, zum Beispiel wenn er von ihm Angaben über Dinge verlangt, die der Paragnost nicht ermitteln kann; oder wenn er ihn drängt, unter ungünstigen Bedingungen zu arbeiten; oder wenn er sich durch unpassende Fragen oder Mitteilung eigener Vermutungen in die Arbeit des Paragnosten störend einschaltet. Natürlich kann er den Wert der Leistung des Paragnosten auch dadurch herabsetzen, daß er dessen Aussage nicht genau und sofort niederschreibt und somit die Möglichkeit schafft, daß sie durch Gedächtnisfehler entstellt wird.

In neuerer Zeit hat W. H. C. Tenhaeff die Gründe von Fehlleistungen bei psychoskopischen Versuchen sorgfältig untersucht. Er zählt folgende Fehlerquellen auf:

1. Suggestiver Einfluß. Verschiedene Bemerkungen, Erklärungen oder unrichtig ausgewählte Fragen können sehr störend wirken, ebenso wie Ermüdung und starke Wünsche des Paragnosten (seine augenblickliche Geistesverfassung). Auch ein falsch gewählter Induktor (= Gegenstand, der dem Klienten gehört und dem Paragnosten ausgehändigt wird) kann zur Quelle von Schwierigkeiten werden. So kann etwa ein Messer als Induktor Eindrücke irgendwelcher mörderischer Stechereien hervorrufen. Solche Phantasieprodukte lassen sich häufig nur schwer von echten ASW-Eindrücken unterscheiden. Daher empfiehlt Tenhaeff, neutrale Induktoren zu verwenden oder die Induktoren zumindest in eine neutrale Hülle einzuschlagen, die den störenden Gegenstand unkenntlich macht.
2. Telepathische Beeinflussung durch den Klienten. Bei der Verwendung von Sensitiven für polizeiliche Zwecke stellte Tenhaeff häufig fest, daß der Betreffende die Skepsis beteiligter Beamten spürte. Daher rät Tenhaeff, daß nur solche Personen bei der Konsultation anwesend sein sollen, die so wenig wie möglich mit den zu ermittelnden Dingen zu tun haben. Tenhaeff beobachtete ferner: Wenn ein gewisser Induktor nacheinander zwei Paragnosten vorgelegt wurde, beschrieb der zweite häufig diesselben Szenen wie der erste (auch wenn dieser sich geirrt hatte).
3. Falsche Interpretation von Visionen und Eindrücken.
4. Bildhaftes Denken. Paragnosten befinden sich bei Versuchen allgemein in einem Zustand verminderter Wachheit. Diese Reduzierung der geistigen Spannung variiert bei den einzelnen Psychoskopisten von einer nahezu unmerklichen Gedankenversunkenheit bis zur tiefen Trance. Auch die geistigen Vorgänge in ihnen während dieses Zustandes sind unterschiedlich. Sie folgen nicht exakten Gesetzen der Logik wie im Wachzustand, sondern kommen eher einer phantasiehaften, traumähnlichen, stärker zum Assoziativen neigenden Denkweise nahe. In einem solchen Bewußtseinszustand treten nach Tenhaeffs Meinung »entwicklungsgeschichtlich frühere Denkformen auf«, nämlich das Denken in Bildern und bildlichen Vorstellungen.

Wir erwähnten schon, daß Sensitive es bisweilen ablehnen, unerfreuliche oder peinliche Informationen zu geben. Selbst das braucht nicht immer ein bewußter Vorgang zu sein. Bisweilen werden unangenehme Feststellungen bereits auf der unbewußten Ebene ausgeschaltet. So sagte zum Beispiel in einem von Osty durchgeführten Versuch Mlle. Laplace einem Admiral im Ruhestand für die nächste Zukunft eine lange Reise voraus; sie konnte ihm aber keine Information darüber geben, welches Land er besuchen werde. Seiner Frau sagte sie voraus, sie werde bald Trauer tragen, was diese auf ihre Mutter bezog, die zu der Zeit ernsthaft krank war. Wenige Stunden nach dem Besuch der Psychokopistin fühlte der Admiral sich unwohl, und wenige Minuten später starb er. Darauf kam die Witwe zu der Psychokopistin und machte ihr den Vorwurf, sie habe ihr nicht die volle Wahrheit über die Zukunft gesagt. Dieser Vorwurf war ungerechtfertigt; die Psychokopistin hatte ihre Eindrücke über die Zukunft in einer allegorischen Form empfangen, und das einzige, was sie wirklich erkannt hatte, war die »Abreise« des Admirals.

In einem ähnlichen Fall, ebenfalls unter Tenhaeffs Leitung, machte der Psychsokopist Mrs. X eine Reihe richtiger Angaben aus ihrer Vergangenheit und erklärte ihr dann, sie würde binnen kurzem verheiratet sein. Er machte ihr sogar ins einzelne gehende Angaben über ihre künftige Umwelt, beantwortete ihr aber nicht die Frage, weshalb sie wieder heiraten werde; er erklärte ihr, das erkenne er nicht. Etwa zwei Jahre später starb Mrs. X.s Mann an den Folgen eines Verkehrsunfalles. Einige Zeit danach heiratete Mrs. X Mr. Y. Die neue Umgebung, in der sie dann lebte, entsprach der Vorhersage.

Eine nachweislich absichtliche Fehlvoraussage war bei folgendem von Tenhaeff berichteten Fall im Spiel: Auf einer öffentlichen Versammlung erklärte der Sensitive G. Croiset über einen Induktor, er gehöre einer Frau, die sich sehr nach einem Kind sehne. Er nannte aber keine weiteren Details. Erst als er mit der Frau unter vier Augen sprechen konnte, machte er ihr weitere richtige Detailangaben: Einige Jahre vorher hatte sie eine Abtreibung vornehmen lassen; seither war sie unfruchtbar, hatte aber immer starke Reuegefühle, wenn sie eine Mutter mit einem Kinderwagen sah.

Beispiele *telepathischer Einflüsse* auf Paragnosten werden in der Literatur ebenfalls häufig erwähnt. So beobachtete zum Beispiel der schwedische Arzt. A. Backman bei einem Versuch mit der 14jährigen Ann S. folgenden Vorgang: Das Mädchen beschrieb richtig und bis in die Einzelheiten Backmans Haus, das etwa zwanzig Kilometer entfernt lag, und ebenso seine Frau, obwohl es diese noch nie gesehen hatte. Hinterher fragte B. es, ob es da nicht eine andere Frau sehe. Er dachte dabei an eine alte Frau, die in seinem Haus lebte. Ann beschrieb das Mädchen, in dem B. Miß W. erkannte. Seine Frau teilte ihm später mit, daß sie am Tag und zu der Stunde, in der der Versuch stattfand, tatsächlich mit Miß W. gesprochen hatte, aber nur telefonisch über eine Entfernung von etwa 35 Kilometern. G. Pagenstecher berichtet von einem Fall, in dem er seiner Versuchsperson einen Brief gab mit der Aufforderung, seinen Schreiber zu beschreiben. Die Versuchsperson beschrieb ganz genau eine Dame aus seiner Bekanntschaft und erklärte dabei, diese trage ein Medaillon, das die aber in Wirklichkeit gar nicht besaß, sondern sich nur sehr innig wünschte.

Wie solche Irrtumsquellen die Richtigkeit außersinnlicher Feststellungen stören und eine eventuelle praktische Verwendung von ASW behindern können, zeigt folgender ebenfalls von Tenhaeff berichteter Fall: Mr. Y, ein ausgeprägter Hypochonder, fürchtete, er sei herzkrank und werde eines Tages plötzlich daran sterben. Zwei Psychoskopisten bestätigten diese Befürchtung. Aus lauter Angst unterzog er sich einer ärztlichen Untersuchung, bei der sich herausstellte, daß sein Herz vollkommen gesund war. Voll Mißtrauen suchte er einen anderen Psychoskopisten auf, der ihm ebenfalls bestätigte, sein Herz sei in Ordnung. Zu der Zeit, als Tenhaeff diesen Fall berichtete, waren seit diesen Voraussagen bereits 15 Jahre verflossen. Die ganze Zeit über hatte Mr. Y ganz normal gearbeitet, und nach Aussage seines Hausarztes befand sein Herz sich in bester Gesundheit.

In einem weiteren Fall, der ebenfalls aus Tenhaeffs Praxis stammt, geschah folgendes: Mr. S.' Vater war gestorben. In Mr. S. erwachte der Verdacht, die Stiefmutter habe den Vater vergiftet. Er suchte einen Psychoskopisten auf. Dieser machte ihm eine Anzahl richtiger Angaben und bestätigte ihm auch seinen Verdacht – telepathisch beeinflußt von Mr. S.' eigenen Verdacht. Später konsultierte er dann auch noch G. Croiset. Dieser stellte fest, daß Mr. S.' Vater an einem Herzleiden gestorben war, konnte dabei aber auch nicht den unerklärlichen Eindruck loswerden, bei dem Tod sei doch auch eine Vergiftung mit ihm Spiel gewesen.

Und schließlich kann es, da der Paragnost unter seinen Visionen eine psychisch motivierte Auswahl trifft, sehr gut vorkommen, daß er Eindrücke empfängt, die zwar richtig sind und damit vom parapsychologischen Standpunkt aus von Bedeutung, die aber keine Antwort auf das jeweils akute Problem bilden und damit für die Praxis wertlos bleiben. Tenhaeff beobachtete dies bei Experimenten, in denen er versuchte, Paragnosten für Zwecke der Polizei einzusetzen: Die Eindrücke des Paragnosten gaben häufig die Gedanken und Vermutungen des Kriminalbeamten wieder. In anderen Fällen waren zwar die Eindrücke richtig, betrafen aber nicht den Verbrechensfall, der geklärt werden sollte, und blieben damit ebenfalls für die Polizei wertlos. Tenhaeff beschreibt noch eine weitere Irrtumsquelle: Die *Verwechslung eines Induktors mit einem anderen*. So fühlte sich zum Beispiel bei einem Vortrag G. Croiset gedrängt, einer anwesenden Frau zu sagen, er habe sie mit einem mehrere Monate alten Kind im Schoße gesehen. Mrs. C. bestätigte, sie habe vor einigen Monaten ein Kind geboren. Croiset fragte weiter, ob sie noch ein anderes Kind zu Hause habe, ein Mädchen, das sich an diesem Morgen eine ernsthafte Verletzung an der Hand zugezogen habe: »Das Kind muß sich die Hand in der Tür gequetscht haben oder irgend etwas Ähnliches.« Mrs. C. verneinte diese Frage. Etwa zwei Stunden später kehrte Croiset zu Mrs. C. zurück und erklärte ihr: »Ich sehe immer noch das Kind, das sich verletzt hat, bei Ihnen. Es muß irgend etwas mit Ihnen zu tun haben.« Wiederum antwortet Mrs. C. verneinend. Daraufhin stand Mrs. L., die bei dem ersten Gespräch zwischen Mrs. C. und Croiset nicht zugegen gewesen war, auf und erklärte, ihre kleine Tochter habe sich beim Zusammenklappen eines Klappbettes die Hand gequetscht. Das Kind hatte längere Zeit auf dem Stuhl gesessen, auf dem nachher Croiset Platz genommen hatte bei dem Vortrag.

Während einer anderen Vorführung ergriff Croiset das Bild einer Frau, das von einem der Anwesenden auf den Tisch gelegt worden war. Nachdem er es eine Zeitlang angeschaut hatte, erklärte er, es erinnere ihn an einen deutschen Soldaten; er vermute, die betreffende Dame habe etwas mit diesem Soldaten zu tun gehabt. Der Mann, der das Bild ausgehändigt hatte, bestritt solche Zusammenhänge. Croiset erklärte, daß das Bild des deutschen Soldaten bei ihm einen so starken Eindruck verursacht habe, daß er sicher sei, der Eindruck entspreche den Tatsachen. Als der Besitzer des Bildes wiederum eine verneinende Antwort gab, unterbrach ihn Croiset plötzlich mit den Worten: »Jetzt hab ich es! Sie haben das Bild des deutschen Soldaten in Ihrer Brieftasche, und das Bild, das ich jetzt in der Hand halte, hat darauf gelegen.« Das konnte der Mann bestätigen.

Diese Irrtumsquelle, die an Ostys Kategorie der *Irrtümer bei der Anwendung* (empfangener Information) erinnert und die letztlich eine Folge des bruchstückhaften Charakters der ASW-Eindrücke ist, wurde von D. v. Uslar als »Bedeutungs- oder Sinnverschiebung« (displacement of meaning) dargestellt. Bei seinen Versuchen geschah es öfters, daß ein Bedeutungsgehalt richtig empfangen, dann aber zu einem Objekt in Beziehung gesetzt wurde, das zwar falsch war, aber zeitlich, räumlich oder sinngemäß dem richtigen nahekam. So konnte es vorkommen, daß nach telepathischer Übermittlung der Anweisung, »ein (bestimmtes) Bild von der Wand (zu) nehmen und auf den Tisch (zu) legen«, zwar das Abnehmen und Auf-den-Tisch-Legen aufgenommen, aber zu einem anderen Bild in Beziehung gesetzt wurde, das in der Nähe des gemeinten Bildes hing.

Rückblickend können wir als Hauptirrtumsquellen bei den qualitativen Äußerungen der ASW folgendes feststellen:

1. Suggestion durch den Versuchsleiter, vor allem, wenn er seine Versuchsperson zu möglichst schneller Durchführung einer Aufgabe drängt. Dadurch wird die Versuchsperson gezwungen, vorzeitig über etwas zu berichten, dessen sie sich nicht sicher ist; damit wird sie zur Konfabulation verleitet.
2. Der Einfluß von Autosuggestion und Vermutungen der Versuchsperson. Außersinnliche Wahrnehmung wird durch frühere Erfahrungen, Befürchtungen, Annahmen und selbst akzidentelle blitzartige Gedanken der Versuchsperson beeinflußt.
3. Mangelnde Unterscheidung von Eindrücken, häufig hervorgerufen durch Indisposition, Ermüdung usw. Sie macht die Versuchsperson geneigt, fehlende Einzelteile ihrer Visionen durch Halluzinationen oder Konfabulation zu ergänzen. Diese Irrtumsquelle ist vor allem dann verhängnisvoll, wenn die Versuchsperson nicht aufmerksam und kritisch genug ihre eigenen Eindrücke bewertet und interpretiert.
4. Sinnestäuschungen und Halluzinationen analog denen, die wir bei normalen Sinneswahrnehmungen beobachten.
5. Folgeerscheinungen des traumartigen Denkens in dem Bewußtseinszustand, der zur ASW führt: Bruchstückhaftigkeit von Erkenntnissen, Verschmelzung von Eindrücken, phantasienhafte Umformung von Wahrnehmungen usw.
6. Empfang unerwünschter Eindrücke, zum Beispiel telepathischer Einflüsse auf den Paragnosten bei psychoskopischen Versuchen, Orientierungsfehler usw.
7. Irrtümer in der Interpretation, wenn der empfangene Eindruck

grundsätzlich richtig, aber falsch gedeutet ist. Diese Irrtümer sind speziell in solchen Fällen unangenehm, in denen die außersinnlichen Eindrücke in Symbolform erlebt werden.

8. Irrtümer in der Wiedergabe, wenn die Versuchsperson zwar einen richtigen Eindruck empfängt, aber den Versuchsleiter falsch informiert, indem sie sich schlecht und ungenau ausdrückt, ungeschickte Skizzen anfertigt und dergleichen mehr. Dann wird sie falsch verstanden, und aus der richtig festgestellten Tatsache zieht der Versuchsleiter einen falschen Schluß.

Wenden wir uns nach dieser eingehenden Betrachtung der qualitativen Versuche wieder den *quantitativen Versuchen* zu. Sie stellen einen grundsätzlich neuen Versuchstyp dar. Es geht bei ihnen nicht allein um methodische Präzision und mathematische Auswertbarkeit der Versuchsergebnisse. Die systematische Einführung quantitativer Kartenbestimmungstests hat zugleich eine grundlegende Änderung in die Behandlung der untersuchten Probleme gebracht –, eine Änderung, deren Bedeutung leicht übersehen werden kann. Bei qualitativen Versuchen ist die erste Vorbedingung für den Erfolg, daß man eine gute Versuchsperson findet, deren individuelle Leistungen unter verschiedenen Gesichtspunkten untersucht werden. Der Versuchsleiter ist von seiner Versuchsperson abhängig; sie bestimmt die Versuchsbedingungen; ihre speziellen Neigungen begrenzen den Beobachtungsbereich. Die quantitativen Kartenbestimmungstests gehen, im Gegensatz dazu, von der Voraussetzung aus, daß die Fähigkeit der ASW, zumindest in unvollkommener Form, in der Menschheit weit verbreitet ist. Bei der Anlage quantitativer Versuche stehen die experimentell zu lösende Frage und der detaillierte rationale Aufbau des Versuches an erster Stelle. Dabei wird von der Annahme ausgegangen: Ist die Aufgabe festgelegt und eine angemessene Methode zu ihrer Lösung bestimmt, so wird die Antwort auf die betreffende Frage gefunden, gleich, was für Versuchspersonen wir verwenden, auch wenn sie nicht speziell ausgesucht sind. Dieses Verfahren hat die quantitativen Versuche von dem unangenehmen Angewiesensein auf geeignete Versuchspersonen befreit.

Die quantitativen Versuche haben noch einen weiteren Vorteil, der ebenfalls leicht übersehen wird. Die Versuchsperson erlebt ihre Aufgabe zum größten Teil als reines »Raten« und hat keine bewußte subjektive Empfindung des Empfangs außersinnlicher Eindrücke.

Außerdem werden bei diesen Versuchen Schlußfolgerungen für gewöhnlich aus der Analyse einer großen Masse von Daten gezogen, die von einer großen Zahl von Versuchspersonen stammen. Sie bilden sozusagen eine Durchschnittsleistung. Folglich ist die ASW-Leistung, so wie sie bei ihnen registriert wird, nicht oder zumindest nur wenig verzerrt durch individuelle Unterschiede in den psychischen Tätigkeiten der Versuchspersonen, welche die Ergebnisse der qualitativen Versuche so stark beeinflussen.

Wenn wir die Geschichte der quantitativen Versuche der Schule von J. B. RHINE verfolgen, stellen wir fest, daß von Anbeginn der Forschung die Forscher zwei Ziele verfolgt haben: Zum ersten kam es ihnen darauf an, die tatsächliche Existenz von ASW und anderen parapsychischen Fähigkeiten mit einer Masse überzeugenden Belegmaterials zu beweisen. Zugleich wurden charakteristische Züge des Ausdrucks dieser Fähigkeit untersucht durch Vergleich der unter verschiedenen Bedingungen durchgeführten Versuche. So wurde der Einfluß verschiedener physiologisch wirkender Faktoren – Ermüdung, Drogen usw. – auf psychologische Faktoren studiert, das heißt auf die Stimmung der Versuchsperson, deren Haltung, Interesse am Versuch, Honorierung, Ermutigung oder (im Gegenteil) »Bestrafung« für Irrtümer. Studiert wurde auch der Einfluß physikalischer Faktoren: der Einfluß von Abstand, Größe oder räumlicher Anordnung von Karten. Dabei wurde von Anfang an sichtbar, daß die ASW kaum oder gar nicht von physikalischen Versuchsbedingungen abhängig ist, daß sie aber höchst beeinflußbar ist durch Änderungen der psychologischen Bedingungen, durch die charakterliche Veranlagung und augenblickliche Disposition der Versuchsperson. Bald stellte sich ein Zusammenhang zwischen parapsychischen Fähigkeiten und höheren psychischen Funktionen, namentlich der der schöpferischen Tätigkeit, heraus. Diese Entdeckungen wurden in der Folgezeit immer und immer wieder durch weitere Versuche bestätigt.

Bei diesen Untersuchungen ergaben sich mehrere besonders empfehlenswerte Bedingungen, deren Beobachtung für die Betätigung der ASW besonders günstig und deren konsequente Einhaltung bei ASW-Versuchen anzuraten ist.

1. Es ist wichtig, die Versuchsperson dafür zu gewinnen, daß sie ein aktives Interesse an der Erzielung eines guten Ergebnisses hat.
2. Eine ruhige und freundliche Atmosphäre und eine angenehme Umgebung sind immer vorteilhaft sowie allgemein alles, was eine

gute Konzentration gestattet und für den Lernprozeß förderlich ist.
3. Alles, was den Versuch interessant macht (Faktor der Neuheit, kurze Versuchssitzungen usw.), verbessert das Ergebnis.
4. Die ASW-Leistung wird stark gemindert durch innere Unruhe der Versuchsperson, Angst, seelische Spannung und durch sie bedingte Zerstreuung.
5. Belohnung, Tadel, Ermutigung und andere motivierende Faktoren beeinflussen die Leistung bei ASW-Tests ebenso, wie sie schwierige psychische Leistungen beeinflussen.
6. Unterhalb der Zufallserwartung bleibende Ergebnisse sind am wahrscheinlichsten bei besonders skeptischen und introvertierten, über der Zufallserwartung liegende bei enthusiastisch extravertierten Menschen zu erwarten, die sozial gut gestellt sind und über ein ausgeprägtes Selbstbewußtsein verfügen.

Überraschend ist bei der ASW, daß sie offenbar von den physikalischen Bedingungen der Versuchssituation unabhängig ist. So ergab sich beispielsweise, daß bei der Verwendung verschiedener undurchsichtiger Schirme zur Sichttrennung zwischen Versuchsperson und Versuchsgegenstand weder das Material noch die Form des Schirmes irgendeinen Einfluß auf die ASW hatte und daß die ASW-Fähigkeit im allgemeinen nicht durch materielle Hindernisse beeinträchtigt wird. Auch der Winkel der räumlichen Lage des Versuchsgegenstandes zur Versuchsperson erwies sich als irrelevant.

Die ASW läßt sich auf eine Vielzahl von Reizquellen richten. Gedanken, Sinneseindrücke, Schmerzempfindungen, Karten, Zahlen und Farben, verschiedene Gegenstände oder Szenen können gleich gut ermittelt beziehungsweise bestimmt werden. Ja, bisher sind keinerlei Beschränkungen entdeckt worden, die die Kategorien von Gegenständen begrenzten, die sich durch ASW ermitteln lassen.

Ein besonders interessantes Problem ist das des Einflusses, den der räumliche Abstand des zu ermittelnden Gegenstandes auf die ASW ausübt. Damit hängt einerseits die Frage zusammen, wie Informationen über weite Strecken außersinnlich übertragen werden können, anderseits die Frage nach der Möglichkeit der Ausrichtung des Perzipienten auf einen räumlich weit entfernten Ort. Qualitative Versuche und Laboratoriumsversuche zeigen gleichermaßen deutlich, daß ASW auf große Entfernungen möglich ist. Mehrere Autoren haben die Ergebnisse quantitativer Versuche auf kurze und auf lange Entfernungen miteinander verglichen, ohne einen Anhaltspunkt dafür zu finden, daß räumlicher Abstand auf irgendeine Weise die ASW wesentlich beeinflußt. Diese Beobachtungen führten zur vorherrschenden Ansicht, ASW sei in keiner Hinsicht von räumlicher Entfernung abhängig. Die offenbare Unabhängigkeit der ASW von den physikalischen Versuchsbedingungen und materiellen Eigenschaften der zu ermittelnden Gegenstände steht in einem starken Gegensatz zu der ungeheuren Beeinflußbarkeit der ASW durch psychologische Faktoren, die auf die wahrnehmende Person einwirken.

K. R. Rao hat die bedeutendsten Entdeckungen über die psychologischen Faktoren, von denen die ASW beeinflußt wird, folgendermaßen zusammengefaßt: »Die verschiedenen die Psi-Fähigkeit berührenden Umstände... scheinen zu besagen, daß der Hauptfaktor... die Motivierung ist und daß geeignete Maßnahmen für eine gute Motivierung das Funktionieren der Psi-Fähigkeit zu wecken scheinen... Zu den psychologischen Schlüsselfaktoren, welche die Reaktion des Menschen beeinflussen, gehören seine Einstellung und seine innere Überzeugungen, seine Gefühle und Empfindungen, seine Motive sowie sein Identifikations- und Einfühlungsvermögen. Was wir über die Psi berührenden Bedingungen entdeckt haben, scheint in den allgemeinen Kontext der Motivforschung hineinzupassen, die auch für Werbung und Verkauf verwendet wird. Um es durch einen etwas massiven Vergleich zu veranschaulichen: Erfolge bei Psi-Tests erzielen ist etwas Ähnliches wie ein Produkt verkaufen. Der Versuchsleiter ist der Verkäufer, der sein Produkt – den Versuch – verkauft. Seine Versuchsanlage stellt den gesamten Komplex der Werbung dar, die attraktiv, wirksam und ansprechend sein muß.«

Wenn wir Resultate aus Dutzenden von Jahren intensiver Forschung der Parapsychologen kurz zusammenfassen wollen, stellen wir fest, daß alle Voraussetzungen, die eine schöpferische Aktivität unterstützen (z.B. Optimismus, Selbstvertrauen, Motivierung, Begeisterung, Freisein von inneren Konflikten, usw.) auch die ASW unterstützen; dagegen stören alle Streßsituationen (Spannung, Sorgen, Angstgefühle, Ungeduld, Deprimiertheit, Frustriertsein oder auch eine starke persönliche emotionale Beteiligung) die ASW, d.h. entweder zum Verschwinden bringen, oder – was noch schlimmer ist – ein Phänomen von Psi-missing hervorrufen. Gerade über dieses Psi-missing-Phänomen wollen wir jetzt berichten. Es ist eines der unerfreulichen Charakteristika der ASW: das sogenannte *Psi-missing*; das sind Psi-bedingte Fehler. Ursprünglich wurde dieser Effekt in quantitativen Experimenten mit Versuchspersonen entdeckt, die dem Phänomen der ASW skeptisch gegenüberstanden. Später jedoch stellte man fest, daß er weit verbreitet und immer mit einer negativen Einstellung verknüpft ist. Das Psi-missing veranlaßt die wahrnehmende Person, die ASW unabsichtlich zur Erlangung falscher Informationen zu benutzen – also ASW einzusetzen, um das Zielobjekt zu verfehlen. Natürlich wäre es in solchen Fällen besser, wenn jemand unfähig wäre, ASW zu aktivieren.

G. Schmeidler, eine amerikanische Parapsychologin, hat untersucht, welchen Einfluß die persönliche Überzeugung der Versuchsperson von der Existenz oder Nichtexistenz der ASW auf das Ergebnis der Versuche ausübt. Personen, die die Möglichkeit außersinnlicher Wahrnehmung anerkannten (Schmeidler gab ihnen den Kennamen »Schafe«), zeigten eindrucksvollere Ergebnisse als die anderen, die eine Möglichkeit von ASW bestritten (die »Böcke«). Außerdem waren bei den »Schafen« Ergebnisse zu verzeichnen, die für gewöhnlich die Zufallserwartung überstiegen. Bei den »Böcken« dagegen war die Tendenz zu beobachten, mit ihrer Trefferzahl unterhalb der Zufallserwartung zu bleiben. Zwar gingen Schmeidlers Ergebnisse nur wenig über die Zufallserwartung hinaus, doch waren sie außerordentlich systematisch und wurden überdies von anderen Forschern bestätigt. Sie lassen sich in folgender Übersichtstafel zusammenfassen:

Zahl der VP		Anzahl der Reihen (zu je 25 ASW-Karten)	Abweichung von der Zufallserwartung	Durchschnittl. Zahl der richtigen Antworten bei Reihen von 25 Ansagen
Einzeltests:				
Schafe	111	1055	+ 242	5,23
Böcke	40	853	– 116	4,86
Gruppentests:				
Schafe	692	5985	+ 614	5,10
Böcke	465	4050	– 301	4,93

Die »Gläubigen« erzielten also Trefferquoten, die einige Prozentpunkte über der Zufallserwartung lagen, was bewies, daß sie sich in ihrer ASW, wenn auch nur in unvollkommener Weise, zu bedienen wußten. Die Trefferquote der »Ungläubigen« hingegen lag gleich um mehrere Prozentpunkte unter der Zufallserwartung. Wenn die ASW-Informationen eintrafen und im Unterbewußtsein der negativ eingestellten Versuchspersonen verarbeitet wurden (Phase 2 des ASW-Prozesses), kehrte deren ablehnende Einstellung den Informationsgehalt der »Botschaften« offenbar ins Negative um.

Psi-missing wird oft durch den *»Differenzeffekt«* deutlich, der sichtbar wird, wenn man eine Versuchsperson unter zweierlei Bedingungen testet: unter angenehmen respektive unangenehmen. Eine stimulierende und angenehme Atmosphäre führt regelmäßig zu besseren Ergebnissen.

Doch dieses Charakteristikum ist nicht auf die ASW beschränkt. Schon SIGMUND FREUD hat darauf hingewiesen, daß es im täglichen Leben unwillkürliche Fehlleistungen gibt, in denen eine unterbewußte Aversion die bewußten Absichten umkehrt. Stellen Sie sich beispielsweise vor, Sie müssen einen unangenehmen Brief schreiben. Nachdem sie diese unangenehme Pflicht lange hinausgeschoben haben, zwingen Sie sich schließlich, den Brief zu schreiben. Doch die innere Aversion siegt: Sie vergessen, ihn aufzugeben. Dieses Phänomen stellt einen *Extremfall symbolischer Verzerrung* dar – wobei die Verstümmelung der ursprünglichen Bedeutung soweit geht, daß sie zum Gegenteil wird.

Solche Vorkommnisse sind nicht unüblich im täglichen Leben. Wenn beispielsweise jemand über einen Menschen, dem Sie vertrauen, schlecht redet, glauben sie ihm nicht; viel stärkere Beweise sind nötig, um Sie zu überzeugen. Wenn Sie jedoch gegenüber einer Person voreingenommen sind, bedarf es nicht vieler Beweise, daß Sie von ihrer Schuld überzeugt sind.

In diesem Kontext sei noch einmal daran erinnert, daß die ASW den gleichen psychologischen Gesetzen unterliegt wie auch die übrigen Elemente menschlicher Wahrnehmung. Eine ASW-Information wird genauso verarbeitet wie jede andere Information, die durch irgendeinen unserer Sinneskanäle eintrifft.

Psi-bedingte Fehler sind ein sehr hartnäckiges, schwer auszuschaltendes Phänomen. Ein bisher unveröffentliches *Experiment*, das ich im Zuge eines dem ASW-Training gewidmeten Universitätskurses mit einer Gruppe von Studenten durchführte, macht das deutlich.

Die Studenten sollten die Farben von in undurchsichtigen Umschlägen verwahrten Karten erkennen. Zur Auswahl standen nur zwei Farben. Weiß und Schwarz. Während die Gruppe insgesamt sehr gute Leistungen erbrachte und eine weit über der Zufallserwartung liegende Zahl richtiger Antworten zustande kam, waren die Antworten von vier in der ersten Reihe nebeneinandersitzenden jungen Frauen ständig falsch.

Nach einer Diskussion innerhalb der Gruppe wurde folgender Vorschlag gemacht: Da offenkundig ist, daß die vier Frauen sich immer täuschen, werden wir das nächste Mal alle ihre Antworten in der gegenteiligen Bedeutung verstehen (Weiß gilt in ihrem Fall also als Schwarz und umgekehrt); auf diese Weise sollten wir die richtigen Antworten erhalten. Die Frauen stimmten bereitwillig zu, doch ihre Kenntnis des Plans verdarb alles. In den folgenden Versuchen wurde unser Umkehrungsplan – von ihnen unbewußt – in den Prozeß des Psi-missing aufgenommen. Von nun an gaben die Frauen ständig richtige Antworten, die wir dann absprachegemäß in falsche umkehrten!

Die beste Methode zur Vermeidung Psi-bedingter Fehler scheint darin zu bestehen, sicherzustellen, daß sich die Versuchsperson in der richtigen positiven Stimmung befindet. Wenn wir spüren, daß ihre Stimmung nicht so ist, wie sie sein sollte, und wenn auch aufmunterndes Zureden nicht hilft, verschiebt man ASW-Versuche besser auf später, bis sich der Proband wohler fühlt.

Ein weiteres wichtiges Merkmal der ASW wird in der Wissenschaft als PMIR (*P*si-*M*ediated *I*nstrumental *R*esponse), das heißt *Psi-vermittelte Instrumental-Reaktion (PVIR)* bezeichnet. Bisher haben wir nur jene Formen der ASW kennengelernt, die sich einem besonderen, gewöhnlich durch geistige Übungen wie Meditieren oder Hypnose absichtlich herbeigeführten Zustand herabgesetzter Bewußtheit verdanken. Dabei haben wir außer acht gelassen, daß ASW auch im Alltagsleben wirken kann, und zwar sogar ohne den bewußten Versuch, sie in Anspruch zu nehmen. Stark motivierende Faktoren wie etwa eine emotionale Bindung, der Selbsterhaltungstrieb, Ereignisse, die uns persönlich betreffen oder von besonderem Interesse für uns sind, können die ASW aktivieren – und wir nutzen sie.

Diverse parapsychologische Beobachtungen neueren Datums deuten allerdings darauf hin, daß die *ASW in unserem Leben häufig auf weitgehend unbemerkte Weise wirkt, als »Schutzengel«* sozusagen: Wir setzen unsere ASW offensichtlich unbewußt dazu ein, unsere Umgebung zu überwachen und von für uns wichtigen Informationen zu profitieren. Doch in der Hast und Geschäftigkeit des Alltagslebens, wenn unser Denken abgelenkt ist, achten wir nur selten auf ASW-Signale. Eine ASW-Information wird dann nicht bewußt erfahren, sondern sie wirkt nur unterschwellig, was aber dennoch genügt, unser Verhalten in sinnvoller, für uns vorteilhafter Weise zu beeinflussen.

Sehr anschaulich zeigt uns dies ein Fall, den der amerikanische Parapsychologe REX STANFORD – der Entdecker der PVIR –schildert. Ein Mann in Manhattan (New York) wollte unangemeldet Freunde besuchen. Er fuhr mit der Untergrundbahn, vergaß jedoch völlig, daß er hätte umsteigen sollen, und verließ den Zug an einer Station, die ziemlich weit von seinem ursprünglichen Ziel entfernt war. Als er aus dem Bahnhof trat, stand er plötzlich vor den Freunden, die er besuchen wollte. Offensichtlich hatte ihm seine ASW die Information geliefert, daß die Freunde nicht zu Hause seien, und seine Schritte, ohne daß er sich dessen bewußt war, zu ihnen gelenkt. Dies bewerkstelligte seine ASW, indem sie ihn das Umsteigen vergessen ließ.

Die ASW-Information wird in diesem Fall (in der 2. Phase) gar nicht bewußt erlebt, aber sie beeinflußt direkt das Verhalten der Person. Stanford bewies die Existenz dieses Phänomens in einer Reihe scharfsinniger Experimente, wie zum Beispiel: Die Studenten eines Psychologieseminars unterzog er einem Test, den er wie eine Prüfung präsentierte. Dabei beschloß er, daß die eine Hälfte der Studenten für ein erfolgreiches Resultat im Test belohnt und für Mißerfolg bestraft werden sollte. Bei der zweiten Hälfte der Studenten war es umgekehrt: für Erfolg bestraft, für Mißerfolg belohnt. Die Belohnung bestand zum Beispiel für männliche Studenten darin, hübsche junge Mädchen zu interviewen; als Bestrafung mußten sie dem Professor nach dem Unterricht bei langweiligen statistischen Berechnungen helfen. Das Resultat des Experiments: Die Studenten zeigten die Tendenz, die Testfragen so zu beantworten, daß sie belohnt würden: Die Studenten der ersten Hälfte lieferten bessere Antworten als die Studenten der zweiten Hälfte, die die Tendenz zeigten, Fehler zu machen. Bei diesem Experiment mußten die Studenten ihre ASW eigentlich zweimal benutzen: 1. um telepathisch herauszufinden, daß der Professor geheime Pläne bei dem Test hatte und 2. zu welcher Gruppe sie gehörten, ob es für sie besser war, beim Test gut oder lieber schlecht abzuschneiden. Dabei aber war ihnen nichts von alldem bewußt.

Einer meiner Studenten erzählte mir folgendes Erlebnis: »Ich fuhr im Auto und näherte mich bei Rotlicht einer Kreuzung. Ich ging vom Gas weg, doch bevor ich ganz zum Stehen gekommen war, schaltete die Ampel auf Grün. Natürlich hätte ich sofort über die Kreuzung fahren sollen, aber aus einem plötzlichen Impuls heraus hielt ich an. Ich sagte mir, ich könne, wenn ich nun schon so langsam sei, auch gleich ganz anhalten und auf das nächste Grün warten und unterdessen meinen Pullover ausziehen. Diesen Entschluß faßte ich sehr schnell, und zwar trotz der Tatsache, daß ich somit die Fahrer hinter mir zum Halten zwang. Im Grunde genommen hatte ich wegen meiner mangelnden Rücksicht gegenüber den Fahrern hinter mir ein schlechtes Gewissen. Genau in diesem Augenblick aber raste aus der Richtung, die Rot hatte, ein Lastwagen über die Kreuzung. Wäre ich nicht stehengeblieben, hätte mich der Laster voll erwischt, und bei seiner hohen Geschwindigkeit hätte der Zusammenstoß bestimmt ernste Folgen gehabt.«

In diesem Fall also wirkte die PVIR, indem sie den Fahrer veranlaßte, im Auto ein Kleidungsstück auszuziehen – angesichts der Umstände eine ziemlich ungewöhnliche Situation.

Einen anderen Fall erzählte mir eine Frau. Sie fuhr in Chikago regelmäßig unweit ihres Wohnhauses an einem auffälligen Gebäude vorbei. Sie fragte sich immer wieder, was wohl in dem Gebäude sei und wem es gehöre, aber es interessierte sie auch wiederum nicht so sehr, daß sie einmal angehalten und nachgesehen hätte. Eines Tages, als sie auf Arbeitssuche war, kam sie erneut an dem Haus vorbei und beschloß in einem plötzlichen Anfall von Neugier, sich das Gebäude nun doch einmal näher anzuschauen. Sie fuhr also auf den Parkplatz und stieg aus. Auf dem Weg zum Haus traf sie einen Angestellten der in dem Gebäude untergebrachten Firma, und dieser fragte sie, was sie wünsche. Verlegen antwortete sie, daß sie sich erkundigen wolle, ob man vielleicht Arbeit für sie habe. Die Frau wurde zum Personalchef geführt. Als sie ihm ihre berufliche Ausbildung und die von ihr früher erledigte Arbeit beschrieb, sagte er, an diesem Tag sei gerade eine Stelle für jemanden mit genau ihren Kenntnissen frei geworden.

Er wollte wissen, wie sie von dem offenen Posten erfahren habe; denn das Stellenangebot, das in der folgenden Woche in einer Zeitung erscheinen sollte, war eben erst telefonisch an die Anzeigenannahme durchgegeben worden. Die Frau fand auf diese Weise ganz in der Nähe ihres Wohnsitzes eine gute Stellung.

Die PVIR bestand in diesem Fall darin, daß die Frau im richtigen Moment von einer ihr unerklärlichen Neugier erfaßt wurde, die sie zum Handeln zwang.

Wie Sie sehen, ist dic Psi-vermittelte Instrumental-Reaktion (PVIR) unlöslich mit »normalen« Wahrnehmungen, Erkenntnissen und Erinnerungen verbunden. PVIR funktioniert, indem sie plötzlich Ideen oder Erinnerungen ins Bewußtsein drängt oder an sich unbedeutende Entscheidungen in einer für uns günstigen Weise beeinflußt. Solche Vorkommnisse werden wegen ihrer Trivialität häufig gar *nicht als Fälle zur Geltung kommender ASW erkannt*. Sie nehmen sich aus wie normale Alltagserlebnisse – wie Entschuldigungen oder Unterlassungen, wie wir sie immer wieder treffen oder begehen – seien es nun einzelne oder ganze Ketten. Die Alternativen zu solchen Entscheidungen sind gewöhnlich nicht von sonderlicher Bedeutung, und erst eine durch ASW gewonnene Impression neigt dann die Waagschale zugunsten einer der zur Wahl stehenden Möglichkeiten. Oft erfolgt Psi-bedingtes Handeln gleichsam automatisch, ohne daß man erst darüber nachdenkt. Erst die nützlichen Folgen bringen uns auf den Gedanken, daß ASW mitgewirkt haben könnte.

Die in diesem Prozeß üblicherweise wirkenden Mechanismen sind: ein unbewußter Timingmechanismus, der uns zur richtigen Zeit an den richtigen Ort lenkt; selektives Erinnern und Vergessen; Fehler, die sich letztlich zu unserem Vorteil auswirken; plötzliche Ideen oder Assoziationen, die »fertige« Reaktionen oder Gedanken auslösen.

Die Psi-vermittelte Instrumental-Reaktion (PVIR) kann jedoch nur auftreten, wenn ein Mensch in seinen Reaktionen flexibel ist. Der ASW-Reiz bewirkt nichts, wenn jemand sein Verhalten streng vorprogrammiert hat. Das trifft zu, wenn zum Beispiel für einen Menschen der Tag nach einem genauen Plan abläuft, der keine Abweichung zuläßt, oder wenn ein Mensch überhaupt ein stereotypes Verhalten an den Tag legt. Gelegentlich kann für eine PVIR auch ein *psychokinetischer Anstoß* als Vehikel dienen, wie es wahrscheinlich im folgenden Fall geschah:

Eine Frau, die in London lebte, wollte am frühen Vormittag mit ihrem Wagen zum Einkaufen fahren, doch der Motor sprang nicht an. Nach mehreren vergeblichen Startversuchen gab sie auf und ging ins Haus zurück, um die nächstgelegene Werkstatt anzurufen und darum zu bitten, daß ein Mechaniker geschickt werde, der ihren Wagen repariere. Noch bevor sie ihren Anruf tätigen konnte, erhielt sie überraschend Besuch. Ein enger Freund, der in den USA lebte und in London zwischengelandet war, hatte bis zum Weiterflug etwas Zeit und darum beschlossen, sie zu besuchen. Die beiden hatten einander viele Jahre nicht gesehen, und die Frau war sehr froh, den Freund nicht verpaßt zu haben. Nach seinem Weggang versuchte sie erneut, ihren Wagen zu starten – und diesmal sprang er sofort an.

In einem anderen Fall – in dem allerdings die Bewirkung durch einen PK-Effekt weniger wahrscheinlich ist – berichtete eine Frau: »Ich hielt an einer unübersichtlichen Kreuzung, und als ich weiterfahren wollte, klemmte entweder das Gaspedal, oder mein Bein ließ sich nicht mehr bewegen. Jedenfalls rührte sich mein Auto nicht von der Stelle. Genau in diesem Augenblick bemerkte ich zu meinem Entsetzen, daß ein anderer Wagen mit hoher Geschwindigkeit quer über die Kreuzung fuhr. Hätte mich dieses unerwartete Vorkommnis nicht aufgehalten, so hätte ich ganz sicher einen Unfall erlitten.«

In Alltagssituationen wie dieser wirkt Psi untrennbar mit anderen Funktionen zusammen, seien es sinnliche oder außersinnliche. In diesem besonderen Fall ist von einer unübersichtlichen Kreuzung die Rede. Doch mangels genauerer Angaben können wir die ASW nicht von einer möglicherweise unterschwelligen – visuellen oder auditiven – Wahrnehmung des nahenden Wagens trennen oder auch einen eventuellen PK-Effekt nicht von einem Muskelreflex unterscheiden, der das Bein vorübergehend lähmte.

Der Forscher Rex Stanford hat gezeigt, daß die PVIR auch durch einen PK-Effekt erfolgen kann: Er ließ Versuchspersonen bis zu fünfundvierzig Minuten lang eine sehr eintönige motorische Aufgabe durchführen. Wenn sie jedoch mittels Psychokinese einen Generator in einer bestimmten Weise beeinflußten, durften sie die motorische Aufgabe abbrechen und während des Rests der fünfundvierzig Minuten an einer sehr angenehmen Aufgabe arbeiten. Eine statistisch signifikante Zahl von Versuchspersonen entkam der langweiligen Aufgabe rascher, als es die Zufallserwartung gestattet hätte.«

Der amerikanische Parapsychologe W. E. Cox untersuchte eine

Reihe schwerer Eisenbahnunfälle. Er verglich dabei die Zahl der Fahrgäste an den Unglückstagen mit der Zahl der Fahrgäste, die durchschnittlich diese Strecke benutzten. Nach seinen Feststellungen lag die Fahrgastzahl an den Unglückstagen signifikant unter den Fahrgastzahlen anderer vergleichbarer Tage.

Eigentlich sollten wir erwarten, daß die Psi-vermittelte Instrumental-Reaktion stets in hilfreicher Weise wirkt. Das tut sie jedoch nicht bei Menschen, die eine *negative Einstellung zu sich selbst und zu ihrer Umwelt* haben. In solchen Fällen müssen wir damit rechnen, daß Psi-bedingte Fehler (Psi-missing) auftreten und der daraus resultierende Effekt der betreffenden Person Schaden zufügen könnte. Folgender interessanter Fall stellt ein diesbezügliches Beispiel dar:

Eine Großmutter, die sich sehr unglücklich und einsam fühlte – sie war geschieden und lebte allein, seit ihre Kinder geheiratet und das Elternhaus verlassen hatten –, fuhr mit ihrer Enkelin in einem Bus. Die beiden saßen in einer der hinteren Sitzreihen und plauderten eine Zeitlang miteinander. Plötzlich sagte die Frau hastig, sie habe weiter vorn im Bus einen Bekannten entdeckt und müsse mit ihm reden. Sie stand auf und ging eilends nach vorn. In diesem Augenblick mußte der Fahrer plötzlich bremsen, und es kam zu einer leichten Kollision. Am Bus entstand kein Schaden, nur ein Sitz riß sich los. Dieser traf die beim Bremsvorgang gestürzte Frau am Kopf und tötete sie auf der Stelle. Alle anderen Businsassen blieben unverletzt.

Der Psi-missing Effekt hatte offenbar der Großmutter geholfen, den – wahrscheinlich gewünschten – Selbstmord zu begehen. PVIR hatte sie zur richtigen Zeit an den richtigen Ort für ihre Selbstvernichtung gebracht.

Mit ähnlichen Effekten müssen wir bei Menschen rechnen, die zu Unfällen neigen oder die wir als »geborene Verlierer« bezeichnen. Infolge psychologischer Ursachen wie Schuldgefühlen (ob diese berechtigt sind oder nicht, ist eine andere Frage), mangelnden Selbstvertrauens, eingeschliffener Versagenserwartung und dergleichen mehr verbinden sich die normalen psychologischen Auswirkungen negativen Denkens, die sich in geringerem Bemühen, Unaufmerksamkeit und Resignation äußern, zum Schaden der betreffenden Menschen mit der PVIR, die in solchen Fällen in Form von Psi-bedingten Fehlern auftritt.

Der Volksmund bezeichnet diesen Effekt sehr treffend mit dem

Sprichwort »Ein Unglück kommt selten allein«. Natürlich verletzt das erste Unglück den Menschen psychisch, es führt zu Verwirrung und Deprimiertheit, wodurch weiteres Unglück angezogen wird.

Im Zusammenhang mit den obengenannten Problemen hat man auch nach der Möglichkeit von ASW bei Tieren gesucht. Es liegt eine Anzahl von Gelegenheitsbeobachtungen vor, die darauf hinzuweisen scheinen, daß Tiere Dinge wahrnehmen können, die den normalen Sinnen unzugänglich sind, und somit über ASW verfügen. Nennen wir einige solcher Fälle:

Mr. Burks Hund ging am 1. Dezember 1948 verloren. Er kehrte nicht zurück. Bald danach verzog die Familie an einen etwa 2000 km entfernten Ort. Am 27. November 1949 stellte sich an ihrem neuen Wohnort ein Hund ein, und sie konnten ihn als ihren verlorenen Hund identifizieren an Hand einer Reihe sicherer Zeichen: einer besonderen Narbe an einem Bein, seiner Abneigung gegen zischende Laute, seiner Vorliebe, im Auto hinter dem Fahrer zu sitzen, die Vorderpfoten auf dessen Schultern gelegt, usw. Es gab keinerlei sinnlich wahrnehmbare Reize, die dem Hund hätten helfen können, seinen Weg zu finden. – Ähnliches erlebte Mrs. Lundark, die im Mai 1949 die Wohnung wechselte. Bevor sie die alte Wohnung verließ, gab sie ihre Katze an ihre Freundin. Bald danach lief dieser die Katze fort und erschien im September in Mrs. Lundarks neuer Wohnung, die etwa 2700 km von der früheren entfernt war. Mrs. Lundark erkannte ihre Katze zuverlässig an folgenden Zeichen: einer Narbe an einer Körperseite, sieben Zehen an einem Vorderfuß, einem auffallenden Flecken auf dem Fell usw.

Ein Arbeiter einer Fabrik, in der Sprengstoffe verarbeitet wurden, hatte einen schönen Collie, der ihn täglich auf seinem Weg zur Fabrik zu begleiten pflegte. Eines Tages sträubte sich der Hund, weiter mitzugehen als bis zum Stadtrand. Der Arbeiter war erstaunt über dieses ungewöhnliche Benehmen des Hundes und sprach darüber mit einem Freund, der zufällig ein Stück Wegs mit ihm ging. Seine Frau rief in der Fabrik an, beunruhigt darüber, daß der Hund zurückgekommen war und sich so seltsam benahm. Der Mann erklärte ihr beruhigend, es sei alles in Ordnung, nur habe er heute den Hund durch nichts dazu bewegen können, weiter als bis an den Rand der Stadt mitzugehen. Etwa eine Stunde später wurde die Fabrik durch eine gewaltige Explosion zerstört. Hunderte von Tonnen Sprengstoff explodierten, und alle, die gerade in ihr waren, wurden getötet.

An einem Abend während des Zweiten Weltkrieges saß Mr. W. H. ruhig zu Hause. Plötzlich wurde sein Hund aufgeregt und versuchte mit Gewalt, seinen Herrn aus dem Haus zu ziehen. Mr. W. H. glaubte, der Hund habe die Tollwut, ging mit ihm aus dem Haus und erschoß ihn. Kurz danach stürzte sein Haus unter einer Fliegerbombe zusammen. Der Hund hatte offenbar das Unglück vorausgesehen.

Berichte dieser Art lassen bisweilen den starken Eindruck entstehen, daß Tiere ASW haben können. Es gibt auch noch andere Leistungen von Tieren, die uns an ASW denken lassen. Nehmen wir nur den Orientierungssinn der Brieftaube, die zu ihrem Schlag zurückfliegt, und das Geheimnis des Vogelzuges. Doch müssen wir hier mit Schlußfolgerungen sehr vorsichtig sein.

Es wurde zum Beispiel festgestellt, daß Zugvögel sich nach dem Erdmagnetismus und der Position der Sonne orientieren – also durch ungewöhnliche physikalische Sinneswahrnehmungen. Auch andere Tiere haben Wahrnehmungsfähigkeiten, die sich weitgehend von den menschlichen Fähigkeiten unterscheiden. Einige haben einen viel schärferen Gesichtssinn, andere ein besseres Gehör, ein feineres Geruchsvermögen, andere sehen für Menschen unsichtbare Lichtstrahlen, wieder andere hören unhörbare Töne oder können sogar elektrische oder magnetische Felder wahrnehmen. Alle diese physikalischen Sinne müssen ausgeschlossen werden, bevor die Wahrnehmungsfähigkeit als ASW akzeptiert werden kann.

Das vielleicht überzeugendste Experiment zur Erforschung von tierischer ASW – in diesem Fall von Präkognition – unter Laboratoriumsbedingungen war der kürzlich unternommene Versuch der französischen Wissenschaftler J. Meyer und R. Chauvin mit Laboratoriumsmäusen. Die Mäuse wurden in einen Käfig gesperrt, der durch eine Schranke, die sie überspringen konnten, in zwei Teile geteilt war. Die Böden beider Hälften waren aus Draht. Mit Hilfe eines Zufallsverteilers und eines Generators wurde dafür gesorgt, daß immer die Mäuse in einem Teil des Käfigs einen Elektroschock erhielten. Die Abfolge in der die Teile des Käfigs unter Strom gesetzt wurden, war zufällig. Dabei stellte sich heraus, daß die Mäuse eine zwar geringe, aber durchaus statistisch signifikante Tendenz zeigten, aus dem gefährlichen Teil des Käfigs zu fliehen und in dem anderen Zuflucht zu suchen. Wird diese Beobachtung durch weitere Forschungen bestätigt, so könnte sie einen Hinweis dafür bieten, daß Tiere wirklich ASW besitzen können.

Wir haben früher schon gezeigt, daß sich in der 2. Phase des ASW-Prozesses die ankommende Information unbewußt äußern kann, und zwar in einer körperlichen Reaktion. Bisher haben wir hauptsächlich motorische Äußerungen berücksichtigt (von Virgula und Pendel bis zu PVIR). Aber auch physiologische Körperfunktionen können in dieser Weise beeinflußt werden. Hier öffnet sich eine neue, vielversprechende Forschungsmethode, die erstens die Verstümmelungen beim Eintreten der Information ins Bewußtsein vermeiden kann und zweitens (mit Hilfe von sensitiven Instrumenten so empfindlich gemacht werden kann, daß sie auch auf sehr schwache ASW-Impulse reagiert. Der Grundgedanke dabei ist, daß autonome physiologische Reaktionen als Detektoren für ASW dienen können und diese vorzugsweise durch entsprechende Instrumente registriert werden.

Wenn es uns gelingt, diese Information auf einer unbewußten Ebene zu entdecken, noch ehe sie Zeit hat, bewußt erlebt und damit verzerrt zu werden, können wir sie vielleicht auf eine zuverlässige Weise registrieren. Außerdem können wir annehmen, daß manche ASW-Reize so schwach sind, daß sie nicht bis ins Bewußtsein des Perzipienten dringen. Doch obwohl sie zu schwach sind, eine bewußte Antwort auszulösen, dürfen wir annehmen, daß sie sich möglicherweise mit Hilfe sehr empfindlicher physiologischer Meßgeräte entdecken lassen, was den zusätzlichen Vorteil mit sich bringen würde, daß auf diese Weise eine bleibende objektive Registrierung des Versuchsverlaufes gegeben wäre.

Von diesen physiologischen Methoden kann die Anwendung der Plethysmographie, wie sie der tschechische Physiologe S. Figar zur Erforschung der Telepathie angeregt hat, möglicherweise eine Bedeutung bekommen. Die Plethysmographie ist eine physiologische Prüfungsmethode, basierend auf der Registrierung von Änderungen im Volumen der Blutgefäße. Normalerweise läßt sich das Volumen von Blutgefäßen nicht bewußt kontrollieren, doch bildet es einen hochempfindlichen Anzeiger jeder geistigen Tätigkeit. Bei Figars Versuch wurden zwei Versuchspersonen an zwei plethysmographische Geräte angeschlossen (die besten Ergebnisse wurden mit Personen erzielt, zwischen denen eine gegenseitige emotionale Beziehung bestand, zum Beispiel Mutter und Sohn). Die Personen wurden durch schwere undurchsichtige Stoffvorhänge voneinander getrennt, so daß sie sich nicht sehen konnten. Einer von ihnen wurde wortlos eine Rechenaufgabe gegeben, indem der Versuchsleiter auf ein Stück Papier wies, auf dem sie geschrieben stand. Die Versuchsperson löste diese Aufgabe »im Kopf«; dabei wurde eine entsprechende plethysmographsche Reaktion registriert. Soweit war an dem Versuch nichts Ungewöhnliches: Es handelte sich um eine normale physische Reaktion auf die Ausübung einer geistigen Tätigkeit. Vom parapsychologischen Standpunkt aus aber war bemerkenswert, daß eine vollkommen analoge Reaktion von dem Plethysmographen der anderen Person registriert wurde, die nichts von dem wissen konnte, was die erste Person gerade tat. Figar hat damit die – wie er sie nannte – »nichtspezifischen Gehirnimpulse« registriert, deren Übertragung als eine Form von Telepathie betrachtet werden kann. Bei späteren Wiederholungen dieses Versuches traten sogar Perioden ein, in denen die Plethysmographen beider Personen einen Parallellauf zeigten und damit zu erkennen gaben, daß die Gehirntätigkeit beider Versuchspersonen irgendwie »synchronisiert« war. Die Ergebnisse dieser Versuche lassen den Schluß zu, daß die geistige Tätigkeit einer Person direkt und ohne einen Kontakt über die Sinne das Nervensystem der anderen Person beeinflussen kann. Die wissenschaftliche Bedeutung des Versuchs besteht darin, daß damit eine Methode gefunden ist, mit deren Hilfe es möglich war, eine telepathische Verbindung zwischen zwei Personen auf einem bleibenden Dokument zu registrieren – und auch darin, daß die große Sensitivität der plethysmographischen Methode es ermöglichte, die telepathische Verbindung zu entdecken, auch wenn ihr Vorhandensein von den beiden Versuchspersonen nicht bewußt registriert wurde. Daneben ermöglicht es die Untersuchung nicht-spezifischer Gehirnimpulse, Telepathie in einer der einfachsten Formen ihres Auftretens zu untersuchen und ihre Entdeckung bei verschiedenen Versuchspersonen leichter zu gestalten. Bis heute haben die Parapsychologen nur die komplexen Formen mit einem spezifischen Begriffsgehalt erforscht, und das kann der Grund sein, weshalb es ihnen nicht gelungen ist, entsprechend begabtere Versuchspersonen zu finden.

Figars Verfahren hat das Interesse anderer Wissenschaftler erregt und seine Versuche sind inzwischen erfolgreich wiederholt worden. So verwandte zum Beispiel D. Dean zwei physiologische Registriertechniken als Detektoren der Telepathie: den Plethysmographen und die Aufzeichnung schneller Augenbewegungen, die sogenannte »REM-Technik«. Als Reizquellen dienten Papierzettel, auf welche die Namen von Personen geschrieben waren, zu denen der Perzipient eine emotionale Beziehung hatte. Als Kontrollstimuli dienten weiße Papierzettel.

Besonders interessant sind auch Bemühungen, das Auftreten von ASW im Schlaf, vor allem im Traum, zu studieren. M. Ullmann und S. Krippner haben Versuche durchgeführt, bei denen die Perzipienten in ihrem Laboratorium schliefen, und sie dabei mit EEG und REM-Technik überwacht. Inzwischen versuchten die Agenten, ihnen telepathische Signale zu senden und so ihr Träumen zu beeinflussen. Wenn die physiologischen Aufzeichnungen anzeigten, daß der Perzipient träumte, wurde er geweckt und aufgefordert, seinen Traum zu berichten. Dabei wurden häufig auffallende Übereinstimmungen zwischen dem gesendeten Bild und dem Traum des Perzipienten festgestellt. Im Zusammenhang mit diesen Versuchen sei noch erwähnt, daß man sich bemüht hat, die Übertragung telepathischer Signale durch Verwendung multisensorischer Stimuli zu verstärken: Die Agenten konzentrierten sich auf Aufgaben, deren Inhalt Erlebnisse mit Beteiligung mehrerer Sinne waren (wenn zum Beispiel die Vorstellung von Regen gesendet wurde, bekam der Agent wirklich einen Schauer).

Eine andere moderne Forschungsrichtung ist das Bemühen, das Auftreten von ASW durch Verwendung verschiedener Drogen zu stimulieren. Wir können annehmen, daß verschiedene pharmakologische Mittel uns helfen können, die Versuchspersonen in einen der ASW günstigen Bewußtseinszustand zu bringen. Vor allem die Phantastika (Meskalin, Psilocybin, LSD usw.) sind als in dieser Hinsicht besonders verheißungsvoll betrachtet worden. Manche dieser Drogen werden bei Naturvölkern zur Erzeugung verschiedener ekstatischer, halluzinatorischer und wahrsagerischer Zustände verwendet. Daher wurden optimistische Hoffnungen geweckt, als mehrere Autoren berichteten, daß zum Beispiel die Eindrücke ihrer Versuchsperson nach Verabfolgung der Droge bisweilen sehr gut mit dem wirklichen Inhalt undurchsichtiger Schachteln usw. übereinstimmen. Doch sind letztlich keine besonders auffallenden Ergebnisse zu verzeichnen, und der – zugegebenermaßen eher dürftige – experimentelle Beweis in dieser Richtung bietet keinen Grund für eine größere Hoffnung auf die Wirksamkeit dieser Drogen als Stimulatoren der ASW.

In neuerer Zeit hat man der Verbindung von Hypnose und ASW

besondere Aufmerksamkeit geschenkt. Tatsächlich aber ist das keineswegs eine neue Thematik. Die Tradition des Glaubens an die Möglichkeit, parapsychische Fähigkeiten durch Hypnose zu aktivieren, läßt sich durch die gesamte Geschichte der Forschung unter Hypnose verfolgen, ja bis zurück in die Zeiten des »animalischen Magnetismus«. Auch die Trance des spiritistischen Mediums ist nah verwandt mit der Hypnose. Und doch bestand keine einheitliche Auffassung über das Verhältnis zwischen Hypnose und ASW.

Lange Zeit herrschte eine Verwirrung über die Natur und Anwendung der Hypnose und hinsichtlich ihrer Beziehung zur ASW. Auch behauptete man zuerst, daß die ASW nur eine Begabung einiger weniger sei und sich durch äußere Beeinflussung kaum ändern lasse. Zwar hypnotisierte man hin und wieder spiritistische Medien und Hellseher oder »magnetisierte« sie in der Hoffnung, ihre hellseherische Fähigkeit werde dadurch verbessert oder stabilisiert. Doch im großen und ganzen wurden ASW und Hypnose als zwei Dinge angesehen, die nichts miteinander zu tun hatten. Bestärkt wurde diese Auffassung noch dadurch, daß das berühmteste Medium der Zeit um die Jahrhundertwende, Mrs. Piper, überhaupt nicht hypnotisierbar war. Erst der berühmte französische Physiologe C. Richet schuf mit seinen Versuchen unter Anwendung von Hypnose den wissenschaftlichen Hintergrund für unsere gegenwärtige Auffassung, daß alle Zustände, in denen ASW auftreten soll – die Trance spiritistischer Medien, mystische Ekstase, der Zustand der Hellseher, die in die Kristallkugel schauen, wie der Auguren bei magischen Beschwörungen usw., – nur Variationen des einen Themas: hypnotischer Zustand – sind. Richets Versuche mit der Suggestion in Hypnose befindlicher Versuchspersonen haben als erste überzeugend nachgewiesen, daß die »Geister«, die sich angeblich bei spiritistischen Séancen manifestieren, nur autosuggestive Entpersönlichung (depersonification) in Trance befindlicher Medien waren.

Auch der Einfluß von J. B. Rhine und seiner Schule wirkte eher gegen die Anwendung von Hypnose in der ASW-Forschung. So versuchten J. B. Rhine und seine Mitarbeiter bisweilen, bei ihren Versuchen Hypnose anzuwenden, aber die Versuchsergebnisse mit Hypnotisierten waren nicht besser als die mit Personen im Wachzustand; und so wurde der Gebrauch der Hypnose aufgegeben. Nach ihrer Meinung konnte Hypnose nur dazu verhelfen, auf suggestivem Weg das Selbstvertrauen der Versuchsperson zu steigern, ihre Stimmung oder Haltung zu heben, und damit von der Motivseite her ihre Leistung anzuregen.

Doch in der jüngeren Zeit haben immer neue Beobachtungen über ASW-Leistungen unter Hypnose den Parapsychologen ihre Bedeutung wieder zu Bewußtsein gebracht. G. N. M. Tyrell, einer der ersten Parapsychologen der neueren Zeit äußerte folgende Überzeugung: »... Wir sollten unsere Hauptbemühungen auf eine gründliche Erforschung hypnotischer und ähnlicher Zustände richten, die Reichweite der Sinneshalluzination testen und versuchen, unter Hypnose oder in ähnlichen Zuständen außersinnliche Wahrnehmungen hervorzurufen. Die Hypnose ist von den Psychologen vornehmlich unter therapeutischem Aspekt betrachtet worden, und man hat sie anscheinend niemals vom Standpunkt der psychischen Forschung aus untersucht.«

Die Unterschiede in den Meinungen über die Rolle der Hypnose beim Entstehen der ASW rühren daher, daß Hypnose nicht immer ein und dasselbe ist: Sie ändert sich je nach der Versuchsperson, aber auch nach dem Hypnotiseur. Es ist daher verständlich, daß hypnotische Zustände, die von verschiedenen Autoren beobachtet worden sind, keineswegs immer gleiche hypnotische Zustände waren.

Und auch die Persönlichkeit des Hypnotiseurs (sowie des Versuchsleiters) konnte den Erfolg der Versuchsperson weitgehend beeinflussen.

Wir wissen aus früheren Ausführungen, daß es einen Bewußtseinszustand gibt, der für das Auftreten von ASW günstig ist. Dieser Bewußtseinszustand hat viele Eigentümlichkeiten mit dem durch Hypnose herbeigeführten Zustand gemeinsam und kann geradezu durch Hypnose herbeigeführt werden. Das ist eine sehr wichtige Entdeckung, die uns dem Ziel, die ASW unter Kontrolle zu bekommen, näherbringt. Wir können Hypnose verwenden, um den Bewußtseinszustand der Versuchsperson für eine gute ASW-Leistung zu konditionieren. Bei diesem Vorgang wird die Hypnose gegenwärtig mit einer doppelten Zielsetzung angewandt:

1. Um die Versuchsperson in den Zustand der Bewußtseinsminderung zu bringen, der für das Auftreten von ASW günstig ist.
2. Um auf dem Weg der Suggestion die Überzeugung der Versuchsperson von der Tatsächlichkeit der ASW, ihr Selbstvertrauen, ihr Interesse am Versuch, ihre Bereitschaft zur Mitarbeit, ihre Motivierung usw. zu verbessern, zusätzliche günstige psychische Be-

dingungen zu schaffen und damit ihren eigenen Bemühungen einen Anreiz zu geben.

Diese Zielsetzung liegt einer Methode der ASW-Einübung mit Hilfe von Hypnose zugrunde, von der an einer späteren Stelle ausführlich die Rede sein soll.

Heben wir jedoch zum Abschluß dieses Kapitels eine wichtige Entdeckung hervor: Im Laufe von Jahrzehnten hat unser Wissen um die ASW beträchtlich zugenommen. Wir können nicht behaupten, daß wir alles über sie wissen. Wir sind immer noch nicht in der Lage, diese Fähigkeit zu erklären. Doch je mehr wir über sie lernen, desto offenbarer wird es, daß es sich um eine normale Fähigkeit handelt, die in völlig gesetzmäßiger Weise auftritt. Und der Anschein ihrer Unberechenbarkeit ist nur die natürliche Folge unserer mangelnden Kenntnis der ihr eigenen Gesetzmäßigkeiten. Diese Fähigkeit ist in keiner Weise über-natürlich, und wir können sicher sein, daß wir, wenn wir noch mehr über ihre Gesetzmäßigkeiten gelernt haben, fähig sein werden, sie unter unsere Kontrolle zu bekommen, sie zu erklären und sie schließlich auch in der Praxis einzusetzen. So ist die Erforschung der ASW in ihren Zielsetzungen mit den Zielsetzungen aller anderer wissenschaftlicher Berichte identisch.

Psychokinese (PK)

Wir haben die ASW kennengelernt als einen Prozeß, durch welchen wir Informationen (getragen von Signalen unbekannter Natur) über die Umwelt erhalten können. PK ist die gegensätzliche Funktion, mit der durch energetische Signale (unbekannter Natur) die Umwelt beeinflußt werden kann. Interessanterweise können diese beiden Funktionen beim Studium der Telepathie entdeckt werden.

Wir haben festgestellt, daß wir zwei Typen von Telepathie unterscheiden können: die »eigentliche Telepathie«, die durch die Wahrnehmungstätigkeit des Perzipienten zustande kommt, und die »Mentalsuggestion«, bei der offenbar der Agent die Hauptrolle spielt. Von dieser Beobachtung ausgehend unterscheiden die Parapsychologen zwei verschiedene telepathische Mechanismen: a) *die Gamma-Telepathie* mit der Aktivität des Perzipienten und b) die *Kappa-Telepathie* mit der Tätigkeit des Agenten. Die Gamma-Telepathie ist als eine Form der ASW zu verstehen, während die Kappa-Telepathie zwar in der Form stark an ASW erinnert, aber als den paraphysikalischen Phänomenen verwandtes Phänomen zu verstehen ist.

Psychokinese schließt ein breites Spektrum von verschiedenartigen energetischen Phänomenen ein. Beginnen wir als Beispiel mit einigen Spontanphänomenen:

Miß Morton (= Pseudonym), eine Medizinstudentin, bezog im Jahre 1882 ein Haus in Clifton (England). In diesem Haus war es mehrere Jahre vorher zu einer Familientragödie gekommen. Eines Abends hörte Miß Morton ein Rascheln an der Tür ihres Zimmers. Sie ging hinaus auf den Flur und sah dort im Treppenhaus eine große schlanke Dame in schwarzem Wollkleid mit einem Trauerschleier. In den Jahren 1882 bis 1884 sah sie diese Gestalt etwa fünf- bis sechsmal. Auch ihr Bruder, ihre Schwester, das Hausmädchen und andere konnten diese Gestalt sehen, sowohl Mitglieder der Familie Morton als auch Besucher: insgesamt etwa 20 Personen. Auch zwei Hunde, die im Haus waren, scheinen das Phantom bemerkt zu haben, denn sie ließen Anzeichen von Angst erkennen. Eine recht interessante

Beobachtung ergab, daß die Erscheinung keine in vollem Umfang objektive Existenz besaß: Es kam vor, daß Miß Morton und ihr Bruder das Phantom ganz deutlich sahen, während andere, ebenfalls in der Nähe stehende Personen es zur selben Zeit nicht sahen. Doch wurde das Phantom einmal von vier Personen zugleich gesehen. Mehrmals versuchte Miß Morton, das Phantom anzusprechen, erhielt aber nie Antwort auf ihre Fragen. Ebenso versuchte sie, die Gestalt zu berühren, aber jedesmal entzog sich diese ihrer Berührung. Einmal versuchte Miß Morton, das Phantom am Verschwinden zu hindern, indem sie es in eine Ecke drängte; da verschwand das Phantom durch die Mauer hindurch. Ein andermal wollte sie seine Körperlichkeit feststellen, indem sie Fäden über die Treppe spannte, über die das Phantom für gewöhnlich ging. Doch es ging durch die Fäden hindurch, ohne sie zu zerreißen. Am häufigsten wurde die Gestalt in den Jahren 1884 bis 1885 beobachtet. Von 1886 an wurde sie immer undeutlicher. 1889 wurde sie nicht mehr gesehen, aber Schritte waren bis 1892 zu hören. Das Phantom wurde als Gestalt von Mrs. S. erkannt, die einige Zeit vorher in dem Haus gewohnt hatte. Es erschien zumeist an der Stelle, die Mrs. S. besonders geliebt und wo sie sich zu Lebzeiten am häufigsten aufgehalten hatte. Ein seltsamer Zug im Verhalten des Phantoms mag von theoretischer Bedeutung sein: Es verrichtete wie im Traum immer dieselbe Handlung. Es ging immer in der gleichen Weise die Treppe hinauf, in den Salon zum Sofa. Es zeigte niemals deutliche Symptome einer vernunftgemäßen Reaktion.

Dem können wir sofort einen wichtigen Hinweis entnehmen. Ursprünglich wurde dieser Fall als Beweis für das Überleben des Geistes der verstorbenen Dame (der doch gesehen wurde) in spiritistischem Sinn zitiert. Aber wir sehen sofort, daß die beobachteten Fakten dieser Deutung nicht entsprechen. Das Phantom gab kein Zeichen einer vernünftigen Reaktion (wie man von dem Geist erwarten würde), war also *nicht* eine bewußte Persönlichkeit. Es könnte sich allenfalls um Spuren intensiver früherer Gedanken gehandelt haben, die auf dem Ort zurückgeblieben (»mental impregration« = Gedankenimprägnation) waren und die von sensitiven Personen wahrgenommen werden können.

Oder berichten wir einen Fall aus neuerer Zeit. Im November 1967 wurden in Rosenheim in Süddeutschland seltsame Phänomene in einem Anwaltsbüro beobachten: Neonröhren, die an der zweieinhalb Meter hohen Decke angebracht waren, erloschen ein ums andere Mal. Elektriker stellten fest, daß sie um etwa 90 Grad aus ihren Sockeln gedreht waren. Scharfe Knalle wurden gehört. Automatische Sicherungen sprangen heraus ohne feststellbaren Grund, Lichtkugeln explodierten, Schubladen öffneten sich von selbst, Bilder bewegten sich an der Wand usw. Es wurden Telefonanrufe notiert, die niemals erfolgt waren. Polizei und Fachleute wurden herbeigerufen, aber es ließ sich kein normaler Grund für das Phänomen finden. Später stellte sich dann heraus, daß die Phänomene mit einer Angestellten des Anwalts zusammenhingen: der 19jährigen Annemarie Sch. die sie allem Anschein nach unbeabsichtigt bewirkt hatte.

In diesem Fall lag die Ursache der Phänomene in der lebenden Person (Annemarie) und in tiefen-psychologischen Konflikten, unter welchen sie litt.

Häufig wurde bei beobachteten Fällen an der Stelle des Auftretens eine *mediumistisch* begabte Person gefunden, und es wird vermutet, daß die Phänomene in solchen Fällen durch die mediamistischen Kräfte der betreffenden Person verursacht wurden. Häufig handelte es sich bei solchen Personen um Jungen oder Mädchen im Alter von etwa 15 Jahren; in einem solchen Fall gilt es sehr sorgfältig festzustellen, ob die betreffenden Phänomene sich nicht als absichtliche Täuschung oder Schabernack erklären lassen.

Ein anderer Beobachtungsbereich, der für die Existenz paraphysikalischer Phänomene spricht, ist der der sogenannten *»physikalischen« Medien*. Während der ganzen Geschichte des Spiritualismus und vor allem in seinen Frühphasen wurde von Medien berichtet, welche in Trance die verschiedensten Phänomene physikalischer Art bewirkten, die keine normale Erklärung zuließen. In Anwesenheit dieser Medien wurden Gegenstände durch unsichtbare Kräfte bewegt: Telekinese) oder vom Boden hochgehoben (Levitation). Bisweilen erschienen auch unwirklich sichtbare Gebilde und Gestalten (Materialisation). Man schrieb ihnen eine unterschiedliche Konsistenz zu, von nebelhaften Formen bis zu festen Körpern, die bisweilen toter Materie glichen, sich in anderen Fällen aber zu Händen, Gesichtern, ja ganzen menschlichen Gestalten ausformten. Diese drei Hauptphänomene waren häufig von einer Anzahl Sekundärphänomenen begleitet. Es wurden unerklärliche Töne, Klopfen, Geräusche, bisweilen sogar Stimmen gehört; es erschienen vielfarbige Lichter, man spürte einen kaltem Hauch in dem Raum, in dem die

Séance stattfand, usw. In der Frühzeit der Photographie gelang es angeblich verschiedenen Medien, photographische Platten ohne normale Belichtung zu beeinflussen (sogenannte »Geisterphotographie«). Dieses Phänomen, das in neuerer Zeit auf eine besser kontrollierbare Weise unter Verwendung von Polaroidkameras beobachtet wurde, würde auf die Möglichkeit hindeuten, daß chemische Prozesse an lichtempfindlichen Materialien auf paraphysikalischem Weg beeinflußt werden können.

Am häufigsten wurde vom Auftreten der Phänomene der Telekinese, der Levitation und der Materialismen berichten. In einer gewissen Periode in der Geschichte des Spiritismus wurde den Phänomenen physikalischen Charakters mehr Aufmerksamkeit gewidmet als den Beobachtungen der ASW. Von den physikalischen Medien des 19. Jahrhunderts war das berühmteste D.D. Home 1833 bis 1886), von dem bekannt war, daß er seine Leistungen an den Fürstenhöfen ganz Europas vorführte, und dessen Fähigkeit, mechanische Wirkungen aus einem beträchtlichen räumlichen Abstand hervorzubringen, von dem berühmten Physiker W. Crookes bestätigt. Ein anderes Medium war eine italienische Frau, Eusarpia Palladino (1854 bis 1918), deren Wirken über mehr als ein Vierteljahrhundert von einer Anzahl wissenschaftlicher Ausschüsse untersucht wurde.

Die Untersuchung physikalischer Medien stellte hohe Anforderungen an die Forscher. Die Phänomene traten für gewöhnlich unerwartet ein, und der Forscher konnte kaum mehr tun als ihr Auftreten registrieren. In der Regel wurden die Beobachtungsbedingungen vom Medium bestimmt und waren für jede fachliche Beobachtung denkbar ungünstig. Für gewöhnlich herrschte in den Räumen, in denen die Séancen stattfanden, völlige Dunkelheit, im besten Falle gedämpftes rotes Licht, da, wie man erklärte, stark sichtbares Licht die Phänomene zerstöre. Außerdem war für gewöhnlich eine große Anzahl Teilnehmer anwesend; dazu machte die mysteriöse Atmosphäre der spiritistischen Sitzungen die Bedingungen für wissenschaftliche Beobachtungen zweifellos nicht günstiger. Solche Bedingungen reizten direkt zu betrügerischen Imitationen von Phänomenen, und manche Medien nutzten durchaus diese Gunst der Lage. Bisweilen war der Betrug geradezu genial, und angesichts der ungeheuren Schwierigkeiten bei der Beobachtung wie des häufig fragwürdigen Charakters der Medien fragen viele Parapsychologen mit einigem Recht, ob hier überhaupt echte Phänomene beobachtet worden sind.

Gleich, wie die Antwort lauten mag, – Tatsache ist, daß diese Beobachtungen nur die Frage nach den Phänomenen aufwerfen konnten. Einen Beweis für ihre Tatsächlichkeit vermochten sie nicht zu liefern, vor allem, da später, parallel mit der schrittweisen Verbesserung der Beobachtungstechniken, die Phänomene ihren sensationellen Charakter verloren und besonders begabte Medien offenbar immer seltener wurden.

Die Rhinesche Schule untersuchte die Psychokinese in statistisch ausgewerteten quantitativen Experimenten. Beispielsweise wurden Spielwürfel geworfen, und die Versuchsperson versuchte, den Fall des Würfels so zu beeinflussen, daß eine bestimme Zahl von Augen nach oben zu liegen kam. Die ursprünglichen Würfelversuche sind im Lauf der Zeit in verschiedener Weise abgewandelt worden. So wurde zum Beispiel vorgeschlagen, an Stelle von Würfeln andere Gegenstände durch PK beeinflussen zu lassen: zum Beispiel geworfene Münzen, Roulettescheiben und dergleichen. Außerdem wurden bald bedeutend verfeinerte Methoden eingeführt. So arbeitete beispielsweise N. Richmond mit einer sehr interessanten Abwandlung. Es gelang ihm durch PK, schwimmende Pantoffeltierchen unter dem Mikroskop in ihrer Richtung zu beeinflussen.

Man versuchte auch den PK-Effekt auf biologische Materialien festzustellen. Zum Beispiel veranlaßte der französische Arzt J. Barry seine Versuchsperson, auf geistigem Weg eine Hemmung des Wachstums krankheitserregender Pilze zu versuchen. Er kontrollierte den Fortschritt des Wachstums mit den üblichen biologischen Methoden und stellte fest, daß die in dieser Weise unter Einfluß genommenen Kulturen wirklich langsamer gewachsen waren als die Kontrollkulturen.

Das sorgfältigste von allen war vielleicht das Experiment von B. Grad. Er versuchte zum Beispiel, den Einfluß von PK auf das Keimen von Pflanzen oder die Heilung von Wunden zu untersuchen. Er nahm Gerstensamen und begoß ihn mit Wasser, das von einem Glaubensheiler unter Einfluß genommen worden war. Dabei stellte er wirklich fest, daß Pflanzen aus dieser Saat stärker wuchsen als Pflanzen in der Kontrollgruppe, die mit normalem Wasser begossen wurden. Oder er nahm zwei Gruppen von Mäusen, brachte ihnen kleine Wunden in der Haut bei und prüfte, wie rasch diese Wunden heilten. Dabei stellte er fest, daß die vom Heiler behandelten Mäuse schneller wiederhergestellt waren als die Tiere der Vergleichsgruppe.

In neuerer Zeit machte der Physiker HELMUT SCHMIDT recht interessante und erfindungsreiche Experimente mit der PK. Zur Durchführung seines Experimentes baute H. Schmidt mehrere ähnliche Geräte, in denen – durch einen radioaktiven Prozeß erzeugte – Zufallssignale so verstärkt wurden, daß sie makroskopische Effekte produzierten. Aufgabe der Versuchspersonen war es, die Effekte mittels PK zu beeinflussen.

In einem solchen Experiment bestand die Anlage zur Sichtbarmachung der makroskopischen Effekte aus einer runden Scheibe mit einem Kranz von Glühbirnen. Eine Birne wurde eingeschaltet, und die in der Folge eingesetzten »Plus«- oder »Minus«-Signale bewegten das Licht immer um einen Schritt weiter im oder entgegen dem Uhrzeigersinn. Die Versuchspersonen sollten nun mittels PK das Licht entweder im oder entgegen dem Uhrzeigersinn weiterbewegen, und dies gelang ihnen auch; somit erzeugten sie einen sichtbaren PK-Effekt, vermutlich auf den bei der Erzeugung von Zufallssignalen ablaufenden Quantenprozeß.

In einem abgewandelten Test trug eine Versuchsperson Kopfhörer, und die Signale wurden ihr akustisch zugespielt: »Plus«-Signale erzeugten im linken, »Minus«-Signale im rechten Ohr Klicktöne. Die Versuchsperson bemühte sich dann, möglichst viele Klicks in ihr linkes beziehungsweise rechtes Ohr zu leiten.

In allen diesen Testvarianten wurde die Versuchsperson aufgefordert, nur auf den äußeren Effekt (Klicktöne oder Lichtbewegungen) zu achten. Das Ergebnis zeigte ganz klar, daß es schon genügte, wenn die Versuchsperson den Wunsch hatte, das Licht oder den Ton in der einen oder anderen Richtung zu bewegen. Es war jedoch nicht notwendig, daß die Versuchsperson die Konstruktion des Apparats verstand oder an die radioaktive Erzeugung der Zufallssignale dachte. Auch die Qualität des Zufallsprozesses (seine Geschwindigkeit, die Komplexität der Aufgabe, die Zahl der für eine Wahl erforderlichen Schritte oder auch Bedingungen, die darüber bestimmten, wie die Daten erzeugt wurden) spielte für das Ergebnis keine Rolle.

Später entwickelte H. Schmidt seine Experimentalvorrichtung weiter und richtete sie für eine automatische Verarbeitung der Daten durch einen Computer ein. Dies führte zu einem Forschungsprojekt, das wichtige Aufschlüsse über die retroaktive PK vermittelte, d. h. die PK; die offensichtlich in die Vergangenheit wirkte.

Die Serien der einzelnen Zufallsdaten wurden permanent auf

Tonband oder Lochstreifen aufgezeichnet. Diese Aufzeichnungen stellten ein objektives Ereignis dar. Mehrere Tage später wurden der Versuchsperson die vorher aufgenommenen Daten vorgelegt, und zwar zusammen mit Kontrolldaten, die während des Experiments aufgezeichnet worden waren. Die Versuchsanordnung stellte sicher, daß die Versuchsperson nicht wußte, welche der vorgelegten Daten die vorher aufgezeichneten und welche die Kontrolldaten waren. Eine spätere Computeranalyse bestätigte das Wirken der PK: Das Datenmuster unterschied sich nach der PK-Einwirkung signifikant von der mittleren Zufallserwartung. Dem PK-Einfluß gelang es offensichtlich, ein Ereignis zu beeinflussen, das in der Vergangenheit stattgefunden hatte und *aufgezeichnet* worden war.

In seinen jüngsten Untersuchungen arbeite H. Schmidt mit einem »bewußten Beoachter«, der sich vor dem Versuch einer psychokinetischen Beeinflussung das Datenmaterials als Zeuge ansah. Zu der Studie wurde Schmidt durch theoretische Überlegungen in der modernen Physik inspiriert, in denen die Bedeutung eines »bewußten Beobachters« als Bedingung der Wirklichkeit von Ereignissen hervorgehoben wird. Einige Interpreten der Quantentheorie behaupten, daß ein Ereignis, solange es nicht von einem Zeugen beobachtet wird, buchstäblich nicht als wirkliches Ereignis existiert; es ist dann nur ein potentielles Ereignis, eine »verschwommene« statistische Mischung aller möglichen Zustände, in welchen sich ein System befinden kann. Erst die Beobachtung des »Ereignisses« durch einen »bewußten Beobachter« beziehungsweise Zeugen läßt es zu einer bestimmten Form »erstarren« und somit »manifest« werden.

Natürlich ist es noch verfrüht, aus diesen Ergebnissen endgültige Schlüsse ziehen zu wollen; die Experimente müssen zuvor wiederholt und die Resultate bestätigt werden.

Doch Schmidt ist überzeugt, daß er durch seine scharfsinnig ausgefüllten Experimente beweisen konnte, daß die PK auch in die Vergangenheit funktionieren kann. Das ist sicher einer revolutionäre Behauptung, und es wäre verfrüht zu spekulieren, wie man sie in unsere gewohnte Vorstellung des physikalischen Weltgeschehens integrieren kann.

Präkognition

Eine der seltsamsten Eigentümlichkeiten der ASW ist ihre offensichtliche Fähigkeit, die Zeitschranke zu durchbrechen. Durch ASW können wir Kenntnis über vergangene Ereignisse (= Retrokognition) und bisweilen sogar über künftige Ereignisse (= Präkognition) erhalten. Gerade diese zweite Fähigkeit, künftige Ereignisse ohne irgendeine Möglichkeit der Einschaltung sinnlicher Wahrnehmung oder rationalen, schlußfolgernden Denkens vorauszusagen, wird als seltsamste, zugleich aber auch kostbarste Eigentümlichkeit der ASW betrachtet.

Diese Möglichkeit, mittels ASW zukünftige Ereignisse wahrzunehmen, bringt besondere Probleme mit sich, die die Behandlung der Präkognition in einem separaten Kapitel rechtfertigen. Das Phänomen hat auch Bedeutung für das Studium der Grundfragen der Physik – zum Beispiel der Struktur der Zeit. Über Jahrtausende waren die Menschen immer daran interessiert, die Zukunft im voraus zu sehen, und deswegen waren die (oft umstrittenen) prophetischen Praktiken (wie Mantik, Astrologie usw.) besonders beliebt. Auch wurde immer über Spontanphänomene und später über qualitative Experimente mit besonderem Interesse berichtet, wenn sie die Präkognition (das Vorauswissen) der Zukunft zum Thema hatten.

Nehmen wir als Beispiel die Voraussage, die der 31 Jahre alte Mr. R. P. im Mai 1914 auf einer Sitzung mit der französischen Hellseherin de Berly erhielt: »Seien Sie vorsichtig... Ich sehe Sie in großer Gefahr... Aber Sie werden gut herauskommen...« Als er im Juni 1914 Mlle. de Berly um ihren Rat für eine beabsichtigte Heirat fragte, antwortete sie: «Sie werden diese Person nicht heiraten... Ich sehe, daß sie ihr den Rücken kehren... Bestimmte Ereignisse werden Sie von ihr fortführen... Ich sehe Sie eine Uniform tragen... Eine Zeitlang werden Sie Reiter sein... Und Sie werden Leuten den Befehl geben, unterirdische Gänge zu graben... Sehr lange Gänge... Und Sie werden nicht heiraten, ehe diese Arbeit beendet ist... Aber das wird der Fall sein, ehe Sie Ihr 35. Lebensjahr vollendet haben... Sie werden ein junges Mädchen mit braunen Haaren und fremdem Blut in den Adern heiraten.« Als der Erste Weltkrieg ausbrach, wurde R. P. einberufen, wurde Offizier und nahm teil am Bau der Schützengräben. Dreimal wurde er ernstlich verwundet (eine Kugel riß ihm die Nase auf, und er verlor ein Auge.) Nach dem Krieg, im Alter von 36 Jahren, heiratete er ein junges Mädchen mit braunem Haar aus einer Familie, deren Vorfahren zum Teil aus Italien stammten.

Bisweilen sind auch Voraussagen aufgezeichnet worden, die erst lange Zeit später Erfüllung fanden. C. Richet nennt ein gutes Beispiel dieser Art: Sein Freund, der französische Kriegsminister Maurice Berteaux, konsultierte in jungen Jahren (1874) einen Hellseher. Er erhielt die Voraussage, er werde reich und berühmt werden; und eines Tages werde er das Heer führen und von einem »fliegenden Wagen« getötet werden. Er war zu dieser Zeit Bankbeamter. Später widmete er sich der Politik und wurde schließlich Kriegsminister. Im Jahre 1911 wurde er bei einer Besichtigung seiner Einheiten durch ein abstürzendes Flugzeug getötet. Die Voraussage erfüllte sich also nach 37 Jahren. (Besonders erwähnenswert ist dabei, daß die sehr unwahrscheinlich klingende Todesart zu einer Zeit vorausgesagt wurde, als es noch keine Flugzeuge gab – deswegen auch die interessante Symbolik: »fliegender Wagen«).

Dieser Fall gibt auch eine vorläufige Antwort auf die Frage, wie lange im voraus man Ereignisse mittels ASW vorhersagen kann. Aus naheliegenden Gründen (da man auf die Erfüllung warten muß und das menschliche Leben dazu kurz ist), kann man diese Frage nicht über Jahrhunderte hinweg experimentell prüfen. Dieser Fall zeigt immerhin die Erfüllung nach 37 Jahren. Bisher wurde keine Beschränkung gefunden. Berühmte Prophezeiungen aus der Vergangenheit (z. B. NOSTRADAMUS) sollten sich erst nach Jahrhunderten erfüllen – aber sie sind so stark symbolisch kodiert und sehr schwer zu entziffern; mit ihren vielen kryptischen Formulierungen können sie gleichermaßen zu verschiedenen historischen Geschehnissen passen. Deswegen kann man aus ihnen keine Schlußfolgerungen ziehen. Es scheint, daß die Hellseher gewöhnlich unfähig sind, ihre eigene Zukunft vorauszusagen. Folgender Fall, in dem ein Mensch doch fähig war, den eigenen Tod vorauszusehen, gehört zu den seltenen Fällen dieser Art, die aufgezeichnet sind. Er trat überdies bei einer Frau mit vollständiger posthypnotischer Amnesie auf. Die junge Schauspielerin I. M. wurde in Hypnose gefragt, was sie in der

Zukunft erwarten werde. Sie antwortete: »Meine Karriere wird kurz sein. Ich wage nicht einmal zu sagen, wie ich enden werde. Es wird schrecklich sein.« Nachdem sie aufgewacht war, erinnerte sich I. M. an nichts, und die Versuchsleiter eröffneten ihr aus naheliegenden Gründen ihre Voraussage nicht. Das geschah am 30. Januar 1908. Etwa ein Jahr später, am 22. Februar 1909, war sie bei ihrem Friseur. Mit einemmal wurden brennbare kosmetische Präparate durch den glühend heißen Ofen entzündet. Das Feuer ergriff sofort Miß. I. M.s Kleider. Wenige Stunden später starb sie im Krankenhaus an den schweren Verbrennungen.

Viele Autoren, die sich mit der Präkognition befaßt haben, weisen auch auf das Fehlen direkter Voraussagen allgemeinen Charakters hin. Die Versuchspersonen machten regelmäßig keine allgemeinen Voraussagen über abstrakte Dinge; ihre Visionen bezogen sich immer auf irgendwelche konkreten Szenen, charakterisierten Personen, denen der Klient begegnen würde, oder beschrieben den weiteren Verlauf seines Lebens. Diese Eindrücke waren bruchstückhaft. Sie hatten den Charakter isolierter Einzelszenen, die aus jedem größeren Zusammenhang herausgelöst waren. Unter diesen konkreten Szenen befanden sich aber auch solche, die auf Grund unpersönlicher, allgemeiner Ereignisse eintraten und aus denen diese allgemeinen Ereignisse daher abzuleiten waren. Doch solche Voraussagen großer, allgemeiner Ereignisse ließen sich niemals direkt erzielen, sondern immer nur aus der Interpretation symbolischer Aussagen oder durch Rückschlüsse aus den Berichten von Visionen konkreter Szenen. So sagten zum Beispiel Versuchspersonen E. Ostys in der Zeit vor dem Ersten Weltkrieg nicht voraus, daß der Krieg ausbrechen werde; aber sie sahen verschiedene Menschen in Situationen, in die sie im Lauf der Kriegsereignisse hineingeraten sollten. So sah zum Beispiel in dem eben berichteten Fall (S. 235) der Hellseher Mr. R. P. diesen beim Graben von Schützengräben und beim Erteilen von Befehlen an Soldaten. Das konnte ein Hinweis darauf sein, daß der Krieg ausbrechen werde, ließ sich aber auch interpretieren als Tätigkeit während eines Manövers.

Ein interessanter Versuch, bei der Erforschung der Präkognition Laboratoriumsbedingungen einzuführen – unter Wahrung der natürlichen Form ihres Auftretens – sind die sogenannten »chair-tests« (Platz-Tests). Sie wurden vor einigen Jahren von E. Osty mit seiner Versuchsperson Pascal Forthuny und in jüngster Zeit hauptsächlich in Holland von W. H. C. Tenhaeff mit G. Croiset durchgeführt. Die Versuche finden für gewöhnlich im Rahmen von Vorlesungen oder öffentlichen Darbietungen statt. Mehrere Plätze im Vorlesungsraum werden aufs Geratewohl ausgewählt, und die Versuchsperson wird vor Beginn der Veranstaltung zu ihnen geführt. Sie soll versuchen zu bestimmen, welche Personen auf den betreffenden Plätzen sitzen werden und, soweit möglich, Einzelheiten über diese Personen und ihr Leben anzugeben. Ihre Aussagen werden dann mit der Wirklichkeit verglichen.

Als Beispiel eines solchen Tests können wir folgenden Versuch nennen: Am 6. Januar 1967 machte in Anwesenheit von W. H. C. Tenhaeff und zwei weiteren Professoren der Universität Utrecht Croiset eine Voraussage für die Versammlung, die 25 Tage später in Den Haag stattfinden sollte. Diesmal wurde er nicht einmal zu den Sitzen des Veranstaltungsraumes gebracht. Man zeigte ihm nur den Sitzplan des Raumes und stellte ihm anheim, den Platz anzugeben, der seine größte Aufmerksamkeit errege. Er wählte Platz Nr. 9 und machte dazu – neben anderen, ebenfalls richtigen – diese Angaben: 1. Zu dem bestimmten Zeitpunkt am 1. Februar 1967 wird auf Platz Nr. 9 eine fröhliche Frau mittleren Alters sitzen. Ihr Hauptinteresse gilt der Kinderpflege. 2. In den Jahren 1928 bis 1930 hat sie sich für einige Zeit in der Nähe des Kurhauses von Scheveningen aufgehalten. 3. In ihrer frühen Kindheit weilte sie häufig in einer Gegend, in der Käse produziert wurde. Hier sehe ich einen brennenden Bauernhof. Einige Tiere sind lebendig verbrannt. 4. Ich sehe ferner drei Jungen. Einer von ihnen arbeitet irgendwo in Übersee, anscheinend in einem britischen Dominion. (Später fügte Croiset hinzu: Ich habe den Eindruck, einer der drei Jungen ist tot. Sein Tod hängt irgendwie mit der deutschen Besetzung unseres Landes zusammen.) 5. War die Frau nicht stark beeindruckt, als sie die Oper »Falstaff« sah? War es nicht die erste Oper, die sie überhaupt gesehen hat? 6. Hat ihr Vater nicht die Goldmedaille für treue Dienste bekommen? Ist sie nicht mit einem kleinen Mädchen zum Zahnarzt gegangen, und hat dieser Besuch nicht eine Menge Aufregung gebracht? Als der Tag der Versammlung gekommen war, erklärte man den Teilnehmern, es solle ein Versuch durchgeführt werden; im Interesse dieses Versuches sollten sie ihre Plätze nach dem Los einnehmen. Jeder der dreißig Teilnehmer zog aus einem gut gemischten Packen eine Karte mit einer Platznummer. Jeder von den Teilnehmern bekam einen Durchschlag von Croisets Aussagen, unter denen er diejenigen auszuwählen hatte, die auf ihn paßten. Von allen Teilnehmern erklärte einzig und allein Mrs. D., daß alle Angaben von Croiset für sie paßten. Sie bestätigte: 1. Sie sei 42 Jahre alt, fröhlich und beweglich und habe großes Interesse an der Pflege von Kindern. 2. Ihr Vater, der außerhalb Hollands arbeitete, nahm sie oft mit nach Scheveningen, wenn er zum Urlaub nach Hause kam. 3. In ihrer Kindheit besuchte sie oft einen Bauernhof. Das Hauptprodukt war allerdings nicht Käse, sondern Butter. Später brannte der Hof mitsamt dem Vieh nieder. 4. Ihr Mann hatte zwei Brüder. Einer von ihnen hat sich freiwillig für den Krieg in Indonesien gemeldet, kam aber nur nach Singapur. Der andere Bruder starb in einem deutschen Konzentrationslager. 5. Frau D., die Opernsängerin ist, erklärte, »Falstaff« sei die erste Oper gewesen, in der sie gesungen habe. Außerdem habe sie sich in den Tenor verliebt, der ebenfalls damals auftrat. 6. Als ihr Vater in den Ruhestand trat, bekam er ein goldenes Zigarettenetui mit eingravierter Inschrift. 7. Kurz vor dieser Veranstaltung war Frau D. mit ihrer kleinen Tochter beim Zahnarzt. Das Kind hatte große Angst und viel zu leiden bei diesem Besuch. – Frau D. hatte durch das Los den Platz Nr. 9 bekommen.

Bei einem anderen Versuch dieser Art traf Tenhaeff die Vorbereitungen für einen »Platz-Test«, der vier Tage später in Rotterdam stattfinden sollte. Er wählte Platz Nr. 18 aus. Croiset sagte: »Ich kann nichts erkennen.« – »Sind sie dessen sicher?« – »Vollkommen!« – Das war ungewöhnlich. Daher versuchte Tenhaeff es mit einem anderen Platz: Nr. 3. Croiset erklärte: »Hier wird eine Frau sitzen. Sie hat Narben im Gesicht von einem Autounfall, den sie in Italien erlitten hat.« Eine von den dreißig eingeladenen Personen konnte zu der Veranstaltung in Rotterdam nicht kommen; ihr Platz blieb leer; es war Platz Nr. 18. Auf Platz Nr. 3 saß eine Dame mit einer sichtbaren Narbe im Gesicht. Sie erklärte, sie habe vor zwei Monaten in Italien einen Autounfall erlitten.

Man hat sehr oft gefragt: Wie kann man Präkognition erklären? Es gibt eine Anzahl mehr oder minder phantasischer und spekulativer Konstruktionen, die wir nicht zu erwähnen brauchen. Doch sind drei Hypothesen vorgeschlagen worden, die es gestatten, die Präkognition auf der Basis gleichzeitiger Effekte zu erklären und so der zwingenden Notwendigkeit zu entgehen, eine Wirkung zuzugeben, welche die Zeitschranke durchbrechen würde.

1. Die erste dieser Hypothesen reduziert die Präkognition auf Telepathie: Sie geht von der Annahme aus, alle Pläne und Absichten der Menschen seien irgendwie in ihrem Unterbewußtsein gespeichert und könnten auf telepathischem Wege so vollkommen gelesen werden, daß diese Erkenntnis zur Ableitung des Laufes künftiger Ereignisse verwendet werden könne. (Oder, wie eine ältere Version dieser Hypothese es formuliert hat: Wir können die Existenz einer »Kollektivseele« oder eines »universalen Bewußtseins« annehmen, in dem ein vollständiges Wissen von allen vergangenen, gegenwärtigen und künftigen Ereignissen enthalten ist, und aus dessen Wissen die jeweils zutreffende Information auf telepathischem Wege gewonnen wird.
2. In ähnlicher Weise kann man eine extreme Steigerung der hellseherischen Fähigkeiten annehmen, durch die alle zutreffenden Fakten ermittelt werden, aus denen sich dann Schlüsse ziehen lassen.
3. Und schließlich kann man Präkognition auf PK zurückführen und aussetzen, daß die Versuchsperson ihre PK-Fähigkeit benutzt, um alle entsprechenden kausalen Faktoren so zu beeinflussen, daß das Endergebnis auf die im voraus gegebene Beschreibung paßt.

Der gemeinsame schwache Punkt all dieser Hypothesen liegt darin, daß sie eine geradezu phantastische Steigerung der Wirkungen von Fähigkeiten annehmen, die bislang nur in einer sehr unvollkommenen Form beobachtet werden konnten. Wenn die Hypothesen richtig wären, daß Präkognition dadurch zustande kommt, daß die Versuchsperson alle Ursachen künftiger Ereignisse erkennt, dann müßte eine sehr unvollkommene präkognitive Fähigkeit äußerst vollkommenen Formen gleichzeitiger ASW entsprechen. Ebenso erfordert die PK-Hypothese eine höchst vollkommene PK-Fähigkeit, um eine sehr unvollkommene präkognitive Fähigkeit zu erklären (denn es sind allzu viele kausale Faktoren im Spiel, vor allem bei der Präkognition von Ereignissen, die erst in ferner Zukunft eintreten sollen). Das Auftreten der Präkognition in der bisher beobachteten Form erreicht annähernd den gleichen Vollkommenheitsgrad wie das bisher beobachtete Auftreten gleichzeitiger ASW; und die bisher beobachteten Fälle von PK sind im allgemeinen bedeutend schwächer als die der ASW.

Das Thema der möglichen Beschränkung der Präkognition bringt uns auf die Frage nach der Rolle des freien Willens im Verhältnis zur Präkognition. Konkret geht es um die Frage, ob man, wenn etwas Unangenehmes vorhergesagt wird, die Möglichkeit hat, dem Schicksal zu entgehen (oder, was eine falsche Formulierung wäre, ob man die »Zukunft verändern« kann). Vielleicht hängt die Unfähigkeit der Hellseher, die eigene Zukunft vorherzusagen, damit zusammen, daß sie in Kenntnis der Vorhersage besser imstande wären, in den Verlauf der Ereignisse einzugreifen. (In dem Fall der Schauspielerin I. M. war vielleicht die Tatsache maßgebend, daß sie sich nachher an nichts erinnerte.) L. E. Rhine (die Frau von J. B. Rhine) versuchte diese Frage durch Sammeln von Spontanfällen, in denen das Eingreifen in den Verlauf der Ereignisse versucht wurde, zu prüfen. Verschiedene Autoren haben eine Anzahl Berichte von solchen Fällen berichtet. Doch entspricht es dem Wesen des Problems, daß von all diesen Fällen nur die wenigen als Fälle von Präkognition wirklich überzeugend sind, in denen das vorausgesagte Ereignis sich ungeachtet aller Bemühungen, es zu beeinflussen, erfüllte. Nehmen wir einen Fall dieser Art: Mr. B. Morris, Agent einer Schiffahrtsgesellschaft, fuhr auf einem Schiff. In der Nacht vor der Landung träumte er, ein Splitter von einer zu seinen Ehren abgefeuerten Geschützladung werde ihn schwer verwunden. (Die Landung seines Schiffes sollte durch Abfeuern eines Kanonenschusses begrüßt werden.) Der Traum erschreckte ihn, und er befahl dem Kapitän, diesmal keinen Willkommensschuß abzugeben. Später überlegte er es sich noch einmal und gestattete den Schuß, machte aber zur Bedingung, daß der Schuß erst abgefeuert werden dürfe, wenn er nach Erreichung eines sicheren Platzes dem Kapitän den Befehl dazu geben werde, der seinerseits das Signal zum Abfeuern durch Erheben seines Armes weitergeben sollte. Im kritischen Augenblick setzte sich eine Fliege auf die Nase des Kapitäns. Die Handbewegung, mit der er sie verjagte, wurde als Feuerbefehl aufgefaßt. Ein Splitter der Ladung traf Mr. B. Morris und verwundete ihn schwer, so daß er einige Tage später starb. Wäre er bei dem Kapitän geblieben, statt in Deckung zu gehen, so wäre er am Leben geblieben.

In einem ähnlichen Fall träumte ein Schotte, er habe gesehen, wie sein Leichnam aus dem Wasser des benachbarten Sees gezogen wurde. Um den Leichnam standen Leute, in denen er seine Freunde erkannte. Der sehr lebhafte Traum beeindruckte ihn so stark, daß er beschloß, nicht mehr mit dem Schiff auf dem See zu fahren. Nur einmal, bei einer Gesellschaft mit mehreren Leuten, sah er sich gezwungen, seinem Entschluß untreu zu werden. Doch willigte er nur unter der Bedingung ein, daß sie auf dem kürzesten Weg den See überquerten. Den Rest der Fahrt, den die Gesellschaft per Schiff machte, bewältigte er, indem er zu Fuß am Seeufer entlang ging. Das Boot überquerte glücklich den See und landete an der ausgemachten Stelle am Ufer, wo er bereits auf die Gesellschaft wartete, um zu ihr zu stoßen. Die Leute im Schiff lachten über seinen Aberglauben. Da brach das unterspülte Ufer unter ihm zusammen. Er stürzte ins Wasser und ertrank, ehe ihm jemand helfen konnte.

Mrs. Rhine untersuchte Fälle dieser Art und schloß daraus, daß die versuchte Einflußnahme auf den Ablauf der vorhergesagten Ereignisse für gewöhnlich mißlinge, und zwar aus folgenden Gründen: 1. Wegen des zu allgemeinen Charakters der präkognitiven Information (bei der zum Beispiel genauere Angaben über Person, Ort, Zeit usw. fehlen). Daher setzt der Versuch der Einflußnahme an einem falschen Punkt an, und die Vorhersage erfüllt sich auf eine ganz unerwartete Art und Weise. 2. Wegen der Beteiligung einer nicht mitwirkenden Person, deren Handeln die versuchte Einflußnahme vereitelt. 3. Weil die Situation ihrer Art nach nicht zu verhüten ist (etwa im Fall einer Naturkatastrophe).

Zu einer anderen Kategorie gehören die Fälle, in denen die Einflußnahme auf das vorausgesagte Ereignis scheinbar Erfolg hatte. So träumte zum Beispiel ein Fliegeroffizier, sein Flugzeug sei unter gewissen, genau vorhergesagten Bedingungen abgestürzt. Der Pilot wußte von diesem Traum, und als die vorhergesagten Umstände eintraten, war er bereits gewarnt und auf sie vorbereitet und führte eine erfolgreiche Notlandung durch. – Ein anderer Fall dieser Art: Mr. X hatte einmal den Traum, auf dem Bahnhof, auf dem er arbeitete, seien zwei Züge zusammengestoßen und viele Menschen seien dabei ums Leben gekommen. Dieser sehr lebhafte Traum bewegte ihn den ganzen nächsten Tag über; aber nichts geschah. Am übernächsten Tag stellte sich die Gefahr eines Zusammenstoßes wirklich ein, als ein verspäteter Güterzug auf ein Gleis fuhr, auf dem binnen kurzem ein Schnellzug ankommen mußte. Gejagt durch das Wissen um die Gefahr, die er in seinem Traum gesehen hatte, stoppte Mr. X beide Züge mit einer roten Notflagge. Sie kamen in einem Abstand von nur wenigen Metern zum Stehen. Hätte Mr. X nicht eingegriffen, so wären die Züge zusammengestoßen. – Ein weiterer Fall: Eine Mutter hatte die Vision, ihr Sohn sterbe beim Baden. Seither horchte sie immer, wenn ihr Sohn ein Bad nahm, ob irgend etwas Ungewöhnliches geschehe. Das erwartete Ereignis trat nach mehreren Jahren ein. Die Mutter wollte ausgehen, blieb aber zu Hause, weil ihr Sohn ein Bad nahm. Zunächst sang er im Badezimmer. Doch dann wurde es still; das weckte ihren Verdacht. Sie öffnete die Tür und fand ihren Sohn ohnmächtig in der Badewanne. Sie rief den Arzt, der ihn wieder zu Bewußtsein brachte. Hätte sie nicht eingegriffen, so wäre ihr Sohn möglicherweise im Bad gestorben.

Selbst wenn diese Fälle wie Einwirkungen des freien Willens auf die vorhergesagten Ereignisse wirken, so sind sie keineswegs schlüssige Beweise. Wir können immer das Argument geltend machen, daß nur der erfüllte Fall des Ereignisses wirklich vorhergesehen, der Rest aber reine Phantasie, eine halluzinatorische oder symbolische Dramatisierung der drohenden Gefahr war. Qualitativen ASW-Erfahrungen dieser Art ist charakteristisch, daß nur ein Teil des hellseherischen Erlebnisses richtig, der Rest aber in verschiedenen Graden verzerrt bis vollkommen unrichtig ist. Wenn der Hellseher ASW-Erfahrung besitzt, kann er oft richtige Eindrücke nicht von unrichtigen unterscheiden.

Man hat eingewandt, die Existenz von Präkognition und die offensichtliche Unmöglichkeit, auf das »Schicksal« Einfluß zu nehmen, widerspreche der Freiheit des Individuums und allen Kauslitätsprinzipien. Doch das ist nur ein scheinbarer Widerspruch. Wirklich der Freiheit des Individuums widersprechen würde nur das Auftreten einer absolut perfekten, lückenlosen, unbegrenzten Präkognition. Doch alle bisher beobachteten Fälle von Präkognition enthielten nur geringe, fragmentarische Informationsbeträge. Anderseits haben wir bereits Anzeichen für die endgültige Begrenzung des Umfanges der Anwendbarkeit der Präkognition. Zuverlässig vorher erkennbare Ereignisse sind allem Anschein nach nur solche, bei denen es sich um nicht zu verhindernde Naturkatastrophen handelt oder um Konfliktsituationen, die aus dem Zusammenwirken einer Vielzahl von Individuen entstehen. Dagegen können Ereignisse, die von der freien Entscheidung einer einzigen Person abhängen – vor allem wenn die Person die Möglichkeit besitzt, auf das Vorhergesagte Einfluß zu nehmen –, nicht in zuverlässiger Weise vorausgesehen werden. Ganz ähnlich ist es mit dem Widerspruch zwischen Präkognition und Kausalität. Auch sie beruht auf einer Täuschung. Vielmehr wird das Studium der Präkognition uns vermutlich dazu veranlassen, unsere heutigen Vorstellungen von der Natur und der Struktur der Zeit zu überprüfen, und wenn dies geschieht, wird auch unser Verständnis der Kausalität überprüft und gewandelt werden.

Also gibt es keine Möglichkeit, die Zukunft zu verändern. *Ereignisse, die zuverlässig vorhergesagt werden, werden trotz aller Verhinderungsversuche eintreten.* Der Schlüssel ist das Wort »zuverlässig«. Wird ein Ereignis zuverlässig vorauserkannt, können wir uns noch so sehr bemühen, seinen Verlauf zu ändern; es wird trotzdem eintreffen, und zwar in unvorhergesehener Weise, wegen irgendeines winzigen Irrtums oder eines anderen Merkmals, das in der ursprünglichen Voraussage nicht erwähnt war. Manchmal passiert es sogar, daß der Versuch, den Lauf der Dinge zu ändern, sich als zusätzlicher Verursachungsfaktor erweist und um so sicherer zur Erfüllung der Vorhersage führt.

Zur Veranschaulichung dieser Behauptung möchte ich vier Experimente mit Fräulein J. K. anführen, einer Versuchsperson, deren ASW im Hypnosezustand zu sehr zuverlässigen Leistungen trainiert wurde. J. K. wurde wiederholt aufgefordert, Ereignisse vorherzusagen, die ihren Freunden und Bekannten zustoßen würden; und wir – die Sensitive und ich als ihr »ASW-Trainer« – versuchten dann, das Eintreffen dieser Ereignisse zu verhindern.

Fall 1: J. K. hatte die Aufgabe, etwas Unangenehmes herauszufinden, das ihrer Bekannten, Fräulein Z., am folgenden Tag passieren würde. Zwecks Verifizierung sollte sie, wenn sie ein solches Ereignis fand, die Bekannte am nächsten Morgen anrufen und ihr sagen, sie habe einen Alptraum über sie gehabt und wolle sie warnen.

Fräulein Z. wohnte in einer Kleinstadt, die etwa achtzig Kilometer von der Stadt entfernt war, in der das Experiment stattfand. J. K. sagte nun voraus: Z. ist mit jemandem verabredet und wartet in einem Restaurant auf ihn. Ein fremder Mann kommt an ihren Tisch – sie beschrieb den Mann ganz genau – und erklärt, ihr Bekannter könne nicht kommen und habe ihn gebeten, sie in das Dorf zu bringen, wo er sie erwarte. Z. geht mit dem Mann, beide fahren auf einem kleinen Motorrad mit nur einem Sitz (ein sehr ungewöhnliches Merkmal). Als sie in einen Wald gelangen, hält er an, es kommt zu einem Streit, und er vergewaltigt sie. J. K. berichtete in Einzelheiten über zerrissene Kleider.

Als J. K. am nächsten Morgen ihre Bekannte anrief und sie warnen wollte, antwortete Z., das vorhergesagte Ereignis sei in der vergangenen Nacht in allen Einzelheiten bereits passiert. In diesem Fall gelang ein Eingreifen nicht, weil die Versuchsperson einen Fehler bei der Zeiteinschätzung begangen hatte. Sie hatte ein Ereignis, das ein paar Stunden später geschehen sollte, für den nächsten Tag vorhergesagt.

Fall 2: J. K. sagt voraus: »Morgen werden an meinem Arbeitsplatz mehrere Mädchen beschließen, mittags Dosenleberwurst (Marke Majkrem) zu essen. Jemand – ich kann nicht erkennen, wer es ist – schlägt vor, sie sollen sich doch lieber Lachsbrot mit Zwiebeln machen. Sie erörtern den Vorschlag, entscheiden sich schließlich doch für die Leberwurst und essen sie mit Brot und Butter.«

Nach dieser Vorhersage wurde beschlossen, J. K. solle versuchen, die Mädchen von der Leberwurst abzubringen. Am nächsten Tag wollten die Mädchen wirklich Leberwurst essen und erörterten die Idee, als J. K. »zufällig« in der Nähe war. Sie versuchte, den Mädchen einzureden, doch lieber Lachs mit Zwiebeln zu essen. (Sie hatte das Gefühl, dies sei der einzige Weg, auf dem sie die Mädchen beeinflussen könne: durch Suggestion, und zwar indem sie ihnen den Mund auf Lachs wäßrig machte.) Die Mädchen entschieden sich schließlich aber trotzdem für Butterbrote mit Majkrem-Leberwurst.

Wieder traf das Vorhergesagte ein. Diesmal war die Intervention deshalb nicht erfolgreich, weil die Kolleginnen auf ihrer ursprünglichen Absicht beharrten. Der Fall wies aber einen besonders interessanten Zug auf, dessen Bedeutung sich jedoch erst später klarer herauskristallisieren sollte: Die Versuchsperson nannte eine ganze Reihe wichtiger Einzelheiten und beschrieb auch, was sie selbst tun würde, konnte sich jedoch als an dem Ereignis beteiligte Person nicht identifizieren.

Fall 3: Die Versuchsperson wurde aufgefordert, irgendeine Person zu beschreiben, die ich am nächsten Tag treffen und mit der ich sprechen würde. Sie nannte zahlreiche Einzelheiten über das Aussehen eines Mannes, an denen ich einen meiner Freunde erkannte. Angesichts auch der beschriebenen Situation war ich sicher, daß er mich nicht zu Hause besuchen würde. Ich erwartete vielmehr, ihm auf der Straße zu begegnen. Um das Eintreffen der Vorhersage zu verhindern, beschloß ich daher, den ganzen nächsten Tag daheim zu bleiben. So wollte ich sicherstellen, daß ich den Freund nicht treffen würde. Doch er kam völlig überraschend zu mir nach Hause.

Die Vorhersage, daß ich ihn treffen und mit ihm sprechen würde, traf also ein. Ich hatte J. K.s Aussage falsch gedeutet. Gewöhnlich sah ich diesen Freund anderswo, nicht bei mir zu Hause. Darum nahm ich automatisch an, daß es wieder so wie immer sein würde, und ich wandte nicht die nötige Sorgfalt auf, mir von J. K. bestätigen zu lassen, ob diese Annahme stimme. Meine Schlußfolgerung enthielt somit Details, die von der Versuchsperson nicht vorausgesagt worden waren, die ich lediglich in die Vorhersage hineingelegt hatte. Andererseits hätte die Versuchsperson mit optimaler ASW auch sehen und klarmachen müssen, daß das Treffen bei mir zu Hause stattfinden würde.

Fall 4: Im Zuge unserer Experimente wurde J. K. gelegentlich auch aufgefordert, ganze Serien von Verrichtungen vorherzusagen, die sie selbst oder andere Personen ausführen würden. Solche Verrichtungen waren beispielsweise: zum Küchentisch hinüberzugehen und dort eine Konservendose hinzustellen (die Konservendose war einer von zwanzig oder mehr Gegenständen); dann zum Fenster zu gehen und eine kleine Statue aufs Fensterbrett zu stellen; anschließend zur Türschwelle hinüberzugehen und einen Karnevalshut dort abzulegen; dann zum Radio zu gehen und dort ein Buch zu deponieren und dergleichen mehr. Die endgültige Wahl und Folge der zu benutzenden Gegenstände sollte durch das Los bestimmt werden.

Es gelang der Versuchsperson nie, solche Verrichtungen im voraus zu identifizieren. Alle diese Verrichtungen hatten eines gemeinsam: immer bestand die Möglichkeit, den jeweiligen Auftrag in Kenntnis der Vorhersage abzuändern.

In all diesen Experimenten waren die Versuchspersonen normalerweise unfähig, ihr eigenes künftiges Handeln vorauszusagen, auch wenn sie sich ansonsten ihres präkognitiven Erlebnisses voll bewußt waren und sich an dieses genau erinnerten. Eine beachtenswerte Ausnahme von dieser Regel stellte Fräulein Z. J. dar, die einen Unfall richtig voraussagte, der ihr zwei Tage später zustoßen sollte. Ort (die Schule), Zeit und Art des Unfalls sowie die Schwere der Verletzung (Sehnenriß an der Hand) und die nachfolgende Behandlung wurden von ihr richtig beschrieben. Hier in diesem Fall bestand allerdings seitens der Versuchsperson völlige Amnesie in bezug auf das Experiment. Das dürfte auch der Grund dafür gewesen sein, warum die Versuchsperson fähig war, ihre eigene Zukunft genau vorherzusagen.

Zu dieser Vorhersage kam es allerdings nicht im Rahmen des formellen Programms zur Erforschung der Präkognition, sondern sie wurde ganz zufällig gemacht. Die Versuchsperson befand sich noch in Hypnose, und ich gab ihr Anweisungen für das nächste Treffen, worauf sie spontan sagte, sie könne nächstes Mal nicht wie geplant kommen. Als ich nach dem Grund fragte, berichtete sie, daß sie einen Unfall erleiden und sich dabei verletzen werde. Ein Eingreifen in das vorhergesagte Ereignis wurde nicht versucht, weil ich zur Zeit des Experiments die Präkognitionsfähigkeit der Versuchsperson nicht für genügend gefestigt hielt. Es bestand für mich daher keine Gewißheit, daß ihre Vorhersage zuverlässig war. Erst das wirkliche Eintreffen des Unfalls bestätigte mir, daß es sich hier tatsächlich um Präkognition gehandelt haben mußte.

Als die Versuchsperson zu einem späteren Experiment wiederkam und von ihrem Unfall erzählte, entschlüpfte mir unglücklicherweise eine Bemerkung, aus der sie entnehmen konnte, daß sie mir in Hypnose von dem Unfall erzählt hatte. Sie machte mir daher Vorwürfe und sagte, ich hätte sie warnen sollen, damit sie die schmerzhafte Verletzung hätte vermeiden können (was sie für möglich hielt). Die Episode untergrub leider das Vertrauen der Versuchsperson zu mir als Experimentator; wenig später weigerte sie sich, weiterhin an den Experimenten teilzunehmen.

Was die irrtümliche Behauptung, man könnte die »Zukunft verändern« betrifft, so läßt sich an folgendem Beispiel veranschaulichen, daß die Illusion der Veränderung eigentlich auf unvollkommenen präkognitiven Feststellungen beruht:

Stellen Sie sich einmal vor, daß Sie zu einer Hellseherin gehen und diese Ihnen sagt: »Morgen fahren Sie mit dem Auto in die Stadt. Sie fahren auf dem Broadway und nähern sich der Kreuzung Broadway-Main-Street. Sie fahren an einem parkenden Taxi vorbei, dann überholen Sie einen gelben Lastwagen, Sie kommen zu der Kreuzung, und dort wird sich von rechts auf der Main Street ein roter Sportwagen nähern. Sie haben Grün, fahren auf die Kreuzung, doch der rote Wagen rast heran und wird mit Ihnen zusammenprallen. Ich sehe den Zusammenstoß.«

Am nächsten Tag fahren Sie tatsächlich auf dem Broadway. Sie bemerken das Taxi und überholen auch den gelben Lastwagen. Sie nähern sich der Kreuzung und haben Grün, aber weil Sie durch die Voraussage gewarnt sind, schauen Sie, ob auf der Main Street etwas kommt. Sie sehen den roten Sportwagen und sind dank der Warnung darauf vorbereitet, auf die Bremse zu treten. Es gelingt Ihnen, rechtzeitig anzuhalten, so daß Sie nicht mit dem Sportwagen zusammenstoßen, der bei Rot über die Kreuzung gerast ist. Sie haben den Unfall verhindert.

Haben Sie das? Nicht wirklich! Im determinierten Lauf der Ereignisse war die Warnung durch die Hellseherin – das heißt ihre »falsche« Voraussage – gerade Teil jener Verkettung der Ereignisse, die zu Ihrem knappen Entkommen aus der Gefahr führte. Das determinierte Ereignis war von an Anfang an Ihr Entkommen – nicht der Zusammenstoß.

Jede andere Schlußfolgerung läßt es an Logik mangeln. Die Vorhersage enthielt eine Reihe von Details: Taxi, gelber Lastwagen, roter Sportwagen, Zusammenstoß. Wenn die ersten drei Vorhersagen eintreffen, so neigen die meisten Menschen dazu, automatisch anzunehmen, daß auch die vierte sich verwirklichen muß. Doch die Gesetze der Logik rechtfertigen eine solche Schlußfolgerung nicht. Selbst wenn drei Elemente richtig vorausgesagt worden sind, selbst wenn es zehn gewesen wären, so haben wir dennoch keine Garantie, daß auch das vierte Element der Prophezeiung stimmt. Und hier war sie, noch dazu im entscheidenden Punkt, in der Tat falsch.

Ein sehr guter Hellseher hätte das erkannt. Im Zusammenhang mit dem ASW-Training stellte ich fest, daß ein wichtiges Element dieses Trainings darin besteht, *richtige ASW-Impressionen von fehlerhaften unterscheiden zu lernen*. Gute Versuchspersonen – wie Fräulein J. K. - lernten das. Dabei ist es nicht leicht; manchmal ist der subjektive Unterschied kaum merkbar, und sogar guten Versuchspersonen passieren ab und zu Fehler, besonders wenn ihre Aufmerksamkeit nachläßt. Doch man kann es lernen, und je besser die Versuchsperson, desto weniger Fehler unterlaufen ihr.

Eine wirklich gute Versuchsperson würde Ihnen folgende Voraussage machen: »Ich sehe Sie in einem Wagen fahren, und ich glaube, daß es morgen sein wird. Ich sehe Sie und den Wagen deutlich und ich bin sicher, daß dies geschehen wird. Ich sehe sie auf dem Broadway fahren, und ich bin sicher, daß Sie dort sein werden. Dann sehe ich ein parkendes Taxi, ich sehe es ganz deutlich, es wird da sein. Danach sehe ich Sie einen gelben Lastwagen überholen, ich bin mir sicher, ich sehe ihn deutlich. Ich sehe Sie sich der Kreuzung Broadway-Main-Street nähern, und ich sehe in der Main Street einen roten Sportwagen – aus Ihrer Sicht von rechts – heranrasen. Ich sehe den Wagen deutlich, und ich bin sicher, daß er da sein wird... Aber im nächsten Moment sehe ich die Szene weniger deutlich. Ich sehe Sie auf die Kreuzung fahren und die beiden Wagen zusammenstoßen, aber wegen der veränderten Qualität des Bildes bin ich nicht sicher, ob es wirklich ein Zusammenstoß ist. Wenn ich Sie zusammenstoßen sehe, ist das Bild verschwommen. Ich vermute also vielleicht nur, daß Sie zusammenstoßen müssen, weil ich die Wagen so nahe beieinander sehe; oder es kann auch ein Symbol für die Gefahr sein, in der Sie schweben.«

Eine wirklich gute Versuchsperson wäre einer solchen Unterscheidung fähig. Ein nichttrainierter, durchschnittlicher Hellseher jedoch ist nicht so sorgfältig und achtet nicht so genau auf Details.

Die Frage sollte also anders gestellt werden. Nicht: »Ist die Zukunft veränderbar?«, sondern? »*Sind alle zukünftigen Ereignisse feststellbar?*« In diesem Zusammenhang möchte ich ein Experiment schildern, dessen Versuchsperson wiederum Fräulein J. K. war, die – wie erwähnt – gelernt hatte, richtige ASW-Impressionen zuverlässig von Fehlern zu unterscheiden.

Das Experiment fand in einem Raum mit zwei gleichen Türen statt. Die Versuchsperson hatte die Aufgabe vorauszusagen, durch welche Tür ich jeweils das Zimmer verlassen würde. Sie machte ihre Voraussage, schrieb sie auf ein Stück Papier, steckte es in einen Umschlag und klebte ihn zu. Dann warf ich eine Münze, und je nachdem welche Seite oben lag, verließ ich das Zimmer durch Tür 1 oder Tür 2. Anschließend kehrte ich in das Zimmer zurück und kontrollierte die Voraussage. Dann wiederholten wir das Experiment mehrmals.

Unter diesen Bedingungen war die Versuchsperson fähig, richtig vorauszusagen, durch welche Tür ich gehen würde. Nachdem sie mehrmals die richtige Tür vorausgesagt hatte, beschloß ich, einen informellen Test zu machen, nur um zu sehen, was passieren würde, wenn ich einzugreifen versuchte. Ich beschloß also, ab sofort das Gegenteil dessen zu tun, was die Versuchsperson jeweils voraussagte: also durch die andere Tür hinauszugehen. Dazu mußte ich natürlich die Voraussage kennen.

Deshalb schlug ich eine Änderung des Experimentalverfahrens vor: Statt die Voraussage aufzuschreiben und den Zettel in einen Umschlag zu stecken, sollte die Versuchsperson sie einfach laut sagen. (Der Versuchsperson gab ich eine rationale Erklärung: Das Experiment würde auf diese Weise rascher ablaufen, und wir könnten ohne Zeitverlust eine größere Anzahl von Daten sammeln.) Anschließend sollte ich wieder die Münze werfen wie zuvor. Aber ich wußte, daß das für mich diesmal nur ein leeres Ritual sein würde, mit dem ich den Eindruck erwecken wollte, daß sich nichts geändert habe. In Wirklichkeit hatte ich vor, ohne Rücksicht darauf, welche Seite der Münze oben liegen würde, durch die von der Versuchsperson nichtvorhergesagten Tür hinauszugehen.

Ich erwartete, daß die Versuchsperson mich durch eine der Türen hinausgehen sehen würde, dann ihre Vorhersage machen würde, worauf ich die Münze werfen, durch die andere Tür hinausgehen, wiederkommen und zur Versuchsperson tröstend sagen würde, ein einziger Fehler in einer langen Erfolgsserie spiele keine sonderliche Rolle, und wir wollten das Experiment unter den gleichen Bedingungen wiederholen.

Doch J. K. war darin geschult, eine zuverlässige Leistung zu erbringen, und deshalb reagierte sie überraschend. Statt die von mir erwartete Vorhersage zu machen, bat J. K. plötzlich um eine Pause. Auf meine Frage nach dem Grund sagte sie verwirrt: »Es ist komisch ... in den vorherigen Experimenten habe ich immer versucht, Sie in die Zukunft zu schieben (so erlebte sie den Versuch, die Zukunft zu beobachten), und dann sah ich Sie durch eine Tür hinausgehen. Jetzt tue ich das gleiche, aber dann verschwinden Sie in einer Art dichtem Nebel, und *ich kann nicht sicher sagen*, durch welche Tür Sie gehen werden. Ich nehme an, daß ich müde sein muß.«

Ich warf eine Münze und verließ das Zimmer durch eine der Türen, nur um sicherzustellen, daß das Ereignis, das die Versuchsperson vorhersagen sollte, wirklich stattfand, das heißt, daß die Unmöglichkeit der Vorhersage nicht durch das Nichtzustandekommen des zukünftigen Ereignisses verursacht würde.

Das Ergebnis dieses Experiments führt, in Verbindung mit anderem Beweismaterial, zu einem wichtigen Schluß. Die Tatsache, daß es das Phänomen der Präkognition gibt, bedeutet nicht unbedingt, daß alle künftigen Ereignisse zuverlässig vorauserkannt werden können. Allem Anschein nach *können Ereignisse, die sich infolge der Kenntnis der Voraussage durch eine freie Entscheidung ändern ließen, nicht vorauserkannt werden*. Insbesondere handelt es sich dabei um Ereignisse, die von der Entscheidung einer einzigen Person abhängen.

Wohlgemerkt: Diese Ereignisse sind da, in der Zukunft, sie können lediglich nicht vorauserkannt oder vorhergesehen werden. Es ist, als würde die Möglichkeit, einzugreifen (die sich aus der Kenntnis des Vorausgesagten ergibt), einen undurchsichtigen Schirm erzeugen, durch welchen man in die Zukunft nicht sieht.

Diese Schlußfolgerung ist in vollem Einklang mit den Vorstellungen der modernen Physik, die für uns ein neues Weltbild entworfen hat:

Jetzt müssen wir die Welt als ein *vier*dimensionales (drei Raumdimensionen und eine Zeitdimension) Kontinuum verstehen. (Es erscheint uns nur so, daß wir in einem dreidimensionalen Raum leben und daß wir uns mit der Zeit verändern.) Im Kontrast zu unserer üblichen Vorstellung, daß nur die Gegenwart existiert, wobei die Vergangenheit »nicht mehr« existiert und die Zukunft »noch nicht«, müssen wir uns jetzt vorstellen, daß *Vergangenheit, Gegenwart und Zukunft parallele Realitäten sind.* Also ist, wie es der bekannte Astronom A. S. Eddington einst ausdrückte, die Zukunft »dort« real und wartet nur darauf, daß wir bei unserer Bewegung in der Zeit dort ankommen.

Das bedeutet auch, daß das Weltgeschehen völlig determiniert ist. (Der freie Wille zeigt sich hier eigentlich als die Beschränkung der präkognitiven Fähigkeit.) Dann *ist die Präkognition das direkte Ablesen des Sachbestandes, der in der Zukunft vorhanden ist.* Das bedeutet, daß (ähnlich wie bei der »travelling clairvoyance« im Raum) ein »ASW-Organ« auch in der Richtung Zukunft (oder in Richtung Vergangenheit bei der Retrokognition) »reisen«, dort Information sammeln und diese durch die Zeit zurück zu uns (die wir uns in der Gegenwart befinden) bringen kann.

Also können wir jetzt zusammenfassen:

1. Was zuverlässig vorausgesagt wird, wird geschehen, auch wenn versucht wird, es zu verhindern.
2. Ereignisse, die infolge der Kenntnis der Voraussage geändert werden können, insbesondere Ereignisse, die nur von der Entscheidung eines einzigen Individuums abhängen, lassen sich nicht vorauserkennen. Die Natur des »Schirms«, der ein zuverlässiges Vorauserkennen künftiger Ereignisse, die die eigene Person betreffen, verhindert, ist unbekannt; bekannt sind nur die Folgen.

Die im vorstehenden vorgebrachten Untersuchungsergebnisse bestätigen *weitere Schlußfolgerungen*:

1. Die Zukunft ist eine feststehende Realität.
2. Es gibt nur eine Zukunft, nicht eine Reihe aufeinanderfolgender »Zukünfte« mit verschiedenen Verwirklichungsmöglichkeiten.
3. Präkognition ist eine direkte Beobachtung dieser – zukünftigen – Realität, das heißt die unmittelbare Wahrnehmung in der Zukunft liegender Ereignisse.
4. Wenn im determinierten Ablauf allen Geschehens ein Ereignis durch eine freie, auf der Kenntnis der Voraussage beruhende Entscheidung geändert werden kann, so läßt sich dieses Ereignis nicht vorauserkennen.

Gedankenimprägnation

An dieser Stelle wollen wir kurz die Geschichte einer Entdeckung wiedergeben, die imstande ist, die zukünftige Entwicklung der Parapsychologie weitgehend zu beeinflussen: die Entdeckung, daß »intensive« Gedanken eine Spur hinterlassen (wie Fußstapfen oder ein Fingerabdruck), die auf der Stelle haften kann, aber *nicht physikalischer Natur ist*, und die durch ASW wahrgenommen werden kann, obwohl sie physikalisch nicht feststellbar ist. Das Wort »intensiv« benutzen wir hier in Ermangelung eines besseren Ausdrucks für den betreffenden Bewußtseinszustand. Er ist nicht identisch mit dem, was man als »intensive« Gedankenarbeit oder Konzentration bezeichnet. Wir sind an die Imprägnation von Orten und Gegenständen durch materielle Spuren gewöhnt, hier aber handelt es sich ungewöhnlicherweise um konkret existierende Gedankenspuren.

Eigentlich begann alles ganz unauffällig – mit einem etwas seltsamen Muster der ASW-Leistung von Herrn P. S. Der beobachtete Effekt war ziemlich unbedeutend. Doch schon oft haben unbedeutende Abweichungen vom erwarteten Verhalten zu wissenschaftlichen Entdeckungen mit weitreichenden Konsequenzen führen können.

Herr P. S. war eine meiner besten Versuchspersonen, der Anfang und Mitte der sechziger Jahre in meinen Experimenten mitwirkte. Nach Jahren der Zusammenarbeit hatte er es mit Recht verdient, daß er im *Guinness Book der Rekorde* als »der beste Hellseher, der je in Laboruntersuchungen getestet wurde«, Erwähnung fand.

Nach der hypnotischen Behandlung, die dazu bestimmt war, seine ASW zu aktivieren, erzielte er bei einer bestimmten Experimentalaufgabe besondere Erfolge: Er vermochte die Farben von Karten richtig zu nennen, die in undurchsichtigen Umschlägen stecken. Er war vermutlich die erste bekannte Versuchsperson in der Geschichte der Parapsychologie, die in kontrollierten Labortests eine zuverlässig wiederholbare ASW-Leistung erbrachte. Seine Standardleistung bot er regelmäßig vor Wissenschaftlern, die uns besuchten.

[Später verschlechterte sich seine ASW-Leistung als Folge von schwerem, emotionellem Streß, dem er ausgesetzt war, nachdem ihn andere Parapsychologen für Experimente »ausgeborgt« hatten. Dieser unglückliche Einfluß anderer Experimentatoren verhinderte die Fortsetzung der hier beschriebenen Forschung und die experimentelle Beantwortung einiger der unten aufgeworfenen Fragen.]

In einem typischen ASW-Experiment erhielt P. S. einen Stoß undurchsichtiger Umschläge mit farbigen Karten (die z. B. grün auf einer Seite und weiß auf der anderen waren) und sollte mittels ASW sagen, welche Farbe sich auf der oberen Seite befand. Er erreichte im Durchschnitt annähernd 60 Prozent richtige Antworten bei dieser Aufgabe, wo durch Zufall 50 Prozent richtige Antworten zu erwarten standen. Zugegeben, das war keineswegs eine ideale, perfekte Leistung (in Labortests funktioniert die ASW nicht mit hundertprozentiger Effektivität), doch die Beständigkeit, mit der er immer dieselbe Leistung erbrachte, machte ihn zu einem einmalig Begabten unter den ASW-Versuchspersonen.

In den Tests wurden P. S. die farbigen Karten wiederholt vorgelegt. Um die Unabhängigkeit der einzelnen Versuche voneinander sicherzustellen, wurden die farbigen Karten in ihren Umschlägen nach jedem Versuch gemäß einem Zufallsverfahren umgedreht, so daß niemand wissen konnte, welche Farbe obenauf lag, doch im wesentlichen verwendeten wir während des ganzen Tests die gleichen Karten.

Ein Beispiel wird veranschaulichen, was wir in einer solchen Situation erwarten. Stellen sie sich vor, wir haben 10 Karten. Da jede zwei Seiten hat, benutzen wir 20 einzelne Zielobjektseiten. Stellen Sie sich weiter vor, wir legen in einer Testserie der Versuchsperson jede Seite 100mal vor, um Daten von 2000 einzelnen Versuchen zu sammeln. Bei einem 60prozentigen Trefferdurchschnitt werden wir 1200 richtige und 800 falsche Antworten verzeichnen. Dieses außerzufällige Resultat wird dahingehend interpretiert, daß es auf ASW zurückzuführen ist.

Natürlich würden wir erwarten, daß sich diese 60prozentige Trefferleistung gleichmäßig auf die einzelnen Zielobjektseiten verteilt. (Die Karten waren identisch, und keine war irgendwie auffällig, so daß sie Aufmerksamkeit auf sich gelenkt hätte.) Wir würden deshalb ungefähr 60 Prozent Treffer bei jeder Zielobjektseite erwarten. Unter Berücksichtigung statistischer Schwankungen würden wir erwarten, daß der Trefferprozentsatz bei der Mehrheit der Zielobjekte einem Wert von 60 Prozent nahekam, vielleicht zwischen 58 und 62 Prozent lag, mit gelegentlichen Abweichungen vielleicht zu 50 oder 70 Prozent.

Doch in den Tests mit P. S. wurde etwas anderes beobachtet. Bei ihm schwankten die Prozentzahlen höchst dramatisch. Bei manchen Seiten stieg der Prozentsatz auf weit über 90 Prozent, bei anderen fiel er weit unter 30 Prozent. Durchschnittsergebnisse von etwa 60 Prozent waren eher die Ausnahme als die Regel.

Wie läßt sich diese seltsame Beobachtung erklären?

Eine weitere Erklärung tauchte auf: Vielleicht hinterließ bei jedem Versuch die geistige Aktivität der Versuchsperson irgendeine Spur auf dem Zielobjekt, eine Art »Fußspur«, welche die Information über die Gedanken der Versuchsperson enthielt. Im nächsten Versuch dann »las« die Versuchsperson nicht die wirkliche Zielobjektsfarbe, sondern die Farbe, an die sie bei der vorausgegangenen Identifizierung des gleichen Zielobjekts gedacht und die sich dem Zielobjekt als Fußspur ihrer vorausgegangenen Gedanken »eingeprägt« hatte.

Dies war ein höchst herausfordernder Gedanke. Also suchten wir einen Weg, ihn zu testen. Von früheren Experimenten besaßen wir glücklicherweise eine beträchtliche Menge sorgfältig aufgezeichneter Daten, aus denen die einzelnen Aussagen ersichtlich waren, welche die Versuchspersonen über jede Zielobjektsseite gemacht hatte. Anhand dieser Aufzeichnungen konnten wir nun die Experimentalgeschichte jedes einzelnen Zielobjekts rekonstruieren: welche Farbe die Versuchsperson genannt hatte, als das Zielobjekt ihr zum erstenmal vorgelegt worden war, welche Farbe bei der zweiten Vorlage usw.

Stellen wir uns – erklärungshalber – ein Zielobjekt mit folgender Experimentalgeschichte vor:

Zielobjekt 1: W G G G W G G G G G . . .

Dieses Diagramm bedeutet: Zielobjekt 1 wurde im ersten Versuch als »weiß« identifiziert, als es der Versuchsperson im zweiten Versuch erneut vorgelegt wurde, als »grün«, wieder als »grün« im dritten Versuch, dann als »grün«, »weiß«, »grün« usw.

Wir rekonstruierten auf diese Weise die Geschichte aller Zielobjekte und stellten Berechnungen an, um herauszufinden, ob irgendeine Beziehung zwischen den einzelnen Farbaussagen in aufeinanderfolgenden Versuchen bestand. Die Hauptfragen lauteten:

1. Wenn die Versuchsperson einmal die Farbe genannt hatte (Weiß oder Grün) – beeinflußte dies ihre nächste Aussage über das gleiche Zielobjekt? Wenn ja, war ihre nächste Aussage identisch mit der vorausgegangenen oder anders? Wir stellten fest, daß identische Aussagen vorherrschten und – was besonders verblüffend war – daß diese Vorherrschaft gleicher Aussagen unabhängig davon war, ob die Versuchsperson recht gehabt hatte oder nicht. Die Versuchsperson tendierte dazu, die Farbe erneut zu nennen, gleichgültig ob sie in ihrer ASW-Aufgabe erfolgreich gewesen war oder nicht.
2. Beim nächsten Schritt wählten wir Gruppen von zwei oder mehr identischen aufeinanderfolgenden Aussagen aus und stellten eine ähnliche Frage: War nach dieser Gruppe identischen Aussagen die nächste Aussage identisch oder anders? Wir fanden heraus, daß die identischen Aussagen vorherrschten. Mehr noch: die Vorherrschaft wurde mit zunehmender Länge der Gruppe identischer Aussagen immer stärker.
3. Schließlich wählten wir Gruppen von zwei verschiedenen Aussagen und kontrollierten die Verteilung der Farben in den nachfolgenden Aussagen. Diesmal entdeckten wir ungefähr eine Verteilung von 50 zu 50 Prozent.

Die folgende Tabelle veranschaulicht die Ergebnisse einer solchen Untersuchung:

Häufigkeit von Aussagen	identischen (in Prozent)	anderen (in Prozent)
Nach einer isolierten Aussage	67,6	32,4
Nach einer Gruppe von zwei identischen Aussagen	76,3	23,7
Nach einer Gruppe von drei identischen Aussagen	82,4	17,6
Nach einer Gruppe von vier identischen Aussagen	85,9	14,1
Nach einer Gruppe von fünf identischen Aussagen	86,9	13,1
Nach zwei unterschiedlichen Aussagen	51,3	48,7

Dieses Resultat legt folgende Erklärung nahe: Die ersten Aussagen der Versuchsperson (oder vielmehr ihre geistige Aktivität, wenn sie die Aussage macht) erzeugten eine »Spur«, die sich dem Zielobjekt auf- oder einprägt. Diese Spur hängt von den Gedanken der Versuchsperson während ihrer Aussage ab und nicht von ihrem Erfolg bei der Identifizierung der Farbe. Diese »aufgeprägte Spur des vorausgegangenen Gedankens« beeinflußt die nächsten Aussagen der Versuchsperson. Die Versuchsperson benutzt dann ihre ASW dazu, die aufgeprägte Farbe zu »lesen«, und tendiert zur Wiederholung der Aussage, die sie zuvor über dasselbe Zielobjekt gemacht hatte. Hat die Versuchsperson identische Aussagen wiederholt, verstärkt sich die Wirkung der aufgeprägten »Spur« schrittweise. Machte die Versuchsperson dagegen eine andere Farbaussage, wurde die Imprägnation zerstört.

Als wir dieses allgemeine Bild einmal erarbeitet hatten, führten wir weitere Experimente durch, in denen wir mehr Information über das Verhalten der Gedankenimprägnation zu erhalten versuchten.

Wir benutzten beispielsweise leere Karten (auf beiden Seiten weiß), die nur zur späteren Identifizierung mit unauffälligen Kennzeichnungen versehen waren, präsentierten sie der Versuchsperson wiederholt in undurchsichtigen Umschlägen und forderten die Versuchsperson auf, wie üblich die Farben Grün und Weiß zu bestimmen. Wie zu erwarten war, nannte die Versuchsperson, wenn sie einmal eine Karte als grün (oder weiß) bezeichnet hatte, im nächsten Versuch für das gleiche Zielobjekt die gleiche Farbe. In einer solchen Untersuchung, die aus 2400 Versuchen bestand, machte sie 1451 identische und nur 949 andere Aussagen.

Dann verwendeten wir leere Karten mit einander überschneidenden Linien auf der Oberfläche. Die Versuchsperson wurde aufgefordert, zwischen dem »Kreuz als religiösem Symbol« und dem »mathematischen Plus-Zeichen« zu unterscheiden. Wieder dasselbe Bild: In aufeinanderfolgenden Versuchen beim gleichen Zielobjekt tendierte die Versuchsperson dazu, identische Aussagen zu machen. Dasselbe Ergebnis erhielten wir auch, als wir die Versuchsperson aufforderten, zwischen mathematischen Begriffen wie »Addition« und »Multiplikation« zu unterscheiden. Diese Untersuchungen bestätigten, daß die Gedankenimprägnation sich nicht nur auf Farbbegriffe beschränkte, sondern genauso bei abstrakten Vorstellungen wirkte.

Im nächsten, komplizierten Experiment testeten wir die psychologischen Gesetze der Assoziation. Ein Satz leerer Karten in undurchsichtigen Umschlägen wurde der Versuchsperson wiederholt nach einem komplizierten Schema vorgelegt, wobei die Versuchsperson auf den Karten die Farben »Grün« und »Rot« und dazwischen, ohne zu wissen, daß sie dieselben Zielobjekte bekam, die Begriffe »Gras« und »Feuer« unterscheiden sollte. Wie zu erwarten, wurden (wenn eine Farbaussage gemacht werden sollte) der aufgeprägte Begriff »Gras« als »grün« und der Begriff »Feuer« als »rot« wahrgenommen.

Bei späteren Experimenten konnten wir demonstrieren, daß die Versuchsperson in der Lage war, zumindest in gewissem Ausmaß ihre ASW absichtlich darauf hinzulenken, die wirkliche Farbe des Zielobjekts oder aber die am Zielobjekt haftende Imprägnation zu identifizieren.

Das Imprägnationsphänomen erwies sich bald als praktisch nützlich. In einer Untersuchung benutzten wir Zielobjektskarten, die speziell ausgewählt worden waren, nämlich jene, die in vorausgegangenen Tests am stärksten zur richtigen Farbaussage stimuliert hatten, d. h. jene, deren »Imprägnation« der wirklichen Farbe entsprach.

Später griffen einige Parapsychologen die Imprägnationstheorie an und brachten eine andere Erklärung für das Phänomen vor: Vielleicht basierte das, was die Versuchsperson in aufeinanderfolgenden Versuchen machte, nicht auf Gedankenimprägnation, sondern lediglich auf dem Gedächtnis. Vielleicht benutzte die Versuchsperson ihre ASW, um jedes Zielobjekt an irgendeinem physischen Merkmal wiederzuerkennen (an winzigen Kratzern oder Unregelmäßigkeiten oder an den Kennziffern, mit denen man die Karten zur Identifizierung während des Experiments versah). Dann setzte sie ihr Gedächtnis ein und wiederholte die Aussage, die sie nach ihrer Erinnerung beim vorhergegangenen Versuch über dieses Zielobjekt gemacht hatte.

Es war schwer, zwischen den beiden einander widerstreitenden Theorien zu entscheiden. War es Gedankenimprägnation? Oder basierte das Phänomen auf dem Gedächtnis? Beide Theorien vermögen die Beobachtungen zu erklären, und es ließ sich kein entscheidendes Experiment durchführen, das die Antwort brachte, obwohl man von Anfang an sehen konnte, daß die Gedächtnistheorie eine unwahrscheinlich phantastische Zusammenarbeit des enorm gesteigerten Gedächtnisses mit der perfekten ASW unterstellte, von der man erwartete, daß sie individuelle versteckte Karten nach winzigen, vielleicht mikroskopischen Unregelmäßigkeiten identifizieren konnte.

Bloße Unwahrscheinlichkeit der Erklärung genügt nicht für den wissenschaftlichen Beweis. Man sucht überzeugendere Argumente. Doch es gibt starke, aus den Umständen resultierende Beweise zugunsten der Imprägnationstheorie:

1. Versuchsperson P. S. war ausdrücklich für die Anwendung von ASW in einer einzigen Experimentalsituation trainiert worden: für die Unterscheidung von zwei Farben auf Karten in undurchsichtigen Umschlägen. Er konnte nicht arbeiten, wenn mehr als zwei Farben gleichzeitig die Zielobjekte bildeten. Er vermochte auch keine ASW zu demonstrieren, wenn andersgeartete Zielobjekte benutzt wurden (er scheiterte beispielsweise völlig bei den normalen ASW-Symbolen). Sogar eine derart geringfügige Veränderung wie der Übergang von den üblichen Karten (mit unterschiedlichen Farben auf beiden Seiten) zu zwei Arten von Karten (mit zwei gleichfarbigen Seiten) lähmte seine ASW-Leistung. Bei dieser seltsam engen Orientierung seiner ASW ist es unwahrscheinlich, daß er sie zur Identifizierung einzelner Zielobjekte anhand besonderer physischer Merkmale einsetzen konnte.
2. Wie bereits erwähnt, erreichte P. S. bei seiner üblichen ASW-Darbietung mit farbigen Karten im Durchschnitt etwa 60 Prozent Treffer, wenn die Zufallserwartung 50 Prozent betrug. Doch bei Zielobjekten, wo das Phänomen der Imprägnation auftrat, kam das Erfolgsniveau oft an 100 Prozent heran. Dies zeigte ein viel höheres Niveau der ASW-Leistung an, als es im Zusammenhang mit der »wirklichen Farbe« der Zielobjekte beobachtet wurde. Deshalb schließen wir, daß der für eine solche Leistung verantwortliche Stimulus etwas sein muß, das bei der Auslösung der ASW-Reaktion viel wirksamer ist als physische Charakteristika des Zielobjekts (Farbe oder auch Kratzer oder Kennziffern). Demgemäß stellt die Gedankenimprägnation einen diametral entgegengesetzten Typ Zielobjekt dar, der die ASW viel stärker zu stimulieren vermag als normale physische Merkmale der Karten.

Es scheint einen Weg zu geben, das Gedächtnis auszuschalten und experimentell zwischen der »Gedächtnistheorie« und der »Imprägnationstheorie« zu unterscheiden: Wir können das Experiment so arrangieren, daß die Versuchsperson eine Aussage über das Zielobjekt macht – und ihm so einen gewissen Begriff aufprägt – und daß dann eine zweite Versuchsperson die aufgeprägte Imprägnation aufzuspüren versucht. Diese zweite Versuchsperson kann sich nicht daran *erinnern*, welche Aussage in ihrer Abwesenheit von einer anderen Person über das Zielobjekt gemacht wurde. Wenn es ihr dennoch gelingt, den Begriff richtig zu identifizieren, erklärt die Gedächtnishypothese den Erfolg nicht und ist widerlegt.

Leider ist bis heute in dieser Richtung keine umfassende Forschungsarbeit durchgeführt worden. Doch es gibt zahlreiche Anzeichen dafür, daß die Identifizierung der Gedankenimprägnation durch eine andere Person wirklich möglich ist. Auf einer parapsychologischen Konferenz in Genua beispielsweise berichtete R. Bayer ein Experiment, in dem er eine Person aufforderte, verschiedene Bilder geistig auf weiße Karten aufzuprägen. Später gelang es einer anderen Person, diese aufgeprägten Bilder richtig zu identifizieren.

Wie dem auch sei, die Gedankenimprägnation scheint ziemlich verbreitet zu sein. Ich habe sie auch bei anderen Versuchspersonen beobachtet. Als ich z. B. später Daten analysierte, die ich mit Fräulein J. K. (ebenfalls einer glänzenden Versuchsperson, deren ASW mittels Hypnose entwickelt wurde, und zwar vor P. S.) erarbeitet hatte, trat das Phänomen in ziemlich ausgeprägter Form zutage.

Es gibt einen erwähnenswerten indirekten Hinweis, der für die Imprägnationstheorie spricht. Wenn wir ihn akzeptieren, ergeben viele scheinbar nicht miteinander in Zusammenhang stehenden Beobachtungen in der Parapsychologie einen Sinn und lassen sich leicht auf einer gemeinsamen Basis erklären. Führen wir wenigstens einige dieser Beobachtungen an.

1. Am Beginn dieses Jahrhunderts gab. N. Kotik in einem gut dargestellten Experiment einer hypnotisierten Person ein leeres Blatt Papier und suggerierte ihr, sie sähe darauf ein Porträt. Später wurde dieses Blatt zusammen mit vielen anderen gleichen Blättern gemischt, dennoch erkannte die Versuchsperson es immer, weil sie darauf stets das suggerierte Porträt sah. Das oben erwähnte Experiment von Bayer war im wesentlichen eine Wiederholung dieses Experiments von Kotik.
2. Verschiedene Autoren beobachteten Sensitive, die fähig waren, versiegelte Botschaften zu lesen oder vielmehr – statt die genauen Wörter zu lesen – die Stimmung und die Gedanken des Schreibers

einzufangen. Vor einem halben Jahrhundert war das Lesen versiegelter Nachrichten eine überaus beliebte Aufgabe in der ASW-Forschung. Einer dieser früheren Forscher, A. N. Chowrin, entdeckte auf diese Weise sogar seine Starversuchsperson, Miss M. Einmal erhielt sie in seiner Gegenwart einen Brief von ihrer Schwester. Als sie den Brief in der Hand hielt, um ihn zu öffnen, begann sie plötzlich zu weinen und sagte klagend, der Brief enthalte schlechte Nachrichten. Das kleine Kind ihrer Schwester sei gestorben und die Schwester selbst sei ernstlich krank. Der Brief bestätigte diese Informationen.

3. E. Osty und später W. H. C. Tenhaeff, die beide umfassende Untersuchungen auf dem Gebiet der »Psychometrie« anstellten (die Erlangung von ASW-Informationen über die Geschichte des Gegenstandes, den der Sensitive in der Hand hält), beobachteten oft eine bestimmte charakteristische Fehlerquelle in Experimenten dieser Art. Hatte der Sensitive einmal seine Impressionen über den psychometrischen Gegenstand geäußert und wurde dieser Gegenstand später einem anderen Sensitiven gegeben, tendierte der zweite Sensitive dazu, die Aussagen zu wiederholen – selbst wenn sie falsch waren. Tenhaeff empfand diese Fehlerquelle als großes Ärgernis bei seinen Versuchen, Hellseher dafür einzusetzen, der Polizei nützliche Informationen zu liefern. Der Sensitive bekam einen Gegenstand, der bei einem Verbrechen benutzt worden war, und beschrieb seine Impressionen über den Verdächtigen. Ein naheliegender Gedanke war, den Gegenstand dann einem anderen Sensitiven zu geben, um unabhängige, stützende Beweise zu erhalten (genau wie ein Richter mehrere Zeugen auffordern kann, ihre unabhängigen Aussagen zu machen). Es stellte sich jedoch heraus, daß die Impressionen verschiedener Sensitiver nicht unabhängig waren. Der zweite Sensitive wiederholte, obwohl er nicht wußte, was der erste gesagt hatte, häufig dessen Aussagen, auch wenn sie falsch waren.
   Bei dieser Beobachtung konnte die zweite Versuchsperson sich die Aussagen der ersten nicht »merken«. Also die Schlußfolgerung: Die Gedankenimprägnation kann auch von einer anderen Person durch ASW abgelesen werden. Diese Tatsache spricht überzeugend für die Imprägnationstheorie.
4. Schließlich gibt es einen relativ häufigen Typ spontaner parapsychologischer Phänomene: Spukphänomene, die an einen be-

stimmten Ort gebunden sind. An machen Orten, gewöhnlich solchen, wo irgendein dramatisches, emotionell geladenes Ereignis stattgefunden hat – wie ein Selbstmord, Mord usw. –, sehen sensitive Menschen manchmal die Beteiligten an der vergangenen dramatischen Szene. Solche Fälle lassen sich damit erklären, daß sie von geistigen Spuren starker, an diesen Orten haftender Emotionen hervorgerufen werden. Es ist sogar denkbar, daß auf diese Weise künstlich ein »Geist« geschaffen wird. Die lebhafte Phantasie einer psychisch begabten Person erzeugt die erste imprägnierte Spur, und das Bild wird dann durch die Häufung identischer Erlebnisse späterer Zeugen intensiviert.

Wir könnten einige weitere relevante Beobachtungen anführen, doch die vorgenannten Beispiele zeigen hinreichend, welch großen theoretischen Wert die Vorstellung von der »Gedankenimprägnation« bei der Erforschung verschiedener parapsychologischer Phänomene besitzt. Dabei reicht die Bedeutung der Gedankenimprägnation sogar noch über die angeführten Erwägungen hinaus.

Mit der Gedankenimprägnation haben wir, zum erstenmal in der Geschichte der Parapsychologie, einen experimentellen, unter Laborbedingungen erhaltenen Beweis für einen Effekt, der mit der bewußten Aktivität des Menschen in Verbindung steht – den Beweis für etwas, das nichtphysikalischer Natur und daher unsichtbar für die physischen Sinne ist; dieser Effekt existiert unabhängig vom physischen Körper und kann nur auf parapsychologische Weise – durch ASW – aufgespürt werden. Dabei drängte sich eine Frage auf. Die Gedankenimprägnation wird durch die bewußte Aktivität des Menschen erzeugt; ist sie einmal entstanden, vermag sie unabhängig vom Körper zu existieren; es ist für ihre Existenz dann absolut unerheblich, ob der Körper weiter existiert oder nicht. Die Frage ist nun: Haben wir also mit der Gedankenimprägnation zum erstenmal in der Geschichte der Parapsychologie den Laborbeweis, daß irgendein Element der menschlichen Persönlichkeit nach dem Tod des Körpers weiterleben kann?

Die Antwort auf diese Frage wäre wichtig für die Spiritisten und andere Leute, die sich für die Möglichkeit des Überlebens nach dem Tode interessieren. Zugleich aber kann die Antwort für sie auch enttäuschend sein: Ja, die Gedankenimprägnation, wenn sie einmal gebildet worden ist, existiert unabhängig von der Person, deren Gedanken die Imprägnation geformt haben. Es besteht also kein Grund, warum sie nicht auch nach dem Tode dieser Person weiterexistieren könnte.

Was aber die Spiritisten suchen, ist der Beweis des Überlebens der bewußten Persönlichkeit, die weiter »lebt«, und zwar mit allen Eigenschaften der früher lebenden Person. Was hingegen hier geboten wird, ist nur das Hinterlassen einer Spur der Gedanken, welche unbewußt und selbstverständlich unfähig ist, als Individuum willkürlich und besonnen zu handeln.

Die Gedankenimprägnation hat möglicherweise immense Bedeutung für den künftigen Fortschritt in der Parapsychologie. Wenn die Telepathie, wie es scheint, darin besteht, die Gedankenimprägnation abzulesen, dann werden wir durch die Untersuchung der Gedankenimprägnation Einblicke in die Wirkungsweise der Telepathie erhalten. Tatsächlich sollte die Untersuchung der statitischen Spur eines Gedankens (was die Gedankenimprägnation ja ist) viel leichter sein als Versuche, flüchtige Gedanken einzufangen. Die Untersuchung der Gedankenimprägnation – die offenbar ein Produkt bewußter Aktivität ist – könnte bei der Untersuchung und Erklärung des Bewußtseins wertvolle Hilfe leisten.

Anmerkung: Dem experimentell interessierten Leser möchten wir folgende Forschungsprojekte vorschlagen, die neuartige und wichtige Beiträge zur Parapsychologie zu liefern vermögen:

1. Bestätigen Sie mittels einer gut geplanten Untersuchung, daß die von einer Person erzeugte Gedankenimprägnation durch eine andere Person aufgespürt und »gelesen« werden kann. Untersuchen Sie diesen Prozeß und die Regeln, denen er unterliegt. (Beispielsweise: Verursachen psychologische oder semantische Faktoren eine Verzerrung der Informationen?)
2. Untersuchen Sie den Einfluß der Zeit auf die Imprägnation. Wenn sie einmal geschaffen wurde, ist sie dann eine beständige Eigenschaft des Zielobjekts oder löst sie sich im Lauf der Zeit auf? (Wenn ja, wie schnell und wie können wir Einheiten zum Messen ihrer Dichtigkeit definieren?)

Bisher haben wir der Anschaulichkeit halber den Prozeß von ASW immer als eine Übertragung von informationsbringenden Signalen in Raum und Zeit geschildert (bei ASW – oder von Impulsen zur energetischen Reaktion (bei PK). Nach dem, was wir schon gelernt haben, können wir den ASW-Prozeß (in beiden Phasen) wie folgt graphisch darstellen:

Schema der ASW

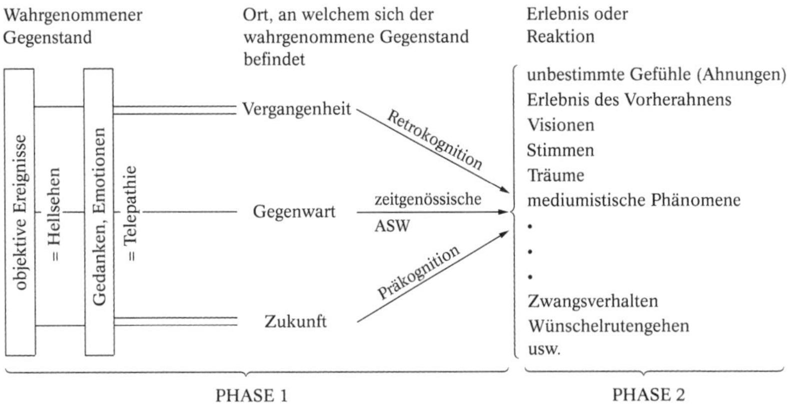

Bei der PK bewegen sich einfach die Signale in umgekehrter Richtung. Der Träger der Signale oder der energetischen Impulse ist ein unbekannter Faktor, den wir der Einfachheit halber »Psi-Energie« nennen können. (Selbstverständlich müssen wir immer im Auge behalten, daß es sich um keine der bekannten physikalischen Energien handeln kann.)

Die Idee hinter dieser Vorstellung ist, daß diese Prozesse in dem bekannten Raum-Zeit-Kontinuum zustande kommen – wobei nur jeglicher Einfluß der Zeit oder des Raumes ausgeschaltet ist. Das könnte man sich zum Beispiel gut vorstellen, wenn man zusätzlich uns normalerweise unbekannte Dimensionen des bekannten physikalischen Raumes einbezieht.

So eine Erklärung ist akzeptabel, jedoch ist sie nicht die einzig mögliche. Es ist auch gut vorstellbar, daß ASW und PK eher im Sinne der Jungschen Vorstellung der Synchronizität funktionieren. Etwa so: Was die Elemente der Welt verbindet, ist nicht die Gleichzeitigkeit oder Anwesenheit an derselben Stelle – sondern eine sinnvolle, raum- und zeitlose Verbindung durch den ähnlichen Sinn. Vielleicht ist diese Vorstellung sogar naheliegender als die von zusätzlichen Dimensionen, die man nur als fiktive mathematische Hilfsmittel verstehen kann.

In dieser Vorstellung wäre die Unabhängigkeit von Zeit und Raum gut denkbar, da die Elemente des Prozesses außerhalb der physikalischen Größen Raum und Zeit liegen und zeitliche und räumliche Hindernisse für sie keine Rolle spielen, weil sie unzeitlich und unräumlich immer im sinnvollen Kontakt sind. Der Faktor, der für diese Phänomene verantwortlich ist (sagen wir: die »Psi-Energie«) kann von Raum und Zeit völlig unabhängig sein, ähnlich wie zum Beispiel die mathematische Gleichung »1 + 1 = 2« oder das Konzept der »Information«.

Nicht um das Geheimnis damit erklären zu wollen, sondern nur um zu zeigen, daß die Welt viel komplizierter ist, als sie uns erscheint, werde ich ein Beispiel aus der modernen Physik, nämlich eine Folge der Relativitätstheorie, schildern:

Eine der Folgen der Relativitätstheorie ist, daß mit der wachsenden Geschwindigkeit die Raum- und Zeit-Dimensionen sich ändern: Die Raumdimension (z. B. der Meter) werden kürzer; die Zeitdimension (z. B. die Sekunde) wird länger. (Bei den Geschwindigkeiten, an die wir gewöhnt sind, wie Autofahrt oder Flug, ist der Effekt so gering, daß man ihn gar nicht bemerken kann; wenn aber die Geschwindigkeiten sich der Lichtgeschwindigkeit nähern, ist der Effekt sehr stark. Und wenn man die Lichtgeschwindigkeit erreicht, schrumpft der Meter in die unendlich kurze Null-Länge, und die Sekunde wird unendlich lang.) Dieser Effekt ist real; man könnte die modernen Atomspalter (Zyklotronen usw.) nicht bauen, wenn man mit diesem Effekt nicht rechnen würde.

Also stellen wir uns jetzt vor, daß ich nachts einen entfernten Stern sehe. Ich beschreibe den Prozeß: Atome auf dem Stern emittieren Lichtstrahlen, die Millionen von Jahren über enorme kosmische Entfernungen reisen, bis das Licht mein Auge erreicht – und von Atomen in meiner Netzhaut absorbiert werden. Das ist mindestens der Prozeß wie ich ihn von meinem Gesichtspunkt aus beschreibe. Aber vom Gesichtspunkt des Lichtstrahles aus (z. B. wenn ein fiktiver Beobachter auf dem Lichtstrahl sitzen würde), wo wegen der Geschwindigkeit die Entfernungen zu Null schrumpfen und die Zeit sich unendlich ausdehnt, sind die Emission des Lichtstrahles auf dem entfernten Stern und die Absorption in meinem Auge ein einziger Prozeß des Austausches der Energie zwischen zwei unter diesem Aspekt sich berührenden Atomen.

Warum erwähne ich das hier überhaupt? Um Ihnen zu zeigen,

daß die wirkliche Natur und Struktur der Welt viel, viel komplizierter ist, als wir es uns vorstellen können. »*There are more things in heaven and earth, Horatio, than are dreamt of in your philosphy*« (Shakespeare: Hamlet). Alle die anthropomorphischen Vorstellungen – die Geister der Spiritisten, des menschenähnlichen Gottes und der Engel in den Religionen oder auch der sich bewegenden Signale in der ASW und der PK – sind nur symbolische Beschreibungen, angepaßt an das Verständnisniveau von uns einfachen Menschen, sie wir nichts Tieferreichendes begreifen können.

Nach dem oben Gesagten können wir uns wieder den Überlegungen über die Natur der ASW und der PK widmen (hauptsächlich über die Natur der »Psi-Energie«, die für die Phänomene verantwortlich ist).

Wir können unser Problem wieder graphisch darstellen (siehe Seite 267).

In dieser schematischen Darstellung von Psi wird der Vorgang der Übertragung von Informationen (bei der ASW) oder von Aktionen (bei der PK) so abgebildet, als verlaufe der Prozeß von einem Punkt im Raum zu einem anderen Punkt im Raum. Auf diesen Ablauf wird durch den kräftigen senkrechten Pfeil hingewiesen. Solch eine Darstellungsweise macht den Prozeß anschaulicher.

Wenn allerdings die Psi-Energie tatsächlich raum- und zeitlos ist, verläuft der gesamte Prozeß gänzlich *außerhalb jeglicher Raum-Zeit-Koordinaten*. Dann ist auch der Vergleich mit der Übertragung von Energiesignalen in der Physik nicht ganz zutreffend. Vielleicht paßt ein anderer Vergleich besser: nämlich mit der psychologischen Assoziation von Bedeutungen – oder mir einer Art Resonanz (allerdings keiner realen wie der Resonanzschwingung zweier Saiten, denn da wird ja auch wirkliche physikalische Energie im Raum übertragen).

Und jetzt sind wir endlich soweit, eine wichtige Schlußfolgerung zu ziehen: *Der Faktor, der für die Psi-Phänomene verantwortlich ist und den wir die »Psi-Energie« genannt haben, ist allem Anschein nach verbunden mit der Gedankenimprägnation* (oder besser: der Gedanke ist die Psi-Energie im Zustand der Aktivität, und die Gedankenimprägnation ist ihre »eingefrorene« oder »erstarrte« Spur). Selbstverständlich ist dies nicht die vollständig Erklärung des Psi-Prozesses, aber wir sind der Erklärung einen großen Schritt näher gekommen.

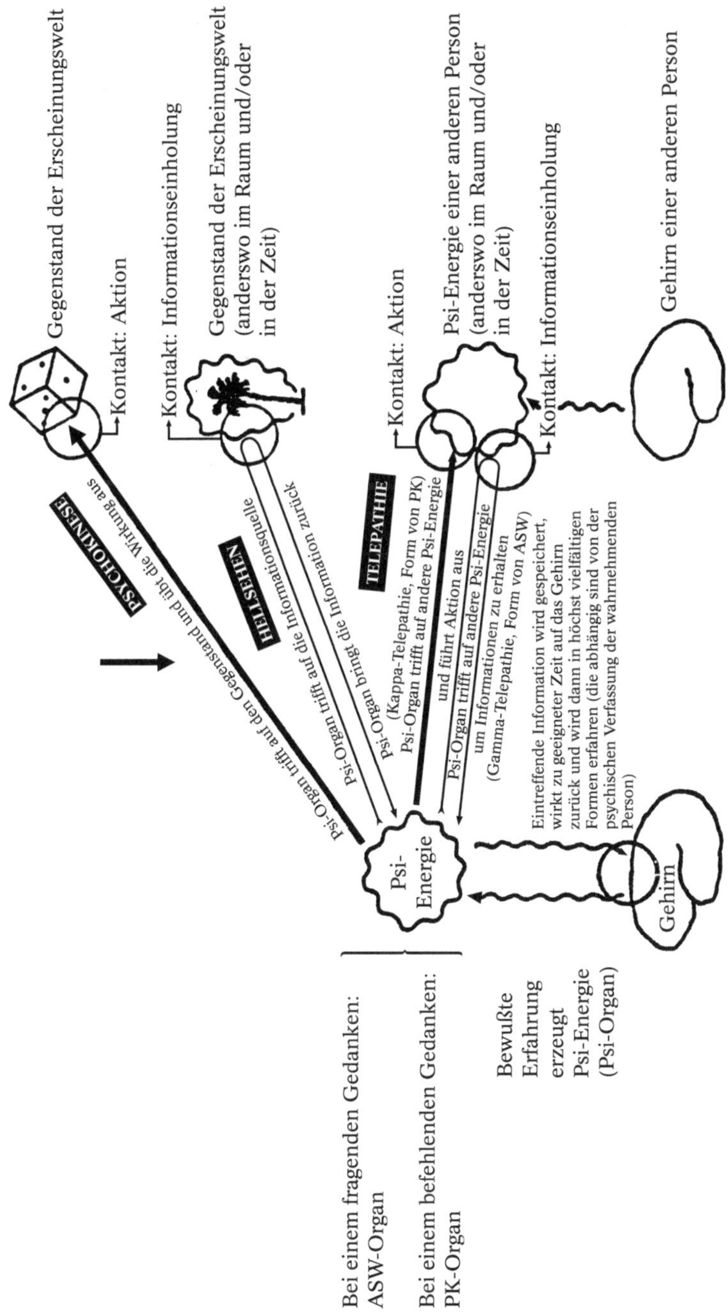
Bei einem fragenden Gedanken: ASW-Organ
Bei einem befehlenden Gedanken: PK-Organ
Bewußte Erfahrung erzeugt Psi-Energie (Psi-Organ)
Psi-Energie
Gehirn
Eintreffende Information wird gespeichert, wirkt zu geeigneter Zeit auf das Gehirn zurück und wird dann in höchst vielfältigen Formen erfahren (die abhängig sind von der psychischen Verfassung der wahrnehmenden Person)
PSYCHOKINESE
Psi-Organ trifft auf den Gegenstand und übt die Wirkung aus
Kontakt: Aktion
Gegenstand der Erscheinungswelt
HELLSEHEN
Psi-Organ trifft auf die Informationsquelle
Psi-Organ bringt die Information zurück
Kontakt: Informationseinholung
Gegenstand der Erscheinungswelt (anderswo im Raum und/oder in der Zeit)
TELEPATHIE
(Kappa-Telepathie, Form von PK)
Psi-Organ trifft auf andere Psi-Energie
und führt Aktion aus
Kontakt: Aktion
Psi-Energie einer anderen Person (anderswo im Raum und/oder in der Zeit)
Psi-Organ trifft auf andere Psi-Energie
um Informationen zu erhalten
(Gamma-Telepathie, Form von ASW)
Kontakt: Informationseinholung
Gehirn einer anderen Person

Und wie funktionieren die ASW und die PK?

1. Intensive *fragende Gedanken* produzieren ein »ASW-Organ« (bestehend aus Gedankenimprägnation), das so gestaltet ist, daß es imstande ist, die erwünschte Information zu bringen.
2. Intensive *befehlende Gedanken* produzieren auf ähnliche Weise das »PK-Organ«, das wiederum geeignet ist, eine Wirkung zu produzieren.

Methoden des ASW-Trainings

In meinen Versuchen erwies sich die Hypnose als wertvolles Hilfsmittel zur Entwicklung von ASW-Fähigkeiten bei meinen Versuchspersonen. Für gewöhnlich habe ich mit jungen Leuten gearbeitet, vor allem mit Studenten der Universität Prag, die zum weitaus größten Teil vorher nie irgendwelche ASW-Erlebnisse gehabt hatten und daher mit keinerlei eigener ASW-Fähigkeit rechneten. Im Durchschnitt waren sie der Möglichkeit von ASW gegenüber eher kritisch eingestellt, jedoch interessiert, die Wahrheit darüber zu erfahren.

Wir haben uns keineswegs bemüht, Personen auszuwählen, die womöglich schon ein gewisses Maß von ASW-Fähigkeiten mitbrachten – angenommen wurde jeder, der sich interessiert erklärte, bei diesen Versuchen mitzutun (und von Zeit zu Zeit in den Genuß eines kleinen Honorars zu gelangen). Aber da auf der Universität selbst ein sehr starkes Interesse vorhanden war, ergab sich bei der Auswahl eine gewissen Bevorzugung von Studenten. Das Alter der Versuchspersonen lag zwischen 16 und 35 Jahren, von wenigen Ausnahmen abgesehen.

Wir verfügen nicht über genügend Unterlagen, um festzustellen, ob die bevorzugten Altersgruppen bessere ASW-Begabung hatten als andere. Jedenfalls scheint die unbeabsichtigte Bevorzugung der Studenten die Ergebnisse nicht wesentlich beeinflußt zu haben, da Studenten allgemein keine bessere ASW-Fähigkeit hatten als Nichtstudenten.

Über die Wirksamkeit des Trainingsverfahrens kann man sich ein allgemeines Urteil bilden an Hand des Gesamtüberblicks, in dem alle Personen erfaßt sind, die sich zwischen dem 1. Januar 1950 und dem 1. Januar 1965 an dem Training beteiligten. Während dieser fünfzehn Jahre wurden insgesamt 463 Versuchspersonen (220 Männer und 243 Frauen) getestet. Unter Hypnose zeigten 57 von ihnen (21 Männer und 36 Frauen) ASW-Fhäigkeiten in einem Grad, der sich in etwa mit dem von J. K. oder P. S. erreichten, von deren Leistungen hier mehr berichtet wurde, vergleichen läßt.

Natürlich ist es nicht leicht, einen objektiv gültigen Vergleich der »Qualität der ASW« bei verschiedenen Versuchspersonen neu anzustellen. Die Leistungen meiner Versuchspersonen variierten stark. Sie unterschieden sich in der Zuverlässigkeit ihrer ASW-Eindrücke, in der Promptheit, mit der diese Eindrücke auftraten, aber auch in ihrer Fähigkeit, sie wiederzugeben. So ergibt sich bei jedem Vergleich leider nur ein Annäherungswert. Doch können wir mit Sicherheit sagen, daß unter meinen Versuchspersonen mehr als zehn waren, die gelegentlich ASW-Leistungen gleicher oder gar besserer Qualität zeigten als Fräulein J. K. oder Herr P. S. Was J. K. oder P. S. als ASW-Versuchspersonen besonders auszeichnete, war nicht so sehr die ungewöhnliche Qualität ihrer ASW als solcher, sondern ihre Bereitschaft, sich über einen langen Zeitraum hin an Experimenten zu beteiligen. Diese langfristige Mitarbeit machte es möglich, Forschungsprojekte durchzuführen, die es wert waren, in Fachzeitschriften wiedergegeben zu werden, was das Interesse an ihren Leistungen steigerte.

Zumindest zwei leicht erkennbare Faktoren, die den Prozentsatz erfolgreicher Versuchspersonen entscheidend reduziert haben, verdienen neu erwähnt zu werden:

Die Durchführung des ASW-Trainings ist ein langwieriger Prozeß, der viel Geduld von seiten des Versuchsleiters wie der Versuchsperson erfordert und zwischen mehreren Wochen und einigen Monaten Dauer schwankt. (Meine besten Versuchspersonen haben sich länger als ein Jahr an Versuchen beteiligt.) Im Durchschnitt verlangte ich von meinen Versuchspersonen, daß sie dreimal wöchentlich an Sitzungen teilnahmen, die zu Beginn des Trainings ein bis zwei und in einem fortgeschrittenen Stadium der Versuche zwei bis drei Stunden dauerten. (In Ausnahmefällen waren die Sitzungen bedeutend länger. Bisweilen dauerten sie bis zu zehn Stunden; doch ermüdeten sie die Versuchspersonen nicht mehr als irgendeine andere gleich lange ausgeübte geistige Tätigkeit mittleren Schwierigkeitsgrades.)

Nicht selten kam es vor, daß Studenten nur an einer oder zwei Sitzungen teilnahmen. Wenn ihre Neugierde auf Hypnoseversuche befriedigt war oder wenn ihre Erwartungen, möglichst schon in der ersten Sitzung selbst großartige Erlebnisse zu haben, nicht befriedigt wurden, kamen sie nicht wieder. Diese Versuchspersonen sind im übrigen in dem oben gegebenen Gesamtüberblick mit enthalten als

»Versager«, obwohl sie sich in Wirklichkeit nicht dem ganzen Training unterzogen haben.

Außerdem war die Hypnosemethode (die meistens auf Verbalsuggestion von Schläfrigkeit und Ermüdung basierte), die in diesen Versuchen angewandt wurde, nicht bei allen Versuchspersonen gleich wirksam. Manche von ihnen waren nicht in den angestrebten Bewußtseinszustand zu bringen; sie wurden nach einigen Sitzungen entlassen und ebenfalls als »Versager« registriert.

Wir können berechtigtermaßen schließen: Der Prozentsatz der erfolgreichen Versuchspersonen ließe sich beträchtlich erhöhen, wenn eine wirksamere Hypnosemethode angewandt werden könnte und wenn überdies einige wirksame Mittel eingesetzt würden, die das Interesse der Versuchspersonen über die gesamte Dauer des Trainings hin wachhalten könnten.

Versuche mit hypnotisierten Versuchspersonen trugen zur Überwindung einer Anzahl erheblicher Schwierigkeiten für die parapsychologische Forschung generell bei. Spontane ASW-Leistungen sind unerwartet und können nur als Gelegenheitsbeobachtungen gewertet werden. Daher besitzen sie für die Wissenschaft nicht so viel Wert wie ähnliche Phänomene, die bei gut vorbereiteten Versuchen von fachkundigen Beobachtern registriert werden. Auch das Experimentieren mit Hellsehern, Medien oder Sensitiven bringt seine eigenen Probleme mit sich. Diese Versuchspersonen verlangen für gewöhnlich die Beachtung besonderer Bedingungen, die sie ihren Glaubensvorstellung entsprechend auferlegen und die nicht selten die Sicherungen und Verfahren störend beeinflussen, die der Forscher einführen möchte. Auch erfolgt die Auswahl von ASW-Eindrücken häufig entsprechend den Gesetzen der (unbewußten) inneren psychischen Mechanismen der Versuchspersonen, und das macht jede wirkliche Kontrolle der Fähigkeit der betreffenden Person vollkommen illusorisch.

Im Gegensatz dazu hat der Versuchsleiter, wenn er mit hypnotisierten Versuchspersonen arbeitet (vor allem mit solchen, die nicht von vorgefaßten Meinungen über ASW belastet sind), die Möglichkeit, die Versuchsbedingungen bis ins letzte Detail zu bestimmen. Selbst für die Korrektur möglicher Fehlvorstellungen der Versuchsperson hinsichtlich der für den Erfolg von ASW wesentlichen – oder nicht wesentlichen – Bedingungen kann die Macht der Suggestion eingesetzt werden. Dank diesen Tatsachen war ich in der Lage, meine Versuchspersonen dahin zu bringen, daß sie alle Bedingungen vollkommen erfüllten, die nach meiner Überzeugung für ein sinn- und wertvolles Experiment erforderlich waren; auch der Gegenstand der ASW-Eindrücke konnte stets völlig von mir aus bestimmt werden. Der Einsatz hypnotisierter Versuchspersonen ermöglichte es so, ASW-Forschungen zu echten Experimenten im eigentlichen Sinne des Wortes zu machen, so wie wir es in anderen experimentellen Wissenschaften verstehen, das heißt zu Versuchen, bei denen der Versuchsleiter nach seinem Gutdünken bestimmte, von ihm gewünschte Versuchsbedingungen auferlegen und sie den Erfordernissen jedes besonderen Forschungsprojektes entsprechend abwandeln konnte.

Allgemeines Verfahren

Die bei diesen Versuchen angewandte Methode des ASW-Trainings läßt sich in fünf verschiedene Phasen einteilen:

1. Psychologische Vorbereitung der Versuchsperson vor der Hypnose.
2. Hypnose und Suggestionsübungen im Zustand der Hypnose.
3. Weckung der ASW.
4. Einübung im Einsatz von ASW: Steigerung der Stabilität und Wiederholbarkeit der Leistung der Versuchsperson.
5. Bemühungen, die ASW in den Wachzustand zu übertragen.

Aus didaktischen Gründen stellen wir die Gesamtmethode so dar, als lasse sich das Training in einer einzigen Sitzung durchführen. In der Praxis aber wird in der ersten Sitzung für gewöhnlich nur die zweite Phase erreicht: Die Versuchsperson wird in den Zustand der Hypnose versetzt. Selbst der Vorgang der Hypnose erfordert bisweilen mehrere Sitzungen. Es ist eigentlich eine Ausnahme, wenn es bereits in der ersten Sitzung gelingt, das Verfahren bis zur dritten Phase voranzutreiben, also bis zur Aktivierung der ASW der Versuchsperson. Doch selbst wenn dies gelingt, erfordern die beiden nächsten Schritte eine lange Reihe aufeinander aufbauender Sitzungen: Es gilt ja den Einsatz einer neuen Fertigkeit einzuüben, und eine solche Übung erfordert immer Zeit und Geduld.

Beim ersten Treffen mit der Versuchsperson gehen wir für gewöhnlich mit unserem Verfahren so weit, wie es zumutbar und möglich ist: Bei manchen Versuchspersonen, die für Hypnose wenig empfänglich sind oder Angst vor ihr haben, kommen wir kaum über das vorbereitende Gespräch hinaus. Andere Versuchspersonen lassen sich nur in leichte Hypnose versetzen und reagieren nur schwer auf Suggestionsübungen. Wieder andere Versuchspersonen reagieren gut auf Suggestion. Und schließlich gibt es solche Versuchspersonen, denen schon bei der ersten Sitzung einfache ASW-Leistungen gelingen. Ungeachtet dessen, wie es sich bei der einzelnen Versuchsperson damit verhält, versuchen wir – das ist eine feste Regel –, soweit wir können, der Generallinie zu folgen. Wenn es sich aus irgendeinem Grunde (sei es aus Zeitmangel oder weil die Versuchsperson den Erfordernissen der betreffenden Phase nicht entspricht) bei einer Sitzung als unmöglich erweist, weiterzugehen, versichern wir der Versuchsperson, daß alles planmäßig verlaufe, beschließen den Versuch und laden sie für die nächste Sitzung ein.

Bei der nächsten Sitzung widmen wir etwa 15 bis 30 Minuten dem erneuten Eingehen auf die Hauptpunkte der vorigen Sitzung und ihrer Wiederholung. Dann fassen wir das Gesamtverfahren bis zu dem Punkt zusammen, bei dem wir abgebrochen hatten. Für gewöhnlich können wir ohne größere Schwierigkeiten bis zur nächsten Etappe weitergehen (die ebenfalls durch unseren Zeitplan oder die zeitweilige Unfähigkeit der Versuchsperson, speziell den nächsthöheren Anforderungen zu entsprechen, bestimmt wird). Dann schließen wir den Versuch wieder und geben womöglich einige Suggestionen, die der Versuchsperson die Zuversicht verleihen, daß die nächste Sitzung noch erfolgreicher verlaufen wird, und laden zum nächsten Treffen ein.

Dabei wird wieder einige Zeit mit dem erneuten Eingehen auf verschiedene Höhepunkte in den Leistungen der Vergangenheit gewidmet, und das Training wird fortgesetzt. So gelangen wir schließlich an einen Punkt, an dem wir entweder die Hoffnung auf einen Erfolg mit der Versuchsperson verlieren, wenn sie keine Fortschritte macht, oder sie macht Fortschritte, bis unser Ziel erreicht ist.

In der Regel erfolgt das Training in einer Reihe aufeinanderfolgender Sitzungen, und die Leistungen in den Einzelsitzungen steigern sich schrittweise. Doch ist es immer nützlich (genauso wie bei allen anderen Formen von Einübung), einige Zeit der Festigung erworbener Fähigkeiten zu widmen, ehe man mit der Einübung neuer Fertigkeiten beginnt. Dabei ist viel Geduld erforderlich, aber diese Geduld wird schließlich durch den Erfolg belohnt.

Die Methode, wie sie oben geschildert wurde, stellt mehr eine allgemeine Richtlinie dar als ein strenges Verfahrensschema. Jeder, der sie verwendet, sollte entschieden versuchen, individuell bestimmte Variationen einzuführen, die das Verfahren den Neigungen der einzelnen Versuchsperson anpaßt. Die Methode hat sich bei einer charakteristischen völkischen Gruppe als wirksam erwiesen, nämlich bei jungen Studenten Prags. Einige kleinere (oder vielleicht auch größere) Abwandlungen könnten für ihre Anwendung bei anderen völkischen Gruppen notwendig werden.

Erstes Treffen mit der Versuchsperson

Zu Beginn des ersten Treffens sollte einige Zeit für ein zwangloses Gespräch mit der Versuchsperson verwendet werden. Dieses Gespräch dient mehreren Absichten: Es erbringt einige Informationen über die Persönlichkeitsgeschichte und die Motive der Versuchsperson, hilft festzustellen, was sie von ASW hält, und gibt ferner die Möglichkeit, ihr alle wichtige Information zu geben, die ihr fehlt und die sie braucht.

Ich habe stets versucht, die Hobbys der Versuchsperson herauszufinden, um ihr soviel Freude wie möglich machen zu können und die Versuche ihren Neigungen anzupassen. Auch habe ich immer versucht, einen angenehmen, freundschaftlichen Kontakt herzustellen und eine vertrauensvolle Atmosphäre zu schaffen. Dazu erklärte ich dann, daß unsere Absicht sich auf die Weiterentwicklung und das Studium der ASW beschränkt und daß – obwohl unser Gebiet erst wenig erforscht ist und ungeachtet unseres Erfolges oder Mißerfolges – unser Bemühen ernsthaft sein soll und die volle, bereitwillige Mitarbeit der Versuchsperson erfordert.

Manche Versuchspersonen hatten die unterschiedlichsten falschen Vorstellungen von Hypnose und ASW und fürchteten sich auf Grund dessen, was sie in irgendwelcher Sensationsliteratur gelesen hatten, vor Gefahren. Das Vorbereitungsgespräch bildete dann eine willkommene Gelegenheit, diese falschen Vorstellungen zu zerstreuen und der Versuchsperson die Sicherheit zu geben, daß alles, was ihr begegnen werde, als ebenso normal und natürlich angesehen werden müsse wie jedes andere Phänomen oder jede andere Fertigkeit in physiologischem oder psychologischem Bereich. Häufig stellte sich heraus, daß es notwendig war, der Versuchsperson einen allgemeinen Überblick über die jüngsten Errungenschaften in der ASW-Forschung zu geben und ihr zu zeigen, daß die wissenschaftlich fundierte Erkenntnis auf diesem Gebiet umfassender ist als manche Menschen meinen; daß sie unsere Bemühungen rechtfertigt und uns begründete Hoffnungen auf einen verheißungsvollen Fortschritt gibt.

Wenn die Versuchsperson dann ihre Bereitschaft für den Versuch und zur Mitarbeit ausdrückte, begannen wir mit dem Hypnotisieren.

Die Hypnose

Für gewöhnlich wurde die allgemein üblichste klinische Methode der Hypnose angewandt: Die Versuchsperson schaute angespannt auf irgendeinen glänzenden Gegenstand, während der Hypnotiseur mit langsamer und monotoner Stimme die Suggestion der Ermüdung und Schläfrigkeit gab.

Die Hypnose hat an dieser Stelle einen doppelten Zweck: Zum ersten hilft sie, die Versuchsperson in einen geistigen Zustand zu bringen, der für ASW disponiert: ein Zustand, in dem die geistige Aktivität der Versuchsperson völlig zum Stillstand kommt; ein Zustand auf der Grenze zwischen Schlafen und Wachen; ein Zustand von Bewußtseinsverengung, in dem der Denkprozeß zum Stillstand gebracht ist (im Gegensatz zu der beständigen Wandlung des Bewußtseinsinhaltes in vollem Wachzustand); ein Zustand, in dem allen gewöhnlichen Sinnesreizen der Zugang zum Bewußtsein versperrt ist. Die Hypnose kann ferner helfen, die Gewißheit der Versuchsperson zu steigern, daß es tatsächlich ASW gibt, und ihr Selbstvertrauen, daß sie ASW-Leistungen hervorbringen kann. Leider wirken die Einflüsse aus unserer gegenwärtigen kulturellen Umwelt allgemein entmutigend auf jeden Glauben an ASW und jedes Bemühen, sie als zuverlässigen zusätzlichen Sinn zu entwickeln. In der frühen Kindheit lernen wir, unsere körperlichen Sinne zu gebrauchen; aber wir lernen nie, ASW zu verwenden. Dieser ungewollten Suggestion, die das Wirksamwerden von ASW verhindert, muß entgegengearbeitet werden. Hier kann schon das Einführungsgespräch helfen. Wenn die Versuchsperson sich dann im Zustand der Hypnose befindet, können wir uns überdies die in Hypnose gegebene Suggestion zu diesem Zwecke zunutze machen.

Daher versuchen wir zuerst, die Suggestibilität der Versuchsperson zu steigern, indem wir mit ihr eine Anzahl Versuche mit Suggestion im hypnotischen Zustand durchführen. Wir können mit einfachen Experimenten beginnen, z. B. Bewegungshemmungen suggerieren (der Versuchsperson wird suggeriert, daß sie ihre Hand nicht heben und ihre Arme nicht von sich strecken kann usw.) Wenn diese Versuche erfolgreich verlaufen, können wir fortfahren, bis wir visuelle Halluzinationen herbeiführen. Zugleich benutzen wir jede Gelegenheit, der Versuchsperson Vertrauen darauf einzuflößen, daß sie ASW-Fähigkeiten entwickeln kann und wird.

In der Regel ist die Fähigkeit der Versuchsperson, mit geschlossenen Augen deutliche, feste und suggestiv gut kontrollierte visuelle Halluzinationen zu erzeugen, ein Anzeichen dafür, daß sie bereit und disponiert ist, ASW-Fähigkeiten zu entfalten. Sie muß in der Lage sein, sich visuell vorzustellen, was ihr gesagt wird; ihre Vorstellungsbilder müssen deutlich und realen Anschauungsbildern gleich sein; sie müssen für längere Zeitabschnitte unverändert in ihrem Gesichtsfeld bleiben oder sich unschwer in andere Vorstellungsbilder verwandeln, wenn der entsprechende Befehl gegeben wird.

Sehr häufig ließ ich meine Versuchspersonen sich halluzinatorisch einen Blumenstrauß vergegenwärtigen. Wenn sich das Vorstellungsbild dann stabilisierte und unverändert im Blickfeld der Versuchsperson blieb, suggerierte ich Farbänderungen einzelner Blumen. Ich suggerierte zunächst vernünftigerweise denkbare Änderungen (die Umwandlung einer gelben Rose in eine rote usw.), später dann solche, die unmöglich waren (grüne oder blaue Maiglöckchen usw.).

In seltenen Fällen kann sich bereits in diesem Stadium spontan ASW entwickeln. So war es am 18. Oktober 1966 in einem Versuch mit Fräulein H. Z., bei dem nachdrücklich der Vorgang der Telepathie suggeriert wurde. In der zweiten hypnotischen Sitzung hatte die Versuchsperson die Halluzination eines Rosenstraußes. Nach der Farbe der Rosen befragt, antwortete sie, einige von ihnen seien rosa, andere gelb. Die erste Suggestion lautete dann, sie solle eine rosafarbene Rose herausnehmen und sehen, wie diese nach und nach dunkler werde, bis sie rot sei. Sie tat es sofort. Dann fuhr ich fort: »Nun nehmen Sie eine gelbe Rose. Auch diese Blume wird ihre Farbe wechseln. Die Änderung wird schrittweise vor sich gehen. Zunächst wird sie eine unbestimmte Graufärbung annehmen und sich dann immer weiter ändern, bis die ganze Blüte grün ist.« Ganz spontan erklärte daraufhin die Versuchsperson: »Ich habe im voraus gewußt, daß Sie ›grün‹ sagen würden. Ich habe die Rose, schon ehe Sie es gesagt haben, grün gesehen. Um mich zu vergewissern, daß hier wirklich Telepathie im Spiele war, bat ich sie festzustellen, ob noch mehr Rosen ihre Farbe änderten. Dabei beschloß ich, daß die nächste Rose schwarz werden sollte, und die Versuchsperson berichtete, sie sehe eine schwarze Rose, ohne daß ich die Farbe irgendwie ausgesprochen hatte.

Aktivierung der ASW

Wenn der erforderliche Geisteszustand erreicht ist, kann die ASW für gewöhnlich einfach dadurch in Erscheinung gebracht werden, daß man der Versuchsperson die Aufgabe gibt, irgend etwas mit Hilfe von ASW zu ermitteln. So könnten wir sie auffordern, die Farbe einer in einen dunklen, undurchsichtigen Umschlag gesteckten Karte zu bestimmen – oder einen in einem undurchsichtigen Kasten hinter einem Schirm liegenden Gegenstand zu benennen – oder die Einrichtung des Nachbarraumes zu beschreiben, in dem die Versuchsperson noch nie gewesen ist – oder die Körperhaltung einer hinter ihrem Rücken stehenden Person zu bestimmen. Wir können die Versuchsperson auch auffordern, in ihrer Phantasie an einen entfernten Ort zu reisen und Szenen, die sich weit von ihr entfernt abspielen, durch »travelling clairvoyance« = »reisendes« oder »wanderndes Hellsehen« wahrzunehmen.

Grundsätzlich kann alles, was man sich vorstellen kann, als Gegenstand dieser ersten ASW-Aufgabe dienen. Dennoch ist es ratsam, bei der Auswahl einige Dinge zu beachten, die eine gute Hilfe bieten können.

Zunächst einmal sollte die Aufgabenstellung so einfach wie möglich sein. Wir geben einfachen Gegenständen mit charakteristischen Formen den Vorzug. Ein Schlüssel, eine Münze, ein Ring oder ein Spielwürfel sind besser geeignet als etwa ein gesticktes Taschentuch oder eine Ansichtskarte mit einem komplizierten Bild. Auch sind wir bestrebt, die Versuchsperson auf realistische Eindrücke zu beschränken, die sich leicht verifizieren lassen. Wir entmutigen sie, wenn wir sie etwa die Gemütsbewegungen oder Assoziationen schildern lassen, die der Gegenstand weckt (im Unterschied zu bestimmten psychoskopischen oder »psychometrischen« Versuchen), und lassen sie nur die äußere Erscheinungsform des Gegenstandes beschreiben.

Außerdem ist es bisweilen nützlich, auf die Motivierung der Versuchsperson Rücksicht zu nehmen und eine Aufgabe zu wählen, die sie besonders interessiert. So wird sich zum Beispiel ein romantisch empfindendes junges Mädchen mehr dafür interessieren, was sein Freund im Augenblick des Versuchs tut, als für die Aufgabe, irgendwelche prosaischen Gegenstände in undurchsichtigen Kästen zu identifizieren.

Auf skeptische Personen mag die direkte Aufforderung, ihre ASW zu betätigen (zum Beispiel durch die Wand in den Nachbarraum hineinschauen) absurd wirken und Abwehrreaktionen gegen ASW überhaupt auslösen. Eine solche Versuchsperson kann versagen, weil es ihr nicht gelingt, zuzugeben, daß auch sie auf diesem Gebiet Erfolg haben könnte. Müssen wir diese Gefahr befürchten, so können wir unauffällig auf die ASW zusteuern: wir lassen die Versuchsperson zum Beispiel mit geschlossenen Augen ein halluzinatorischen Bild von der Einrichtung des Nachbarraumes (den sie natürlich vorher gesehen hat) erzeugen und lenken dann ihre Aufmerksamkeit auf ein Detail, das sie vorher übersehen haben oder gar nicht zur Notiz genommen haben könnte.

Zwei Verfahren habe ich sehr praktisch gefunden. Ich nehme zum Beispiel einen kleinen Gegenstand in die Hand und suggeriere der Versuchsperson, sie habe Röntgenaugen, könne also mit ihren Blicken meine Hand durchdringen wie mit Röntgenstrahlen und ihr Knochengerüst und schließlich auch den verborgenen Gegenstand erkennen.

Oder wir können der Versuchsperson eine autoskopische Halluzination suggerieren: Sie soll sich als in der Luft über ihrem Körper schwebend fühlen und von oben her ihren Körper betrachten, oder als irgendwo im Raum stehend und von dort aus auf ihren Körper schauend. Wir verstärkten diese Halluzination, indem wir die Versuchsperson sich Einzelheiten ihrer Körperhaltung und Kleidung (die sie natürlich normalerweise kennt) visuell vorstellen lassen. Wir können sie dann nach einzelnen Dingen fragen, die ihr nur halb bewußt sein können (so etwa danach, daß sie von ihrer Armbanduhr die Zeit abließt). Dabei stellen wir einen Gegenstand hinter den Kopf der Versuchsperson, auf ihre Schultern oder an einen anderen Platz, der nicht in ihrem Blickfeld liegt, und fordern sie auf, diesen Gegenstand ebenso deutlich zu sehen, wie sie ihren Körper sieht.

Die Versuchsbedingungen sind zunächst sehr formlos. In dieser Phase kommt es noch nicht darauf an, Beweise dafür zu erbringen, daß wirklich ASW auftritt; wir wollen uns lieber selbst davon überzeugen, daß die Versuchsperson Fortschritte macht, und die Versuchsperson davon überzeugen, daß sie ASW entwickeln kann. Es werden noch keine komplizierten Sicherungen gegen normale sinnliche Wahrnehmung eingeschaltet. Jede unnötige Komplizierung würde in diesem Stadium störend wirken, und alle nötigen Sicherungen können später eingebaut werden, wenn sie notwendig sind.

Selbst wenn wir in dieser Phase nicht immer formell alle Anhaltspunkte der Sinneswahrnehmungen ausschließen können, ermutigen wir die Versuchsperson nach jeder erfolgreichen Leistung und suchen eine Atmosphäre der »Selbstverständlichkeit« um die Tatsache der ASW zu schaffen. Bisweilen können wir es sogar ratsam finden, unserer Versuchsperson bei ihrer ersten Aufgabe behilflich zu sein, wie sich aus folgendem Auszug des Versuchsprotokolles mit Fräulein J. P. vom 1. März 1963 entnehmen läßt.

Es war die zweite hypnotische Sitzung mit dieser Versuchsperson. Sie war gebeten worden, einen verborgenen Gegenstand mit Hilfe von ASW zu bestimmen. Dazu wurde ihr erklärt, sie möge damit rechnen, daß man eine ASW-Karte als Zielobjekt genommen habe, sie werde daher den Eindruck eines weißen, rechteckigen Stückes Papier mit einigen dunklen Flecken in der Mitte haben; diese dunklen Flecken in der Mitte stellten eins der ASW-Symbole: Stern, Viereck, Kreis, Wellenlinien oder Kreuz dar. Das tatsächliche Zielobjekt war in diesem Falle die Karte mit dem Viereck. – Versuchsperson: »Der Flecken ist groß und hat ein leeres Mittelfeld.« Versuchsleiter: »Sind sie sicher, wenn Sie sagen, das Symbol auf der Karte habe ein weißes Mittelfeld?« Versuchsperson: »Ja.« Versuchsleiter: »Damit sind in diesem Falle Kreuz und Wellenlinien ausgeschlossen, denn die haben kein weißes Mittelfeld. Wenn sie also sicher sind, daß Ihr Symbol ein weißes Mittelfeld hat, dann müssen Sie entscheiden zwischen Stern, Viereck oder Kreis.« Versuchsperson: »Es hat keine Spitzen, wie Sterne sie haben, die Seiten sind zu glatt. Aber sie sind auch nicht so regelmäßig, daß sie einen Kreis bilden könnten. Sie sind stärker voneinander getrennt; ich würde sagen, es ist ein Viereck.«

Wie gesagt, in diesem Stadium brauchen wir nur einen geeigneten Weg zu finden, um die ASW-Aufgabe herausfordernd genug für die Versuchsperson zu machen – ihr Interesse zu wecken, ihre Motivation zu steigern. Und wir müssen sie bei ihrem ersten ASW-Auftrag zum Erfolg führen.

Während der vorausgegangenen Arbeit hat die Versuchsperson erkannt, daß man sie im Hypnosezustand Dinge erleben lassen kann, wie sie normalerweise im Wachzustand unmöglich sind (beispielsweise eben Halluzinationen). Dieses – als solches überraschende – Erlebnis dient als erstes Gegenargument gegen ihre unterbewußten Zweifel an der ASW. Es ist jetzt leichter für sie, das ASW-Phänomen zu akzeptieren. Nun stellt man der Versuchsperson wirklich die Aufgabe, ihre ASW einzusetzen.

Manchmal genügt in diesem Stadium ein nachdrücklicher Befehl, um die ASW zu aktivieren. Beispielsweise können Sie einen undurchsichtigen Umschlag oder eine Schachtel mit irgendeinem Gegenstand darinnen nehmen und die Versuchsperson auffordern, Ihnen den Inhalt zu nennen. Oft gibt sie sogleich die richtige Antwort.

In anderen Fällen muß man die Versuchsperson stärker ermutigen. Die nachfolgenden konkreten Beispiele geben Ihnen weitere Hinweise für Ihr Vorgehen.

Beispiel 1

Die Aufgabe besteht darin, den Gegenstand zu erkennen, der hinter einem undurchsichtigen Schirm oder in einer undurchsichtigen Schachtel liegt; für solche Aufgaben wählt man anfangs am besten Gegenstände mit charakteristischen Formen: einen Schlüssel, eine Schere, einen Bleistift, einen Ring usw.) »In dieser Schachtel (oder hinter diesem Schirm) befindet sich ein Gegenstand, und Ihre Aufgabe ist nun, zu sehen, was es ist. Sie können die Schachtel angreifen; es wird Ihnen helfen, wenn Sie die Schachtel fühlen; oder Sie können kurz die Augen öffnen und die Schachtel ansehen, ohne sie zu berühren, und dann schließen Sie die Augen wieder. Aber wenn jetzt Ihre Augen geschlossen sind, werden Sie die Schachtel genauso klar sehen, als wären Ihre Augen offen... Sehen Sie sie an... Während Sie weiterhin auf die Schachtel (bzw. den Schirm) schauen, wird sie allmählich durchsichtig werden. Die Vorderseite wird leicht durchsichtig werden, wie Papier durchsichtig zu werden beginnt, wenn es fettig ist, oder wie durchscheinendes Milchglas... Sie wird immer durchsichtiger, bis Sie schließlich die Umrisse des Gegenstandes sehen können... Zuerst werden Sie undeutliche Konturen sehen, etwas wie einen Schatten... aber später wird das Bild des Gegenstands schärfer und schärfer... Ich bin sicher, Sie sehen ihn jetzt besser, aber Sie dürfen Ihre Augen nicht anstrengen. Warten Sie und lassen Sie dem Gegenstand Zeit, klarer zu erscheinen... Nach und nach werden die Umrisse zunehmend schärfer, immer deutlicher... Sie sehen ihn jetzt besser, und schließlich werden Sie das Bild ganz klar sehen. Ist irgendein Teil des Bildes noch undeutlich, dann werden wir warten, bis er klar wird... Es ist wichtig, daß Sie einfach warten, bis er klarer wird... Wir haben keine Eile, warten Sie nur und versuchen Sie nicht zu helfen. Die klare Sicht wird ganz von selbst kommen.. Versuchen sie nicht, sich irgend etwas vorzustellen, lassen Sie keinen Gedanken in Ihren Geist eindringen. Stellen Sie sich nicht vor, daß das Bild einem bestimmten Gegenstand ähnelt... warten Sie nur, völlig passiv, und Ihre Geduld wird mit einer klaren, richtigen Sicht belohnt werden. Ihre Aufgabe ist nur, zu warten und zu beobachten, wie das Bild Gestalt annimmt... Schließlich haben Sie ein klares, scharfes, deutliches Bild von dem Gegenstand, und Sie erkennen ihn. Was sehen Sie?« (Wenn die Versuchsperson darüber klagt, daß sie den Gegenstand noch immer ziemlich undeutlich sieht, können sie später fragen: »Sagen Sie mir zumindest: Welchem Gegenstand ähnelt Ihr Bild?«

Beispiel 2

(Ein Experiment mit einem Kind.) »Ich habe deinen Ball irgendwo im oder ums Haus versteckt und werde dir nicht erlauben, damit zu spielen, wenn du ihn findest. Aber ich werde dir helfen, ihn zu suchen... Hör mir zu, und es wird dir sogar Spaß machen... Du steigst jetzt in die Luft hoch, du wirst sein wie Peter Pan und von einem Zimmer dieses Hauses ins andere fliegen und auch hoch über dem Haus und dem Garten, und du wirst nach deinem Ball suchen, bis du ihn findest.«

Beispiel 3

(Weiteres Experiment mit dem Kind.) »Schau, hier sind fünf Schachteln, und in einer davon ist eine kleine Puppe. Aber die fünf Schachteln sind jetzt fünf Burgen, und deine Puppe ist eine Prinzessin. Ich will dir eine Geschichte erzählen ... Es war einmal ein böser Drache, der raubte die Prinzessin ihrem Vater und versteckte sie in einer dieser Burgen. Du kommst nun, um die Prinzessin zu retten, aber damit du das kannst, mußt du zuerst wissen, in welcher Burg sie versteckt ist. Du mußt jetzt herausfinden, wo die Prinzessin ist.«

Beispiel 4

»Bestimmt sind Sie neugierig darauf, was Ihre Mutter jetzt gerade tut. Wollen Sie sie sehen? ... Nun, wenn sie meiner Stimme lauschen, werden Sie bald einen sehr lebhaften Traum haben. Sie hatten in unseren Experimenten bereits zahlreiche ungewöhnliche Erlebnisse, die Macht meiner Stimme brachte Ihnen viele lebhafte Visionen, und jetzt wird Ihnen die Macht meiner Stimme einen lebhaften Traum bescheren ... Und der Traum beginnt sofort ... Sie werden Ihr Elternhaus aufsuchen und besonders Ihrer Mutter einen Besuch abstatten. Plötzlich werden sie sich genau dort befinden, wo Ihre Mutter ist, Sie werden sehen, was sie tut ... sehen Sie sie an ... vielleicht sind noch andere Personen bei ihr ... Sagen Sie mir, was Sie sie tun sehen.«

Beispiel 5

»Noch nie waren Sie in dem Zimmer hinter dieser geschlossenen Tür. Und jetzt werden Sie dorthin gehen und feststellen, was für Möbel dort stehen. Sie werden sich in Ihrer Vorstellung von diesem Stuhl erheben, Sie müssen ganz lebhaft fühlen, daß Sie aufstehen, und Sie werden zu der Tür dorthin gehen, dann werden Sie durch die Tür gehen, es wird Sie beeindrucken, wie leicht Sie durchkommen. Sobald Sie sich in dem anderen Zimmer befinden, werden Sie sich umschauen ... bitte tun Sie das, schauen Sie sich in dem anderen Zimmer um, sie werden das Fenster sehen, die Möbel .. Sie können sehen, ob irgendwelche Menschen dort sind ... und sagen Sie mir, was Sie sehen ... Wenn Sie wollen, können sie auf diesem

Blatt eine Skizze machen, die zeigt, wo die einzelnen Möbel stehen...«

Beispiel 6

(Variante der Behandlung des Problems aus Beispiel 5.) »Schauen Sie auf die Wand und die Tür. Nach einer Zeitlang werden Sie zu Ihrer Überraschung feststellen, daß die Wand und die Tür durchsichtig werden. Vielleicht am Anfang nur ein kleines bißchen, möglicherweise sehen sie durch, als schauten Sie in dichten Nebel... aber später werden Wand und Tür durchsichtiger... Es wird sein, als hätten Sie Röntgenaugen, Sie werden durch undurchsichtige Gegenstände sehen... klarer.. noch klarer... (in derselben Art weitermachen wie bei Beispiel 1.) bis sie die Möbel dort klar und deutlich sehen... Nun sagen Sie mir, wo die einzelnen Möbelstücke sich befinden.«

Beispiel 7

(Verwendung der ASW zu Diagnosezwecken.) »Während Sie nun diesen Herrn ansehen, werden sie plötzlich Röntgenaugen bekommen. Wie Röntgenstrahlen in das Gewebe eindringen können und der Arzt dann die geschädigten Organe sieht, so werden jetzt auch Sie in den Körper dieses Herrn hineinsehen und festzustellen versuchen, ob er irgendwelche gesundheitlichen Probleme hat... Seine Kleidung wird immer durchsichtiger, seine Haut wird durchsichtig, und dann beginnen Sie seine inneren Organe zu sehen... Knochengerüst, Muskeln, innere Organe... jedes Organ, das Sie zu untersuchen wünschen... untersuchen Sie alle Organe und melden sie jede Abnormalität... alles, das Ihnen ungewöhnlich erscheint..«

Beispiel 8

»Sie wollen sehen, ob der Brief, den Sie so dringend erwarten, mit der morgigen Post kommen wird. Ich schlage vor, daß Sie sich vorstellen, Sie stünden vor Ihrem Haus... Sie werden das Haus sehen und besonders Ihren Briefkasten. Wir haben jetzt Nachmittag, also müssen wir bis morgen weitergehen und schauen, was der Postbote Ihnen bringt... Sie werden in der Zeit in die Zukunft reisen... Sie sehen den Abend kommen, sie werden die Dunkelheit hereinbrechen sehen, die Lichter werden angezündet... Sie sehen es, nicht wahr?... Gehen Sie noch weiter in die Zukunft... es wird Nacht sein... dann wird morgen früh aufkommen... Tagesanbruch... heller.. jetzt schauen Sie auf Ihr Haus, es ist morgen früh... und jetzt warten Sie nur darauf, daß der Postbote kommt, und wenn er kommt, dann schauen sie, was er Ihnen bringt...«

Beispiel 9

»Bitte stehen Sie jetzt auf und versuchen Sie meine Gedanken zu lesen. Ich werde hinter Ihnen stehen und an eine Bewegung denken, von der ich möchte, daß Sie sie ausführen. Es kann irgendeine Bewegung irgendeines Teiles ihres Körpers sein... Warten Sie... schließlich werden Sie einen Impuls fühlen, eine Art zwanghaften Drang, eine Bewegung zu machen. Bitte machen Sie sie dann... Aber warten Sie lediglich... warten Sie, bis Sie sicher sind, daß Sie genau die Bewegung fühlen, von der ich möchte, daß Sie sie machen.»

Beispiel 10

»Nehmen Sie diesen Gegenstand in die Hand; mit ihm ist in der Vergangenheit etwas Ungewöhnliches passiert. Versuchen sie nun die Vergangenheit dieses Gegenstandes aufzuspüren und schildern Sie mir ein ungewöhnliches Ereignis, das ihm widerfuhr... oder sie können seinen Besitzer sehen und beschreiben... Sie werden das Gefühl haben, daß Sie in die Vergangenheit gehen, die Geschichte dieses Gegenstandes betrachten.. Warten Sie, bis Sie klar sehen... und sagen sie mir dann, was Sie sehen.«

In einigen dieser zehn Beispiele erkannten wir deutlich das Bemühen des Experimentators, die Motivation der Versuchsperson zu steigern. Ihnen steht natürlich frei, sich andere Wege auszudenken, um das zu erreichen, Wege, die sich für Ihre Versuchsperson besser eignen.

Wenn Sie Experimente in reisendem Hellsehen machen und wünschen, daß die Versuchsperson irgendeinen fernen Ort sieht, sollten Sie die Versuchsperson in ihrer Imagination dorthin führen und sicherstellen, daß sie wirklich den Ort findet, um den es Ihnen geht. Nehmen Sie dazu beispielsweise die Landkarte, oder beschreiben Sie der Versuchsperson den Weg genau, oder weisen Sie die Versuchsperson an, einem Gegenstand oder einer Person zu folgen, der oder die an jenen Ort verlegt wird (oder von jenem Ort kommt, wie bei psychoskopischen Experimenten).

In diesem Stadium können wir der Versuchsperson schon erste Ratschläge geben, die ihr helfen sollen, mit ihren späteren Visionen richtig zu verfahren. Sie wird lernen, daß ihre Visionen anfangs wenig beständig sein und häufig verschwinden können. Dies geschieht immer dann, wenn sie von dem zur ASW disponierenden Geistes- und Bewußtseinszustand abweicht. Angespannte Konzentration oder aktives Bemühen, diese oder jene Einzelheit des ASW-Bildes deutlicher zu machen, haben häufig diese Folgen. Das lehrt die Versuchsperson, niemals aktiv das Auftreten von Eindrücken zu erzwingen zu suchen; nicht die geringste eigene Willensanstrengung zu machen. Statt dessen lautet die Regel: nur das Ziel im Auge behalten und dann passiv auf eintreffende Eindrücke warten, ohne sich emotional an sie zu klammern – ganz wie ein wartender, aber innerlich von dem Erwarten losgelöster und ihm gegenüber indifferenter Zuschauer. Und die Lehre für den Versuchsleiter lautet: Die Versuchsperson niemals drängen! Ihr genug Zeit geben, daß ihre Eindrücke sich entfalten können! Vor allem muß man der Versuchsperson, wenn sie aufgefordert worden ist, über ihre Eindrücke zu berichten oder auf eine andere Weise geistig tätig zu werden, hernach genug Zeit geben, ihre Gedanken wieder zur Ruhe kommen zu lassen und wieder in den richtigen Geisteszustand zurückzukehren.

Die Versuchspersonen »sehen« das Zielobjekt zunächst sehr undeutlich, gleichsam wie durch einen Nebel. Erst allmählich werden die Bilder deutlicher; schließlich können sie an Deutlichkeit normalen Anschauungsbildern gleichkommen. Regel ist jedoch: ASW-Eindrücke entwickeln sich langsam. Das läßt sich aus folgender Beobachtung bei einem Versuch mit Fräulein S. K. am 10. März 1951 ersehen. Die Versuchsperson sollte durch ASW eine eiserne Schere erkennen, die vor ihr, hinter einem undurchsichtigen Schirm, lag. Die Schere hatte einen schwachen metallischen Glanz und war ein wenig geöffnet.

Das folgende Bild zeigt die Schere (Fig. A) und ungefähr wie die Versuchsperson sie gesehen hat (Fig. B).

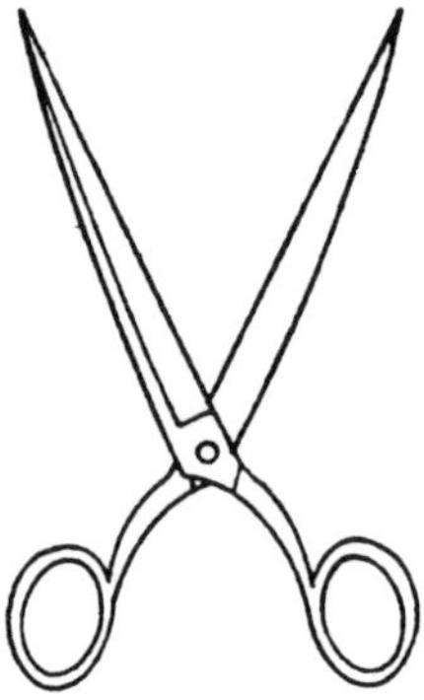

Fig. A

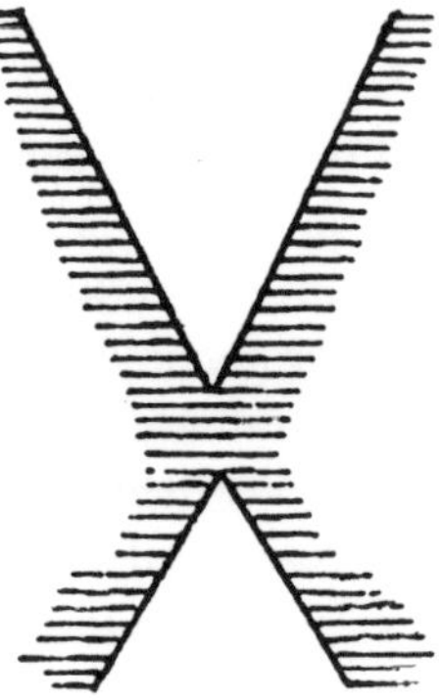

Fig. B

Die Versuchsperson berichtete:

»Zuerst erschien eine Reihe sich schnell wandelnder Bilder, wie in einem zu schnell laufenden Film. Dann erschien mir eine metallische Farbe mit einem schwachen Schimmer... dann ein spitzer Winkel... und ein stumpfer Winkel... aber ich war unfähig, die Farbe oder die Winkel im Raum genauer zu lokalisieren. Dann wurden die Winkel deutlicher. Ich bemerkte, daß zwei spitze Winkel da waren, deren Spitzen aufeinander zuliefen. Die metallische Farbe legte sich dann längs an die beiden stumpfen Winkel... Es erinnerte mich an zwei gekreuzte Bleistifte.. Wenn ich eben sagte, es sehe aus wie zwei gekreuzte Bleistifte, so habe ich wirklich den Eindruck, daß es sich um zwei einander kreuzende Dinge handelt... aber es sind sicher keine Bleistifte... Die von mir abgekehrten Enden sind spitz... aber die mir zugewandten Enden wollen nicht erscheinen. Ich kann sie noch nicht klar erkennen. Es kommt mir vor, als würden sich aus dikkem Nebel zwei Kreise heben... Es ist eine Schere.«

Als dieselbe Schere später einer anderen Versuchsperson (Fräulein M.J. bei einem Versuch am 5. März 1961) vorgelegt wurde, gab sie folgende Beschreibung: »Ich beginne in einem dichten Nebel undeutlich... etwas Längliches zu sehen... Es hat so etwas wie spitze Vorsprünge an zwei Seiten... Es ist gespalten wie eine Gabel..., auf der anderen Seite ist es unregelmäßig... bogenförmig... Ich sehe etwas wie zwei Bögen... Auf der anderen Seite ist es, wie schon gesagt, gespalten..., danach fügt es sich wieder zusammen.. Dann ist da ein Paar von Kreisen, und eine Art gabelähnlicher Verbindung springt daraus hervor... Aber ich kann es noch nicht deutlich genug erkennen... Es sieht aus wie eine halbgeöffnete Schere.« Kurz danach beschrieb die Versuchsperson die Schere in allen Einzelheiten.

Wir können noch einige weitere Beispiele von Versuchen berichten, bei denen ASW-Karten als Testgegenstände gewählt wurden. Bei diesen Versuchen bekamen die Versuchspersonen nicht den geringsten Hinweis darauf, mit was für einer Art Testgegenstand sie rechnen konnten. Das schrittweise Deutlichwerden der Bilder war typisch. Versuchsperson Fräulein Jana K., Versuch vom 30. April 1961 (Testkarte mit »Stern«): »Etwas Helles, ein Stück weißes Papier... Darauf ist in der Mitte etwas Dunkles, das ich nicht erkennen kann... Eine Art geometrische Figur..., sie ist im Mittelfeld hell... Ein Stern mit etwa sechs Strahlen, aber ich kann die Strahlen nicht deutlich sehen... Da ist noch eine Spitze, gerade von mir entfernt... Der Stern hat fünf Strahlen.« – Versuchsperson Fräulein D. H., Versuch vom 3. Februar 1962 (Testkarte mit »Kreis«): »Ein Stück weißes Papier... mit einem kreisförmigen dunklen Flecken in der Mitte... In diesem Flecken ist in der Mitte wieder ein weißes Feld.« – Versuchsperson Herr V. D., Versuch vom 13. Juni 1961 (Testkarte mit »Viereck«): »Ein weißer Fleck, wie ein Stück Papier.« Versuchsleiter: »Nennen Sie die Größe!« Versuchsperson: »Etwa 4 cm. Aber das ist schwierig zu sagen. Das Ganze sieht wie ein längliches Gebilde aus.« »Ist der ganze Gegenstand weiß?« »Nein, es scheint, als sei auch etwas Schwarzes darin.« »Was ist das?« »Das schwarze Ding ist wie zwei Linien, wie der Ansatz zu einer Pyramide... zwei senkrecht zueinander stehende Linien... Das andere Ende dieser beiden Linien liegt im Nebel. Vielleicht sieht es dort genau so aus.. ja, nun bin ich mir sicher: Es ist symmetrisch... Die Linien sind ziemlich dick und scheinen Viereck zu bilden... Jetzt erkenne ich es ganz genau als Viereck.«

Solch ein langsames Zustandekommen von Visionen ist typisch für Versuche, bei denen die Versuchsperson die Aufgabe hat, einen unbekannten Gegenstand zu bestimmen. (Die oben genannten Versuchspersonen hatten vor dem Versuch noch nie ASW-Karten gesehen.) Wenn die Versuchsperson dagegen nur eine Auswahl aus einer bekannten Anzahl bekannter Möglichkeiten treffen soll (die anerkanntermaßen ihre Konzentration und ihre Haltung passiven Wartens stört), ändert sich ihre Leistung. Die Versuchsperson neigt dann dazu, die Antworten schneller zu geben, wobei die Zahl der richtigen Antworten beträchtlich abnimmt.

Typisch in dieser Hinsicht war die Leistung von Herrn A. S. bei dem Versuch vom 9. Mai 1961. Die Versuchsperson hatte vorher niemals ASW-Karten gesehen; trotzdem gelang es ihr, alle fünf der unbekannten Karten in der oben beschriebenen Form nach und nach zu identifizieren. Kreis: »Eine Art Karte mit einem Kreis darauf.« Wellenlinien: »Eine Wellenlinie... senkrecht verlaufend... Es sind vier Linien, nah beieinander.« Stern: »Ein Kreis, aber er hat ein paar Vorsprünge wie ein Stern. Er hat fünf oder sechs solche Strahlen.« Kreuz: »Zwei Linien, die sich senkrecht kreuzen, ein Kreuz.« Viereck: »Ein Viereck.« Im Anschluß an diesen erfolgreichen Versuch wurde der Versuchsperson gesagt, es gebe keine weiteren Symbole als Alternativen, und im nächsten Teil des Versuches sei nur unter diesen fünf Möglichkeiten zu wählen. Die Leistung der Versuchsperson sank augenblicklich auf kaum 60 Prozent richtige Antworten (bei 35 aufeinanderfolgenden Fragen gab sie nur 21 richtige Antworten).

Natürlich sind visuelle Bilder nicht die einzigen Formen, in denen ASW-Eindrücke empfangen werden können. Bisweilen können auch andere Sinne beteiligt sein: Auch der Gehör-, der Tast-, der Geruchssinn usw. können ASW-Eindrücke erfahren; aber visuelle Bilder sind am verbreitetsten, weil wir uns für gewöhnlich mehr auf den Gesichtssinn als auf irgendeinen anderen Sinn verlassen. Daneben gibt es nicht allein visuelle Persönlichkeitstypen, sondern auch zum Beispiel auditive, die mehr zu ASW-Eindrücken akustischer Art neigen. Daher empfangen auch manche »Sensitive« (oder »Hellseher«) ihre ASW-Informationen in Bildern und andere zum Beispiel in Stimmen. Bei unter Hypnose durchgeführten Versuchen kann der Versuchsleiter durch seine Instruktionen bestimmen, in welcher Erfahrungsform die Eindrücke empfangen werden sollen.

Wir wollen Beispiele für andere Typen von Sinnesvorstellungen in den beiden folgenden Versuchen bringen. Bei dem ersten geht es um Präkognition, während wir im zweiten die Form der »wandernden ASW« haben.

Bei der Sitzung vom 2. März 1963 mit Fräulein J. P. (dem dritten Treffen mit dieser Versuchsperson) wurde ein Präkognitionsversuch unternommen. Ich erwartete den – angekündigten – Besuch eines Bekannten, der in etwa 30 Minuten eintreffen sollte. Fräulein J. P. bekam die Suggestion, in sich die Gefühlsvorstellung zu wecken, sie reise »in die Zukunft«, bis sie den erwarteten Besucher sehe. Tatsächlich »traf« sie ihn und beschrieb eine Anzahl von Einzelheiten seiner Erscheinung und Kleidung. Dann bekam sie die Aufgabe, den Namen des Besuchers zu nennen; auch sollte sie den Augenblick ermitteln, in dem der Besucher sich bei den Anwesenden vorstellen werde. Sie beklagte sich, sie könne den Namen nicht deutlich genug verstehen. Daraufhin erhielt sie die Anweisung, die Vorstellungsszene wiederholt zu beobachten und den Namen immer und immer wieder »durchzuspielen«, genauso wie wir bei einem Tonbandgerät Einzelheiten der Aufzeichnung durchspielen können, so oft wir wollen. Schließlich erklärte sie: »Es ist ein kurzer Name mit zwei oder drei Silben.« Dann schwieg sie für etwa eine halbe Minute, offenbar weil sie den Namen »wieder durchspielte«, um schließlich zu berichten: »Ich höre ihn nun zweisilbig. Ich höre die ganze Zeit über den Konsonanten Ř (dieses Ř ist ein der tschechischen Sprache eigentümlicher Laut, der wie ein stimmhaftes R klingt) so als käme zweimal ein R darin vor oder etwas Ähnliches ... Es klinge wie Repař Ode Řepař. Ich sehe ihn jetzt, wie er seinen Namen nennt.. Er öffnet seinen Mund, aber nur ganz kurz... es hört sich an wie Řepa oder so ähnlich... Řepř oder Řepař.«

Kurz danach war der Versuch beendet, und die Versuchsperson, die sich an alles erinnerte, bat mich, bleiben und warten zu dürfen, um zu sehen, ob der Mann wirklich komme. Sie war sehr überrascht, als kurze Zeit danach der Mann kam, genauso gekleidet, wie sie ihn gesehen hatte, und sich ihr nur mit einem kurzen Wort vorstellte. Sein Name lautete Řehoř (ein in der Tschechei ganz ungewöhnlicher Name).

In unserem zweiten Beispielfall half ein Eindruck des Geruchssinnes die durch vorherrschend visuelle Eindrücke erlangte Information ergänzen. Die Versuchsperson, Herr C. S., hatte bei einem Versuch am 10. Dezember 1961 die Anweisung, in seiner Vorstellung in ein etwa 1 km entferntes Gebäude zu gehen. Es war eine Kirche, in der C. S. noch nie gewesen war. Er wurde zu einer Tür dirigiert, die ihn zu einer Grabstätte unter der Kirche führte. Hier wurden Aschenurnen in einem Raum aufbewahrt, der durch solide Marmorwände in Abteilungen eingeteilt war; das konnte an Bücherregale in einer Buchhandlung erinnern. Die einzelnen Abteilungen waren in einer gleichen Form gehalten und enthielten Reihen kleiner, gleichförmiger rechteckiger Fächer für die Urnen. Jedes dieser Fächer war mit einer Marmorplatte bedeckt, auf der der Name des Verstorbenen stand. Die Dekoration war die eines Friedhofs: mit vielen Blumen und Kerzen.

Hier die Niederschrift von der Aufzeichnung des Gesprächs mit der in Hypnose befindlichen Versuchsperson. Versuchsleiter: »Nun gehen Sie bitte durch die Tür, die Ihnen beschrieben worden ist. Sie werden sich in einem Raum befinden und mir erzählen, was Sie sehen.« Versuchsperson: »Der Raum ist ziemlich klein, und es scheint mir, er hat keine direkte Beleuchtung. An den Wänden sind einige Regale, als wären hier Bücher aufbewahrt, oder irgend etwas Ähnliches... Ja: Bücher, eine große Zahl!« Versuchsleiter: »Sehen sie die Bücher deutlich?« »In solchen Regalen werden doch Bücher aufgestellt... Ich kann nicht sicher sagen, ob es Bücher sind, aber vermutlich sind es welche.« »Warten Sie einen Augenblick, bis Ihre Gedanken sich wieder beruhigt haben, und dann warten Sie weiter, bis sie weitere Einzelheiten erkennen. Blicken Sie völlig passiv in dem Raum umher, und versuchen Sie an Hand auffallender Einzelheiten, Ihre Orientierung zu finden. So werden sie nach und nach zu einem richtigen Eindruck gelangen.« »Es sieht aus, als wären hier getrennte Fächer... es ist so ein dicker Block, und es sieht aus, als wären einzelne, voneinander getrennte Teile darin. Ich habe ein Gefühl, als wäre ich auf einem Friedhof.« »Was meinen Sie mit dem, was Sie ›getrennte Fächer‹ nennen? Was kann das sein?« »Es ist ein seltsames Gefühl, alle gleichen einander, aber doch ist jedes wieder verschieden von den anderen. Ich kann es nicht ausdrücken... Es sieht aus wie ein Friedhof, aber das kann doch nicht sein.« »Und was gibt Ihnen das Gefühl, als wäre dies so etwas wie ein Friedhof?« »Ich fühle mich so bedrückt wie auf einem Friedhof. Als könne ich hier Kerzen riechen. Und da ist etwas um mich herum, ich kann nicht sagen, was es ist, aber im normalen Alltagsleben sehen sie das nicht.« »Wollen Sie mir bitte genauer sagen, was Sie eben gemeint haben, als sie von diesen ›getrennten Fächern‹ sprachen?« »Ja. Es sieht aus, als stünde auf jedem ein eigener Name, es sieht so seltsam aus. Ich habe noch nie so etwas gesehen... Doch; ich erinnere mich, ich habe es schon gesehen. Es ist wie eine Krypta oder so etwas Ähnliches. Es sieht aus, als würden hier Urnen mit der Asche Verstorbener aufbewahrt.«

Vertraut werden mit ASW

Nach dem ersten Auftreten von ASW beginnt der längste und anspruchvollste Teil des Trainings: die Vervollkommnung dieser Fähigkeit.

Es ist die Regel, daß eben geweckte ASW im Anfang sehr unvollkommen ist. Zwar ist die Versuchsperson dahin gebracht worden, daß sie visuelle oder andere Eindrücke hat, die ihr außersinnliche Information zutragen – aber das kann wirklich nur der erste Schritt sein.

Hier muß auf eine wirklich unangenehme Eigenart der ASW im Vergleich zur Wahrnehmung mit den anderen Sinnen hingewiesen werden. Sie hängt vermutlich mit der andersartigen phylogenetischen Geschichte der ASW zusammen. Die normale Sinneswahrnehmung ist charakterisiert durch spezifische subjektive Erfahrungen, die für jeden Einzelsinn verschieden und typisch sind. Durch diese subjektiven Züge können wir deutlich zum Beispiel visuelle Erfahrungsgehalte von akustischen unterscheiden. Wir können unschwer sagen, ob wir sehen oder hören. Ebenso bemerken wir gleich, wenn äußere Umstände die Sinneswahrnehmung weniger zuverlässig machen (wenn zum Beispiel mangelnde Beleuchtung die Sicht behindert).

Dieser typische Zug fehlt bei ASW. Außersinnliche Wahrnehmungen werden im Bewußtsein nur im Gewand von Sinneseindrükken erfahren: als (mehr oder weniger deutliche) halluzinatorische Erfahrungen der normalen Sinne. Doch entstehen ganz ähnliche halluzinatorische Erfahrungen der normalen Sinne häufig im Gefolge verschiedener innerer psychischer Vorgänge im Geist der Versuchsperson, die nichts mit ASW zu tun haben (ähnlich wie Träume, die während des Schlafens entstehen. Ja solche Erfahrungen ohne außersinnlichen Wahrnehmungsgehalt sind sogar viel verbreiteter als jene außersinnlicher Art.

Überdies braucht ASW-Information, die durch solche halluzinatorische Erfahrung empfangen wird, keineswegs immer ein genaues Abbild der Wirklichkeit zu sein. Das durch ASW Wahrgenommene ist häufig verzerrt, genauso wie eine Sinneswahrnehmung durch Sinnestäuschungen verzerrt sein kann. Diese Verzerrungen wiederum sind individuell außerordentlich verschieden und hängen von inneren psychischen Vorgängen im Geiste der Versuchsperson ab.

Auch hier eine Regel: Die Versuchsperson erlebt eine Mischung aus echten Erfahrungen (die die ASW-Information enthalten) und anderen Erfahrungen, die keine ASW enthalten (d.h. unechten Erfahrungen).

Subjektiv empfängt sie bisweilen blitzartig aufleuchtende klare Bilder, die aber nicht sehr stabil sind und bald wieder verschwinden, um anderen blitzartig aufleuchtenden Bildern Platz zu machen; oder sie hat bleibendere Visionen, in denen verschiedene Teile mit unterschiedlicher Deutlichkeit gesehen werden: In ihnen sind Einzelheiten, die deutlich erkannt werden, mit anderen, die nur verschwommen erscheinen, vermischt.

Normalerweise ist nur ein Teil der Erfahrungen der Versuchsperson echt bzw. richtig. Sie muß daher lernen, zu welcher Art von Eindrücken sie persönlich neigt, d.h. sie muß lernen, echte Eindrücke von Eindrücken ohne ASW-Beteiligung zu unterscheiden. Das ist aber nur durch die Praxis möglich. Für gewöhnlich verfahren wir dabei so, daß wir mit der Versuchsperson lange Reihen einfacher Versuche anstellen, bei denen wir sie auffordern, irgend etwas durch ASW zu ermitteln und ihre Eindrücke mitzuteilen. Dann sagen wir ihr unmittelbar, welcher Teil ihres Eindruckes richtig war, und machen auf ihre Irrtümer aufmerksam. Wir fordern sie auf, subjektive Kriterien zu beachten, an Hand derer sie das nächste Mal echte und unechte Eindrücke unterscheiden kann.

Das wird immer und immer wieder geübt, und die Versuchsperson gewinnt dadurch Schritt für Schritt die Fertigkeit, echte ASW-Eindrücke zu erkennen. Im Anfang ist das zumeist sehr schwierig, da echte und unechte Eindrücke häufig einander sehr ähnlich sind. Bisweilen lassen sich echte Eindrücke auch durch größere Klarheit und Stabilität erkennen. Wenn Versuchspersonen gefragt werden, wie sie echte und unechte Eindrücke unterscheiden, geht aus ihrer Schilderung sehr häufig hervor, daß Eindrücke ohne Beteiligung von ASW wie durch einen Nebel oder gebrochen wie durch eine bewegte Wasserfläche gesehen werden. Sie können aufblitzen und dann für eine gewisse Zeit wieder verlöschen. Aber das ist kein allgemeines Gesetz. Häufig sind die Unterscheidungsmerkmale individuell verschieden (und lassen sich auch nur schwer in Worten wiedergeben). Jede Versuchsperson muß sie daher für sich selbst lernen.

Es dürfte nützlich sein, sich folgende Hauptirrtumsquellen für die ASW stets gegenwärtig zu halten:

1. Suggestiver Einfluß von seiten des Hypnotiseurs: Der Versuchsleiter kann unwissentlich einen Ausdruck verwenden, der für die Versuchsperson eine besondere Bedeutung besitzt, ihr die Antwort andeutet oder irgendwelche unbeabsichtigten Assoziationen in ihr hervorruft.
2. Der Einfluß einer Autosuggestion der Versuchsperson und ihrer Vermutungen oder Voraussetzungen. So können ihre Eindrücke beeinflußt sein von ihren Wünschen, Befürchtungen und Annahmen.
3. Undeutliche Bilder: Zu Beginn der Versuche werden die Bilder häufig undeutlich gesehen, und die Versuchsperson kann dazu neigen, Einzelheiten zu ergänzen, von denen sie in Wirklichkeit kein klares Bild gehabt hat.
4. Die Versuchsperson kann unter »Sinnestäuschungen« leiden – genauso wie bei der normalen Sinneswahrnehmung.
5. Einwirkungen von Müdigkeit und Indisposition: Ist die Versuchsperson ermüdet oder durch Krankheit, persönliche Probleme oder Abneigung gegen den Versuch usw. indisponiert, so verwendet sie nicht genügend Aufmerksamkeit auf ihre Aufgaben, und es stellen sich häufig Irrtümer ein. Wenn ihre mangelnde Disposition sie daran hindert, einen ausreichenden Grad von Konzentration zu erreichen, kann ihre ASW vorübergehend ganz verschwinden.
6. Interpretationsfehler: Die Versuchsperson kann eine bestimmte Szene ganz richtig sehen, mißdeutet aber ihren Sinn. Sie muß unterscheiden lernen zwischen Eindrücken, die den Charakter der Gewißheit tragen, und mehr oder minder wahrscheinlichen Annahmen oder Interpretationen, die auf zusätzlichen rationalen Erklärungen ihrer Eindrücke beruhen.
7. Fehler in der Wiedergabe: Die Versuchsperson sieht die betreffende Szene richtig, doch schildert sie sie in einer unklaren oder verworrenen Form (zum Beispiel mit geringer Ausdrucksfähigkeit oder an Hand einer ungeschickten Skizze), und so kann der Versuchsleiter sie mißverstehen und falsche Schlüsse ziehen.
8. Wenn die Versuchsperson längere Handlungsabläufe durch ASW wahrnimmt, tendiert sie leicht dahin, die zeitlichen Zwischenräume ungenau zu bestimmen; normalerweise wird sie sie zu kurz ansetzen. (Solche Irrtümer hängen natürlich mit dem bruchstückhaften Charakter von ASW-Eindrücken zusammen.)

9. Der bruchstückhafte Charakter von ASW-Eindrücken: Wenn die Versuchsperson verwickeltere Szenen durch ASW wahrnimmt, erfaßt sie die Szene in der Regel nicht ganz, sondern lediglich in Bruchstücken, die sie dann oft nicht richtig in den Zusammenhang einordnen kann. (Das ist so, als bekäme man nur einige Einzelbilder oder Bildteile anstelle eines ganzen Filmes gezeigt.) Wenn solche bruchstückhaften Eindrücke falsch kombiniert werden, kann daraus eine breite Skala unterschiedlicher Irrtümer entstehen.
10. Die Eindrücke der Versuchsperson können beeinflußt sein durch unerwünschte, sich aufdrängende ASW-Eindrücke, die sie bisweilen nicht abschirmen kann. (So kann sie zum Beispiel durch Gedanken anderer Personen telepathisch beeinflußt werden.)
11. Es besteht die Tendenz, daß Irrtümer, die einmal gemacht worden sind, sich bei Wiederholungen des Versuches ebenfalls wiederholen.
12. Methodische Irrtümer von seiten des Versuchsleiters: Irrtümer können entstehen, wenn der Versuchsleiter die Versuchsperson zur Eile drängt und ihr nicht genügend Zeit gibt, ihre Angaben mit genügender Sorgfalt zu machen. Die Versuchsperson kann dann leicht übereilte Aussagen über Dinge machen, deren sie sich nicht sicher sein kann und die zu verifizieren sie nicht ausreichend Zeit hatte.

In seinem fortgeschrittenen Stadium besteht das Training somit vor allem darin, daß die Versuchsperson angehalten wird, ihre Eindrücke kritisch zu betrachten und sich vor Irrtümern zu hüten, die unbedingt vermieden werden müssen. Die meisten Urteile beruhen auf subjektiven Eindrücken der Versuchsperson und müssen von ihr gegeben werden. Der Versuchsleiter spielt dabei mehr oder minder eine Beraterrolle. Damit ergibt sich bei Versuchen im fortgeschrittenen Stadium eine neue Art von Gleichstellung der Beteiligten: Es steht nicht mehr der den Ablauf der Dinge beherrschende, Anweisungen gebende Hypnotiseur der passiven Versuchsperson gegenüber, sondern es setzt eine geplante und gezielte Zusammenarbeit zweier Persönlichkeiten ein, von denen jede ihre eigene Rolle spielt: Die eine betätigt ihre ASW-Fähigkeit, während die andere ihr durch ihren Rat hilft, indem sie ihre Eindrücke kritisch bewertet. (So können uns zum Beispiel die Versuche mit »wandernder ASW« an einen Wissenschaftler erinnern, der an Bord eines Schiffes steht, einen Taucher zur Erforschung des Meeresbodens hinunterschickt und mit ihm durch eine Wechselsprechanlage in Verbindung bleibt.)

In einer solchen Situation braucht die Versuchsperson ihr ungeschmälertes logisches Denk- und Urteilsvermögen, um zur sachgerechten Bewertung ihrer Eindrücke fähig zu sein. Daher ist in dieser Phase ihre Suggestibilität absichtlich herabgesetzt. Sie wird vielmehr angeleitet, alles kritisch zu beurteilen, einschließlich der Worte des Hypnotiseurs (denn auch die können Quellen von Irrtümern sein).

So wie wir die Versuchsperson anleiten, Irrtümer zu vermeiden, unterweisen wir sie auch, ihre ASW als einen neuen Sinn in der gleichen Weise zu gebrauchen, wie sie ihre normalen Sinne gebraucht, und im Zusammenwirken mit diesen. Schritt für Schritt lernt sie, mit der ASW vertraut zu werden und ihren Gebrauch als etwas völlig Natürliches anzusehen.

Auch erwirbt sie nach und nach neue Fertigkeiten im Einsatz dieser Fähigkeit: Bei den visuellen Formen der ASW lernt sie zum Beispiel, den beobachteten Gegenstand, wenn erforderlich, unter verschiedenen Blickwinkeln zu sehen. Und sie lernt, wenn es notwendig ist, auch andere Formen von ASW anzuwenden (so zum Beispiel Berührungseindrücke von dem beobachteten Gegenstand zu bekommen – genauso wie ein Kind lernt, die Erfahrungen des Tast- und des Gesichtssinnes zu koordinieren). Und schließlich erwirbt sie die notwendige Gewandtheit, ihre Eindrücke wiederzugeben (in Worten, durch Skizzen und Zeichnungen usw.).

Hier zwei Beispiele für Versuche im fortgeschrittenen Stadium, bei denen die Versuchspersonen bereits fähig waren, recht unabhängig zu arbeiten. Im ersten Falle wurde die Versuchsperson (Fräulein S.K. am 10. März 1951) aufgefordert, einen Hammer zu erkennen, der hinter einem undurchsichtigen Schirm lag. Der Hammer hatte einen alten, durch langen Gebrauch abgenutzten Stiel. Am Ende des Stiels, wo der eiserne Kopf befestigt war, befand sich eine etwa einen Zentimeter breite Kerbe. Diese Kerbe stach durch die Helle des Holzes an dieser Stelle stark von dem schmutzigen Stiel und dem dunklen Eisenkopf ab. Die Versuchsperson erklärte: »Jetzt sehe ich einen langen, dunklen Streifen« (dessen ungefähre Länge zeigte sie mit den Händen an), »und nah dabei ist ein anderer, dunklerer Fleck, der wie der Schatten dieses Streifens aussieht. Der Streifen gleicht einem Lineal ... aber ich habe ihn jetzt von der Seite gesehen. Er ist doch kein Lineal, er ist dicker, es könnte eine Art Stange sein, und der dunkle Fleck darüber ist auch kein Schatten ... es ist ein Hammer ... Aber oben am Stiel sehe ich eine Art hellen Streifen, der in die Grundfläche eingekerbt ist. Dadurch bekam ich den Eindruck, als stünden die beiden Flecke nicht in direktem Zusammenhang miteinander.«

Im Falle des zweiten Beispiels war das Zielobjekt eine schwarze Schallplatte, die hinter den Rücken der Versuchsperson gelegt worden war. Ihre Größe betrug genau 10 cm im Durchmesser. Sie lag auf einem steifen weißen Karton von 10,5×15,0 cm Größe. Die Versuchsperson (Fräulein M. F., Versuch vom 15. November 1957) erklärte, ihr erster Eindruck sei der eines dunklen Rechtecks von Postkartengröße. Doch dann verbesserte sie sich ganz spontan: »Nein, eine flache, dunkle Scheibe von etwa 10 cm Durchmesser.« Dann ging sie zur taktilen Form von ASW über und erklärte: «Sie ist rauh und hart.« Danach fuhr sie mit visueller ASW fort und betrachtete die Platte so, daß das Licht darauf fiel: »Es sind eine Anzahl Rillen darauf ... es ist eine Schallplatte.«

Bei Versuchen fortgeschrittenen Stadiums muß die Versuchsperson ausgiebig ihre logische Denkfähigkeit zur Orientierung und Bewertung ihrer Eindrücke einsetzen. Bei der Weckung ihrer ASW dagegen muß sie sich in einem Zustand befinden, in dem ihr Geist sozusagen leer und ihre geistige Tätigkeit ausgeschaltet ist. Das sind widersprüchliche Forderungen. Jede geistige Tätigkeit stört den Geisteszustand, der für ASW disponiert, während dieser Zustand geistiger Untätigkeit kein logisches Denken zuläßt.

Die Stillegung der geistigen Tätigkeit bei der hypnotisierten Versuchsperson kann während der Anfangsversuche einige Probleme für die Kommunikation mit ihr schaffen. Es ist ratsam, komplizierte Fragen zu vermeiden und Anweisungen in einfacher Form zu geben. Außerdem kann die Stillegung der geistigen Tätigkeit den Vorgang der ASW insofern stören, als sie bisweilen die verstandesmäßige Integrierung von Begriffen und das Erkennen wahrgenommener Gegenstände unmöglich macht. Als zum Beispiel die Schallplatte, die bei dem oben beschriebenen Versuch mit Fräulein M. F. verwendet worden war, einer anderen Versuchsperson vorgelegt wurde (Herrn L. M. am 15. Mai 1961), erklärte er: »Ein schwarzer, kreisförmiger Fleck ... Er sieht aus wie ein Stück Karton ... Ein Kreis ... mit einem Durchmesser von 10 bis 15 cm ... Seine Oberfläche ist matt, nur in der Mitte ist sie glänzend, als wäre sie poliert... die übrige Oberfläche hat Rillen und ist nicht glatt... Ich kann nicht erkennen, was das sein könnte.

In einem weiteren Versuch (14. März 1967) sollte Fräulein M. V. durch ASW die Klinge eines Rasierapparates von länglicher Form mit drei kreisförmigen Löchern erkennen, die durch einen Schirm ihren Blicken verborgen war. Sie erklärte: »Etwas Weißliches, Längliches.« Der Versuchsleiter: »Versuchen Sie jetzt, von der Seite her zu sehen, wie hoch es ist.« Versuchsperson: »Es ist ganz flach.« »Aus was für einem Material?« »Papier.« »Und von was für einer Form?« »Länglich.« »Sehen Sie etwas Auffallendes an dem Gegenstand?« »Da ist etwas in der Mitte... etwas, das ausgespart ist... oder ein Loch... Ich sehe ein weißes Rechteck mit einem dunklen Loch in der Mitte... es ist entweder ein Loch oder ein kleiner aufgemalter Kreis.« »Nur ein Loch?« »Ich sehe jetzt zwei Löcher.« »Was für einem Gegenstand könnte es gleichen? Erkennen Sie eine Ähnlichkeit mit irgendeinem Gegenstand? Erinnert es sie an irgend etwas?« »Nun, zum Beispiel an eine Art länglichen Knopf.« »Oder an was noch?« »Ich weiß es nicht.« – Nach der Weckung aus der Hypnose (und noch ehe ihr der Gegenstand gezeigt worden war) wurde die Versuchsperson aufgefordert, sich alle die Eindrücke noch einmal zu vergegenwärtigen und zu berichten, was sie während des Versuches mitzuteilen versäumt haben könne. Da fiel ihr plötzlich ein, daß sie »in Wirklichkeit mindestens drei Löcher in dem Gegenstand gesehen« hatte, und ganz spontan integrierte sie ihre Wahrnehmungen: »Ich meine nun, es war wohl eine Rasierklinge.«

Doch gibt es einen Weg, auf dem sich diese beiden einander widerstreitenden Bedingungen erfüllen lassen: nämlich durch ständige Änderung dessen, was wir »Tiefe« des hypnotischen Zustandes während des Versuches nennen können. Anfangs, wenn wir erreichen wollen, daß die Versuchsperson ihre ASW-Eindrücke bekommt, versuchen wir, sie in eine »tiefere« Hypnose zu bringen, in der ihr Denken ausgeschaltet und ihr Bewußtsein für die gewünschte Erfahrung vorbereitet wird. Etwas später, wenn sich ihre ASW-Erfahrung eingestellt hat, entlassen wir sie in einen Zustand weniger tiefer Hypnose, in der sie die Qualität ihrer Eindrücke beurteilen, ihre Richtigkeit bewerten und sie dem Versuchsleiter mitteilen kann. Wenn einige zusätzliche Ermittlungen erforderlich werden, kann man die Hypnose erneut »vertiefen«.

Je nach dem Versuchsverlauf kann die Tiefe der Hypnose also ständig verändert werden. Das geschieht zunächst nach den Anweisungen des Hypnotiseurs, später aber unter voller aktiver Mitwirkung der Versuchsperson, die gelernt hat, jenen Bewußtseinszustand herbeizuführen und zu erhalten, der für die jeweilige Phase des Versuchs erforderlich ist.

Das ist das Ziel eines fortgesetzten und einigermaßen schwierigen Trainings. Natürlich hängt auch der Grad, in dem die einzelne Versuchsperson zur Erfüllung diese Forderungen fähig ist, weitgehend von ihrer Persönlichkeit ab. (Ein Vergleich der ASW-Fähigkeit mit dem Schreiben mag das verdeutlichen: Die meisten Menschen können schreiben lernen, aber längst nicht jeder wird dadurch ein begabter »Schreiber«, d. h. Schriftsteller).

ASW im Wachzustand

Durch die Praxis lernt die Versuchsperson, ihre ASW-Fähigkeit immer vollkommener zu handhaben: Sie lernt (1) zwischen richtigen und falschen Eindrücken unterscheiden; (2) auf der Hut sein vor Irrtümern; (3) ihren Bewußtseinszustand zu korrigieren; (4) ihre ASW-Fähigkeit geschickter einzusetzen.

Ist das genügend trainiert worden, so muß die Versuchsperson die Praxis der Autohypnose erlernen, d. h., sie lernt, den erforderlichen Bewußtseinszustand ohne Hilfe von außen zu erreichen und ihre ASW-Fähigkeit völlig unabhängig zu betätigen, wann immer sich die Notwendigkeit ergibt, dies zu tun. Das ist der logische Höhepunkt des Trainings, der die ASW endgültig unter die Willenskontrolle der Versuchsperson bringt.

Doch in diesem Vorgang liegt noch ein Problem, auf das hingewiesen werden muß. Wenn es ratsam ist, die Suggestibilität der Versuchsperson in den fortgeschritteneren Phasen des Trainings herabzusetzen, so führt dies am Ende dazu, daß sie völlig unabhängig wird vom Versuchsleiter. Für die Versuchsperson führt das zur Vermeidung von Irrtümern und zum Zustandekommen einer wirklich unabhängigen Kontrolle über die ASW. Andererseits aber verzichtet der Versuchsleiter damit auf die Möglichkeit, mit Hilfe von Suggestion einzugreifen, falls unerwartete Hindernisse zu überwinden sind oder falls die zusätzliche Entwicklung neuer ungewöhnlicher Fertigkeiten erforderlich wird. (In solchen Fällen kann der Versuchsleiter die Versuchsperson dann nur auf dem Weg normalen Umgangs, durch logische Argumentation usw. beeinflussen.)

Doch dieser Nachteil ist gering im Vergleich zu den Vorteilen, die die Versuchsperson durch die Aussicht gewinnt, ihre ASW-Fähigkeit unabhängig einzusetzen, und durch die Möglichkeit, sie nach eigenem Gutdünken systematisch weiterzuentwickeln.

ASW im Alltagsleben

Wie wir erfahren haben, kann die ASW in unserem täglichen Leben auch wirksam werden, ohne daß wir bewußt die Absicht hatten, von ihr Gebrauch zu machen. Angesichts all der Kenntnisse, die wir inzwischen über ihre Wirkungsweise und ihre Funktion besitzen, erscheint es gewiß lohnend, sie zu unserem Nutzen im Alltag und im Beruf einzusetzen. Zudem ist es wünschenswert, der ASW, die sich als PVIR (Psi-vermittelte Instrumental-Reaktion) manifestiert, mehr Aufmerksamkeit zu widmen.

Bei diesem Vorgang bestätigt sich die ASW auf einer unbewußten Ebene selbst. Dies sind die wichtigsten Mechanismen:

1. *Unbewußter Timingmechanismus*, der uns erlaubt, überraschend zur richtigen Zeit an einem Ort zu sein, um ein günstiges Ereignis zu erleben oder ein ungünstiges zu vermeiden; oder der uns veranlaßt, eine vorgeplante Aktion zu einer Zeit zu unternehmen, da die Tat bestimmte, logisch nicht vorhersehbare günstige Folgen hat.
2. *Vergessen* oder *Erinnern*, wenn wir beispielsweise eine geplante Handlung vergessen und später erfahren, daß wir auf diese Weise eine unerwartete, unangenehme Konsequenz vermieden; oder die ASW-Information ändert unser Erlebnis, wenn wir uns an etwas zu erinnern versuchen, oder der ASW-Reiz ruft uns bestimmte Erinnerungen aus unserer sensorischen Vergangenheit ins Gedächtnis.
3. *Fehler*, die sich überraschenderweise zu unserem Vorteil auswirken und auf außersinnlicher Information zu beruhen scheinen.
4. *Assoziationen*, wenn die ASW sozusagen »fertige« Reaktionen oder Gedanken freisetzt oder auslöst.

An dieser Stelle möchte ich Sie dazu bewegen, ihr eigenes Leben zu betrachten und sich Gelegenheiten bewußt zu machen, bei denen Sie durch PVIR Hilfe erfuhren. Das hat auch psychologische Vorteile: Wir haben ja bereits erfahren, daß unser mangelndes Vertrautsein mit der ASW (und die Tatsache, daß wir sie nicht bewußt einsetzen) sowie andere kulturelle Einflüsse unser Vertrauen, unseren Glauben an sie beeinträchtigen.. Dieser fehlende Glaube ist umgekehrt ein Hindernis, das ein erfolgreiches Wirksamwerden von ASW nicht zuläßt. Wir wollen ja nicht in diesen Teufelskreis geraten: Ich glaube nicht an ASW – und folglich funktioniert meine ASW auch nicht richtig; weil meine ASW nicht gut funktioniert, kann ich mich auch nicht davon überzeugen und Vertrauen in ihre Wirksamkeit gewinnen. Deshalb ist es hilfreich, wenn wir in unserem eigenen Leben Beispiele entdecken, in denen die ASW bereits einmal gut funktioniert hat. Das gibt uns Sicherheit und Zutrauen und ermutigt uns, künftig bewußt von ihr Gebrauch zu machen.

Sodann können wir versuchen, die ASW durch Meditation oder im Schlaf zu aktivieren, und erwarten, daß sie sich in Visionen, Vorahnungen oder in Träumen zeigt. Wir versuchen, unsere Gedanken zur Ruhe zu bringen und uns in den erwünschten Zustand geistiger Leere zu versetzen, und warten geduldig auf Wahrnehmungen, die uns eine Antwort auf unser Problem geben. Oder wir stellen uns abends, wenn wir uns zum Schlafengehen bereit machen, mental die uns bewegende Frage und hoffen darauf, eine Antwort in unseren Träumen zu erhalten. Legen Sie sich einen Bleistift und einen Notizblock bereit, damit Sie gleich beim Erwachen Einzelheiten des Traumes aufschreiben können, ehe Sie sie vergessen. Oder – seien Sie einfach bereit, ASW als PVIR zu erkennen.

Wenn wir das tun, dürfen wir nicht vergessen, daß ASW-Eindrücke in den verschiedenartigsten Formen erlebt werden können.

Veranschaulichen wir diese Vielfalt anhand eines Beispiels. Stellen Sie sich den hypothetischen Fall von Herrn E. vor, der ein ASW-Erlebnis hat, dank dessen er einen verborgenen Schatz findet. (Wir nehmen an, daß in diesem Erlebnis wirklich ASW auftritt: Der Schatz wird tatsächlich gefunden.)

Herrn E.s Erlebnis könnte in einer Vielfalt von Formen auftreten, das heißt:

- Er könnte einfach eine lebhafte Vision des Schatzes und der Stelle haben, wo dieser vergraben ist. *ASW in einem normalen visuellen Erlebnis.*
- Er könnte eine Vision von einem Toten haben, der ihn stumm an den Ort führt und ihm durch Gesten bedeutet, dort zu graben. *Das ist ein visuelles Erlebnis mit dramatischem Anstrich.*

- Er könnte die Vision eines Toten haben, der ihm sagt, wo der Schatz vergraben liegt. *Kombiniertes visuelles und akustisches Erlebnis mit dramatischem Anstrich.*
- Er könnte nur die Stimme eines »Geistes« hören, der ihm von dem Schatz berichtet. *Rein akustisches Erlebnis mit dramatischem Anstrich.*
- Er könnte sich plötzlich »erinnern«, daß er in seinem früheren Leben dort einen Schatz vergraben hat. *Verzerrung des Erlebnisses gemäß dem Glaubenssystem eines Menschen, der an seine frühere »Inkarnation« glaubt.*
- Er könnte einen Kontakt mit einem Wesen von einem anderen Planeten erleben, das ihn über den Schatz unterrichtet. *Verzerrung des Erlebnisses gemäß seiner Interessen und seines vorherrschenden Glaubenssystems.*
- Er könnte einen Traum haben, in welchem er Kot an einer Stelle liegen sieht und beschließt, dort zu graben. Dies wäre ein *symbolisch verzerrtes visuelles Erlebnis;* gemäß der üblichen Traumdeutungspraxis stehen Exkremente oft mit Geld in Verbindung.
- Er könnte in seinem Traum die Fäkalien nur riechen. *Symbolischer Ausdruck mit Riecherlebnis.*
- Er könnte einen Traum haben, in welchem Gott ihm zur Belohnung für sein anständiges Leben von dem Schatz erzählt. *Symbolische Verzerrung, bei der ein religiöses Bild mitspielt.*
- Er könnte starkes Herzklopfen bekommen und zu schwitzen beginnen, wenn er über die Stelle geht, wo der Schatz liegt. *ASW, welche die Form einer physiologischen Reaktion annimmt.*
- Er könnte nur einen unerklärlichen Drang haben, an irgendeiner Stelle zu graben. *ASW in Form einer motorischen Reaktion.*
- Er könnte den Schatz mittels einer Wünschelrute finden. *Motorische Reaktion in einer anderen Form.*
- Er könnte »automatisch schreiben« und so eine Botschaft mit Informationen über den Schatz erhalten. *Motorische Reaktion in einer anderen Form.*
- Er könnte auch in eine Kristallkugel schauen und dort den Schatz im reflektierten Licht sehen. *Visuelles Erlebnis in einer anderen Form.*

Wir könnten uns zahllose weitere Arten vorstellen, in denen Herr E. das Wissen über den Schatz erlangt – doch darum geht es hier nicht.

Die Möglichkeiten reichen von völlig unbewußten Formen wie unbestimmtem »bloßem Ahnen« bis zu Erlebnissen mit zunehmendem Bewußtheitsgrad: von vagen Vermutungen, unerklärlichen Impulsen, etwas zu tun, Träumen und anderen Erlebnissen in halbbewußten Zuständen bis zu überwältigenden verblüffend lebendigen Erlebnissen mit reicher Gefühlserfahrung, deren Intensität manchmal weit über das hinausgeht, was man normalerweise im Bewußtseinszustand fühlt.

Nun müssen wir natürlich unsere Erfahrungen interpretieren. Dabei dürfen wir nicht vergessen, daß die Symbole, die wir wahrnehmen und erfahren, von unserer psychologischen Struktur, unserer Denkweise, unseren Erfahrungen in der Vergangenheit und unseren Assoziationen abhängen. Es gibt Traumbücher, die vorgeben, die Traumsymbole im einzelnen erklären zu können, aber für uns sind sie kaum von Nutzen. Es gibt nämlich keine allgemeinverbindliche Erklärung der Symbole, mit Ausnahme vielleicht einiger weniger Bereiche, auf denen die meisten Menschen ähnliche Erlebnisse haben, also etwa Sex. Doch in der überwältigenden Mehrzahl haben die Menschen individuelle, unterschiedliche Lebenswege, Erfahrungen, Assoziationen – und deshalb müssen wir vor allem *uns selbst* gut kennen, um unsere Erlebnisse richtig interpretieren zu können. (Bei dieser Gelegenheit ein kleiner praktischer Tip: Wenn Sie einem unbekannten Symbol begegnen, das Sie sich nicht erklären können, versuchen Sie doch bei nächster Gelegenheit über die Bedeutung dieses Symbols zu meditieren.)

Bei all diesen Bemühungen sind die Neigungen unseres Unterbewußtseins wichtiger als das, was Sie sich bewußt wünschen. Sie sind in der gleichen Lage wie ein Kaufmann, der seine Waren mittels passender Werbemaßnahmen verkaufen will. Nun, Sie wollen ihre Frage und Ihren Wunsch, sich der ASW zu bedienen, Ihrem Unterbewußtsein verkaufen. Dabei kann jeder »Werbetrick« helfen: Sie wiederholen Ihre Frage; Sie schreiben Ihre Frage auf ein Stück Papier – mehrfach vielleicht – und verbrennen es dann oder legen es sich unters Kopfkissen oder erfinden irgendein anderes Ritual, das die richtige emotionale Atmosphäre für Ihre Bemühungen schafft: eine Kerze anzünden, Weihrauch verbrennen, an einem angenehmen Ort meditieren, die Hände wie zum Gebet falten oder sonst etwas, das Ihnen gefällt.

Dann versuchen Sie, die Antwort mit Hilfe der ASW zu erlangen. Hier sind ein paar weitere Hinweise, an die Sie sich halten können:

Aktivierung der ASW

1. Vergewissern Sie sich, daß Sie in der richtigen Stimmung sind (optimistisch, zuversichtlich, streßfrei). Andernfalls verschieben Sie das Vorhaben lieber, bis Sie sich besser fühlen.
2. Formulieren Sie die Frage und die Information, die Sie wünschen. (Passende Rituale, die Sie regelmäßig bei Ihrem Gebrauch von ASW befolgen, helfen Ihnen dabei, Ihre Aufmerksamkeit auf das Ziel zu konzentrieren. Beispiel: Hände falten wie beim Gebet.)
3. Machen Sie Ihren Geist ganz leer (befreien Sie ihn von allen logischen Gedanken und sinnlichen Eindrücken), hören Sie geduldig auf Ihre »inneren Sinne«. Erwarten Sie Informationen in jeder möglichen Form der Wahrnehmung.
4. Wenn möglich, schreiben Sie Ihre Erfahrungen sogleich unverändert auf. Damit haben Sie eine dauerhafte Aufzeichnung dessen, was Sie wahrgenommen haben, und können künftig immer wieder Bezug darauf nehmen. (Das hilft Ihnen auch, Ihre weiteren Versuche zu verbessern. Sie können später Ihre Erfahrungen mit der Realität vergleichen und feststellen, wo Sie Fehler machten und wie Sie die richtigen Eindrücke besser erkennen können.)
5. Interpretieren Sie Ihre Erlebnisse. Sie werden voraussichtlich drei Arten von Wahrnehmungen machen, die Sie zu unterscheiden lernen müssen:
   a) Reine ASW, ein echtes Abbild der Wirklichkeit. (Erkennen und annehmen!)
   b) Symbole der Wirklichkeit. (Müssen interpretiert werden. Sie sind abhängig von Ihrer Psychologie, früheren Erfahrungen, Wünschen, Ängsten usw. Suchen Sie mittels Ihrer Kenntnis Ihrer eigenen Denkweise und Assoziationen nach dem Schlüssel für die Interpretation.)
   c) Keine ASW, nur irrige Halluzinationen, die Ihr eigenes Denken reflektieren, Ihre Wünsche ausdrücken, Ihre unbewußten Ängste usw. Sie sind für das ASW-Training wertlos uns können »entsorgt« werden.
6. Wenn nötig, wiederholen Sie den Vorgang.

7. Stellen Sie sich darauf ein, daß Sie dic Antwort erst später erkennen (im Traum, durch einen Gedankenblitz, durch eine impulsive Regung usw.), möglicherweise wenn sie mit anderen Tätigkeiten beschäftigt sind und dies gar nicht erwartet hätten.

Mit Hilfe der ASW können Sie auch verwickelte Probleme in Ihrem Leben lösen. Es gibt Anekdoten und Berichte darüber, daß sogar wissenschaftliche Entdeckungen im Schlaf (mit ASW-Unterstützung) gemacht wurden. Der Chemiker August Kekulé von Stradonitz forschte nach der Struktur der chemischen Formel für Benzol (C6 H6). Das sind, wie man jetzt weiß, sechs Kohlenstoffatome in einem Ring. Nach langen und vergeblichen Anstrengungen träumte er von einer Schlange, die sich in den Schwanz biß. Er verstand diesen Traum nicht. Aber der nächste Traum brachte ihm den Schlüssel zum Verständnis: Er sah sechs Tänzer, die einander bei den Händen hielten und im Kreis tanzten.

Vom Erfinder der Nähmaschine erzählt man folgendes: Sein Problem war, den Faden durch zwei Stoffschichten zu führen und dann wieder zurückzuholen. Das konnte er mittels einer Nadel, aber die hatte das Nadelöhr am Ende, und wenn sie den Faden durch den Stoff gezogen hatte, blieb sie selbst auch auf der anderen Seite des Stoffes. Er fand keine Lösung für dieses Problem, bis ihm ein Traum das Stichwort lieferte: Er war von Kannibalen gefangen worden, und als sie rituelle Vorbereitungen trafen, ihn zu töten, näherte sich ihm der speerschwingende Stammeshäuptling mit den Worten: »Wenn du nicht innerhalb von 24 Stunden die Nähmaschine erfunden hast, werden wir dich töten und verzehren!« In seinem Schrecken erkannte er dennoch, daß der Speer ein Loch nahe an der Spitze hatte – und das löste sein Problem mit der Nadel: Das Öhr muß am vorderen, nicht, wie üblich, am hinteren Ende sein.

Wenn auch Sie die Hilfe von ASW zur intuitiven Problemlösung einsetzen wollen, werden Ihnen die folgenden Hinweise nützlich sein.

Aktivierung der intuitiven Problemlösung

1. Befassen Sie sich intensiv mit Ihrem Problem und versuchen Sie zuerst, bewußt eine Lösung durch normales logisches Nachdenken zu finden.

2. Wenn Sie keinen Erfolg hatten, obwohl Sie sich größte Mühe gaben, widmen Sie sich vorübergehend einer Tätigkeit, die mit dem Problem nichts zu tun hat – oder entspannen Sie sich einfach, machen Sie einen Ausflug, beschäftigen Sie sich mit Ihrem Hobby.
3. Nehmen Sie sich dann eine leichtere Arbeit vor, die mit Ihrem Problem zu tun hat – aber vielleicht unter einem anderen Gesichtspunkt. Dadurch können Sie zu neuen, ungewohnten Informationen gelangen und zu unkonventionellen Lösungsansätzen inspiriert werden. – Anmerkung: Die Schritte 2 und 3 sollen lediglich computerartige Problemlösungen anregen. Erst die folgenden Schritte beziehen die Mitwirkung von ASW ein:
4. Wiederholen Sie den gesamten Vorgang. Oder setzen Sie jetzt die ASW ein. In diesem Fall sorgen Sie dafür, daß Sie in der richtigen Stimmung sind (glücklich oder ausgeglichen, bereit, das Problem auf entspannte Weise anzugehen, kein Streß).
5. Vergessen Sie Ihre sonstigen Probleme: Betrachten Sie sie vorübergehend nicht mehr als Ihre eigenen – oder führen Sie sie einer brauchbaren vorläufigen Lösung zu. (Diese Handlungsweise befreit Sie von möglichem Druck und Streß.)
6. Sehen Sie sich auf rationaler Ebene noch einmal Ihr Problem und alles, was Sie von ihm wissen, an – auch die möglichen Lösungen
7. Formulieren Sie kurz, aber vollständig die Fragestellung: wiederholen Sie die Frage mehrmals. (Wiederholung und schließlich der Gebrauch passender Rituale helfen dabei, Ihre Aufmerksamkeit auf die Problemlösung zu lenken.) In diesem Stadium befreien Sie sich von aller Logik, allem Denken
8. Entspannen Sie sich, leeren Sie Ihren Geist, warten Sie geduldig und ohne Anstrengung auf eine Antwort, die in Gestalt unterschiedlichster Erfahrungen und Wahrnehmungen zu Ihnen gelangen kann. (»Lauschen« Sie aufmerksam, aber in friedvoller Ruhe Ihren »inneren Sinnen«.)
9. Wenn sie die Antwort erfahren, zeichnen Sie sie als erstes in ihrer ursprünglichen Form auf – so wie Sie sie wahrgenommen haben. Erst dann dürfen Sie Ihr logisches Denken wieder einsetzen und versuchen, die Bedeutung des Erlebten zu verstehen.
10. Falls erforderlich, wiederholen Sie den gesamten Vorgang; aber seien Sie darauf gefaßt, daß Ihnen die Antwort zu irgendeinem

späteren Zeitpunkt »aufgeht« (als neuer »intuitiver« Einfall, Gedankenblitz, Traum oder spontanes Interesse und dergleichen).

Vergessen Sie aber bitte bei allen diesen Bemühungen nie die Hauptregel: Sie müssen sich in einer positiven geistigen Verfassung befinden, hoffnungsvoll auf Erfolg eingestellt, optimistisch gestimmt und frei von Streß. Dieser mentale Zustand wurde als wichtigste Voraussetzung für ein erfolgreiches Wirken der ASW erkannt. Wenn Sie sich nicht in diesen Zustand versetzen können, laden Sie Psi-missing, also Fehlschläge, geradezu ein. Es ist dann besser, gar keinen Versuch mit ASW zu unternehmen.

Dies sein an einem einfachen Beispiel demonstriert: dem eines Ladeninhabers, der seinen Umsatz steigern möchte. Stellen wir uns also einen optimistischen Kaufmann vor, der sein Geschäft wirklich gern betreibt. Er hat Freude daran, seine Kunden zu bedienen und kundenfreundliche Verbesserungen einzuführen, und vielleicht besucht er sogar Fortbildungskurse, um innovative Methoden kennenzulernen. Er ist freundlich zu seinen Kunden, und diese gehen gerne in seinen Laden und kommen beim nächsten Einkauf ebenso gerne wieder. Das steigert seinen Umsatz und verschafft ihm folglich im Rahmen seines normalen Geschäftsgangs auch höhere Gewinne. Wenn dieser Mann nun noch die ASW einsetzt, wird er eine weitere positive Entwicklung erleben: neue und bessere Produkte finden, sein Geschäft vorteilhafter präsentieren und organisieren, Einfälle für neuartige Werbekampagnen haben und die erzielten Gewinne profitabler investieren...

Ein anderer Ladeninhaber, der sein Geschäft nicht mag, versucht nicht, mehr dazuzulernen, ist weniger aufmerksam seinen Kunden gegenüber, die dann auch eher woandershin abwandern. Schon im normalen Rahmen des Geschäftsgangs hat er demnach keinen Erfolg. Wenn nun so jemand, mit einer solch negativen Einstellung, ASW-Unterstützung sucht, wird ihn Psi-missing unweigerlich zu falschen Entscheidungen, falschen Lieferanten, falschen Investitionen führen und damit nur zu seiner Selbstschädigung beitragen.

Dies hat uns nun interessanterweise zum Thema des *positiven Denkens* geführt. Es wird so viel darüber geschrieben und noch mehr darüber geredet (teilweise auch von ziemlich inkompetenten Leuten), daß der Begriff mittlerweile zu einem Klischee verkommen ist. Aber in der grundlegenden Erkenntnis steckt etwas sehr Wichtiges: Was Sie auch immer mit voller Überzeugung und in zuversichtlicher, frohgemuter Stimmung denken und anpacken, wird sich erfolgreich in die Realität umsetzen: Arbeit, soziale Kontakte, Karriereziele, Familienbeziehungen, vermögensbildende Maßnahmen, Gesundheit – uns so fort. Am besten lernen Sie das *positive Denken* an der originären Quelle kennen: in dem Jahrhundertwerk *Die Macht Ihres Unterbewußtseins* von DR. JOSEPH MURPHY (Ariston Verlag).

Um so lohnender ist es, wenn Sie sich die Fähigkeit zulegen, sich in eine positive mentale Verfassung zu bringen. Sie erreichen dadurch viel mehr. Optimistisch statt pessimistisch zu sein kostet Sie nichts und bedarf keiner Anstrengungen oder Opfer. Im Gegenteil! Und wenn Sie in diesem Sinne ein wenig an sich arbeiten, fällt Ihnen der Nutzeffekt gratis in den Schoß.

Was Sie im übrigen aus der umfangreichen Literatur zum Thema *positives Denken* als Kernlehre herausfiltern können, ist dies: Nutzen Sie die Möglichkeiten der Suggestion (genauer: der Autosuggestion), um sich auf Dauer in den wünschenswerten mentalen Zustand zu versetzen. Mit anderen Worten: *Überzeugen Sie Ihr Unterbewußtsein* davon, daß eine positive Änderung Ihrer Grundhaltung wünschenswert, leicht und bereits im Gange ist. Ein kommerziell orientierter Mensch würde dies als die Aufgabe ansehen, seinem Unterbewußtsein die Überzeugung zu »verkaufen«, daß es Glück, Optimismus und eine fröhliche Haltung der Arbeit und den anderen Menschen gegenüber »kaufen« sollte.

Ehe Sie nun aber mit den üblichen Schritten in diese Richtung beginnen, gebe ich Ihnen hier ein paar nützliche Hinweise:

Tips für Suggestion und Autosuggestion

- Formulieren Sie nur positive Suggestionen (Affirmationen), keine negativen. »Ich fühle mich kräftig, gesund und voller Energie« ist besser als »Ich empfinde keine Schmerzen«.
- Wiederholen Sie die Suggestionen (oder Affirmationen), um ihr Unterbewußtsein mit ihrer Verwirklichung zu beauftragen. Das ist wie in der Werbung. Wiederholte Werbespots oder -anzeigen sind erfolgreicher. Und Sie wollen ja Ihrem Unterbewußtsein die für sie selbst nützlichen Suggestionen regelrecht verkaufen.
- Visualisierung und emotionale Anteilnahme sind wirkungsvoller als bloße Worte oder logische Argumente.

- Setzen Sie zur Unterstützung bestimmte Rituale ein, die nach vielen Wiederholungen ganz automatisch die Entschlußkraft stärken und die Aufmerksamkeit auf das gewünschte Ziel lenken. Falten Sie beispielsweise die Hände wie beim Beten. Diese Rituale funktionieren wie konditionierte Reflexe. Um bei unserem Beispiel zu bleiben: Sobald Sie die Hände zum Gebet falten, schaffen Sie in sich eine ernste oder feierliche Stimmung, die es Ihnen erleichtert, andere Sorgen beiseite zu schieben und sich besser auf Ihr Gebet zu konzentrieren.

Und während Sie an Ihrer inneren Einstellung arbeiten, vergessen Sie bitte nie, daß das positive Denken und die Gesetze, die die Tätigkeit der ASW aktivieren, miteinander in Verbindung stehen und daß ASW Ihrem Erfolg förderlich sein kann. Zum Schluß deshalb:

Die goldene Regel des positiven Denkens

- Denken Sie Erfolg!
- Visualisieren Sie den Erfolg Ihrer Bemühungen und den Nutzen, den er
  a) Ihnen
  b) anderen Menschen bringt.
- Visualisieren Sie sich als bereits im Besitz des Erfolges und des Nutzens befindlich!

Neue Entwicklungen

Betrachten wir die neuesten Entwicklungen der Parapsychologie in allen Teilen der Welt, so findet sich allerhand Enttäuschendes, aber auch vielversprechende neue Richtungen zeichnen sich ab.

Zu den enttäuschenden Aspekten würde ich eine Welle des Interesses für psychische Phänomene in der breiten Öffentlichkeit zählen – in den neunziger Jahren übrigens ganz besonders in den ehemals kommunistischen Ländern. Warum enttäuschend? Weil – so leid es mir tut, dies zu sagen – das wachsende Interesse sich lediglich auf einer allzu populären, unkritischen, abergläubischen Ebene entfaltet. Es ist so, als ob die Entwicklung kritischer Methoden in der parapsychologischen Forschung während der letzten hundert Jahre überhaupt nicht stattgefunden hätte. Natürlich kann man das gut verstehen: Plötzlich waren in diesen Ländern die Veröffentlichungsverbote und die Zensur der kommunistischen Zwangsherrschaft aufgehoben, und der Buchmarkt wurde von einer Lawine von Publikationen überrollt – ein Teil davon auch unkritisch, ja wertlos. Da war das Publikum natürlich überfordert und konnte oft genug nicht zwischen wichtigen Büchern und purem Schund unterscheiden. Das war zu erwarten und wird vorübergehen.

Der zweite enttäuschende Aspekt ist, daß das wachsende öffentliche Interesse an parapsychologischen Themen nicht von einem entsprechenden Interesse an den Universitäten und in den akademischen Institutionen begleitet wird. Auch dieses Problem ist hoffentlich ein vorübergehendes. Und man vermag es ebenfalls zu verstehen: Vor gut zwanzig Jahren boten viele hochangesehene Universitäten Studiengänge in Parapsychologie an, und man konnte in diesem Fach sogar zum Dr. phil. promovieren. Inzwischen sind diese Studiengänge außerordentlich rar geworden – eine Folge der veränderten wirtschaftlichen Weltlage und der verknappten Geldmittel der Universitäten.

Schon die alten Römer wußten es: »Inter arma silent musae« (Im Krieg müssen die Künste schweigen). Heute zwingen die schlechte

Wirtschaftslage und die ökonomische Ungewißheit mit der Folge, daß viele Menschen ihren Beruf oder ihr Studienfach wechseln müssen, zur Konzentration auf praktische Ziele – zu Lasten eher theoretischer Studien. Die zunehmende Hektik und die Sorgen vieler Menschen um das wirtschaftliche Auskommen lassen weder Zeit noch Bedürfnisse übrig, sich abstrakten intellektuellen Zielen zuzuwenden. Wenn man sich um das Lebenswichtige sorgt, träumt man nicht von den Geheimnissen und der Schönheit des Universums. Arbeitslose, die eine neue Ausbildung für einen Berufswechsel machen, sind eher pragmatisch eingestellt und folgen zielgerichteten Interessen, die einer neuen Karriere dienen könnten. Die Parapsychologie vermag ja nun wirklich nicht beruflichen Erfolg oder wirtschaftliche Prosperität zu verheißen – zumindest nicht auf den ersten Blick.

Diese momentane Entwicklung ist aber nicht gleichbedeutend mit einem Stillstand der parapsychologischen Forschung. Die wissenschaftliche Arbeit in den etablierten Zentren dieses Faches geht – wenn auch manchmal mit beschränkten finanziellen Mitteln – unaufhaltsam weiter. Gleichzeitig entstehen neue Zentren, die gelegentlich auch von großen Wirtschaftsunternehmen oder von Regierungsseite unterstützt werden. Das sind hoffnungsvolle Vorzeichen einer lichteren Zukunft.

Es gibt zudem eine wesentliche Verschiebung der Forschungsziele – größtenteils auch als Reaktion auf eine ähnliche Verschiebung des öffentlichen Interesses. Das führte zum (erneuten) Auftauchen von Forschungsgebieten, auf denen sich die Parapsychologie mit anderen Wissenschaften – zum Beispiel der Physiologie und der Medizin überhaupt – überschneidet.

Jeder möchte selbstverständlich gesund sein; und als die medizinische Versorgung in vielen Ländern immer teurer wurde, wandten sich die Menschen naturgemäß alternativen Heilmethoden und Geistheilern zu. Das ist nicht neu: Schon im alten Griechenland und Rom suchten die Menschen Tempel auf, wo sie – nachdem sie sich verschiedenen Ritualen unterzogen hatten – in Schlaf sanken. In ihren Träumen oder in visionären Wahrnehmungen begegneten sie Göttern, die ihnen hellseherischen Rat gaben oder ihre Leiden heilten. Zweifellos konnten erfahrene Priester den »göttlichen« Wirkungen ein wenig nachhelfen. Und heute wenden sich viele Menschen wiederum alten Praktiken zu: dem »religiösen« Heilen (wie bei der christlichen Wissenschaft) oder dem Schamanismus und den Ritualen von Eingeborenenreligionen, etwa der australischen Aborigines.

In den USA gibt es zum Beispiel ein beträchtliches Interesse an Geistheilung und indianischem Schamanismus, und zwar nicht nur an den Heilpraktiken, sondern auch an der damit verbundenen Lebensphilosophie. Es fällt auf, daß dieses Interesse teilweise über die »reine« Parapsychologie hinausgeht, denn bei der Geistheilung und beim Schamanismus beruhen viele, wenn nicht die meisten Wirkungen auf Hypnose und Suggestion.

Uns erscheint es wichtig, die drei unterschiedlichen Vorgänge, auf denen die Geistheilung beruht, zu kennen:

1. Suggestive Schmerzbefreiung

Nach der Behandlung fühlt sich der Patient vom Schmerz und von anderen Symptomen befreit, aber er ist nicht geheilt, und seine Krankheit besteht unverändert weiter. Solch eine Befreiung von Schmerzen und anderen Symptomen kann leicht in Hypnose durch passende Suggestionen erreicht werden: beispielsweise bei Schmerzen in der Hand – daß die betreffende Person keine Schmerzen habe oder daß die Hand verschwunden sei oder daß sie den Schmerz »vergessen« habe oder daß die Hand sich »gefroren«, also kalt anfühle statt schmerzhaft und so weiter. Es kommt tatsächlich zuweilen vor, daß jemand, der augenblicklich an etwas viel Wichtigeres denken muß, spontan den Schmerz »vergißt«: zum Beispiel im Schock bei einer Verwundung, im verzweifelten Überlebenskampf oder wenn andere starke Gefühle vorherrschen wie etwa der mütterliche Instinkt, ein Kind zu retten.

Dieser Vorgang wird mit Abstand am häufigsten von Heilern genutzt (die ja einen gewissen suggestiven Einfluß auf ihre Patienten ausüben – sei es durch ihre Autorität oder mit ihren Ritualen), und deshalb können sie auf ihre größten Erfolge bei Krankheiten wie rheumatischen Beschwerden, Arthritis, Rückenschmerzen oder Bewegungseinschränkungen von Gelenken verweisen. Solche Erkrankungen pflegen zeitweise sehr unangenehm zu sein und dann wieder vorübergehend zu verschwinden.

Dieses Prinzip steht auch hinter den »Wunderheilungen« in den religiösen Überlieferungen: als da wären »Teufelsaustreibungen«,

Heilungen von Gelähmten, die Erweckung (scheinbar) Toter. Wir finden solches überall in der Geschichte, von den Wundern der Religionsstifter und der Heiligen bis zu den magischen Ritualen der Schamanen in den primitiveren Religionen.

So waren die bewunderten Taten der verehrten Religionsführer der Vergangenheit nichts anderes als das, was die Geistheiler heute mit ihren Patienten machen. Und selbstverständlich kennen auch normale Mediziner, die als niedergelassene Ärzte praktizieren, die Kraft der Suggestion. Ein tröstendes oder ermutigendes Wort aus dem Mund eines guten Arztes kann zur rechten Zeit beim Patienten Wunder wirken – natürlich zusätzlich zu der angezeigten richtigen Behandlung. Was hingegen besonders für alternative Heiler spricht: Sie zeigen zumeist mehr emotionale Anteilnahme, Mitgefühl und menschliche Wärme als die überlasteten Ärzte, die dazu ausgebildet wurden, professionell zu arbeiten und ihrem Status gerecht zu werden, und die oft weder Zeit noch Lust haben, sich gefühlsmäßig zu engagieren. Aber das wäre es gerade, was die Patienten am nötigsten brauchten.

Dieser Vorgang hat allerdings nichts mit parapsychologischen Phänomenen zu tun. Er ist die bloße Wirkung von Suggestionen – und er kann auch durch Autosuggestion bewirkt werden, wenn es uns gelingt, unser Unterbewußtsein davon zu überzeugen, daß die Beschwerden verschwunden sind. Und da sind wir wieder beim positiven Denken. Es ist eine nur zu bekannte Tatsache, daß sich vielbeschäftigte, aktive Menschen, die keine Zeit und keine Lust haben, lange über ihre gesundheitlichen Probleme nachzudenken, für gewöhnlich vitaler und gesünder fühlen als andere.

2. Psychosomatische Phänomene

Bekanntlich können Suggestionen (insbesondere unter Hypnose – aber das funktioniert auch ohne reguläres Hypnotisieren) physiologische Vorgänge im Körper beeinflussen, auf die wir willentlich keinen Zugriff haben. Beispielsweise beeinflußt die Suggestion von Angst und Eile den Blutdruck und die Herzfrequenz; die Suggestion, viel getrunken zu haben, steigert die Urinausscheidung; die Suggestion, Süßigkeiten genossen zu haben, hebt den Zuckerspiegel im Blut an. Selbst komplexe Vorgänge können durch Suggestion beeinflußt werden (bei denen chemische Prozesse im Blut beteiligt sind oder Zellen, die Infektionen bekämpfen) – obgleich die Mediziner noch nicht sagen können, wie dieser Effekt zustande kommt. Viele Ärzte sind heute davon überzeugt, daß nahezu alle Leiden eine psychosomatische Komponente haben. Richtige Suggestion kann – wenn der Patient dafür offen ist – demnach nicht nur Schmerzen und Symptome beseitigen, sondern ganz *objektiv* physiologische Prozesse im Körper verändern und damit zu seiner Genesung beitragen. Dies ist somit auch eine der Methoden, mit denen Heiler ihre Patienten positiv beeinflussen können. Denken Sie daran: »*Dein Glaube hat dich geheilt.*« (Matthäus 9,22)

Auch dies ist jedoch normale Physiologie oder Psychophysiologie und hat nichts mit parapsychologischen Phänomenen zu tun.

3. Psychokinese

Nur in diesem dritten und äußerst seltenen Prozeß kommen parapsychologische Phänomene zum Tragen. Wir wissen bereits, daß PK die unterschiedlichsten Phänomene mit Energiebeteiligung hervorzurufen vermag. So ist es auch verständlich, daß sie zu unserem Nutzen chemische Prozesse in den Geweben beeinflussen und damit zur Heilung beitragen kann. Wir haben ja bereits die Experimente erwähnt, bei denen PK in der Wundheilung und zur Unterdrückung infektionsauslösender Mikroorganismen getestet wurde.

Dennoch ist es schwierig, im konkreten Fall *nachzuweisen*, wie weit PK an der Heilung beteiligt war. Kritiker können immer den Verdacht äußern, daß allein der psychosomatische Effekt eine Behandlung vorgenommen wurde, und erwarten demnach eine Besserung. Oder wenn der Patient ohne seine Kenntnis schließlich geheilt wurde (oder wenn ein Tier geheilt wurde – oder wenn Suggestion nicht als Erklärung ausreicht), können Kritiker immer noch einwenden, die ursprüngliche Diagnose sei falsch gewesen.

Eine weitere interessante Entwicklung der letzten Zeit ist das Studium der Beziehungen zwischen Parapsychologie und Religionen. Natürlich ist diese Verbindung keineswegs neu: Alle Religionsgründer, Mystiker und Heiligen hatten oft ekstatische Visionen in Trance, also in einem Zustand, der die Tätigkeit der ASW unterstützt. Auch die Frage nach einem möglichen Weiterleben nach dem körperlichen Tod ist für die Religionen von außerordentlicher Wichtigkeit und hat schon immer das lebhafteste Interesse der Menschen an der Parapsychologie erregt. Unser Anliegen geht jedoch tiefer.

Zum Verständnis des Folgenden gestatten Sie mir eine *notwendige Anmerkung*:

Ich habe *nicht* die Absicht, einen bestimmten religiösen Glauben oder ein Philosophie zu verteidigen oder zu befürworten. Mein Standpunkt ist folgender: Obwohl die Religionen von den erhabensten Strebungen der menschlichen Seele – mehr über die höheren Gesetze des Universums und die richtige Art zu leben zu erfahren – hervorgebracht wurden, sind die einzelnen Glaubensrichtungen und kirchlichen Lehren dennoch *menschliche Schöpfungen*, die sich während vieler Jahrhunderte entwickelten und von klar erkennbaren geschichtlichen und politischen Kräften gestaltet wurden. Diese Haltung mag fundamentalistische Anhänger irgendwelcher religiöser Dogmen verletzen – Menschen, die glauben, daß *ihre* jeweilige heilige Schrift oder Offenbarung direkt von Gott komme und daß der Mensch kein Recht habe, dies in Frage zu stellen. Nach meiner Ansicht hat aber der Mensch nicht nur das Recht, sondern sogar die *moralische Pflicht*, jede religiöse Lehre in Frage zu stellen – und sogar Gott selbst (oder den *Glauben* an Gott) kritischer wissenschaftlicher Analyse zu unterziehen. Im Gegensatz zu den Lehren voreingenommener Priester, Prediger oder Religionslehrer ist die Religion nicht »heiliger« als die Physik, die Mathematik, die Ästhetik oder die Ethik – die alle ebensolche Ausprägungen der Sehnsucht der Menschen sind, sich selbst und die Umwelt besser zu verstehen. Alle verdienen es, ernst genommen und gefördert zu werden – aber nicht auf der Grundlage blinden Glaubens, sondern im Geist freier, unvoreingenommener wissenschaftlicher Forschung.

Wie wir gesehen haben, besitzt die ASW eine Reihe ungewöhnlicher Eigenschaften:

1. Sie kann nicht durch stoffliche Hindernisse abgeschirmt werden und unterliegt im allgemeinen nicht den physikalischen Gegebenheiten der Versuchssituation.
2. Sie ist unabhängig von räumlicher Entfernung.
3. Sie kann jede Zeitschwelle überwinden (was keine physikalische Energie vermag).

Daraus können wir schließen, daß die ASW in ihrem Wesen nichtphysikalisch (nicht an Materie gebunden) ist. Das führt uns zu der revolutionären Folgerung: Die Naturwissenschaften (und unsere Lebenserfahrungen) bestätigen, daß die physikalische Welt der Materie (die Umwelt, in der wir leben) die einzige existierende Wirklichkeit ist. Und jetzt erbringt die parapsychologische Forschung (die Untersuchung der Eigenschaften von ASW) den Beweis, daß die materielle Welt *nicht* die einzige bestehende Realität ist – daß es also außerdem eine nichtstoffliche Realität gibt (von der ASW, PK und die Gesetze der Parapsychologie ein Teil sind).

Nun haben die Religionen ja schon immer behauptet, daß die materielle physikalische Welt nicht die einzige Realität sei und daß vielmehr zusätzlich die »spirituelle«, geistige Welt, die Welt Gottes und seiner Engel, die Welt der Geister und anderen übernatürlichen Wesen, existiere – wie immer die verschiedenen Religionen diese Welt auch nennen mögen.

Laborversuche der Parapsychologie haben damit den ersten Grundsatz der Religionen bestätigt: daß es eine Wirklichkeit jenseits der stofflichen Welt gibt. Aber diese muß *nicht* mit dem übereinstimmen, wofür wir sie halten. Seit der Zeit der altgriechischen Philosophen – und später verstärkt durch die Philosophie von Descartes – sah man die materielle Welt und die spirituelle Welt als zwei einander entgegengesetzte Realitäten an, die sich gegenseitig ausschließen. Statt dessen sollten wir diese zwei Realitäten als komplementär, als einander ergänzend ansehen. Die spirituelle Welt und die materielle Welt bilden *miteinander* eine einzige universale Realität. Und wenn wir das Wort »Gott« vermeiden wollen, weil es unglücklicherweise mit zuviel religiöser Bedeutung befrachtet ist und von vielen Leuten gedankenlos benützt wird (»Um Gottes willen«, »Gott sei Dank« usw.), können wir »Gott« mit der nichtmateriellen, der »spirituellen« Sphäre gleichsetzen.

Danach ist es legitim, nach den Eigenschaften dieser spirituellen Realität zu fragen. Wenn wir aber gläubige Anhänger eines religiösen Dogmas sind, müssen wir die »offenbarte« Lehre ohne jeglichen Beweis akzeptieren und dürfen nicht aktiv nach Antworten suchen.

Wenn wir hingegen im Geist der modernen Wissenschaft zu denken gewohnt sind, können wir uns nicht mit einer Glaubensdoktrin abfinden, sondern werden weiterforschen. Wir werden fragen: Wie können wir objektives, gültiges Wissen über die spirituelle Sphäre erlangen? Derzeit gibt es zwei Wege hierzu:

1. Da wir wissen, daß die ASW (genauer: die Psi-Energie, die für die ASW verantwortlich ist) nichtphysikalische Eigenschaften hat und Teil der nichtmateriellen, spirituellen Realität ist, können wir *die Eigenschaften von ASW studieren und daraus Schlüsse auf die Beschaffenheit der spirituellen Realität ziehen.* Mindestens ein paar Einblicke kann man dabei gewinnen, von denen das auffallendste Merkmal die Unabhängigkeit der ASW von Raum und Zeit ist. Das läßt uns folgern, daß *Zeit und Raum Eigenschaften der physikalischen, materiellen Welt allein sind* (das ist zugleich eine erste, grundlegende Erkenntnis über die Welt, in der wir leben) – und daß *Zeit und Raum für die spirituelle Welt bedeutungslos sind.*
2. Der zweite Weg mehr über die spirituelle Realität zu erfahren ist: *die ASW einzusetzen, um sie direkt zu erforschen.* Das liegt in der Natur der Sache, da die ASW als ein neuer Sinn fungiert und als Teil der spirituellen Realität geeignet sein muß, Informationen über diese zu beschaffen.

In diesem Zusammenhang wollen wir festhalten, daß der Gebrauch der ASW – wenngleich als solcher nicht erkannt – über Tausende von Jahren an der Schaffung und Entwicklung der Weltreligionen beteiligt war. Wir können den Überlieferungen entnehmen, daß alle Religionsgründer die Hauptelemente ihrer Lehren in einem ekstatischen Trancezustand empfingen – einem Zustand, der das Wirken der ASW unterstützt: Moses in der Vision vom brennenden Dornbusch, Buddha in einem Augenblick der Erleuchtung unter einem Boddhi-Baum, Jesus beim Fasten in der Wüste, Mohammed beim Meditieren in einer Berghöhle. Nach ihnen erlebten über viele Jahrhunderte hinweg zahllose Mystiker, Eremiten und Heilige ihre wertvollsten religiösen Erfahrungen in visionären, ekstatischen Trancezuständen. Daraus können wir schließen, daß die Gründer und Stifter von Religionen mittels ASW Einblicke in das Wissen Mischung von wertlosem Ballast, den über die Jahrhunderte hinweg unbedeutendere Propheten oder religiöse Führer und Lehrer entsprechend den politischen Bedürfnissen der Zeiten hinzufügten) als Goldkörner der Wahrheit in die Grundlehren der Weltreligionen Eingang gefunden haben.

Abermals muß ich eine wichtige Anmerkung einschieben: Wir sprechen hier *nicht* von irgendeiner *bestimmten Religion* – vielmehr von einem allgemeinen Einblick in die Entstehung der Weltreligionen. Es wäre vermessen, eine Religion (beispielsweise die, in der wir aufgewachsen sind) als den anderen überlegen zu bezeichnen.

Der Gebrauch der ASW als Quelle der Information trifft auf spezielle Probleme, für die wir Menschen nicht vorbereitet sind. In der Evolution unserer Art haben wir keinerlei Fähigkeiten entwickelt, spirituelle Realitäten wahrzunehmen. Daraus ergibt sich die legitime Frage: Auf welche Weise können wir sie erfahren, erleben, wahrnehmen? – Bitte bedenken Sie:

Unsere **Sinne** haben sich entwickelt, um uns zu helfen, uns mit Situationen unserer täglichen Erfahrung auseinanderzusetzen: Nahrung erwerben, Gefahren entgehen, um uns selbst und die Spezies Mensch zu erhalten. Zum Beispiel können wir gut Gegenstände von ungefähr derselben Größe wie unser Körper sehen (sagen wir von Sandkörnern bis hin zu Bergen). Aber ohne die Hilfe von Instrumenten können wir keine Bakterien sehen und auch nicht die Krümmung der Erdoberfläche.

Unser **Denken** hat sich auch als Hilfsmittel für unseren Alltag entwickelt: Wir haben gelernt, die Daten unserer Sinne (die Informationen über die Umwelt bringen) zu ordnen und auszuwerten und das so erhaltene Wissen zur Kontrolle über unser Verhalten auszunutzen – wieder um unser materielles Wohlbefinden zu fördern. Wir haben gelernt, die materielle Welt mit unseren Sinnen zu deuten und entwickelten das allgemein, adaptierte Weltbild, das die Philosophen den »naiven Realismus« unserer Sinne nennen. Nichts hat uns darauf vorbereitet, die Dinge zu verstehen, die nicht durch Sinne wahrgenommen werden können, besonders, wenn sie außerhalb des uns vertrauten Raum-Zeit-Gefüges existieren. Auch können wir in unserer materiellen Welt nicht das Innere der Atome visualisieren oder die Elementarteilchen oder andererseits die Krümmung des Weltraumes. Wir sind noch weniger fähig, das Spirituelle zu verstehen.

Endlich hat sich unsere **Sprache** entwickelt, um uns zu ermöglichen, Elemente unseres Denkens anderen mitzuteilen: Erlebnisse, mit dem praktischen Ziel, das Lernen möglich zu machen, oder für die Koordination individueller Bemühungen in Gruppenaktivitäten (wie bei der Jagd oder beim Organisieren der Arbeit in der Gesellschaft).

Es gibt nichts in unserer Gestaltung (als materielle Wesen), was uns ermöglichen könnte, das Spirituelle zu verstehen. Es kann nicht durch unsere körperlichen Sinne wahrgenommen werden, es kann nicht in dem sinnlich-anschaulichen Weltbild verstanden werden und selbst, wenn wir gewisse Einblicke zum Verständnis erlangen, können wir diese nicht mitteilen, da uns passende Ausdrücke dafür fehlen. Unsere Worte oder Bilder, die wir zur Erklärung benutzen, sind höchstens **Symbole** (angepaßt an unser materielles Denken und unsere sinnliche Vorstellungskraft) der weit unterliegenden Realität. Interessanterweise haben schon die altertümlichen Hindus diese Schwierigkeit erkannt, als sie die Idee der Maya (kosmische Illusion) entwickelten.

Auch die alten Visionäre und Mystiker standen vor diesem Problem. Sie versuchten, damit fertig zu werden, indem sie ihre Schriften in einer dunklen, rätselhaften Sprache voll von Paradoxen und Widersprüchen verfaßten, wobei groß und klein, überall und nirgends das gleiche bedeuten konnte. In diesen mystischen Schriften wird die wahre Natur der Realität aber nicht beschrieben. An anderen Stellen betonen sie die Unabhängigkeit der Realität von den physikalischen Größen von Zeit und Raum oder bekennen lediglich, daß das Geheimnisvolle sich jeder Beschreibung und jedem Verständnis entzieht. Ein paar Beispiele aus der religiösen Literatur sollen das zeigen:

»Diese Seele von mir in meinem Herzen ist kleiner als ein Korn Reis oder ein Samenkorn der Gerste, oder Samen der Hirse. Diese Seele von mir in meinem Herzen ist größer als die Erde, größer als die Atmosphäre, größer als das Himmelsgewölbe, größer als die Welt. Diese Seele von mir in meinem Herzen, das ist Brahman.« *(Chandogya Upanischad)* »Es gibt einen Zustand, wo weder Erde noch Wasser, noch Feuer, noch Luft ist. Wo weder die Sphäre des unendlichen Raumes noch unendliches Bewußtsein, noch »weder-Bewußtsein-noch-Unbewußtsein« ist. Wo weder diese Welt noch die jenseitige Welt, noch alle zusammen, noch »Mond-und-Sonne« ist. Dort ist keine Geburt, und es ist kein Dahingehen. Dort ist keine Dauer, dort ist kein Fallen, dort ist kein Aufheben. Es ist nichts Unbewegliches und nichts Bewegliches.« *(*BUDDHA IN *Pali Canon)* »Hinter dieser Schöpfung, sichtbar und unsichtbar, ist etwas Unsichtbares, Höheres, Ewiges. Das ist das höchste Endziel« (*Bhagawadgita*, die heilige Schrift der Hindus). Und selbstverständlich wird dieser Einblick auch in anderen Weltreligionen wiederholt: [Gott sagt:] »Das bin ich, der Alles ist. Spalte ein Stück Holz, und ich bin dort. Hebe einen Stein und du findest mich dort.« (Evangelium nach Thomas). »Was Gott in der intimen Verbindung der Seele mitteilt, das ist absolut unaussprechlich, außerhalb der Reichweite aller möglichen Worte.« JOHANN VOM KREUZ (1542–1591) »Die Augen meiner Seele wurden geöffnet, und ich sah Gott im herrlichen Licht. ... Die innerlichste Essenz aller Dinge war beleuchtet. ... In diesem Licht durchschaute mein Geist plötzlich alles. ... Aber die irdische Sprache kann so wenig ausdrücken, was er Geist versteht.« JAKOB BÖHME (1575–1624) Oder, ... Gott ist... »nichts... leer, als ob er gar nicht existierte.« MEISTER ECKART (1260–1328)

»Du bist mein Gott, mein Leben, meine heilige Freude, aber ist dies genug, von Dir zu reden? ... Kann ein Mensch genug sagen, wenn er von Dir spricht? Denn selbst die, welche die höchste Gabe der Rede besitzen, können die Worte nicht finden, Dich zu beschreiben.« AUGUSTINUS (354–430)

Wir könnten es pessimistisch betrachten und zweifeln, ob wir je besser dazu imstande sein werden. Doch die Entwicklung der modernen Physik läßt uns hoffen, daß wir eines Tages lernen, die Tatsachen der spirituellen Realität zu beschreiben und mitzuteilen. Gewiß, es besteht kein Zweifel, daß hier ein riesiges Hindernis bei unserer Suche ist. Aber es bedeutet noch nicht, daß das Spirituelle überhaupt nicht erkennbar, völlig außerhalb unserer intellektuellen Reichweite sei. Wir können hier etwas von der modernen Physik lernen. Ursprünglich hat man sich Atome als winzig kleine Stückchen von fester Materie vorgestellt. Dann, dem sinnlich-verständlichen Modell des Planetensystems folgend, hatte man sie sich als bestehend aus einem Kern (eine feste Kugel) in der Mitte, um den die Elektronen (auch Kugeln) in derselben Weise herumkreisen wie die Planeten um die Sonne, vorgestellt. Diese Bilder aber waren falsch. Jetzt, wo wir mehr Kenntnisse gesammelt haben, wissen wir, daß Atome und Elementarteilchen ganz anders sind: Jedes Atom ist ein Wirbel kondensierter Energie, ohne bestimmte Form, ohne bestimmte Grenzen, ganz unanschaulich für jede sinnliche Erfahrung. Und doch lernten die Physiker die Atome und ihr Verhalten zu beschreiben – ja, sogar das »Innere« von Atomen, und zwar mit der Sprache der Mathematik. Wenn sie in ihren Beschreibungen Worte der Umgangssprache benutzen sind dies nur Symbole, in die sie ihre mathematische Sprache übersetzen – extra für uns Laien, die die mathematische Sprache nicht gut verstehen können. Der Physiker aber stützt sein Wissen ausschließlich auf mathematische Formeln. Diese sagen ihm alles, was er braucht, um die Prozesse im Inneren der Atome zu verstehen und zu beherrschen. Er hatte ein neues Weltbild entwickelt: das mathematische Weltbild, das ihm erlaubt, die Resultate seiner Forschung adäquater zu beschreiben, als Worte und Bilder, die sinnlich anschaulich sind.

Selbstverständlich konnte dieser Fortschritt nicht über Nacht entstehen, er brauchte mehrere Jahrhunderte. Ähnlich können wir hoffen, daß die Menschheit eines Tages ein neues Bild entwickelt, um das Spirituelle zu verstehen. Wir können es vorläufig als »Mystisches Weltbild« bezeichnen. Jedenfalls können wir keine einfachen Lösungen erwarten, da, wenn wir einmal in die zeit- und raumlose Realität dringen, alles, was so vertraut in unserer sinnlichen Erfahrung scheint, plötzlich verändert wird.

Wie ein Besucher von einem anderen Planeten, der fremden Boden betritt, werden wir bei jedem Schritt Überraschungen erwarten, auf die wir nicht vorbereitet sind. Wir können das an einem Beispiel verdeutlichen:

In der materiellen Welt von Raum und Zeit sind wir gut vertraut mit der Kausalität. Sie wurde zur Grundkategorie der Naturwissenschaft, die auf der universellen Gültigkeit der kausalen Gesetze beruht. Aber Kausalität ist die gesetzmäßige Folge von Ereignissen, die eines nach dem anderen regelmäßig vorkommen, in zeitlicher Folge. Ohne Zeit hat sie keinen Sinn. Und ohne Kausalität kann strenggenommen keine Wissenschaft existieren. In der spirituellen Sphäre, wo die Zeit abwesend ist, gibt es keinen Platz für Kausalität (zur Verblüffung der Wissenschaftler), obwohl wir auch dort irgendwelche Eigenschaften oder Regelmäßigkeiten erwarten können, die dort dieselbe Rolle spielen wie das Kausalitätsgesetz in der materiellen Raum- und Zeitwelt.

Diese Regelmäßigkeiten sollten erkennbar sein – und als solche können sie Gegenstand einer neuen Wissenschaft werden: der Wissenschaft, die die transzendenten (spirituellen) Realitäten studieren wird – und für diese können wir schon einen Namen vorschlagen: **Transzendentologie**.

Trotz all dieser Schwierigkeiten sind das allmähliche Lüften des

Schleiers von dem Geheimnis »was die Welt im Innersten zusammenhält« (GOETHE, Faust), und unser wachsendes Wissen und Verstehen die glänzendste Belohnung, die der wißbegierige menschliche Geist sich erhoffen kann.

ASW in der künftigen Gesellschaft

Die Parapsychologen bringen über das Phänomen der ASW immer mehr in Erfahrung, sie lernen, wie man ASW auf Wunsch aktiviert und in der Praxis anwendet. Deshalb ist es nun an der Zeit, sich der Frage zuzuwenden, welche Auswirkungen die ASW auf die menschliche Gesellschaft von morgen haben wird.

Betrachten wir bei der Suche nach einer Antwort jene Gebiete, auf denen die stärksten Auswirkungen zu erwarten stehen.

Die ASW wird in den vielfältigsten Bereichen von Wissenschaft und täglichem Leben ihre Rolle spielen. Sie stellt einen neuen Sinn dar, der in viel größerem Rahmen angewendet werden kann als die anderen Sinne, und sie wirkt über die Schranken des Raumes und der Zeit hinweg. Dank dieser Merkmale bietet sich ein weiter Bereich praktischer Anwendungsmöglichkeiten, wie die folgenden Beispiele veranschaulichen sollen. Die ASW wird Bedeutung haben:

- als ein neuer Kommunikationskanal (Telepathie);
- für die medizinische Diagnose und Prognose sowie die Krankheitsvorbeugung;
- bei der Aufdeckung und Verhinderung von Verbrechen;
- bei der Suche nach verschwundenen oder vermißten Personen und Gegenständen;
- bei der Untersuchung von Materialien auf verborgene Mängel;
- bei der Suche nach Erzvorkommen oder archäologischen Überresten;
- für die Familienberatung im Planungs- bzw. Datendienst, für Verträglichkeitsstudien und zur Frühwarnung vor kongenitalen Mißbildungen;
- bei der Vorhersage von Wirtschaftstrends;
- im Beschäftigungsdienst (Suche nach einem geeigneten Arbeitsplatz oder nach einem Angestellten oder Arbeiter);
- bei der Unfallverhütung;
- zur Frühwarnung von Naturkatastrophen, insbesondere Erdbeben, Überschwemmungen, Trockenperioden.

Derzeit ist die ASW noch nicht so entwickelt, daß man sie für alle diese Anwendungsmöglichkeiten auf breiter Ebene zuverlässig praktisch nutzen könnte. Doch wird sie zweifellos in Zukunft vervollkommnet werden. Ihre heute noch mangelhafte funktionelle Zuverlässigkeit erinnert etwa an die durch das Fehlen praktischen Wertes gekennzeichnete Elektrizität zur Zeit der frühen Experimente eines Galvani, Volta oder Benjamin Franklin; man denke dagegen an den weitverbreiteten, zuverlässigen Einsatz der Elektrizität in unserer Zeit!

Trotz aller weitgehenden Möglichkeiten der *praktischen* Anwendung von ASW ist es wahrscheinlich, daß ihre *theoretische Bedeutung* noch bei weitem größere Anerkennung findet. Wir haben schon darüber gesprochen, wie die ASW uns hilft, die Lehren der Religionen aus einer neuen Perspektive zu sehen und verstehen, und wie das neue Bild überraschend natürlich (auch wenn für einige noch ungewöhnlich) ist.

Was jetzt noch für manche als »übernatürlich« erscheint, wird als natürlicher Bestandteil der Weltrealität empfunden werden – und ihre Erforschung wird sich als enorme Leistung des menschlichen Geistes erweisen, die uns zuletzt *ein neues Weltbild schafft*. Die aufkommende *weltanschauliche Rolle der ASW* ist imstande, die heutige Zivilisation weitgehend zu verändern.

Es ist nicht sehr wahrscheinlich, daß die Auswirkungen der ASW plötzlich spürbar werden. Wir erwarten zwar, daß die ASW weitreichende Veränderungen in der Gesellschaft hervorruft, aber nicht in Form einer auf einmal ausbrechenden Revolution. Wir erwarten eher, daß das Wissen über ASW und ihre Anwendung schrittweise ins Leben aller Menschen und der Gesellschaft eindringen wird, bis die ASW schließlich integriert sein wird.

Die ASW wird dann zusammen mit den anderen Sinnen und mit jenen technischen Instrumenten, die das Zivilisationsniveau ermöglicht, verwendet werden. Sie wird beispielsweise, zumindest heute oder morgen, kaum das Telefon als Kommunikationsmittel ersetzen. Selbst wenn zu erwarten ist, daß die Leistungsfähigkeit der ASW stark verbessert wird, so wird es doch wahrscheinlicherweise noch auf Jahrzehnte hinaus einfacher und sicherer zu sein, zum Telefonhörer zu greifen, als etwas auf telepathischem Weg mitzuteilen.

Freilich lassen sich bereits heute für die telepathische Kommunikation wertvolle praktische Anwendungsmöglichkeiten denken: beispielsweise bei einem Versagen von Apparaten, in der Raumfahrt (wie zwischen Bodenstation und der erdabgewandten Seite des Mondes) oder etwa als Notruf des Inhalts: »Suche die nächste Telefonzelle auf und rufe mich so rasch wie möglich an!«

Wir werden die ASW auch nicht dazu benutzen wollen, die Einwohnerzahl irgendeiner Stadt festzustellen, wenn wir die Information mühelos in jedem Lexikon finden. Und der Teppichleger wird keine ASW einsetzen, um die Maße eines Hauses zu ermitteln, wenn er es einfach ausmessen kann. Doch die ASW vermag uns die unendlich nützliche Warnung zu geben, daß der Stadt durch ein Erdbeben oder dem Haus durch Feuer Vernichtung droht.

Wir erwarten, daß zunächst nur wenige Menschen ihre ASW entwickeln und anzuwenden lernen und dabei in Richtung zunehmender Präzision Fortschritte machen. Diese Menschen sind gegenüber den anderen zweifellos im Vorteil – wie jedes Wissen oder jede Fähigkeit, die wir anderen voraushaben, uns überlegen machen. Dank dieses Vorteils werden Menschen mit entwickelter ASW leichter Zugang zu politischen, wirtschaftlichen und sozialen Führungspositionen erhalten. Es ist abzusehen, daß schon sehr bald die ASW als nützliche und wünschenswerte Fähigkeit anerkannt werden wird und immer mehr Menschen versuchen werden, sie unter ihre Kontrolle zu bringen. Mit zunehmendem Wissen und mit dem alltäglichen Eindringen der ASW in die Gesellschaft werden auch immer mehr Menschen sie benutzen, und zwar mit wachsender Perfektion.

Anfänglich konnten ja auch nur sehr wenige Menschen lesen und schreiben. Da man aber diese Kunst als nützlich ansah, lernten sie immer mehr Menschen, manche besser, manche schlechter; und schließlich wurden das Schreiben und das Lesen zu einer normalen Fertigkeit des modernen Menschen. Es dauerte sechstausend Jahre, bis dieses Stadium erreicht war. So lange wird es dank des beschleunigten Fortschritts in den Wissenschaften nicht dauern; bis jedoch die Anwendung der ASW Allgemeingut sein wird, dürfte aber doch eine Zeit – glaube ich – von ein paar Generationen, vielleicht ein oder zwei Jahrhunderten nötig sein.

Herrscht einmal genügend »Nachfrage« nach ASW, dann wird das die Entwicklung sehr beschleunigen. Die Entwicklung und Anwendung der ASW werden dereinst an Schulen gelehrt und den Schülern genauso beigebracht werden wie heute Lesen und Schreiben (oder es wird dafür eigene Fachschulen geben).

Die meisten Menschen werden also zumindest Grundkenntnisse in der Anwendung der ASW erwerben. Schon bald werden sie sich an eine grundlegende Routine gewöhnen: Immer wenn sie es für notwendig halten, werden sie ihre Gedanken bewußt eine Weile beruhigen, um ASW-Eindrücke über ihr unmittelbares Problem zu erhalten.

Die Menschen werden somit in den vielfältigsten Situationen des täglichen Lebens zusätzlich zu anderen Fertigkeiten und Fähigkeiten ihre ASW einsetzen, angesichts von Fragen wie: Wo finde ich das Produkt, das ich suche? Bietet dieser Kaufmann preisgünstige Ware an? Verkauft dieser Versicherungsvertreter eine günstige Police? Brauche ich die Versicherung überhaupt? Versucht dieser Politiker wirklich, der Gemeinde zu helfen, oder sucht er nur persönliche Vorteile? Stimmt diese briefliche Mitteilung? Ist diese Zeitungsmeldung wahrheitsgetreu und vollständig?

Neben solchen beabsichtigten, bewußten Einsätzen wird die ASW den Menschen auch auf unterbewußter Ebene nützlich sein, indem sie ihnen hilft, Gefahren zu meiden (als »innere Stimme«, als »Schutzengel«), Entscheidungen im Berufs- und Alltagsleben zu treffen oder schwierige Probleme zu lösen, und das kann sogar so weit gehen, daß sie zu einer künstlerischen Inspiration oder zu neuen Ideenanstößen in Richtung einer wissenschaftlichen Entdekkung verhilft.

Natürlich wird eine umfassende Anwendung der ASW im täglichen Leben auch Probleme mit sich bringen. Die verbreitete Anwendung der ASW wird einen beträchtlichen *Einbruch in die Privatsphäre* zur Folge haben. Da es keine Abschirmung gegen ASW gibt, wird das Privatleben der Menschen für andere viel zugänglicher. Wahrscheinlich wird die ASW aber gerade dadurch eine Veränderung der menschlichen Werte bewirken. Die Menschen werden ein ungestörtes Privatleben viel weniger hoch einschätzen, weil sie weniger zu verbergen haben. Die ungestörte Privatsphäre erleichtert natürlich, etwas zu tun, das nicht ganz ehrlich oder zu verraten unangenehm ist, weil es unser Image zerstören könnte oder wir fürchten, daß andere es gegen uns verwenden könnten.

Natürlich darf man Abgeschiedenheit, die gewisse Haltungen und Handlungen verbergen soll, nicht mit dem Bedürfnis nach Alleinsein zum Meditieren und als Schutz gegen Ablenkung verwechseln. Ruhe in diesem Sinn wird der Mensch dann vielleicht mehr benötigen als heute; allerdings wird er es auch lernen, Ablenkungen durch entsprechendes geistiges Training auszuschalten.

Die verbreitete Anwendung der ASW wird letztlich mehr Wahrhaftigkeit und Ehrlichkeit ins Leben und in die gegenseitigen Beziehungen der Menschen wie auch der Völker bringen: Lüge, Betrug und Intrigen werden kaum noch möglich sein, Verbrechen allzu gewagt.

Wie steht es mit der Gefahr, daß wir durch ASW *etwas Unangenehmes erfahren*? Diese Gefahr droht bei allen Informationskanälen. (Man kann eine unangenehme Nachricht im Radio hören, in einem zufällig mitgehörten Gespräch erfahren, in der Zeitung lesen usw.) Durch ASW kann jedoch eine besondere Situation entstehen, wenn wir ein unangenehmes künftiges Ereignis *vorhergesagt* bekommen, z. B. den vorzeitigen Tod, und auf das Eintreffen warten, während wir uns – möglicherweise – verzweifelt bemühen, das ungünstige Ereignis abzuwenden. Diese psychologisch schmerzliche Situation wirft auch eine philosophische Frage auf: Kann das vorhergesehene Ereignis abgewendet werden, wenn es unerwünscht ist?

Die Forschungen auf dem Gebiet der Präkognition und der Möglichkeit eines Eingreifens bei vorhergesagten unerwünschten Ereignissen deuten darauf hin, daß zuverlässig vorhergesehene Ereignisse eintreffen: auf irgendeine unerwartete Weise und trotz aller Versuche, sie abzuwenden. Doch noch ist die ASW nicht sehr zuverlässig, und wir vermögen eine zuverlässige Vorhersage gar nicht zweifelsfrei zu erkennen, bevor sie eintrifft. Deshalb ist es immer ratsam, wenn man ein unerwünschtes Ereignis vorhersieht, einen Versuch zur Abwendung zu machen. Was die Zukunft angeht, wenn zuverlässigere ASW-Leistungen die Wahrscheinlichkeit steigern, daß Vorhersagen eintreffen, so werden die Menschen schmerzliche Nachrichten (sogar die Vorhersage eines verfrühten Todes) dann mit mehr Gleichmut und Fassung aufnehmen. Größeres Wissen über den Sinn des Lebens – das zweifellos als Nebenprodukt des Einsatzes der ASW bei der Erforschung religionsbezogener Fragen erlangt werden wird – muß zu einer Veränderung der Werte im Leben des einzelnen und in der Gesellschaft führen. Die Menschen werden es lernen, unvermeidliche unangenehme Ereignisse mit größerer Heiterkeit und einem Gefühl des Erfülltseins hinzunehmen.

Neben der verbreiteten Anwendung von ASW im Leben des einzelnen dürfen wir erwarten, daß immer mehr *professionelle psychi-*

sche Berater ihre ASW dazu benutzen werden, ihre Kunden auf den verschiedensten Gebieten der Wissenschaft und des täglichen Lebens zu beraten. Tatsächlich ist dies gar nicht neu. In alten Zeiten suchten die Menschen bei zahlreichen Orakeln psychische Hilfe und hellseherischen Rat. Auch heute findet man überall »Lebensberater«, Hellseher oder Wahrsager, die angeblich zum Vorteil ihrer Kunden ASW oder PK anwenden. Doch in der Zukunft wird sich hier eine bedeutsame Veränderung vollziehen.

Während die Leistungen der heutigen Praktiker von sehr ungleichmäßigem Wert sind und ihre ASW, falls überhaupt wirksam, nur sehr flüchtig ist, werden die künftigen psychischen »Profis« eine sehr angesehene Tätigkeit ausüben, vergleichbar etwa mit der Tätigkeit der Akademiker von heute – Ärzte, Rechtsberater oder Fachberater auf anderen Gebieten. Sie werden eine ordnungsgemäße amtliche Zulassung benötigen, von einem offiziellen Prüfungskomitee geprüft sein, vielleicht hinsichtlich der Qualität ihrer ASW eingestuft und möglicherweise von entsprechenden Institutionen überwacht werden, die einen bindenden berufsethischen Kodex durchsetzen. Diese künftigen Berater werden als Fachleute größere ASW-Gaben haben als andere Menschen und sich beispielsweise als hellsehende medizinische Diagnostiker, Eheberater, Marktanalytiker, Geologen, Rechtsschützer, Sicherheitsbeamte, Qualitätskontrolleure in der Industrie usw. betätigen.

Für diese psychischen Berater werden günstige Arbeitsbedingungen sichergestellt werden müssen. Da die ASW-Leistung stark vom allgemeinen Geisteszustand des Praktikers abhängt, wird auch besonders für deren geistige und seelische Ruhe gesorgt und alles getan werden müssen, um sie vor starken Gemütserregungen zu schützen, die ihre ASW negativ beeinflussen könnten. Und vor allem müssen die grundlegenden Bedürfnisse solcher professioneller ASW-Praktiker erfüllt werden: in Form einer Garantie der persönlichen Stabilität und wirtschaftlichen Absicherung, die ihnen einen angenehmen Lebensstandard erlaubt. Eine solche Garantie trägt zum Seelenfrieden des ASW-Praktikers bei, und der Abbau persönlicher Unsicherheit und die daraus erwachsende persönliche Unabhängigkeit werden ihm helfen, sich nur auf die Themen zu konzentrieren, die für seinen ASW-Beruf wichtig sind.

Natürlich werden die ASW-Praktiker bei der Ausübung ihres Berufs in Situationen kommen, in denen sie sehr behutsam vorgehen müssen. Wenn ein ASW-Praktiker beispielsweise durch ASW etwas herausfindet, das für den Ratsuchenden traumatisch ist, erhebt sich die Frage: Ist er moralisch verpflichtet, die Wahrheit zu sagen – ohne Rücksicht auf die Auswirkung? Oder sollte er lieber taktvoll sein und nur einen Teil der Information enthüllen? Probleme dieser Art werden von Fall zu Fall gelöst werden müssen. Im Prinzip unterscheiden sie sich nicht allzusehr von berufsethischen Problemen, vor denen Ärzte stehen.

Wenn wir über die Zukunft der ASW nachdenken, erlangt die Frage des *Mißbrauchs* besondere Bedeutung: *Kann die ASW mißbraucht werden?* Die Antwort scheint zu lauten: Ja – wenn auch mit Einschränkungen. Die Beherrschung der ASW ist, zumindest zunächst, eine Spezialistenfertigkeit. Jedes Wissen, jede Fertigkeit und jede Gabe können im guten Sinn eingesetzt – oder mißbraucht werden. Die positive Anwendung oder der Mißbrauch geht jedoch nicht auf das Konto des Wissens oder seiner Entdeckung, sondern nur auf jenes des Anwendenden. (Das Schreiben kann für gute Zwecke genutzt oder mißbraucht werden, dies beispielsweise zum Verfassen eines beleidigenden Briefes; und doch würde niemand das Schreiben fürchten, weil die Möglichkeit zu seinem Mißbrauch besteht.)

Wir fürchten vor allem das, was wir nicht verstehen. Wenn das Phänomen des ASW genauer erforscht und besser verstanden sein wird, liegt nicht mehr Grund vor, diese natürliche Gabe zu fürchten als etwa bei der Elektrizität. (Ja, wir fürchten auch sie – sind uns klugerweise ihrer Gefahren bewußt –, aber diese Furcht unterscheidet sich wesentlich von dem Entsetzen, das der Höhlenmensch empfand, wenn es blitzte und donnerte.)

ASW kann mißbraucht werden; ich bin jedoch ziemlich optimistisch, was diese Gefahr angeht.

Kein Zweifel, in der Gesellschaft der Zukunft wird jedermann, der die Anwendung der ASW beherrscht, ungeheure Vorteile gegenüber anderen haben. (Wer zu schreiben verstand, hatte ebenfalls große Vorteile. Die Anwendung der ASW bringt – wie einst die Kunst des Schreibens – mit sich, daß die ASW-Ausübenden zu Führern der Gesellschaft werden. Die Ausübenden werden durch normalen, ehrlichen Einsatz ihrer ASW beträchtlich Überlegenheit erlangen. Die Versuchung, durch Einsatz der ASW zu unmoralischen Zwecken noch größere Vorteile zu erlangen, wird folglich nicht sehr groß sein, zumal jedermann durch die ASW anderer unter Beobachtung steht.)

Die bisher beobachteten ASW-Leistungen deuten jedoch darauf hin, daß Versuche, ASW zu unehrlichen Zwecken zu benutzen, die ASW-Fähigkeit häufig zerstören, vielleicht infolge einer nachteiligen Wirkung auf das seelisch-geistige Gleichgewicht des ASW-Praktikers. Es ist eine erwiesene Tatsache, daß Geisteszustände, die normalerweise mit Versuchen zur selbstsüchtigen Benutzung von ASW einhergehen dürften (Ärger, Haß, Spannung, Abneigung, Zweifel), Psi-bedingte Fehler – eine Psi-Umkehr – oder den völligen Verlust der ASW-Fähigkeit zur Folge haben.

Natürlich besteht auch die Möglichkeit einer gesellschaftsschädigenden Anwendung von ASW durch Personen, die ehrlich, aber fälschlicherweise glauben, einem guten Zweck zu dienen. Dies wäre bei einem Einsatz von ASW in der Machtpolitik denkbar, z. B. zur Spionage, bei Versuchen, das Denken politischer Gegner zu ändern (»Gehirnwäsche« mittels telepathischer Suggestion) oder im Krieg zur Beeinflussung feindlicher Strategen. Die Benutzung der ASW zur Spionage und zu militärischen Zwecken ist sehr leicht vorstellbar; aber ich glaube nicht, daß ASW je in einer Weise benutzt werden kann, die wohl am meisten zu fürchten wäre: als Werkzeug einer totalitären Regierung zur Erlangung der absoluten Kontrolle über ihre Untertanen, zur Umpolung der Untertanentreue und der politische Meinungen anderer Menschen (durch telepathische Suggestion). ASW läßt sich zweifellos – von Mensch zu Mensch – zur Wiederanpassung psychiatrischer Patienten oder zum Umerziehen Krimineller sinnvoll nutzen; nur schwer läßt sich vorstellen, daß man sie mit Erfolg zur Ausschaltung politischer Gegner anwenden könnte.

Der springende Punkt ist, daß ASW-Leistungen immer nur durch die *Aktivität eines lebenden und denkenden Wesens* zustande kommen. Die Telepathie z. B. funktioniert normalerweise zwischen zwei Partnern eines »telepathischen Paares«, nicht zwischen einem Sender und einer großen Zahl von Empfängern. Es ist nicht möglich, eine seelenlose Maschine zu bauen, die große Menschenmassen gleichzeitig durch Telepathie beeinflußt. Dies kann man nur mittels einer physikalischen Entdeckung, sagen wir: der Atomenergie, oder durch den Masseneinsatz der Informationsmedien.

Ein machthungriger Mensch oder eine machtgierige Gruppe, die sich mit dem Gedanken trüge, ASW in einem Machtkampf anzuwenden, müßte sich auf ASW-begabte Personen verlassen; diese Personen jedoch würden ihre ASW nach eigenem Ermessen benutzen, gemäß ihrem eigenen Gewissen und nicht als blinde Instrumente ihrer Herren. Ihre ASW würde ihnen so viele Vorteile bringen, daß Druck oder Versuchungen bei ihnen wenig ausrichten könnten. Und wenn sie unter Zwang nachgäben, dann würden – wie immer unter unbehaglichen Bedingungen und destruktiven Belastungen – Psi-bedingte Fehler auftreten und ihren bewußten Anstrengungen entgegenarbeiten, also als Widerstand gegen jeden ASW-Einsatz wirken, der ihrem Gewissen zuwiderläuft.

Als Werkzeug zur Unterdrückung und Beherrschung von Massen durch machthungrige Individuen wird sich daher die ASW nicht eignen. Hingegen wird sie als Instrument dienen, mittels dessen einzelne Bürger Vertreter ihrer Regierung und mächtiger Interessengruppen beaufsichtigen können. Gewaltherrscher und unehrliche Cliquen werden auf den psychischen Widerstand ihrer »Untertanen« stoßen. Wenn viele Menschen gut funktionierende ASW entwickeln, wird es keine Geheimvereinbarungen mehr geben, keine Intrigen, keine künstlichen Manipulationen der öffentlichen Meinung mehr geben, weil die Menschen direkten Zugang zur Wahrheit haben.

Dies soll nicht heißen, daß niemand eine eigennützige Anwendung der ASW versuchen wird. Das steht besonders in den Frühstadien der praktischen ASW-Nutzung zu erwarten. (Denken Sie daran: Wir erwarten eine nur langsam fortschreitende Vervollkommnung der ASW – ein Prozeß, der sich über mehrere Generationen erstrekken kann.) Solange die ASW noch relativ unzuverlässig ist, werden manche Menschen versuchen, mit ihrer Hilfe Vorteile über andere zu erringen. Das gelingt ihnen bisweilen vielleicht sogar zu eigennützigen Zwecken, aber niemals auf breiter Basis, weil ihren Bemühungen die ASW-Leistungen anderer Menschen entgegenwirken werden.

Wirklich zu fürchten wäre, wenn es irgendwo gelänge, die ASW-Anwendung zu monopolisieren: wenn eine Person oder eine Gruppe die ausschließliche Kontrolle über ihre Anwendung erlangte. Immer entsteht aus einem Wissens- oder Machtmonopol Gefahr. Wir dürfen aber darauf vertrauen, daß eine Monopolisierung der psychischen Kräfte niemals möglich sein wird. Wir erwarten vielmehr, daß viele Menschen in vielen verschiedenen Zentren gleichzeitig zur Entwicklung der ASW beitragen werden und daß ihre Bemühungen einander parallel laufen. Tatsächlich können wir den Beginn dieses Prozesses schon in der gegenwärtigen Gesellschaft beobachten: zahlreiche Interessierte für sich oder in Gruppen streben nach »geistiger Entwicklung«, »mentalem Training«, »psychischem Wachstum«, »Geisteskontrolle« oder wie diese Versuche auch immer bezeichnet werden mögen.

Je stärker der Wettstreit oder das »Wettrennen« sein wird, desto rascher wird der Fortschritt in Richtung auf eine Perfektionierung der ASW und schließlich das Endstadium erreicht sein, in dem die ASW universell genutzt wird.

Im Enstadium wird die Gefahr eines Mißbrauchs weiter abnehmen und bald völlig beseitigt sein. Die ASW wird dann nicht nur zu praktischen Zwecken benutzt werden, sondern auch eingesetzt werden können, um unsere Kenntnisse der *höheren Gesetze des Universums* zu erweitern. Diese Kenntnisse werden sich letztlich auf das Leben aller Menschen auswirken: sie werden den Charakter der Menschen verändern, ihre Prioritäten, Werte, Bräuche, Institutionen und die zwischenmenschlichen Beziehungen. Die ganze Organisation der Gesellschaft werden sie zutiefst beeinflussen: statt konkurrierender Personen und Gruppen, die um ihre eng begrenzten Interessen kämpfen, wird die Entdeckung höherer Gesetze die Menschen – und Völker – zu gegenseitiger Liebe und Achtung führen.

Ich glaube tatsächlich, daß das wertvollste Geschenk, das die Entwicklung und Nutzung der ASW der Menschheit bescheren werden, darin besteht, daß die Menschheit diese höheren Gesetze erkennt und lernt, in Harmonie mit ihnen zu leben.

Einige Experimente

Für Leser, die selbst einige ASW-Experimente durchführen möchten, hier ist die Beschreibung einiger einfacher Experimente, die man selbst vornehmen kann. (Bitte beachten Sie auch die methodischen Bemerkungen, die Ihnen helfen sollen, eventuelle Täuschungen zu vermeiden.) Und vergessen Sie nie, falls sie Ihre eigene ASW testen wollen, daß Sie zuerst in guter Stimmung sein sollten. Der Versuch muß Ihnen Spaß machen. Wenn Sie sich sogar für die Forschung auf dem Gebiet der ASW vorbereiten wollen, empfehle ich Ihnen, in *drei Schritten* vorzugehen:

1. Machen Sie die in diesem Kapitel beschriebenen Experimente (zur Übung).
2. Versuchen Sie, nachdem Sie veröffentliche Berichte über wirkliche Forschungsprojekte studiert haben, einige der für Sie interessantesten Untersuchungen zu wiederholen. Dies wird Sie in praktischen Kontakt mit den zeitgenössischen Forschungsbemühungen bringen. Wenn Sie die Experimente anderer wiederholen, müssen Sie sorgfältig darauf achten, daß Sie sich genau an die Bedingungen der ursprünglichen Untersuchung halten.
3. Erst nach diesen beiden Schritten sind Sie soweit, daß Sie sich an eigene Forschungsprojekte wagen können.

Experiment 1: ASW-Test mit Zielobjekten in undurchsichtigen Umschlägen

Erforderliches Material

Ein Satz Karten in undurchsichtigen Umschlägen.

Wahl der Zielobjekte

Als erstes müssen Sie festlegen, wie viele verschiedene Zielobjekte Sie verwenden wollen. Einige spezielle Erwägungen dürften Sie in Ihrem Entschluß beeinflussen. Wählen Sie nur zwei verschiedene Zielobjekte, dann können Sie eine ziemlich hohe Zahl (50 Prozent) richtiger Antworten durch Zufall erwarten. Für eine ungeschulte Versuchsperson ist es ermutigend, wenn sie eine relativ hohe Zahl richtiger Antworten erreicht. Andererseits wird es die Versuchsperson wegen der großen Zahl von Zufallstreffern schwierig finden, bestimmte subjektive Experimentalmerkmale zu erkennen, die mit den ASW-Treffern in Verbindung stehen könnten. (Richtige Antworten der Versuchsperson stellen immer eine Kombination von Zufallstreffern und korrekten Aussagen dar, die auf ASW zurückzuführen sind. Wenn die Zufallstreffer stark vorherrschen, werden charakteristische Merkmale wirklicher ASW-Treffer leicht übersehen.)

Ein weiterer Nachteil ist der hohe Wahrscheinlichkeitswert (1/2) jedes einzelnen Versuchs. Dies bedeutet, daß gewöhnlich eine viel längere Versuchsserie notwendig ist, damit man die gewünschte statistische Signifikanz erreicht.*

Benutzen Sie dagegen eine hohe Zahl Zielobjekte (zehn oder mehr), findet es die Versuchsperson unter Umständen schwierig, alle Möglichkeiten im Gedächtnis zu behalten. Außerdem könnte sie enttäuscht sein über die relativ niedrige Trefferzahl und den Mut verlieren. Diese Nachteile werden jedoch aufgehoben durch die relativ kleinere Zahl von Versuchen, die nötig sind, um statistische Signifikanz zu erreichen. Zudem gibt es in den Daten nur einige wenige Zufallstreffer, und deshalb kann die Versuchsperson ASW-Treffer leichter an besonderen subjektiven Merkmalen erkennen.

Gewöhnlich gelten vier bis fünf verschiedene Zielobjekte als optimale Zahl.

Die nächste Entscheidung betrifft die Art der Zielobjekte, die Sie verwenden wollen. Sie können beispielsweise wählen:

---

* Dies läßt sich an Tabelle C, im nächsten Kapitel (Seite 368), veranschaulichen. Wenn wir z. B. unsere Schlußfolgerungen auf der Gesamtsignifikanz von W = 0,001 basieren lassen wollen und wenn der Versuchsperson lauter richtige Antworten gelingen, brauchen wir bei zwei verschiedenen Zielobjekten zehn Versuche. Wenn wir zehn verschiedene Zielobjekte benutzen, erreichen wir schon mit drei Versuchen dieselbe Signifikanz.

Normale ASW-Karten mit den Symbolen: Quadrat, Stern, Kreuz, Kreis, Wellenlinien;
verschiedenfarbig bemalte Karten;
Spielkarten;
Karten mit verschiedenen Bildern (Tarockkarten usw.);
Bilder von Autos oder Flugzeugen (wenn sie z. B. das Interesse technisch orientierter Jungen stimulieren wollen);
Gegenstände mit starkem Gefühlsgehalt;
erotische Bilder;
Porträts (wenn Sie sich für eine zweifache Wahlmöglichkeit wie »Mann-Frau« entscheiden);
Bilder von Spielsachen oder Tieren (bei jüngeren Kindern);
Stücke aus verschiedenen Metallen (Münzen);
Bilder von Uhren mit verschiedenen Positionen der Zeiger; usw.

Es gibt eine immense Vielfalt an Zielobjekten, die Sie benutzen können. Grenzen bestehen nur in Ihrer Phantasie. Doch zweifellos werden Sie sich für Zielobjekte entscheiden, die Ihre Versuchspersonen interessieren.

Außerdem gilt es folgendes zu beachten:
Die Zielobjekte sollten sich voneinander stark unterscheiden;
die einzelnen Zielobjekte müssen gleich oft vertreten sein (von jedem Zielobjekt muß dieselbe Stückzahl vorhanden sein, sonst ist die unten angeführte statistische Auswertung nicht anwendbar).

Vorbereitung der Zielobjekte

Nehmen Sie von jedem Ihrer verschiedenen Zielobjekte die gleiche Zahl und stecken Sie jedes einzelne in einen undurchsichtigen Umschlag. Achten Sie darauf, daß die Umschläge auch absolut undurchsichtig und gleich sind und in keiner Weise etwas über den Inhalt verraten. Sie müssen dafür sorgen, daß alle Hinweise, sogar nichtvisuelle, zuverlässig ausgeschaltet sind. Sonst wäre es denkbar, daß die Versuchsperson aufgrund des Gewichts, der Form, Biegungen, Kratzer oder anderer Markierungen auf der Oberfläche usw. etwas über den Inhalt erfährt.

Nachdem Sie jedes Zielobjekt in einen Umschlag gesteckt haben, besitzen Sie einen Packen Umschläge mit Zielobjekten im Innern. Welche Gesamtzahl an Zielobjekten Sie benutzen, bleibt völlig Ihrer

Entscheidung überlassen. Sie können zehn nehmen, genauso gut 100 – wenn nur alle verschiedenen Arten gleich oft vertreten sind.

Trainingssitzung

Haben Sie Ihre Zielobjekte vorbereitet, können Sie, wenn Sie wollen, mit Ihrer Versuchsperson eine oder mehrere Trainingssitzungen machen. Sie nennen der Versuchsperson die Möglichkeiten, unter denen sie wählen kann, und fordern sie auf, das Zielobjekt im ersten Umschlag zu benennen, dann im zweiten und so fort. Nach jedem Versuch sagen Sie der Versuchsperson, ob die Antwort richtig war oder nicht, und fordern sie auf zu versuchen, einige subjektive Kriterien zu finden, mittels derer sie richtige Eindrücke von falschen zu unterscheiden vermöge.

Diese Trainingssitzung soll der Versuchsperson einfach die Möglichkeit geben, »warmzuwerden« und einen Eindruck vom Verlauf des Experiments zu bekommen. Außerdem darf man immer hoffen, daß die unmittelbare Rückwirkung, ob die Antworten richtig waren oder nicht, ihr helfen wird, die Leistung zu verbessern. (Diese Gelegenheit wird sie im späteren offiziellen Test nicht haben.)

Natürlich werden die Ergebnisse der Trainingssitzungen nicht in die Testergebnisse einbezogen und nicht zum Experiment gerechnet. Bitte beachten Sie: Die Entscheidung, welche Tests Trainingssitzungen sind und welche zum offiziellen Experiment gehören, ist sehr wichtig. Diese Entscheidung müssen Sie treffen, *bevor* Sie Ihr Experiment beginnen, und Sie müssen sich strikt daran halten. Es ist nicht zulässig, die Entscheidung während des Tests zu ändern und bessere Resultate einzubeziehen oder unbefriedigende wegzulassen. Wenn Sie diese Regel nicht beachten, kann man Ihnen zu Recht eine unerlaubte Auswahl von Daten vorwerfen.

Pilottest

Den Pilottest können Sie während dieser Übungsexperimente weglassen. Doch bei späteren Experimenten, mit denen bereits eine Forschungsaufgabe gelöst werden soll, empfiehlt es sich, ihn möglichst oft zu machen – er ist von großem Vorteil für Sie.

Der Pilottest geht immer dem Hauptexperiment voraus und wird unter identischen Bedingungen durchgeführt; er ist nur wesentlich kürzer. Sein Resultat kann in die offiziellen Forschungsdaten aufgenommen werden, aber getrennt, als Einheit, die parallel zum Haupttest steht und die Beständigkeit erhaltener Ergebnisse zu demonstrieren vermag.

Mittels des Pilottests erhalten Sie eine Vorstellung davon, wie das Experiment sich anlassen wird. Er ist eine Art praktischer Test, der Ihnen zeigen soll, ob das Experiment glatt und in allen Einzelheiten so verlaufen wird, wie Sie es geplant haben. Er hilft Ihnen, Ihren Experimentalplan zu erproben. Hier haben Sie die letzte Chance, einige unbeachtet gebliebene Einzelheiten zu verbessern und in letzter Minute Änderungen am Plan vorzunehmen.

Schließlich – und das ist am wichtigsten – wird der Pilottest Ihnen ungefähr zeigen, welches Ergebnis Sie im Experiment erwarten dürfen. Ist das Ergebnis entmutigend, haben Sie immer noch die Möglichkeit, das Projekt fallenzulassen und die Zeit sowie die Kosten zu sparen, die mit der Durchführung des längeren Hauptexperiments verbunden wären.

Andererseits aber gibt Ihnen der Pilottest, wenn das Ergebnis ermutigend ist, freie Bahn für das Hauptexperiment. Und er vermittelt Ihnen einen ungefähren Eindruck von dem Erfolg, den Sie erwarten dürfen. Aus diesem wiederum ersehen Sie in etwa, wie lange Ihr Experiment dauern sollte, damit es alle Facetten dessen, was Sie demonstrieren wollen, klar zeigt und das von Ihnen gewünschte Niveau statistischer Signifikanz erreicht.

Das Hauptexperiment

Wenn wir ein Experiment planen, dessen Ergebnis statistisch ausgewertet werden soll, müssen wir immer daran denken, daß unsere Untersuchung zwei verschiedene Aspekte haben wird:

1. Den experimentellen Aspekt, worunter richtige Planung und Durchführung des Experiments zu verstehen ist.
2. Den statistischen Aspekt, womit die Art gemeint ist, in der wir die Resultate auswerten.

Unsere Untersuchung muß von *beiden* Gesichtspunkten her gegen Fehler gefeit sein. Nur dann kann sie als gültige Forschungsarbeit akzeptiert werden.

Die häufigsten methodischen Fehler sind:

1. Mängel im Experimentalverfahren:

a) Übersehene Sinneshinweise liefern der Versuchsperson Informationen über das Zielobjekt und täuschen das Vorhandensein von ASW vor. Diese Hinweise können sehr schwach, sogar unterschwellig sein, so daß sie unbemerkt bleiben; oder sie können sich nur bei einigen Zielobjekten einstellen.

b) Bedingungen des Experiments erlauben es der Versuchsperson, durch rationales Folgern zu einer richtigen Antwort zu gelangen. Wenn die Versuchsperson beispielsweise weiß, wie oft jedes der verschiedenen Zielobjekte in dem Packen vorhanden ist und dann gesagt bekommt, sie habe bei einem Versuch recht gehabt, weiß sie, daß dieses Zielobjekt bereits wegfällt, und wird ihre Trefferzahl verbessern, indem sie beim nächstenmal ein anderes Zielobjekt rät.*

c) Menschliches Irren des Versuchsleiters, der die Aufzeichnungen macht. In langen, monotonen Testreihen kann es vorkommen, daß der ermüdete Experimentator beim Aufzeichnen der Aussagen der Versuchsperson oder auch wirklichen Zielobjekte einen Fehler begeht. Zufällige Fehler können passieren; diese treten unregelmäßig auf und tendieren im allgemeinen dazu, ASW-Beweise auszulöschen(z. B. wenn einige richtige ASW-Treffer als Fehler notiert werden). Viel gefährlicher sind motivierte Fehler, weil sie sich systematisch in einer Richtung summieren und die Daten verzerren. Wenn der Experimentator beispielsweise das Zielobjekt kennt, kann ihn das ablenken, und wenn er engagiert

* Am leichtesten läßt sich diese Gefahr ausschalten, in dem man der Versuchsperson die Ergebnisse erst am Schluß des Experiments (oder zumindest erst am Ende jeder getrennten Experimentaleinheit) bekannt macht. Wenn wir einen besonderen Grund haben, der Versuchsperson ein bestimmtes Resultat während des Experiments mitzuteilen, können wir uns gegen die genannte Gefahr auf zwei Arten schützen:
1. Wir können eine willkürliche Folge von Zielobjekten benutzen, ohne uns streng an die gleichmäßige Verteilung zu halten. Die Versuchsperson bekommt gesagt, alle Zielobjekte hätten gleiche Chancen aufzutreten, auch wenn die tatsächliche Zahl ihres Auftretens Zufallsschwankungen unterliegt. (Wenn Sie z. B. einen Packen von 1000 weißen und schwarzen Karten – je 500 – mischen und zehn herausnehmen, besteht keine Sicherheit, daß Sie genau fünf weiße und fünf schwarze Karten haben.)
2. Nach jedem Versuch geben wir das Zielobjekt in den Packen zurück, damit wir immer eine gleiche Zahl aller Zielobjekte haben, wir mischen und gehen zum nächsten Versuch über.

ist, kann es geschehen, daß er eine richtige Antwort notiert, gleichgültig welche Aussage die Versuchsperson macht.*

d) Natürlich bleibt immer die Gefahr bestehen, daß ein verantwortungsloser Assistent (oder sogar der Experimentator) die Daten fälscht. Die Motive für Betrug können höchst vielfältig sein.

2. Mängel aus dem Gesichtspunkt der statistischen Auswertung:

a) Statistische Auswertungsverfahren dürfen rechtmäßigerweise nur angewandt werden, wenn die Daten bestimmte Bedingungen erfüllen: Es müssen genügend Daten für eine statistische Behandlung vorhanden sein; zu wenig Daten z. B. können zu verzerrten Schlüssen führen. Die verschiedenen Zielobjekte müssen gleich oft vertreten, voneinander unabhängig und der Versuchsperson in zufälliger (einzig vom Zufall bestimmter) Reihenfolge präsentiert worden sein. Wenn wir nicht für eine absolute Zufälligkeit sorgen, wenn beispielsweise ein Zielobjekt vorherrscht oder wenn in der Folge der Zielobjekte Nichtzufallsmuster vorkommen, können wir zu irrigen Schlüssen verleitet werden.

b) Es empfiehlt sich immer, im vorhinein zu bestimmen, wie lange das Experiment sein, d. h. wie viele einzelne Versuche es umfassen soll. Andernfalls kann der Einwand erhoben werden, wir hätten das Experiment genau im richtigen Moment beendet: Das Spiel des Zufalls habe uns zum Glück geholfen, eine signifikante Zahl richtiger Antworten anzuhäufen; und wir hätten aufgehört, bevor sich die Gesetze des Zufalls ganz bemerkbar machen und die Signifikanz durch eine Anhäufung von Fehlern wieder in ein Zufallsergebnis verwandeln konnten.

Nach diesen einleitenden Erklärungen können wir mit dem Hauptexperiment beginnen. Wir legen fest, wie viele Versuche gemacht werden (siehe 2 b), und notieren die Zahl in unserem Experimentalbericht.

---

* Es gibt verschiedene Mittel gegen Fehler dieser Art: 1. Wir sorgen dafür, daß der Experimentator die richtige Antwort nicht kennt. 2. Wir benützen automatische Aufzeichnungsvorrichtungen. 3. Wir fordern zwei oder mehr Experimentatoren auf, die Testdaten unabhängig voneinander aufzuzeichnen.

Als nächstes gehen wir daran, alle Möglichkeiten der Sinneswahrnehmung und des rationalen Folgerns auszuschalten (siehe 1 a und 1 b).

Wir nehmen alle Zielobjekte aus ihren Umschlägen und mischen Zielobjekte und Umschläge getrennt. Wenn wir das nicht tun, besteht die Möglichkeit, daß die Versuchsperson einige Umschläge an Kratzern oder anderen Unregelmäßigkeiten auf der Oberfläche erkennt und sich erinnert, welche Karte darin war.

Wir bitten eine andere Person, einen Freund oder Assistenten, in ein anderes Zimmer oder hinter einen Wandschirm zu gehen, die Zielobjektkarten in die Umschläge zu stecken und uns den Stapel dann zu bringen. Auf diese Weise stellen wir sicher, daß wir selbst die Zielobjekte in den Umschlägen nicht kennen und der Versuchsperson die richtige Antwort auch nicht unbewußt verraten können.

Wir nehmen den Stapel von unserem Assistenten und mischen. Indem wir die ursprüngliche Reihenfolge verändern, machen wir es auch dem Assistenten unmöglich zu wissen, welche Karte in welchem Umschlag steckt; wir schalten so jede Möglichkeit aus, daß er Informationen an die Versuchsperson weitergibt.

Dann kennzeichnen wir jeden Zielobjektumschlag – am besten auf der Rückseite – zur späteren Überprüfung (z. B. mit den Ziffern 1, 2, 3 usw.).

Als nächstes präsentieren wir den ersten Umschlag der Versuchsperson und lassen sie ihre Aussage machen. Wir notieren in unserem Bericht 1. die Kennziffer des Zielobjekts und daneben 2. die Aussage der Versuchsperson. Anschließend legen wir den Umschlag beiseite, ohne ihn zu öffnen. Wir lassen das Zielobjekt unversehrt, kontrollieren in diesem Stadium *nicht*, ob die Versuchsperson recht hatte oder nicht, sondern machen sofort mit dem nächsten Zielobjekt weiter. Würden wir den Umschlag in diesem Stadium kontrollieren, bestünde immer eine Möglichkeit, daß die Information irgendwie unabsichtlich an die Versuchsperson weitergeht. Diese könnte dann ihre Trefferzahl verbessern, indem sie folgert, welche Zielobjekte noch in dem Stapel verblieben sind.

Wir präsentieren der Versuchsperson den zweiten Umschlag und notieren (unter den entsprechenden Daten vom vorhergehenden Versuch) die Kennziffer des Umschlags und die Aussage der Versuchsperson. Der Umschlag wird dann auf das vorausgegangene Zielobjekt gelegt.

Auf diese Art machen wir weiter, bis der ganze Stapel durchgearbeitet ist. Erst wenn wir alle Versuche einer Serie abgeschlossen haben, machen wir uns an die Kontrolle der Daten.

Wir nehmen den Stoß der Umschläge (beachten Sie: Der letzte Umschlag liegt obenauf). Dann decken wir mit einem Blatt Papier oder einem anderen undurchsichtigen Gegenstand den Teil der Aufzeichnungen ab, wo wir die Aussagen der Versuchsperson notiert haben. Durch das Abdecken der Aussagen der Versuchsperson verringern wir die Gefahr von Fehlern aus Motivation. Sähen wir die Aufzeichnungen, würde uns das möglicherweise ablenken und wir könnten gelegentlich unbewußt die Aussage der Versuchsperson kopieren, statt das wirkliche Zielobjekt zu notieren.

Nach dem Abdecken der Spalte mit den Aussagen der Versuchsperson nehmen wir den obersten Umschlag von dem Stoß (derjenige, der als letzter an der Reihe gewesen war), öffnen ihn, holen die Zielobjektkarte heraus und notieren an der entsprechenden Stelle unseres Aufzeichnungsblattes – wir beginnen also von unten – das wirkliche Zielobjekt. Zur Kontrolle können wir daneben auch die Kennziffer des Umschlags vermerken (die mit jener in der ersten Spalte übereinstimmen muß, wie wir sie beim Aufzeichnen der Aussage der Versuchsperson notierten). Genauso verfahren wir mit den anderen Zielobjekten und notieren, vom unteren Ende der Spalte bis zum oberen, welches die wirklichen Zielobjekte waren.

Auf diese Weise erhalten wir zwei Kolonnen mit Angaben: Aussagen der Versuchsperson und wirkliche Zielobjekte. Aus dieser Aufzeichnung können wir dann leicht die Zahl der richtigen Aussagen (Treffer) und die Zahl der falschen (Fehler) errechnen.

Wir haben somit die erste Serie (oder Reihe) unseres Experiments abgeschlossen. Nun mischen wir erneut Karten und Umschläge getrennt und bitten unseren Assistenten, hinter den Wandschirm (oder ins Nebenzimmer) zu gehen und einen neuen Satz Zielobjekte vorzubereiten, indem er die Karten wieder in die Umschläge steckt, diesmal in anderer Reihenfolge.

Wenn er sie zurückbringt, führen wir die zweite Serie genauso durch wie zuvor die erste: Wir mischen den Packen, geben der Versuchsperson nacheinander die Umschläge, sie macht die Aussage über das Zielobjekt, und wir notieren in Kolonnen erstens die Kennziffern und zweitens die Aussagen der Versuchsperson, anschließend schreiben wir wieder von unten nach oben die wirklichen Inhalte der Umschläge auf und zählen die richtigen Aussagen.

Nach genau demselben Verfahren machen wir Reihe 3, 4 usw., bis wir die Zahl der Versuche erreichen, die im vorhinein für das Experiment festgelegt wurde.

Haben wir alle Daten gesammelt, werten wir das Resultat mit Hilfe der Formeln oder der Tabellen im nächsten Kapitel aus.

Experiment 2: Suche verborgener Gegenstände

Erforderliches Material

1. Mehrere absolut gleiche Behälter. Die Anzahl hängt davon ab, mit welcher Zahl von Wahlmöglichkeiten wir arbeiten wollen.
2. Einen Gegenstand, der in einem dieser Behälter verborgen wird. Es kann sich um eine Münze handeln, einen Zettel, einen Knopf, ein Bonbon – irgend etwas. Wir raten jedoch zu einem leichten Gegenstand. Ist der Gegenstand zu schwer und wird das Experiment auf einem Tisch durchgeführt, der mit einem Tischtuch bedeckt ist, könnte ein Behälter mit zu schwerem Gegenstand sich tiefer in das Tischtuch eindrücken und so den Gegenstand in seinem Inneren verraten. Ausgeschlossen sind Gegenstände, die man mit scharfen Sinnen wahrnehmen kann: Uhren, Parfüms usw.

Das Experiment

Wie beim vorhergehenden Experiment (und auch in den folgenden Experimenten) sollten eine Trainingssitzung und ein Pilottest durchgeführt werden. Es ist nicht nötig, daß wir uns wiederholen und beides hier nochmals beschreiben. Deshalb werden wir gleich das Hauptexperiment schildern.

Die grundlegende Aufgabe für die Versuchsperson besteht darin, das Zielobjekt zu finden, das in einem der Behälter verborgen ist. Die Suche kann auf verschiedene Arten erfolgen: Die Versuchsperson kann lediglich »raten« oder sich vorstellen, daß die Behälter durchsichtig seien; sie kann die Hand über die Behälter strecken und auf ein besonderes Gefühl achten – als spüre sie eine »Ausstrahlung« von dem Gegenstand; oder die Versuchsperson kann, wie in unserem gegenwärtigen Beispiel, automatische Bewegungen benutzen, sichtbar gemacht durch das Pendel.

Wenn Sie (als Versuchsperson) ein Pendel verwenden, werden Sie es nacheinander in der ausgestreckten Hand über jeden der Behälter halten. Sie werden versuchen, die Hand stillzuhalten, aber gleichzeitig im Geist die Frage stellen: »Ist der Gegenstand hier verborgen?« Und dann werden Sie warten, bis das Pendel sich zu bewegen beginnt.

Vor Testbeginn müssen Sie aber noch herausfinden, welche Bedeutung die einzelnen Bewegungen des Pendels für Sie haben. Das Pendel kann sich in verschiedene Richtungen bewegen und auch in unterschiedlicher Art: es kann gerade hin- und herschwingen oder sich im Kreis bewegen. Sie halten darum das Pendel über einen leeren Behälter und dann über den vollen Behälter und achten darauf, welche Bewegung das Vorhandensein des aufzuspürenden Gegenstandes anzeigt. (Beachten Sie, daß bei verschiedenen Versuchspersonen diese Antwortbewegung unterschiedlich ausfallen kann. Für sie mag seitliches Hin- und Herschwingen »Nein« und Auf-Sie-zu-Schwingen »Ja« bedeuten; für jemand anderen mag Kreisschwingen linksherum »Nein« und Kreisschwingen rechtsherum »Ja« bedeuten.)

Wenn Sie wissen, welche Bewegung das Vorhandensein des verborgenen Gegenstandes anzeigt, könnten Sie mit dem Test beginnen.

Sie bitten einen Freund oder Assistenten, die Zielobjekte vorzubereiten. Er wird den Gegenstand in einen der Behälter legen, dann alle Behälter vor die Versuchsperson stellen. Danach verläßt er den Raum oder zieht sich an eine Stelle zurück, von wo er keine Möglichkeit hat, der Versuchsperson eine Information zukommen zu lassen. (Erinnern Sie sich: die Information muß nicht unbedingt bewußt übermittelt werden; sie kann unabsichtlich auch durch »Körpersprache« gegeben werden, durch Zeichen der Ungeduld, wenn die Versuchsperson falsch reagiert, oder durch Zeichen wachsenden Interesses, wenn die Reaktion richtig ist.)*

* Bleibt der Assistent bei der Versuchsperson im Zimmer, müssen wir eine weitere Sicherheit gegen das Durchsickern von Informationen einbauen: Eine von der Versuchsperson verschiedene Person ändert die Positionen der Behälter beliebig durch Verschieben; bei der Verschiebung besteht jedoch die Gefahr, daß die bewegende Person den Behälter mit Inhalt am Gewicht erkennt und die Information unbewußt der Versuchsperson weitergibt.

Die Behälter werden vor die Versuchsperson, deren Pendelantwort erbeten wurde, gestellt, möglichst so, daß keiner eine bevorzugte Position einnimmt.

Die Versuchsperson hält dann das Pendel über jeden Behälter, bis es sich zu bewegen beginnt und seine Bewegung das Vorhandensein des verborgenen Gegenstandes in einem der Behälter anzeigt.

Sie (als Versuchsleiter) notieren im Bericht die Aussage der Versuchsperson, d. h. die Anzeige des Pendels, und kontrollieren die Richtigkeit, indem Sie den Behälter öffnen. Anschließend vermerken Sie das Ergebnis in Ihren Notizen.

Nun können Sie zum nächsten Versuch übergehen: Sie rufen den Assistenten herein, er nimmt den Gegenstand aus dem Behälter und legt ihn in einen, der zufällig ausgewählt wird (vermutlich ist es ein anderer Behälter, doch es kann auch vorkommen, daß er den Gegenstand in denselben Behälter legt wie zuvor). Dies geschieht in solcher Weise, daß keiner der Anwesenden auf dem Sinnesweg etwas über die neue Placierung des Gegenstandes erfährt: der Assistent muß während seiner Arbeit abgeschirmt sein, und er verändert dabei die Position *aller* Behälter. Dann verläßt er den Raum wieder.

Wieder versucht die Versuchsperson herauszufinden, welcher der Behälter den Gegenstand birgt. Die Aussage der Versuchsperson wird aufgezeichnet, der Behälter geöffnet und das Versuchsergebnis notiert.

Das ganze Verfahren wird wiederholt, bis die gewünschte Zahl von Versuchen absolviert ist. Das Gesamtergebnis wertet man dann mit Hilfe der Formel oder der Tabellen im nächsten Kapitel aus.

Experiment 3: Beispiele von qualitativen Experimenten

Die qualitativen Experimente, bei welchen die Versuchsperson ihre Eindrücke frei schildert, sind zwar weniger exakt als die quantitativen, zugleich aber sind sie viel spannender und interessanter, was oft ein besseres Resultat zur Folge haben kann. Wenn Sie so einen Versuch machen möchten, haben Sie eine fast unbegrenzte Auswahl an Möglichkeiten.

Ein Freund kann Ihnen einen Gegenstand vorbereiten, der eine interessante Geschichte hat, und Sie können aus diesem Gegenstand diese Historie erspüren oder mindestens den Eigentümer beschreiben.

Oder Sie treffen mit dem Freund eine Abmachung, daß er zu einer bestimmten Zeit irgend etwas ruhig anschauen wird. Es kann alles mögliche sein: ein Gegenstand, ein Bild, eine Szene an entferntem Ort; oder er kann sogar eine bestimmte Aktivität durchführen. Selbstverständlich sagt Ihnen der Freund nichts darüber. Sie versuchen zu derselben Zeit, sich zu entspannen und zu erspüren, was der Freund sieht und erlebt.

Bei anderer Gelegenheit Sie lassen den Freund ein einfaches Bild zeichnen, und Sie versuchen seine Zeichnung zu sehen und nachzuzeichnen.

Wiederum soll man hier einige Regeln beachten: Ihr Freund muß bei dem Experiment weit genug entfernt sein, um Ihnen keine Zeichen geben zu können. Er sollte keinesfalls anwesend sein, wenn Sie Ihre Eindrücke erhalten. Seine Reaktionen auf Ihre Eindrücke könnten nämlich etwas über die Zielobjekte verraten. Auch sollten Sie über den Versuch ein genaues Protokoll schreiben, in dem Sie notieren, was Sie sahen oder erlebten, und Bilder zeichnen und eventuell (wenn etwas symbolisch erlebt wurde) die Symbole deuten. *(Es ist sehr wichtig, daß man eine genaue Aufzeichnung hat, die man später nicht ändern kann!)* Und erst *nachher* nehmen Sie mit dem Freund Verbindung auf und verifizieren, wie genau Ihre Erlebnisse der Realität entsprachen.

Experiment 4: Präkognitionstest mit dem Aufzeichnungsblatt

Erforderliches Material

Kariertes Papier und darauf, auf jedem Bogen, durchsichtiges beziehungsweise Transparentpapier (siehe umseitige Abbildung).

Verwendung des Materials

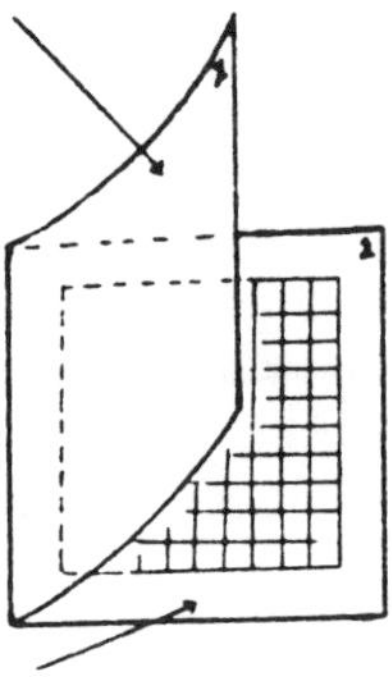

1. Numerieren Sie beide Bogen zur späteren Identifizierung.
2. Schreiben Sie Ihre Vorhersage auf den durchsichtigen Bogen und lassen Sie den unteren Bogen leer.
3. Nehmen Sie den durchsichtigen Bogen weg.
4. Bestimmen Sie die Zielobjekte nach einem Zufallsverfahren und notieren Sie sie in den Karos des unteren Bogens.
5. Vergleichen Sie beide Bogen und zählen Sie die Treffer und die Fehler.

Die Zahl der Karos auf jedem Bogen hängt von der Entscheidung des Experimentators ab. Eine geeignete Zahl sind 100 Karos (10 Reihen zu je 10) pro Bogen. Zu viele Karos könnten bei der Versuchsperson während des Test Langeweile hervorrufen und die Resultate verschlechtern.

Der Experimentator sagt der Versuchsperson, daß irgendwann in der Zukunft einige Zeichen in die Karos auf dem unteren Bogen geschrieben würden, und er sagt ihr auch, was für Zeichen.

Die Wahl dieser Zeichen bleibt völlig der Phantasie des Experimentators überlassen. Es kann sich um Zahlen, Buchstaben, Zeichen wie ein Kreuz oder einen Kreis oder sogar um Farbflecken handeln. Auch die Zahl der verschiedenen Wahlmöglichkeiten steht im Ermessen des Experimentators – Voraussetzung ist nur (wie bei allen Experimenten, die statistisch ausgewertet werden sollen), daß alle Möglichkeiten gleich oft vertreten sind.

Die Versuchsperson wird nun aufgefordert, das zukünftige Muster der Symbole auf dem unteren Bogen vorherzusagen und die Symbole entsprechend auf den obenliegenden durchsichtigen Bogen zu zeichnen. (Es ist, als würde man die Symbole vom unteren Bogen auf den oberen kopieren bzw. durchzeichnen; nur daß hier Symbole gezeichnet werden, die im Augenblick noch nicht existieren, sondern erst später existieren werden.)

Achten Sie darauf, daß beide Bogen, der untere und der durchsichtige, gekennzeichnet werden, damit man später weiß, welche zusammengehören, z. B. durch Numerierung rechts oben.

Dann lassen Sie die Versuchsperson ihre Vorhersage machen; sie notiert die vorhergesagten Symbole auf dem transparenten Bogen, während dieser auf dem – noch leeren – unteren Bogen liegt. Am besten benutzt sie dazu einen weichen Bleistift, damit auf dem unteren Bogen keine Eindrücke zurückbleiben. Doch selbst falls Eindrücke entstehen – sie können die Gültigkeit der Ergebnisse nicht beeinträchtigen, wenn man bei der Auswahl der einzutragenden Zielobjekte ein unabhängiges Verfahren anwendet. Aus diesem Grund müssen Sie die Zielobjekte, die in die einzelnen Karos eingetragen werden sollen, unbedingt mittels eines Zufallsverfahrens bestimmen.

Nach der Vorhersage Ihrer Versuchsperson nehmen Sie den transparenten Bogen ab und verwahren ihn (prüfen Sie nochmals, ob auch beide Bogen mit Kennziffern versehen sind).

Nun tragen Sie die Symbole in die Karos des unteren Bogens ein. Bestimmen Sie die Reihenfolge unbedingt mittels eines Zufallsverfahrens (wie oben beschrieben). Die Symbole können hineingeschrieben, -gestempelt oder sogar -geklebt werden, wenn Sie wollen.*

Zum Schluß vergleichen Sie die ausgefüllten Zielobjektbogen mit den Vorhersagebogen und zählen die Treffer. Benutzen Sie bei der statistischen Analyse die Formel im nächsten Kapitel.

Experiment 5: Der Differenzeffekt

Dem uns vorliegenden empirischen Beweismaterial zufolge hat das am leichtesten wiederholbare ASW-Experiment die Demonstration des *Differenzeffekts* zum Gegenstand. Dieser ist ein besonderes Merkmal der ASW, das man beobachten kann, wenn man das Experiment *unter zwei Bedingungen* durchführt. Ist eine Bedingung für die Versuchsperson angenehm und die andere unangenehm, wird die Versuchsperson im angenehmen Teil bessere Ergebnisse erzielen.

Der Unterschied in den Bedingungen kann sehr vielfältiger Art sein – dennoch wirkt der Differenzeffekt ziemlich regelmäßig. Mit

* Falls Sie mehrere Aufzeichnungsbogen verwenden und die Symbolreihenfolge mittels der Tabelle von Zufallszahlen bestimmen, können Sie alle Bogen nacheinander ausfüllen, ohne die Zufallsreihenfolge zu unterbrechen.

einer hinreichend lebhaften Phantasie können wir uns fast endlose Kombinationen von angenehmen (positiven) und unangenehmen (negativen) Bedingungen ausdenken. Zum Beispiel:

- Wir machen es der Versuchsperson bequem – oder unbequem.
- Die Versuchsperson glaubt an Erfolg – sie glaubt nicht daran.
- Die Versuchsperson hat Gelegenheit erhalten, an der Auswahl des Zielobjektmaterials mitzuwirken – sie wird gezwungen, Zielobjektmaterial zu benutzen, das sie nicht mag.
- Der Versuchsleiter verhält sich freundlich – unfreundlich.
- Das Experiment findet in einer hübschen Umgebung statt – an einem häßlichen Ort.
- Die Versuchsperson wird ermutigt – entmutigt.
- Die Versuchsperson ist interessiert – gelangweilt.
- Das Experiment wird an einem ruhigen Ort durchgeführt – an einem Ort, wo großer Lärm und starke Ablenkung herrschen.
- Nur angenehme Menschen sind anwesend – ein unangenehmer Mensch bekommt Zutritt.
- Die Versuchsperson hat gut gegessen – sie ist hungrig.
- Die Versuchsperson hatte bei einer wichtigen Unternehmung Erfolg – sie war erfolglos und ist enttäuscht.
- Das Experiment wird zu einer Zeit durchgeführt, die der Versuchsperson angenehm ist – zu einer ungünstigen Zeit, und die Versuchsperson fühlt sich belästigt.
- Die Versuchsperson ist gesund und frisch – müde oder krank.
- Die Versuchsperson ist gehobener Stimmung – deprimiert.

  Und ähnliche differierende Bedingungen mehr.

Wir erwarten unter besseren Bedingungen immer bessere Ergebnisse. Gewöhnlich erbringen bessere Bedingungen ein Ergebnis, das über der Zufallserwartung liegt, wogegen unter schlechten Bedingungen die Ergebnisse unter der Zufallserwartung bleiben.

Es gibt lediglich *zwei Hauptbedingungen*, die wir erfüllen müssen, wenn wir die vorerwähnte Regel in die Praxis umsetzen wollen:

1. Wir müssen bei unserer Untersuchung eine genügend große Zahl Personen einsetzen; ich würde zwanzig oder mehr empfehlen. Würden wir uns nur auf eine Versuchsperson stützen, könnte irgendeine unkontrollierte Kombination von Fakten auftreten, die eine Umkehr der Regel bewirken und zu einem unerwarteten Ergebnis führen würde. (Ein Beispiel: die Versuchsperson könnte

sich während des positiven Teils unseres Experiments müder fühlen; sie könnte kurz vor Beginn des negativen Teils eine angenehme Nachricht erhalten oder sich daran erinnern und daher während des gesamten negativen Teils in gehobener Stimmung sein.) In einem so delikaten Experiment wie hier können die Zufallsschwankungen unter Versuchspersonen und unkontrollierte winzige Veränderungen der Bedingungen immer noch die Ergebnisse ungeheuer beeinflussen.
2. Die Versuchsperson darf nicht wissen, welches Ergebnis man von ihr erwartet. Wenn sie es im Zuge des Experiments erfährt, können sich komplexe Motivationsfaktoren stark auf ihre Leistung auswirken. (Wenn sie beispielsweise den Zweck unserer Versuche, die Situation unangenehm zu gestalten, kennt, dann könnte ihr Interesse zunehmen, und diese gesteigerte Motivation könnte ihre Leistung wesentlich verbessern.)

Sind wir darauf vorbereitet, diese beiden Bedingungen konsequent und unter allen Umständen zu erfüllen, dann müßten wir in der Lage sein, in unserem Experiment ASW zu demonstrieren.

Wir können jedes der Experimente aus dem vorhergehenden Kapitel benutzen. Als erstes müssen wir entscheiden, welches Experiment wir durchführen wollen. Ich empfehle, zunächst das Experiment zu wählen, das bei Ihren Übungstests am glattesten verlief. Denken Sie daran: Jede Unbeholfenheit des Experimentators, jede Holprigkeit im Ablauf des Experiments ist ein unangenehmes Merkmal mehr und verzerrt die Resultate in unkontrollierter Weise.

Haben Sie sich für das Experiment entschieden, das Sie durchführen wollen, müssen Sie festlegen, welches Merkmal Sie zu variieren gedenken: Zuerst gilt es zu planen, wie Sie während des positiven Teils Ihres Tests angenehme Bedingungen schaffen, und dann, wie Sie die Bedingungen für den negativen Teil verschlechtern. Wählen Sie nur *eine einzige Variable*, um die Differenz herbeizuführen.

Wenden Sie wirklich große Mühe auf, planen Sie wirklich alle Einzelheiten des Tests und treffen Sie alle nötigen Vorbereitungen – so daß der positive Teil des Experiments auch tatsächlich angenehm und ohne Störung abläuft. Im Pilottest läßt sich erproben, wie glatt alle Einzelheiten des Tests verlaufen.

Wenn wir überzeugt sind, daß alles zu unserer Zufriedenheit verlaufen wird, beginnen wir das Hauptexperiment.

Wir zählen die Versuchspersonen durch. Mit der Hälfte derselben – jenen mit ungeraden Zahlen – beginnen wir den Test unter angenehmen Bedingungen, und nachdem wir den Test halb durchgeführt haben, verändern wir die Bedingungen für den negativen, unangenehmen Teil.

Mit der zweiten Hälfte der Versuchspersonen – jenen mit den geraden Zahlen – verfahren wir genau umgekehrt: Wir führen die erste Testhälfte unter negativen Bedingungen durch und schaffen dann für den zweiten Teil angenehme Bedingungen.

Anmerkung:

Wir könnten tatsächlich das Experiment auch mit *allen* Versuchspersonen so durchführen, daß die angenehmen Bedingungen den unangenehmen vorausgehen. Dies würde vermutlich sogar die Differenz zwischen beiden Bedingungen vergrößern und unser Ergebnis noch verblüffender machen.* Natürlich wäre der Versuchsleiter dann glücklicher. Ich glaube jedoch, daß es sogar in diesem Übungsexperiment klüger ist, wissenschaftliche Präzision walten zu lassen und sich an wissenschaftliches Arbeiten zu gewöhnen – selbst um den Preis, ein weniger beeindruckendes Ergebnis zu erhalten. Wir sollten immer versuchen, *reine Experimente* durchzuführen; d. h. Experimente, in denen wir den Einfluß *eines einzigen Faktors* isolieren. Experimente dieser Art erhöhen den wissenschaftlichen Wert: Es wird immer nur ein einziger Faktor verändert und untersucht, und zusätzliche, unkontrollierte Variationen verzerren nicht das Ergebnis. Außerdem wollen wir in unserem Experiment ja nur den Einfluß dieses einzigen Faktors untersuchen, den wir gewählt haben, um einen Wechsel zwischen günstigen und ungünstigen Bedingungen herbeizuführen. Wir wollen nicht, daß das Ergebnis unserer Untersuchung durch eine weitere Variation verzerrt wird – das Zeitelement. Den Zeitfaktor schalteten wir aus, indem wir verfügten, daß

* Es ist leichter, gute Bedingungen zu zerstören, als nach einem unangenehmen Beginn gute Bedingungen zu schaffen. Beim zweiten Teil der Versuchspersonen wird es uns wahrscheinlich nicht gelingen, die besten angenehmen Bedingungen zu schaffen, und der Differenzeffekt wird weniger ausgeprägt sein. Andererseits steht zu erwarten, daß im zweiten Teil alle Versuchspersonen müder, gelangweilter und weniger interessiert sein werden. Dies trägt zur Unangenehmheit der Situation im zweiten Testteil bei.

die Versuchspersonen mit ungeraden Zahlen unter positiven Bedingungen und jene mit geraden Zahlen unter negativen Bedingungen beginnen sollten.

Statistische Auswertung

Die *statistische Auswertung* des Ergebnisses kann auf zwei Arten erfolgen:

1. Wir können die statistische Signifikanz des Unterschieds zwischen den Ergebnissen unter beiden Bedingungen ermitteln.
2. Oder – besser noch – wir können die Treffer der einzelnen Versuchspersonen als getrennte Einheiten betrachten und nach der X^2-Methode analysieren:
   a) Zahl der Versuchspersonen, die unter angenehmen Bedingungen ein Ergebnis über der Zufallserwartung erzielten;
   b) Zahl der Versuchspersonen, die unter angenehmen Bedingungen ein Ergebnis unter der Zufallserwartung erzielten;
   c) Zahl der Versuchspersonen, die unter unangenehmen Bedingungen ein Ergebnis über der Zufallserwartung erzielten;
   d) Zahl der Versuchspersonen, die unter unangenehmen Bedingungen ein Ergebnis unter der Zufallserwartung erzielten.

Das gleiche Experiment können wir auch in einer variierten Form durchführen:

Wir machen mit allen Versuchspersonen den gleichen Test und versuchen nicht, die Bedingungen zu ändern; dann, bevor wir die Daten analysieren, teilen wir* die Versuchspersonen in zwei Gruppen: Eine Gruppe besteht aus jenen Versuchspersonen, die das Gefühl hatten, positiven Bedingungen (unter denen wir positive Ergebnisse erwarten) ausgesetzt zu sein und die zweite Gruppe umfaßt jene Versuchspersonen, die nach deren Meinung unter negativen Bedingungen (wo wir negative Ergebnisse erwarten) getestet wurden.

Die Trennung in zwei Gruppen kann aufgrund eines Interviews erfolgen, oder wir können einen Fragebogen verwenden, der dazu bestimmt ist, das Merkmal zu messen, das wir untersuchen wollen.

---

* Aus offensichtlichen Gründen muß dies von einer Person gemacht werden, die nichts über die Ergebnisse der Versuchspersonen weiß. Eine Kenntnis der Ergebnisse könnte die Objektivität der Teilung beeinträchtigen.

Wenn wir beispielsweise die Versuchspersonen in solche trennen wollen, die an ASW glauben, und solche, die nicht daran glauben, können wir folgenden Fragebogen benutzen:

Fragebogen

1. Glauben Sie, daß Sie in diesem Test Erfolg haben werden?
   a) Das ist unmöglich.
   b) Ich weiß es nicht.
   c) Ja, wenigstens einen kleinen.
2. Haben Sie Glück, wenn Sie etwas zu erraten oder vorherzusagen versuchen, z. B. Resultate von Spielen?
   a) Selten, oder ich versuche es selten.
   b) Manchmal.
   c) Ja, sehr oft.
3. Möchten Sie gern über ASW verfügen?
   a) Nein.
   b) Ich weiß es nicht, oder ich habe noch nie darüber nachgedacht.
   c) Ja.
4. Wie gefällt Ihnen dieser Test?
   a) Nicht sehr.
   b) Ich mache ihn ganz gern, aber ohne Begeisterung.
   c) Es gefällt mir, und ich möchte das bestmögliche Ergebnis erzielen.

Wir können die Versuchspersonen auch anhand anderer Merkmale trennen, welche die Differenz zwischen angenehm und unangenehm ausmachen.

So können wir beispielsweise vergleichen:

- Versuchspersonen, die das Experiment (oder den Experimentator) mochten – und solche, die es (oder ihn) nicht mochten.
- Versuchspersonen, die sich glücklich fühlten – oder deprimiert.
- Versuchspersonen voll Selbstvertrauen – oder voller Zweifel.
- Versuchspersonen, die interessiert waren – oder gelangweilt.
- Versuchspersonen mit guten zwischenmenschlichen Beziehungen – oder mit schlechten.

Und ähnliches mehr.

In einer noch anderen Variation können wir verschiedene Zielobjektmaterialien benutzen – einen Satz mit angenehmen »Untertönen« und einen zweiten mit unangenehmen Merkmalen – und die Ergebnisse vergleichen.

Sie können hier eine immense Zahl Variationen ersinnen und untersuchen, ganz nach Ihren persönlichen Vorlieben und Interessen. Bestimmt finden Sie leicht Bedingungsvariationen, die noch nicht erforscht worden sind, und dann erhalten Ihre Experimente einen neuen Charakter: sie werden zu originalen Forschungsarbeiten, die neue wissenschaftliche Kenntnisse erbringen.

Haben Sie dieses Stadium einmal erreicht – jenes originaler wissenschaftlicher Beiträge –, wollen Sie sicher Originalberichte durchstudieren, die Forschungsarbeiten anderer Parapsychologen beschreiben, und Sie werden auch Gelegenheit zur Kontaktaufnahme mit anderen Parapsychologen suchen.

Statistische Auswertung von Daten

Zweck dieses Kapitels ist es, Ihnen Einblick in die Prinzipien zu geben, die bei der statistischen Auswertung von Forschungsdaten angewandt werden. Außerdem werden einige einfache Verfahren beschrieben, die Ihnen eine Analyse Ihrer eigenen Daten ermöglichen.

Wir werden hier komplizierte Rechnungen vermeiden und nur einige wenige grundlegende Formeln und Tabellen präsentieren, die von Statistikern zu Anwendung in jeder Wissenschaft entwickelt wurden; außerdem wollen wir dem Leser zeigen, wie er sie zur Auswertung von Ergebnissen seiner Experimente anwenden muß. Ich glaube, nur wenn ich alle theoretischen Schwierigkeiten und Komplexitäten der mathematischen Praxis ausschalte, kann ich *jedermann* – auch Leser, die sich nicht für Mathematik interessieren – mit Erfolg auffordern, einen Versuch zu machen, die erzielten Ergebnisse wenigstens einer einigermaßen richtigen Auswertung zu unterziehen.

Wer dabei die Notwendigkeit einer objektiven Auswertung erkennt und die Antworten auf seine Fragen ans Licht kommen sieht, wird vielleicht neugierig genug, um die statistischen Methoden gründlicher zu studieren.

Natürlich stellen wir hier nur einfachste Methoden vor, die sich bei den beschriebenen Experimenten anwenden lassen. Wer mit eigenen Forschungsobjekten weitermachen will, kommt möglicherweise ohne kompliziertere Verfahren nicht aus. Die Statistik hat sich zu einer Spezialwissenschaft mit ganz speziellen Problemen, Finessen und Fallstricken entwickelt. Deshalb ist es in schwierigeren Situationen immer ratsam, einen Fachstatistiker zu konsultieren.

Was ist Statistik?

Jede statistische Auswertung besteht im wesentlichen aus Standardverfahren, mittels derer wir zuverlässige Antworten auf die Frage finden: Wie wahrscheinlich oder unwahrscheinlich ist es, daß ein bestimmtes Ergebnis durch Zufall auftritt.

Stellen wir uns beispielsweise vor, wir hätten eine große Klasse von Mittelschülern und messen die Körpergröße der Schüler. Einige werden sehr groß sein, andere sehr klein, doch die Größe der Mehrzahl wird irgendwo beim Durchschnittswert liegen. Die Größenverteilung wird ungefähr der glockenförmigen Kurve auf dem folgenden Diagramm entsprechen:

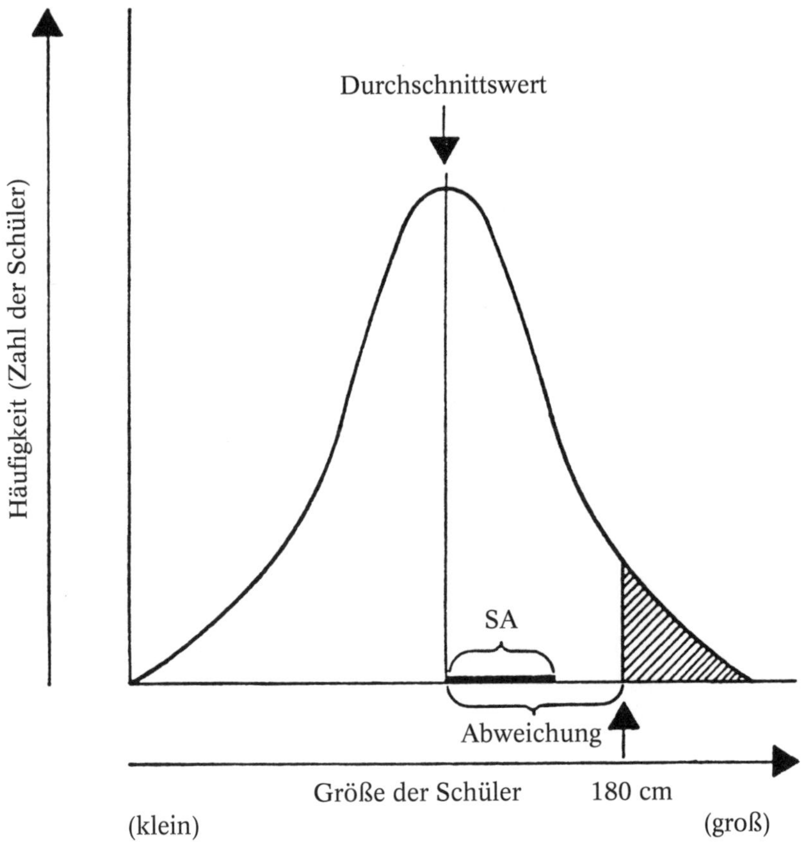

Wenn wir nun einen Schüler haben, der größer ist als die anderen (beispielsweise 180 cm mißt), wollen wir vielleicht wissen, ob er ein außergewöhnlicher Riese ist oder ob man ihn noch als normal, wenn auch als größer als die anderen, ansehen kann. Wir fragen nun, wie wahrscheinlich es ist, daß ein solcher Schüler in unsere Klasse gerät. Stellen wir fest, daß es ziemlich wahrscheinlich ist, sehen wir ihn als normal an; stellen wir fest, daß es höchst unwahrscheinlich ist, schließen wir, daß er außergewöhnlich groß ist.

Anmerkung: die Statistik sagt nicht, *warum* er außergewöhnlich groß ist. (Er kann älter sein als die anderen, an irgendeiner Wachstumsanomalie leiden oder sich genetisch von anderen unterscheiden und große Eltern haben.) Die Statistik konstatiert lediglich die Tatsache; die Erklärung muß in den Bedingungen gesucht werden, unter denen das ungewöhnliche Ereignis auftritt.

Anzumerken wäre ferner, daß die statistische Auswertung nur angewandt wird, wenn wir Zweifel haben. Würde unser Schüler 240 cm messen, stünde außer Zweifel, daß er ungewöhnlich groß ist, und wir kämen ohne Statistik aus. Doch wenn er 180 cm mißt, sind wir nicht sicher, und dann suchen wir die Antwort mittels einer statistischen Auswertung.

Zu diesem Zweck müssen wir die erwartete Größenverteilung bei den Schülern kennen (wie durch die glockenförmige Kurve in unserem Diagramm dargestellt). Dann müssen wir das Verhältnis der schraffierten Fläche (die den ebenso großen – 180 cm – oder noch größeren Schülern entspricht) zur restlichen, unschraffierten Fläche unter der Kurve (die den kleineren Schülern entspricht) errechnen. Den Wert $\sqrt{z \cdot w \cdot q}$, der noch erklärt und bei späteren Berechnungen verwendet wird (»Standardabweichung« oder kurz SA genannt), kann man sich als eine Art Maßstab vorstellen, der die Abweichung des beobachteten Ergebnisses vom Durchschnittswert mißt.

Genau wie die Größe von Schülern – und viele andere Ereignisse in Natur und Gesellschaft – tendieren auch die Ergebnisse von ASW-Tests zu einer Verteilung gemäß einer solchen glockenförmigen Kurve. Wenn wir ASW als gegeben feststellen wollen, versuchen wir mit unseren Berechnungen zu ermitteln, ob die Abweichung des beobachteten Ergebnisses vom Durchschnittswert groß genug ist, um den Schluß zuzulassen, daß das Ergebnis ungewöhnlich sei. Mit anderen Worten: wir versuchen zwischen zwei Aussagen (Hypothesen) zu unterscheiden:

H_1: Die Beobachtung entspricht so ziemlich dem, was wir normalerweise erwarten würden, d.h., der beobachtete Wert kommt dem erwarteten Wert hinreichend nahe, und jeder Unterschied vom erwarteten Wert kann einer Zufallsvariation zugeschrieben werden.

H_2: Die Beobachtung läßt sich nicht als Zufallsvariation erklären, d.h., sie weicht zu weit von dem ab, was durch Zufall erwartet wird, und wir müssen deshalb eine andere Erklärung suchen.

Wir akzeptieren ASW als gegeben, wenn Hypothese H_1 widerlegt wird, wenn sich also zeigt, daß die Beobachtung signifikant von der Zufallserwartung abweicht. Beachten Sie: Eine *signifikante* Abweichung von der Zufallserwartung ist erforderlich. Aber selbst dann können wir nicht sagen, daß Hypothese H_1 absolut ausgeschlossen sei; noch immer wäre der Zufall eine *denkbare* Erklärung. Wir sagen also nur, die Zufallserklärung sei *ziemlich zweifelsfrei* ausgeschlossen (auch wenn es Uneinigkeit darüber geben mag, wo die Grenze von »ziemlich zweifelsfrei« liegt).* Beachten Sie bitte auch hier: Wir können aus der Statistik tatsächlich nur den Schluß ziehen, daß die Beobachtung sich so sehr vom Zufallswert unterscheidet, daß man sie vernünftigerweise keiner Zufallsvariante zuschreiben kann. *Statistiken sagen nichts über die ASW selbst aus.* Wenn wir jedoch auf solche Weise feststellen, daß der Zufall die Beobachtung nicht zu erklären vermag, schließen wir auf eine andere Ursache. Die Frage ist nun: Welche? Da das außerzufällige Ergebnis einige Informationen über das Zielobjekt enthält und diese Informationen (infolge der Bedingungen unseres Experiments) auf anderem Weg als durch die normalen Sinneskanäle erhalten wurden, erklären wir die Ursache als *außersinnliche Wahrnehmung*.

Die glockenförmige Verteilung ist hier von größtem Interesse für uns. Vollständigkeitshalber sollten wir jedoch anfügen, daß die Statistik, je nach den Umständen, auch mit anderen Verteilungen von Ereignissen oder Einheiten arbeitet, die für den fortgeschrittenen Studenten in besonderen Situationen von Belang sind, z.B. die in der gegenüber abgebildeten Figur gezeigte asymmetrische Verteilung:

---

* Häufig wird sie auf den Wahrscheinlichkeitswert W = 0,01 gelegt; beläuft sich die Wahrscheinlichkeit des zufälligen Auftretens einer bestimmten Beobachtung auf weniger als ein Prozent (ein Auftreten in hundert Beobachtungen), beginnen wir die Zufallserklärung als zweifelhaft anzusehen.

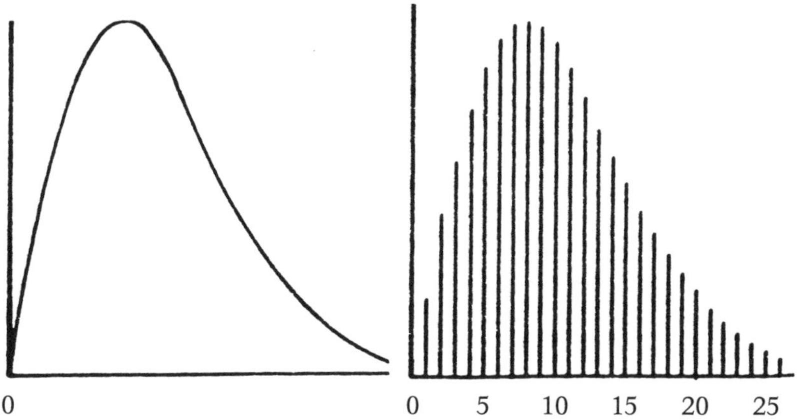

Asymmetrische Verteilungskurve
Rechts ein Beispiel: Auftreten von Serientreffern in Rateserien mit je 25 ASW-Karten – keine ASW, der häufigste Trefferwert liegt bei fünf Treffern.

Bei jeder untersuchten Verteilung sind drei Faktoren wichtig: Form, Lokalisierung (wo sich der Durchschnittswert befindet) und Streuung (Variabilität der Bestandteile).

Wenn wir Hypothesen testen, stellen wir gewöhnlich eine der folgenden Fragen:

1. Wo ist das beobachtete Ereignis auf dem Verteilungsdiagramm lokalisiert – mit anderen Worten: wie wahrscheinlich oder unwahrscheinlich ist es?
2. Wenn wir eine Stichprobe aus mehreren Beobachtungen haben, wie paßt diese Stichprobe auf die bekannte Verteilung der Daten – wie genau repräsentiert sie sie?

Grundauswertung von Testergebnissen bei einer großen Zahl von Daten – mehr als 100 Versuche

Nach Beendigung unseres Experiments wollen wir die Daten auswerten, um festzustellen, ob ASW aufgetreten ist oder, anders gesagt, ob das beobachtete Ergebnis signifikant von dem abweicht, was durch Zufall erwartet werden konnte.

Zu dieser Analyse müssen wir folgendes kennen:

- Die Zahl der Versuche;
- die Wahrscheinlichkeit einer richtigen Antwort in jedem einzelnen Versuch – sie hängt von der Zahl der beim Experiment verwendeten verschiedenen Zielobjekte ab;
- die Zahl der durch Zufall zu erwartenden Treffer – man kann sie errechnen, indem man entweder die Zahl der Versuche mit der Erfolgswahrscheinlichkeit in jedem Versuch multipliziert oder, was das gleiche ist, indem man die Zahl der Versuche durch die Zahl der verschiedenen Zielobjekte teilt;
- die beobachtete Trefferzahl – die Zahl der Treffer, welche wir in unseren Daten haben;
- schließlich können wir die Abweichung von der Zufallserwartung berechnen – indem wir die erwartete Trefferzahl von der Zahl der beobachteten Treffer abziehen.

Wenn wir sämtliche oben genannten Daten kennen, setzen wir sie in folgende einfache Formel ein:

$$KV = \frac{Abw}{\sqrt{z \cdot w \cdot q}}$$

Dabei ist:

KV = kritisches Verhältnis = das Maß unseres Erfolges
Abw = Abweichung = Unterschied zwischen der erhaltenen Zahl richtiger Antworten und der Zufallserwartung (dem Durchschnittswert)
z = Zahl der Versuche
w = Wahrscheinlichkeit des Erfolges in jedem Versuch
q = Wahrscheinlichkeit der Fehler in jedem Versuch

Die Werte w und q hängen von der Zahl verwendeter verschiedener Zielobjekte ab. $w + q$ ergibt immer 1. Wenn Sie nur zwei verschiedene Zielobjekte wählen, dann ist $w = {}^1/_2$ und $q = {}^1/_2$. Machen Sie den Test mit fünf verschiedenen Zielobjekten, ergeben sich die Werte: $w = {}^1/_5$ und $q = {}^4/_5$. Bei zehn verschiedenen Zielobjekten ist $w = {}^1/_{10}$ und $q = {}^9/_{10}$.

Die Zahl der Treffer, die durch Zufall zu erwarten stehen, hängt von der Zahl der Versuche, Z, und der Zahl der benutzten verschiedenen Zielobjekte ab. Bei nur zwei verschiedenen Zielobjekten beträgt die Zufallserwartung 50 Prozent der Gesamtzahl an Versuchen (Z); bei fünf verschiedenen Zielobjekten macht sie 20 Prozent aus und bei zehn verschiedenen Zielobjekten zehn Prozent.

Der daraus resultierende KV-Wert bestimmt die Wahrscheinlichkeit, die in unserem Experiment besteht, d. h. mit anderen Worten: die Wahrscheinlichkeit, daß wir allein schon durch Zufall die registrierte Zahl an Treffern erhalten. Die Wahrscheinlichkeit (W), die verschiedenen KV-Werten entspricht, ist in der folgenden Tabelle angegeben:*

KV = 2 entspricht der Wahrscheinlichkeit W = 0,046
KV = 2,5 entspricht der Wahrscheinlichkeit W = 0,012
KV = 3 entspricht der Wahrscheinlichkeit W = 0,0027
KV = 3,5 entspricht der Wahrscheinlichkeit W = 0,00047
KV = 4 entspricht der Wahrscheinlichkeit W = 0,000063
KV = 5 entspricht der Wahrscheinlichkeit W = 0,00000057

Gewöhnlich ist eine Wahrscheinlichkeit von W = 0,01 oder kleiner – KV = 2,5 oder größer – der Punkt, an dem wir ASW als in unseren Daten gegeben zu akzeptieren beginnen.**

KV = 3,5 ist bereits ein starker Hinweis darauf, daß in unserem Experiment ASW funktioniert hat.

Beachten Sie: Es gibt keinen natürlichen Wert, der den Punkt festlegen würde, jenseits dessen wir das Ergebnis als statistisch signifikant ansehen. Der oben erwähnte Wert W = 0,01, den wir wählen, ist *willkürlich*; er ist Ausdruck einer allgemeinen *Übereinstimmung* von Fachleuten darüber, ab wo ungefähr die Zufallserklärung nicht länger als vernünftig erscheint.

---

* Wenn wir beispielsweise für unser Experiment den Wert KV = 2,5 erhalten, der einer Wahrscheinlichkeit von W = 0,012 entspricht, bedeutet dies, daß in 1000 Wiederholungen des gesamten Experiments dasselbe oder ein besseres Ergebnis durch bloßen Zufall in 12 Fällen auftreten könnte. Das bedeutet, daß wir das Experiment fast hundertmal wiederholen müßten (der genaue Wert ist 1000/12), um durch Zufall ein einziges solches Ergebnis erwarten können.

** Die folgende Anmerkung ist nur für Leser mit tieferem Interesse an Mathematik gedacht; falls Sie sie verwirrend finden, können Sie sie ignorieren, ohne daß dies nachteilige Folgen für Ihr Verständnis und Ihre praktische Nutzung des vorliegenden Buches hat.
Die obige Tabelle über das kritische Verhältnis (KV) und die Wahrscheinlichkeit (W) enthält die konservativen, sogenannten »zweiseitigen« Werte, die zutreffen, wenn wir bereit sind, sowohl positive als auch negative Abweichungen (Psi-Treffer sowie Psi-bedingte Fehler) als Beweise für ASW gelten zu lassen. Wenn wir bei der Planung des Experiments beschließen, **nur** positive (überzufällige) Abweichung zu akzeptieren, haben wir lediglich das Recht, »einseitige« Werte zu benutzen, in denen alle Wahrscheinlichkeiten sich auf die Hälfte reduzieren. Wir können dann bereits das kritische Verhältnis KV = 2,33 als signifikant ansehen.

Ein Beispiel soll veranschaulichen, wie wir in unseren Berechnungen vorgehen.

Stellen Sie sich ein ASW-Experiment mit fünf verschiedenen Zielobjekten, z. B. fünf verschiedenen ASW-Kartensymbolen, vor. Wir haben insgesamt 400 Versuche gemacht und 112 Treffer erzielt.

Die Zufallserwartung beträgt 80 Treffer, denn bei fünf verschiedenen Zielobjekten erwarten wir 20 Prozent der Gesamtzahl von 400 Versuchen. Wir verwenden nun die Formel:

$$KV = \frac{Abw}{\sqrt{z \cdot w \cdot q}}$$

$$= \frac{112-80}{\sqrt{400 \cdot 1/5 \cdot 4/5}} = \frac{32}{20 \cdot 2/5} = \frac{32}{8} = 4$$

Bei dem Wert KV = 4 schließen wir, daß das Ergebnis nicht dem Zufall zuzuschreiben ist; wenn die Experimentalbedingungen die Sinneswahrnehmung wirklich ausschlossen, folgern wir, daß in dem Experiment ASW gewirkt hat.

Grundauswertung von Testergebnissen bei einer kleinen Zahl von Daten – weniger als 100 Versuche

Die im vorstehenden Abschnitt benutzte Formel ist nur hinreichend präzise, wenn wir 100 oder mehr Versuche gemacht haben. Sind es weniger, können wir unser Experiment einfach mittels der drei nachstehenden Tabellen auswerten.

Diese Tabellen beantworten die Frage: Wie viele richtige Antworten braucht man (bei einer bestimmten Zahl von Versuchen und einer gegebenen Erfolgswahrscheinlichkeit in jedem einzelnen Versuch), um das Wirken von ASW mit der gewünschten Überzeugungskraft demonstrieren zu können?

Tabelle A basiert auf der Gesamtsignifikanz von W = 0,02, was man als Grenzwert betrachten kann, an dem wir ASW als in unseren Daten gegeben zu vermuten beginnen. In diesem Fall müßten wir das Experiment 50mal wiederholen, um das in der Tabelle angegebenen Resultat durch bloßen Zufall zu erhalten.

Tabelle B enthält Ergebnisse, die der Gesamtsignifikanz von W = 0,01 entsprechen, was man bereits als Zeichen für wirkende ASW betrachten darf. Das Experiment müßte 100mal wiederholt werden, damit das in der Tabelle angegebene Resultat durch bloßen Zufall aufträte.

Tabelle C gibt Ergebnisse an, die der Gesamtsignifikanz von W = 0,001 entsprechen. Ein solches Resultat verweist sehr stark auf das Wirken von ASW. Ein zufälliges Auftreten eines solchen Ergebnisses kann nur bei 1000maliger Wiederholung des Experiments erwartet werden.

In allen Tabellen sind die Zahlen richtiger Antworten in Abhängigkeit von der Zahl einzelner Versuche, die wir in unserem Experiment machten, und von der Erfolgswahrscheinlichkeit bei jedem einzelnen Versuch angegeben. (Dieser individuelle Wahrscheinlichkeitswert ist der umgekehrte Wert der Zahl an Wahlmöglichkeiten in Ihrem Test, d. h. der Zahl verschiedener Zielobjekte, die Sie verwenden.)

Jedes Ergebnis, das schlechter ist als die in Tabelle A angegebenen Resultate, zeigt an, daß *keine* ASW gewirkt hat. (Ein solches Ergebnis läßt sich auf bloßen Zufall zurückführen.) Resultate dagegen, die besser als die in Tabelle C angegebenen sind, verweisen sehr stark auf das Wirken von ASW in Ihrem Test.

Wenn Sie die Tabellen benutzen, suchen Sie stets den Schnittpunkt der horizontalen Linie, welche die Zahl der in Ihrem Test gemachten Versuche verkörpert, und der vertikalen Linie, welche die individuelle Erfolgswahrscheinlichkeit (Zahl der in Ihrem Test benutzten Zielobjekte) benennt. Ein Beispiel zu den Tabellen finden Sie auf Seite 367.

Wie viele richtige Antworten Sie brauchen:

Tabelle A (W = 0,02)

Zahl der Versuche	Wahrscheinlichkeit des Erfolges in jedem Versuch $^1/_2$	$^1/_3$	$^1/_4$	$^1/_5$	$^1/_6$	$^1/_7$	$^1/_8$	$^1/_9$	$^1/_{10}$	$^1/_{11}$	$^1/_{12}$	$^1/_{15}$	$^1/_{20}$
2	—	—	—	—	—	—	2	2	2	2	2	2	2
3	—	—	3	3	3	3	3	3	3	3	3	2	2
4	—	4	4	4	3	3	3	3	3	3	3	3	2
5	5	5	4	4	4	4	3	3	3	3	3	3	3
6	6	5	5	4	4	4	4	4	3	3	3	3	3
7	7	6	5	5	4	4	4	4	4	4	3	3	3
8	8	6	6	5	5	4	4	4	4	4	4	3	3
9	8	7	6	5	5	5	4	4	4	4	4	4	3
10	9	7	6	6	5	5	5	5	4	4	4	4	3
11	10	8	7	6	6	5	5	5	4	4	4	4	3
12	10	8	7	6	6	6	5	5	5	5	4	4	3
13	11	9	8	7	6	6	5	5	5	5	5	4	4
14	12	9	8	7	7	6	6	5	5	5	5	4	4
15	12	10	8	7	7	6	6	6	5	5	5	5	4
16	13	10	9	8	7	7	6	6	5	5	5	5	4
17	14	11	9	8	7	7	6	6	6	5	5	5	4
18	14	11	9	8	8	7	7	6	6	6	5	5	4
19	15	12	10	9	8	7	7	7	6	6	6	5	4
20	15	12	10	9	8	7	7	7	6	6	6	5	4
25	19	14	12	10	10	9	8	8	7	7	7	6	5
30	22	17	14	12	11	10	9	9	8	8	7	7	5
35	24	19	15	13	12	11	10	10	8	8	8	7	6
40	27	21	17	14	13	12	11	10	9	9	9	8	6
45	30	23	18	16	15	13	12	11	10	10	10	9	7
50	33	25	19	17	16	14	13	12	11	11	11	10	7
100	62	45	36	30	26	23	21	19	17	16	15	13	11

Grenzwert für Erfolg (ASW-Wirken wahrscheinlich)
Gesamtwahrscheinlichkeit W = $^1/_{50}$

Tabelle B (W = 0,02)

Wahrscheinlichkeit des Erfolges in jedem Versuch

Zahl der Versuche	1/2	1/3	1/4	1/5	1/6	1/7	1/8	1/9	1/10	1/11	1/12	1/15	1/20
2	—	—	—	—	—	—	—	—	2	2	2	2	2
3	—	—	—	3	3	3	3	3	3	3	3	2	2
4	—	—	4	4	4	4	3	3	3	3	3	3	3
5	—	5	5	4	4	4	4	4	3	3	3	3	3
6	—	6	5	5	4	4	4	4	4	4	4	3	3
7	7	6	6	5	5	5	4	4	4	4	4	4	3
8	8	7	6	6	5	5	5	4	4	4	4	4	3
9	9	7	6	6	5	5	5	5	4	4	4	4	3
10	9	8	7	6	6	5	5	5	5	5	4	4	4
11	10	8	7	7	6	6	5	5	5	5	5	4	4
12	10	9	8	7	6	6	6	5	5	5	5	4	4
13	12	9	8	7	7	6	6	6	5	5	5	5	4
14	12	10	9	8	7	7	6	6	5	5	5	5	4
15	13	10	9	8	7	7	6	6	6	6	5	5	4
16	13	11	9	8	8	7	7	6	6	6	6	5	4
17	14	11	10	9	8	7	7	7	6	6	6	5	4
18	15	12	10	9	8	8	7	7	6	6	6	6	5
19	15	12	10	9	9	8	7	7	6	6	6	6	5
20	16	13	11	9	9	8	8	7	7	7	6	6	5
25	19	15	13	11	10	9	9	8	7	7	7	7	5
30	22	17	14	12	12	10	10	9	8	8	8	7	6
35	25	20	16	14	13	11	11	10	9	9	9	8	6
40	28	22	18	15	14	13	12	11	10	10	10	9	7
45	31	24	19	17	15	14	13	12	11	11	11	10	7
50	34	26	21	18	16	15	14	13	12	12	12	11	8
100	63	46	37	31	27	24	22	20	18	17	16	14	11

Guter Erfolg (Hinweis auf ASW)
Gesamtwahrscheinlichkeit W = 1/100

Ein Beispiel: Benutzen Sie fünf verschiedene Zielobjekte (Wahrscheinlichkeit 1/5) und machen 25 einzelne Versuche, erreichen Sie mit zehn richtigen Antworten einen Signifikanzgrenzwert von W = 0,02 (nach Tabelle A). Jedes schlechtere Ergebnis kann als bloßer Zufall erklärt werden und enthält keine ASW.

Tabelle C (W = 0,001)

Wahrscheinlichkeit des Erfolgs in jedem Versuch

Zahl der Versuche	1/2	1/3	1/4	1/5	1/6	1/7	1/8	1/9	1/10	1/11	1/12	1/15	1/20
2	—	—	—	—	—	—	—	—	—	—	—	—	—
3	—	—	—	—	—	—	—	—	3	3	3	3	3
4	—	—	—	—	4	4	4	4	4	4	4	4	3
5	—	—	5	5	5	5	5	5	4	4	4	4	4
6	—	—	6	6	5	5	5	5	5	5	4	4	4
7	—	7	7	6	6	6	5	5	5	5	5	5	4
8	—	8	7	7	6	6	6	5	5	5	5	5	4
9	—	8	8	7	6	6	6	6	5	5	5	5	4
10	10	9	8	7	7	7	6	6	6	6	6	5	4
11	11	10	9	8	7	7	7	6	6	6	6	5	5
12	12	10	9	8	8	7	7	7	6	6	6	6	5
13	13	11	9	9	8	8	7	7	6	6	6	6	5
14	13	11	10	9	8	8	8	7	7	7	6	6	5
15	14	12	10	9	9	8	8	8	7	7	7	6	5
16	15	12	11	10	9	8	8	8	7	7	7	7	5
17	16	13	11	10	10	9	8	8	7	7	7	7	6
18	16	13	12	10	10	9	9	8	8	8	7	7	6
19	17	14	12	11	10	9	9	9	8	8	8	7	6
20	18	14	12	11	11	10	9	9	8	8	8	7	6
25	21	17	14	13	12	11	11	10	9	9	9	8	7
30	24	19	16	14	14	12	12	11	10	10	10	9	7
35	27	22	18	16	15	13	13	12	11	11	11	10	8
40	31	24	20	17	16	15	14	13	12	12	11	11	8
45	34	26	22	19	17	16	15	14	13	12	12	12	9
50	37	28	24	21	18	17	16	15	14	13	13	9	8
100	67	49	40	34	29	26	24	22	20	19	18	15	13

Sehr guter Erfolg (nachdrücklicher Hinweis auf ASW)

Gesamtwahrscheinlichkeit W = $^1/_{1000}$

Für eine größere Signifikanz als W = 0,01 benötigen Sie elf richtige Antworten (Tabelle B), und mit 13 richtigen Antworten (Tabelle C) können Sie ziemlich sicher sein, daß ASW am Werk war. Natürlich sind bessere Ergebnisse noch überzeugender.

Vergleich zweier Bedingungen

Bei vielen Forschungsprojekten ist ein Vergleich von Testergebnissen, die unter zwei verschiedenen Bedingungen erzielt wurden, nötig. Ziel dieses Vergleichs ist es festzustellen, ob und inwieweit die Veränderung der Bedingungen die ASW-Leistung beeinflußte.

Das einfachste Verfahren einer Auswertung des Unterschieds zwischen zwei Bedingungen besteht darin, das kritische Verhältnis KV (und die damit verbundene Wahrscheinlichkeit) des Unterschieds zu errechnen. Das Verfahren ist dasselbe wie das (auf Seite 188) beschriebene zur Berechnung des KV eines einfachen Ergebnisses. Doch diese einfache Auswertung ist nur anwendbar, *wenn unter beiden Bedingungen gleich viele Versuche gemacht wurden*. Das Verfahren besteht aus folgenden Schritten:

1. Berechnung des Unterschieds in den Ergebnissen, die unter beiden Bedingungen erhalten wurden: Ziehen Sie das unter Bedingung 2 erhaltene Ergebnis von dem unter Bedingung 1 erhaltene ab.
2. Wenden Sie die Formel an:

$$KV = \frac{\text{Abw}}{\sqrt{z \cdot w \cdot q}} = \frac{\text{Unterschied}}{\sqrt{z \cdot w \cdot q}}$$

wobei Sie den »Unterschied« an die Stelle der »Abweichung« setzen. Für z setzen Sie die *Gesamt*zahl der Versuche ein (= Zahl der Versuche unter beiden Bedingungen zusammengenommen).

3. Suchen Sie den damit verbundenen Wahrscheinlichkeitswert W in der Tabelle auf Seite 188.

Vergleich zweier Bedingungen: X^2-Analyse bei großer Zahl von Individuen

Eine weitere Methode zum Vergleich der Leistungen von Versuchspersonen unter zwei verschiedenen Bedingungen basiert auf der X^2-Analyse.*

Der grundlegende praktische Unterschied zur vorausgegangenen

* In unserer Situation haben wir eine unabhängige Variable und deshalb sprechen wir von x^2 mit »einem Grad Freiheit«. Kompliziertere Probleme, mit gleichzeitiger Analyse des Einflusses mehrerer Variablen, können ebenfalls untersucht werden, aber der erforderliche statistische Apparat ist zu kompliziert, als daß man ihn ohne Anleitung eines Fachmannes benützen könnte.

Analyse (die auf dem Unterschied an Treffern basierte) besteht darin, daß wir hier nicht die Gesamttreffer analysieren. Wir betrachten vielmehr jede Versuchsperson als Einheit und vergleichen die Leistungen verschiedener Versuchspersonen. Wegen der Natur dieses Tests müssen wir mit einer ausreichend großen Zahl von Versuchspersonen arbeiten.

Der Test läßt sich jedoch für Experimente mit einer einzigen Versuchsperson adaptieren: In diesem Fall führen wir das Experiment in Serien durch und nehmen jede Versuchsserie als eine Experimentaleinheit. Oder, besser noch, wir nehmen jede Experimentalsitzung als eine Einheit, um Faktoren wie Ermüdung auszuschalten, die in aufeinanderfolgenden Serien ebenfalls Variationen verursachen können.

Bei der Durchführung der statistischen Analyse erstellen wir zunächst eine Zwei-auf-zwei-Tabelle, wie unten abgebildet:

		Zahl der Versuchspersonen (oder anderen Experimentaleinheiten) unter Bedingung		
		1	2	
Zahl der Versuchspersonen (oder anderen Experimentaleinheiten) mit einem Ergebnis im Test:	Über der Zufallserwartung	a	b	a+b
	unter der Zufallserwartung	c	d	c+d
		a+c	b+d	a+b+c+d

Dabei ist:

a = Zahl der Versuchspersonen, die unter Bedingung 1 arbeiteten und Treffer über der Zufallserwartung erreichten.

b = Zahl der Versuchspersonen, die unter Bedingung 2 arbeiteten und Treffer über der Zufallserwartung erreichten.

c = Zahl der Versuchspersonen, die unter Bedingung 1 arbeiteten und Treffer unter der Zufallserwartung erreichten.

d = Zahl der Versuchspersonen, die unter Bedingung 1 arbeiteten und Treffer unter der Zufallserwartung erreichten.

Anschließend berechnen wir den Wert für X^2 mittels der Formel:

$$x^2 = \frac{(ad-bc)^2\,(a+b+c+d)}{(a+b)\,(c+d)\,(a+c)\,(b+d)}$$

und suchen in der untenstehenden Tabelle den entsprechenden Wahrscheinlichkeitswert:

x^2 (1 d · f ·)	W
5,4	0,02
6,6	0,01
10,8	0,001

Der in der Tabelle gefundene Wahrscheinlichkeitswert zeigt an, welche Wahrscheinlichkeit besteht, daß die Verteilung der Elemente in den vier Fächern der Zwei-auf-zwei-Tabelle durch bloßen Zufall auftrat.

Gemäß unserer akzeptierten Norm des statistischen Beweises (W = 0,01) wird jedes X^2-Ergebnis über 6,6 dahingehend ausgelegt, daß die Veränderung der Bedingungen die ASW-Leistung beeinflußte.

Vergleich zweier Bedingungen bei kleiner Zahl von Individuen

Die obige Formel zur Berechnung von X^2 ist nur anwendbar, wenn die Zahl in jedem der vier Fächer 5 *oder mehr* beträgt. Sinkt eine dieser Zahlen unter 5, ist die Formel nicht mehr präzise. In diesem Fall müssen wir eine andere Formel anwenden, die uns direkt den Wahrscheinlichkeitswert für die beobachtete Verteilung der Elemente in der Zwei-auf-zwei-Tabelle gibt:

$$W = \frac{(a+b)!\ (c+d)!\ (a+c)!\ (b+d)!}{(a+b+c+d)!\ a!\ b!\ c!\ d!}$$

In dieser Formel ist:

z! bedeutet $z \cdot (z-1) \cdot (z-2) \cdot \ldots . 3 \cdot 2 \cdot 1$

Zum Beispiel: $9! = 9 \cdot 8 \cdot 7 \cdot 6 \cdot 5 \cdot 4 \cdot 3 \cdot 2 \cdot 1 \cdot$

Wir können die Berechnung an folgendem Beispiel veranschaulichen: Stellen Sie sich vor, daß wir den Einfluß des Glaubens an Erfolg auf die ASW-Leistung untersuchen. Wir haben mit 15 Versuchspersonen gearbeitet. Von ihnen haben neun an Erfolg geglaubt. Von diesen erzielten in dem Test sechs ein Ergebnis über der Zufallserwartung und drei eines unter der Zufallserwartung. Die restlichen sechs Versuchspersonen glaubten nicht, daß sie Erfolg haben würden. Von diesen erzielten zwei ein überzufälliges Ergebnis und vier ein unterzufälliges.

Die Zwei-auf-zwei-Tabelle für dieses Ergebnis sieht so aus:

	Gläubige	Ungläubige
überzufällig	a = 6	b = 2
unterzufällig	c = 3	d = 4

$$W = \frac{(a+b)!\,(c+d)!\,(a+c)!\,(b+d)!}{(a+b+c+d)!\,a!\,b!\,c!\,d!}$$

$$= \frac{8\cdot7\cdot6\cdot5\cdot4\cdot3\cdot2\cdot1\cdot7\cdot6\cdot5\cdot4\cdot3\cdot2\cdot1\cdot9\cdot8\cdot7\cdot6\cdot5\cdot4\cdot3\cdot2\cdot1\cdot6\cdot5\cdot4\cdot3}{15\cdot14\cdot13\cdot12\cdot11\cdot10\cdot9\cdot8\cdot7\cdot6\cdot5\cdot4\cdot3\cdot2\cdot1\cdot2\cdot1\cdot3\cdot2}$$

$$\frac{\cdot2\cdot1}{\cdot1\cdot4\cdot3\cdot2\cdot1} = 0{,}1958$$

Unser Schluß lautet also, daß das Ergebnis innerhalb der Zufallserwartung liegt (W = 0,1958). Diese Daten beweisen, daß Glauben oder Unglauben an Erfolg auf das Ergebnis keinen Einfluß hatte.

Das Resultat zeigt auch, wie die statistische Berechnung unser Urteil korrigieren kann. Betrachten wir die Tabelle, könnten wir versucht sein zu schließen, daß die Gläubigen eine bessere Leistung erbrachten als die Ungläubigen. Dies scheint auf den ersten Blick so, aber die statistische Berechnung zeigt, daß der beobachtete Unterschied nicht groß genug für einen gültigen Schluß ist.

Literaturhinweise

Aubeck, Heinz J.: Querschnitt der Parapsychologie. Eine Einführung in die okkulte Wissenschaft. Rita G. Fischer Verlag, Frankfurt/Main 1989.

Beloff, J.: Neue Wege der Parapsychologie. 1980.

Bender, Hans: Parapsychologie. 1976.

Bender, Hans: Verborgene Wirklichkeit. 4. Aufl. 1975.

Bonin, W. F.: Lexikon der Parapsychologie. 1976.

Frei, Gebhard: Probleme der Parapsychologie. 3. Aufl., Resch Verlag, Innsbruch 1985.

Gruber, Elmar R.: Suche im Grenzenlosen. Hans Bender – ein Leben für die Parapsychologie. Verlag Kiepenheuer & Witsch, Köln 1993.

Laun, Willi: Parapsychologie. Erklärung paranormaler Erscheinungen. Battert Verlag, Baden-Baden 1989.

Meinhold, Werner J. : Das große Handbuch der Hypnose. Theorie und Praxis der Fremd- und Selbsthypnose. Erweiterte und aktualisierte Neuausgabe. Ariston Verlag, Kreuzlingen/München 1997.

Murphy, Joseph: Die Macht Ihres Unterbewußtseins. Das große Buch innerer und äußerer Entfaltung. 60. Aufl., Jubiläumsausgabe, Ariston Verlag, Kreuzlingen/München 1997.

Nidiaye, Safi: Ihr höheres Selbst. Wie Sie mit ihm Verbindung aufnehmen, Zwiesprache halten, eins werden. Ariston Verlag, Kreuzlingen/München 1995.

Die *Parapsychologie*. Time-Life, München 1993.

Pavese, Armando, und *Würmli*, Marcus: Handbuch der Parapsychologie. Einführung in den Bereich der Grenzwissenschaften. Pattloch-Verlag, Augsburg 1992.

Roberts, Jane: Das Seth-Material. Ein Standardwerk esoterischen Wissens. 3. Aufl., Ariston Verlag, Kreuzlingen/München 1989.

Roberts, Jane: Gespräche mit Seth. Von der ewigen Gültigkeit der Seele. 8. Aufl., Ariston Verlag, Kreuzlingen/München 1990.

Rýzl, Milan: *Hauptwerke zur Parapsychologie*: siehe Seite 2 dieses Buches!

Schatz, O.: Parapsychologie. 1976.

Schwab, Fiedrich: Esoterik und Parapsychologie. Ruhnau Verlag, Fellbach 1980.

Terhart, Franjo: Das Geheimnis der Eingeweihten. Was spirituelle Persönlichkeiten uns erschließen. Ariston Verlag, Kreuzlingen/München 1995.

Register

Die in diesem Handbuch durchgehend wiederkehrenden Grundbegriffe des Themas, wie etwa »Parapsychologie«, sind nicht im Register erwähnt; die aus den Überschriften der Hauptkapitel erkennbaren und dort abgehandelten wichtigsten Gebiete werden im Register nur unter Teilaspekten aufgeführt.

Weitere Titel
im
Heinrich Hugendubel Verlag

Jess Stearn

Der schlafende Prophet

Edgar Cayces Prophezeiungen in Trance

352 Seiten, gebunden, ISBN 3-7205-2083-8

Edgar Cayce (1877–1945), der unter dem Namen der »Schlafende Prophet« bekannt geworden ist, gilt bis heute als einer der größten Geistheiler, bedeutendsten Mystiker und Propheten. Jess Stearn, der Cayce persönlich kannte, beschreibt das Leben, Denken und Wirken dieses gläubigen Menschen, der seine außerordentliche Gabe einsetzte, um Menschen zu helfen. Cayce diagnostizierte in Trance – ohne medizinische Kenntnisse zu haben – die Leiden von Menschen, die er nie gesehen hatte, und verordnete Arzneien, die das Leiden linderten bzw. heilten.

KAILASH

Jane Roberts

Gespräche mit Seth

Von der ewigen Gültigkeit der Seele

448 Seiten, Festeinband, ISBN 3-7205-2167-2

Dieses Buch hat Botschaften zum Inhalt, die Jane Roberts in Trance zukamen und von Robert F. Butts, ihrem Mann, notiert wurden. In diesen Botschaften spricht Seth, ein »Energiepersönlichkeitskern, der nicht mehr in der psychischen Form zentriert ist«. Seth sieht das Bewusstsein als ein in steter Wandlung befindliches System, die Seele als hochindividualisierte geistige Energie. Große Themen wie Reinkarnation, Todeserfahrung oder die Bedeutung der Religion erscheinen aus seiner Sichtweise in einem völlig neuen Licht. Seths Botschaften haben das Leben unzähliger Menschen inspiriert und verändert.

KAILASH

KURT TEPPERWEIN
Kraftquelle
Mental Training
Sie
selbst
bestimmen
Ihr Leben
ARISTON